U0103709

巨人之间

第二次世界大战中的波罗的海战事

[英]普里特·巴塔 著

刘任 张大卫 译

台海出版社

BETWEEN GIANTS: THE BATTLE FOR THE BALTICS IN WORLD WAR II (GENERAL MILITARY) by PRIT BUTTAR

Copyright:© 2013 Prit Buttar

This edition arranged with BLOOMSBURY PUBLISHING PLC through Big Apple Agency, Inc. , Labuan, Malaysia. Simplified Chinese edition copyright:2018 ChongQing Zven Culture communication Co. , Ltd All rights reserved.

版贸核渝字（2017）第086号

图书在版编目（CIP）数据

巨人之间：第二次世界大战中的波罗的海战事 / （英）普里特·巴塔著；刘任，张大卫译. —— 北京：台海出版社，2018.9

书名原文: Between Giants：The Battle for the Baltics in World War Ⅱ

ISBN 978-7-5168-2067-4

Ⅰ.①巨… Ⅱ.①普… ②刘… ③张… Ⅲ.①第二次世界大战战役－史料－波罗的海 Ⅳ.①E195.2

中国版本图书馆CIP数据核字(2018)第191807号

巨人之间：第二次世界大战中的波罗的海战事

著　者：[英]普里特·巴塔　　　　　译　者：刘　任，张大卫

责任编辑：俞艳荣　　　　　　　　　策划制作：指文文化
视觉设计：周　杰　　　　　　　　　责任印制：蔡　旭

出版发行：台海出版社
地　址：北京市东城区景山东街20号　　　邮政编码：100009
电　话：010-64041652（发行，邮购）
传　真：010-84045799（总编室）
网　址：www.taimeng.org.cn/thcbs/default.htm
E-mail：thcbs@126.com

经　销：全国各地新华书店
印　刷：重庆共创印务有限公司
本书如有破损、缺页、装订错误，请与本社联系调换

开　本：787mm×1092mm　　　　　1/16
字　数：390千　　　　　　　　　　印　张：25.5
版　次：2018年9月第1版　　　　　　印　次：2018年9月第1次印刷
书　号：ISBN 978-7-5168-2067-4

定　价：99.80元

版权所有　翻印必究

"东线文库"总序

泛舟漫长的人类战争史长河，极目四望，迄今为止，尚未有哪场陆战能在规模上超过二战时期的苏德战争。这场战争挟装甲革命与重工业革命之双重风潮，以德、苏两大军事体系20年军改成果为孤注，以二战东线战场名扬后世。强强相撞，伏尸千里；猛士名将，层出不穷。在核恐怖强行关闭大国全面战争之门70年后的今天，回首望去，后人难免惊为绝唱。在面对那一串串数字和一页页档案时，甚至不免有传说时代巨灵互斫之苍茫。其与今人之距离，似有千年之遥，而非短短的70春秋。

但是，如果我们记得，即便是在核武器称雄的时代，热战也并未绝迹，常规军事力量依然是大国达成政治诉求的重要手段；而苏德战争的胜利者苏联，又正是冷战的主角之一，直到今天，苏系武器和苏式战法的影响仍具有全球意义。我们就会发现，这场战争又距离我们是如此之近。

要知道这场战争究竟离我们有多近，恰恰要先能望远——通过对战争史和军事学说发展史的长程回顾，来看清苏德战争的重大意义。

正如俾斯麦所言："愚人执着于自己的体验，我则师法他者的经验。"任何一个人、一个组织的直接体验总是有限的，但如能将别人的间接经验转化为自己的直接体验，方是智者之所为。更高明的智者又不仅仅满足于经验的积累，而是能够突破经验主义的局限，通过学说创新形成理论体系，从而在经验和逻辑、事实与推理之间建立强互动，实现真正的以史为鉴和鉴往知来。

无怪乎杜普伊会说："军事历史之所以对军事科学的发展至关重要，是因为军事科学不像大多数其他学科那样，可在实验室里验证它们的理论和假说。军事试验的种种形式，如野战演习、对抗演习和实兵检验等，都永远不会再现战争的基本成分：致命环境下对死亡的恐惧感。此类种种试验无疑是非常有益的，但是，这种益处也只能是在一定程度上的。"[1]但这绝不等于说战争无法研究，只能在战争中学战争。突破的关键即在于如何发挥好战争史研究的作用。所以杜普伊接着强调："像天文学一样，军事科学也是一门观测科学。正如天文学家把天体作为实验室（研究对象），而军人的真正的实验室则永远是军事历史。"[2]

从这个角度上讲，苏德战争无疑是一个巨型实验室，而且是一个直接当下，具有重大特殊意义的实验室。

回顾战争史册，不难发现，受技术手段的局限，战场的范围长期局限在指挥官的目力范围之内。故而，在这个时期，战争行为大致可以简化为两个层级，一为战略（strategy），一为战术（tactic）。

战术是赢得战斗的方法，战略则是赢得战争的方法。战之术可以直接构成战之略的实施手段。一般而言，战争规模越有限，战争结局越由战斗决定，战略与战术的边界便越模糊。甚至可以出现"一战定乾坤"的戏剧性结局。这又进一步引发出战局和会战两个概念。

所谓战局，就是英语中的Campaign，俄语的кампания，德语的Feldzug。Campaign的词源是campus，也就是营地。因为在罗马时代，受当时的技术条件限制，军队每年会有一个固定的季节性休战期，是为宿营时期。这样就可以很清晰地划分出以年度为单位的"战局"。相对不同的是德语 Feldzug 的词根有拖、拉、移动的意思，对弈中指移动棋子。已隐约可见机动战的独特传统。但三方对战局的理解、使用并无本质不同。

而会战（英语中的Battle，俄语的Битва，德语的Schlacht）则是战斗的放大。换言之，在早期西方军事学说体系中，战略对应战局，战术对应战斗，而"会战"则是战略与战术的交汇地带，战局与战斗的中间产物。在早期冷兵器战争时代，会战较为简单，很多时候就是一个放大的战术行动和缩小的战略行动。但是，随着技术的变革，社会结构、动员体系、战争规模的巨变，会战组织越来越复杂，越来越专业，逐渐成为一个独立于战略和战术之外的层级。拿破仑的战争艺术，归根结底其实就是会战的艺术。

但是，拿破仑并未发展出一套会战学说，也没有形成与之相表里的军事制度和军事教育体系，反而过于依赖自己的个人天赋，从而最终走向不归路。得风气之先的是普鲁士军队的改革派三杰（沙恩霍斯特、格奈瑟瑙、克劳塞维茨），收功者则是促成德意志统一的老毛奇。普德军事体系的发展壮大，正是研究透彻了拿破仑又超越了拿破仑，在战略和战术之间增加了一个新层级——Operation，从根本上改变了军事指挥和军事学术研究范式。所谓"Operation"，本有操作、经营、（外科）手术等多层含义，其实就是战略实施中的落实性操作。是因为战术已经无法直接构成战略的实施手段而增加的新环节。换言之，在德军军事体系中，Operation是一个独立的、高度专业化的军事行动层级。

与之相表里，普德军事系统又形成了现代参谋制度，重新定义了参谋，并形成了以参谋军官为核心的现代军官团，和以参谋教育为核心的现代军校体系。总参谋部其实是一个集研究、教育、指挥为一体的复合结构。参谋总长管理陆军大学，而陆军大学的核心课程即为战争史研究，同时负责将相关研究兵棋化、实战化、条令化。这种新式参谋主要解决的就是Operation Level的问题，这与高级统帅思考战略问题，基层军官、士官思考战术问题正相等同。

普法战争后，普鲁士式总参谋部制度迅速在全球范围内扩散，举凡英法俄美意日等列强俱乐部成员国，无不效法。但是，这个制度的深层驱动力——Operation Level的形成和相应学说创新，则长期为德军秘而不宣，即便是其亲传弟子，如保加利亚，如土耳其，如日本，均未得其门径窍奥，其敌手如法，如英，如俄，如美，亦均茫然不知其所以然。

最早领悟到德军作战层级独创性和重要性的军队，正是一战后涅槃重生的苏联红军。

苏军对德语的Operation进行了音译，是为Операция，也就是日后中苏合作时期经苏联顾问之手传给我军的"战役"概念。换言之，所谓战役学，其实就是苏军版的Operation学说。而美军要到冷战期间才明白这一点，并正式修改其军事学说，在Strategy和Tactic之间增设Operation这个新层级。

与此同时，英美体系虽然在战役学层次反应迟钝，却看到了德、苏没有看到的另一个层次的变化——战争的巨变不仅发生在传统的战略、战术之间，更发生在战略之上。

随着战争本身的专业性日趋强化，军人集团在战争中的发言权无形中也被强化，而文官和文人战略家对战争的介入和管控力逐渐弱化。但正如克劳塞维茨强调指出的那样，战争是政治的延续[3]。因而，战争只是手段，不是目的。无论军事技术如何变化，这一个根本点不会变化。但现代战争的发展却导致了手段高于目的的客观现实，终于在一战中造成了莫大的灾难。战争的胜利不等于政治的胜利这一基本事实，迫使战争的胜利者开始反思固有战争理论的局限性，逐渐形成了"大战略"（Grand Strategy）的观念，这就在英美体系中形成了大战略（又称国家战略、总体战略、高级战略）、分类战略（包括军事战略、经济战略、外交战略、文化战略等）、战术的三级划分。大战略不再像传统战略那样执着于打赢战争，而是追求战争背后的终极目标——政治目的。因为此种战略在国家最高决策层面运作，所以美国学界又将大战略称为国家战略。用美国国防部的定义来说明，即："国家战略是平时和战时在使用武装力量的同时，发展和运用国家的政治、经济和心理力量，以实现国家目标的艺术和科学。"

冷战初期，美国以中央情报局、国家安全委员会、民营战略智库（如兰德公司）、常青藤联盟高校人才库相呼应的制度创新，其实就是建立在大战略学说领先基础上的国家安全体系创新[4]。而德军和苏军受传统"战略—战局"概念的束缚，均未看清这一层变化，故而在宏观战略指导上屡屡失误，只能仰赖希特勒、斯大林这样的战略怪才，以杰出个体的天赋弥补学说和制度的不足，等于又回到了拿破仑困境之中。

从这个角度上看二战，苏德战争可以说是两个走在战役学说创新前列的军事体系之间的超级碰撞。同为一战失败者的德、苏，都面对一战式的堑壕难题，且都嗅到了新时代的空气。德国的闪电战与苏军的大纵深战役，其实是两国改革派精英在同一场技术革命面前，对同一个问题所做出的不同解答。正是这种军事学说的得风气之先，令两国陆军在军改道路上走在列强前列。二战期间两国彗星撞地球般的碰撞，更进一步强化了胜利者的兼容并蓄。冷战期间，苏军的陆战体系建设，始终以这个伟大胜利为基石，不断深化。

在这个基础上再看冷战，就会发现，其对抗实质是美式三级体系（大战略、战略、战术）与苏式三级体系（战略、战役、战术）的对抗。胜负关键在于谁能先吸取对方之所长，弥补己方之所短。结果，苏联未能实现大战略的突破，建立独立自主的大战略学说、制度、教育体系。美国却在学科化的战略学、国际政治学和战争史研究的基础上，建立了自己的Operation Level，并借力新一轮技术变革，对苏军进行创造性的再反制。这个连环反制竞争链条，一直延续到今天。虽然俄军已暂时被清扫出局，但这种反制的殷鉴得失却不会消失，值得所有国家的军人和战史研究者注目。而美国借助遏制、接触战略，最终兵不血刃地从内部搞垮苏联，亦非偶然。

正是这种独特的历史地位，决定了东线史的独特重要性，东线研究本身也因而成为另一部波澜壮阔的历史。

可以说，苏军对苏德战争最具切肤之痛，在战争期间就不断总结经验教训。二战后，这个传统被继承下来，形成了独特的苏军式研究。与此同时，美国在二战刚刚结束之际就开始利用其掌握的资料和德军将领，进行针对苏军的研究。众多德军名将被要求撰写关于东线作战的报告[5]。但是，无论是苏军的研究还是美军的研究，都是内部进行的闭门式研究。这些成果，要到很久之后，才能公之于世。而世人能够看到的苏德战争著述，则是另一个景象。

二战结束后的最初15年，是宣传品与回忆录互争雄长的15年。作为胜利者的苏联，以君临天下的优越感，刊行了一大批带有鲜明宣传色彩的出版物[6]。与之相对应，以古德里安、曼施坦因等亲身参与东线鏖战的德国军人为代表的另一个群体，则以回忆录的形式展开反击[7]。这些书籍因为是失败者痛定思痛的作品，著述者本人的军事素养和文笔俱佳，故而产生了远胜过苏联宣传史书的影响力，以至于很多世人竟将之视为信史。直到德国档案资料的不断披露，后人才逐渐意识到，这些名将回忆录因成书年代的特殊性，几乎只能依赖回忆者的主观记忆，而无法与精密的战史资料互相印证。同时，受大环境的影响，这些身为楚囚的德军将领大多谋求：一，尽量撇清自己的战争责任；二，推卸战败责任（最常用的手法就是将所有重大军事行动的败因统统归纳为希特勒的瞎指挥）；三，宣传自身价值（难免因之贬低苏联和苏军）。而这几个私心又迎合了美国的需求：一，尽快将西德纳入美国领导的反苏防务体系之中，故而必须让希特勒充分地去当替罪羊，以尽快假释相关军事人才；二，要尽量抹黑苏联和苏军，以治疗当时弥漫在北约体系内的苏联陆军恐惧症；三，通过揭批纳粹政体的危害性，间接突显美国制度的优越性。

此后朱可夫等苏军将领在后斯大林时代刊行的回忆录，一方面固然是苏联内部政治生态变化的产物，但另一方面也未尝不可说是对前述德系著述的回击。然而，德系回忆录的问题同样存在于苏系回忆录之中。两相对比，虽有互相校正之效，但分歧、疑问更多，几乎可以说是此亦一是非、彼亦一是非，俨然是在讲两场时空悬隔的战争。

结果就是，苏德战争的早期成果，因其严重的时代局限性，而未能形成真正的学术性突破，反而为后人的研究设置了大量障碍。

进入六十年代后，虽然各国关于东线的研究越来越多，出版物汗牛充栋，但摘取桂冠的仍然是当年的当事人一方。幸存的纳粹党要员保罗·卡尔·施密特（Paul Karl Schmidt）化名保罗·卡雷尔（Paul Carell），在已有研究的基础上，大量使用德方资料，并对苏联出版物进行了尽量全面的搜集使用，更对德国方面的幸存当事人进行了广泛的口述历史采访，在1964年、1970年相继刊行了德军视角下的重量级东线战史力作——《东进：1941—1943年的苏德战争》和《焦土：1943—1944年的苏德战争》[8]。

进入20世纪70年代后，研究趋势开始发生分化。北约方面可以获得的德方档案资料越来越多，苏方亦可通过若干渠道获得相关资料。但是，苏联在公布己方史料时却依然如故，仅对内进行有限度的档案资料公布。换言之，苏联的研究者较之于北约各国的研究者，掌握的史料更为全面。但是，苏联方面却没有产生重量级的作品，已经开始出现军事学说的滞后与体制限制的短板。

结果，在这个十年内，最优秀的苏德战争著作之名被英国军人学者西顿（Albert Seaton）的《苏德战争》摘取[9]。此时西方阵营的二战研究、希特勒研究和德军研究均取得重大突破，在这个整体水涨的背景下，苏德战争研究自然随之船高。而西顿作为英军中公认的苏军及德军研究权威，本身即带有知己知彼的学术优势，同时又大力挖掘了德国方面的档案史料，从而得以对整个苏德战争进行全新的考订与解读。

继之而起者则有英国学者约翰·埃里克森（John Ericsson）与美国学者厄尔·齐姆克（Earl F. Ziemke）。

和西顿一样，埃里克森（1929年4月17日—2002年2月10日）也曾在英军中服役。不同之处则在于：

其一，埃里克森的研究主要是在退役后完成。他先是进入剑桥大学圣约翰学院深造，1956年苏伊士运河危机爆发后作为苏格兰边民团的一名预备军官被重新征召入役。危机结束后，埃里克森重启研究工作，1958年进入圣安德鲁大学担任讲师，开始研究苏联武装力量。1962年，埃里克森首部著作《苏联统帅部：1918—1941年》出版，同年在曼彻斯特大学出任高级讲师。1967年进入爱丁堡大学高级防务研究所任职，1969年成为教授，研究重心逐渐转向苏德战争。

其二，埃里克森得益于两大阵营关系的缓和，能够初步接触苏军资料，并借助和苏联同行的交流，校正之前过度依赖德方档案导致的缺失。而苏联方面的战史研究也取得了较大的进展，足以为这种校正提供参照系，而不像五六十年代时那样只能提供半宣传品性质的承旨之作。同时，埃里克森对轴心国阵营的史料挖掘也更全面、细致，远远超过了之前的同行。关于这一点，只要看一看其著述后面所附录的史料列目，即可看出苏德战争研究的史料学演进轨迹。

埃里克森为研究苏德战争，还曾专程前往波兰，拜会了苏军元帅罗科索夫斯基。这个非同凡响的努力成果，就是名动天下的"两条路"。

所谓"两条路"，就是1975年刊行的《通往斯大林格勒之路》与1982年刊行的《通往柏林之路》[10]。正是靠了这两部力作，以及大量苏军研究专著[11]，埃里克森在1988—1996年间成为爱丁堡大学防务研究中心主任。

厄尔·齐姆克（1922年12月16日—2007年10月15日）则兼有西顿和埃里克森的身影。出生于威斯康星州的齐姆克虽然在二战中参加的是对日作战，受的也是日语训练，却在冷战期间华丽转型，成为响当当的德军和苏军研究权威。曾在硫磺岛作战中因伤获得紫心勋章的齐姆克，战后先是在天津驻扎，随后复员回国，通过军人权利法案接受高等教育，1951年在威斯康星大学获得学位。1951—1955年，他在哥伦比亚的应用社会研究所工作，1955—1967年进入美国陆军军史局成为一名官方历史学家，1967—1977年在佐治亚大学担任全职教授。其所著《柏林战役》《苏维埃压路机》《从斯大林格勒到柏林：德国在东线的失败》《从莫斯科到斯大林格勒：东线的抉择》《德军东线北方战区作战报告，1940—1945年》《红军，1918—1941年：从世界革命的先锋到美国的盟友》等书[12]，对苏德战争、德军研究和苏军研究均做出了里程碑般的贡献，与埃里克森堪称双峰并峙、二水分流。

当《通往柏林之路》刊行之时，全球苏德战争研究界人士无人敢想，仅仅数年之后，苏联和华约集团便不复存在。苏联档案开始爆炸性公布，苏德战争研究也开始进入一个前人无法想象的加速发展时代，甚至可以说是一个在剧烈地震、风暴中震荡前行的时代。在海量苏联史料的冲击下，传统研究纷纷土崩瓦解，军事界和史学界的诸多铁案、定论也纷纷根基动摇。埃里克森与齐姆克的著作虽然经受住了新史料的检验，但却未能再进一步形成新方法的再突破。更多的学者则汲汲于立足新史料，急求转型。连保罗·卡雷尔也奋余勇，在去世三年前的1993年刊行了《斯大林格勒：第6集团军的覆灭》。奈何宝刀已老，时过境迁，难以再掀起新的时代波澜了。

事实证明，机遇永远只向有准备、有行动力的人微笑，一如胜利天平总是倾斜于能率先看到明天的一方。风起云涌之间，新的王者在震荡中登顶，这位王者就是美国著名苏军研究权威——戴维·格兰茨（David Glantz）。

作为一名参加过越战的美军基层军官，格兰茨堪称兼具实战经验和学术积淀。1965年，格兰茨以少尉军衔进入美国陆军野战炮兵服役，并被部署到越南平隆省的美国陆军第2军的"火力支援与协调单元"（Fire Support Coordination Element，FSCE，相当于军属野战炮兵的指挥机构）。1969年，格兰茨返回美国，在陆军军事学院教授战争史课程。1973年7月1日，美军在陆军训练与条令司令部下开设陆军战斗研究中心（Combat Studies Institute，CSI），格兰茨开始参与该中心的苏军研究项目。1977—1979年他出任美国驻欧陆军司令部情报参谋办公室主任。1979年成为美国陆军战斗研究所首席研究员。1983年接掌美国陆军战争学院（United States Army War College）陆战中心苏联陆军作战研究处（Office of Soviet Army Operations at the Center for Land Warfare）。1986年，格兰茨返回利文沃思堡，组建并领导外国军事研究办公室（Foreign Military Studies Office，FMSO）。在这漫长的研究过程中，格兰茨不仅与美军的苏军研究同步前进，而且组织翻译了大量苏军史料和苏方战役研究成果[13]。

1993年，年过半百的格兰茨以上校军衔退役。两年后，格兰茨刊行了里程碑著作《巨人的碰撞》[14]。这部苏德战争新史，系格兰茨与另一位美国军人学者乔纳森·M. 豪斯（Jonathan M. House）合著，以美军的苏军研究为基石，兼顾苏方新史料，气势恢宏地重构了苏德战争的宏观景象。就在很多人将这本书看作格兰茨一生事功的收山之作的时候，格兰茨却老当益壮，让全球同行惊讶地发现，这本书根本不是终点线，而是格兰茨真正开始斩将搴旗、攻城略地的起跑线：

1998年刊行《泥足巨人：苏德战争前夕的苏联军队》[15]《哈尔科夫：1942年东线军事灾难的剖析》[16]。

1999年刊行《朱可夫最大的败仗：红军1942年"火星"行动的惨败》[17]《库尔斯克会战》[18]。

2001年刊行《巴巴罗萨：1941年希特勒入侵俄罗斯》[19]《列宁格勒之围1941—1944，900天的恐怖》[20]。

2002年刊行《列宁格勒会战1941—1944》[21]。

2003年刊行《斯大林格勒会战之前：巴巴罗萨，希特勒对俄罗斯的入侵》[22]《八月风暴：苏军在满洲的战略攻势》[23]《八月风暴：苏联在满洲的作战与战术行动》[24]。

2004年与马克·里克曼斯波尔（Marc J. Rikmenspoel）刊行《屠戮之屋：东线战场手册》[25]。

2005年刊行《巨人重生：苏德战争中的苏联军队1941—1943》[26]。

2006年刊行《席卷巴尔干的红色风暴：1944年春苏军对罗马尼亚的攻势》[27]。

2009年开始刊行《斯大林格勒三部曲第一部：兵临城下（1942.4—1942.8）》[28]和《斯大林格勒三部曲第二部：决战（1942.9—1942.11）》[29]。

2010年刊行《巴巴罗萨脱轨：斯摩棱斯克会战·第一卷·1941年7月10日—9月10日》[30]。

2011年刊行《斯大林格勒之后：红军的冬季攻势》[31]。

2012年刊行《巴巴罗萨脱轨：斯摩棱斯克会战·第二卷·1941年7月10日—9月10日》[32]。

2014年刊行《巴巴罗萨脱轨：斯摩棱斯克会战·第三卷·1941年7月10日—9月10日》[33]《斯大林格勒三部曲第三部：最后的较量（1942.12—

1943.2）》[34]。

2015年刊行《巴巴罗萨脱轨：斯摩棱斯克会战·第四卷·地图集》[35]。

2016年刊行《白俄罗斯会战：红军被遗忘的战役1943年10月—1944年4月》[36]。

这一连串著述列表，不仅数量惊人，质量亦惊人。盖格兰茨之苏德战史研究，除前述立足美军对苏研究成果、充分吸收新史料及前人研究成果这两大优势之外[37]，还有第三个重要优势，即立足战役层级，竭力从德军和苏军双方的军事学说视角，双管齐下，珠联璧合地对苏德战争中的重大战役进行深度还原。

其中，《泥足巨人》与《巨人重生》二书尤其值得国人注目。因为这两部著作不仅正本清源地再现了苏联红军的发展历程，而且将这个历程放在学说构造、国家建设、军事转型的大框架内进行了深入检讨，对我国今日的军事改革和军事转型研究均具有无可替代的重大意义。

严谨的史学研究和实战导向的军事研究在这里实现了完美结合。观其书，不仅可以重新认识那段历史，而且可以对美军专家眼中的苏军和东线战史背后的美军学术思想进行双向感悟。而格兰茨旋风业已在多个国家掀起重重波澜。闻风而起者越来越多，整个苏德战争研究正在进入新一轮的水涨阶段。

如道格拉斯·纳什（Douglas Nash）的《地狱之门：切卡瑟口袋之战》（2002）[38]，小乔治·尼普（George Nipe Jr.）的《在乌克兰的抉择：1943年夏季东线德国装甲作战》（1996）[39]、《最后的胜利》（2000）[40]以及《鲜血·钢铁·神话：党卫军第2装甲军与通往普罗霍罗夫卡之路》（2013）[41]均深得作战研究之精髓，且能兼顾史学研究之严谨，从而将老话题写出新境界。

此外，旅居柏林多年的新西兰青年学者戴维·斯塔勒（David Stahel）于2009年刊行的《"巴巴罗萨"与德国在东线的失败》[42]，以及美国杜普伊研究所所长、阿登战役与库尔斯克战役模拟数据库的项目负责人克里斯托弗·劳伦斯（Christopher A. Lawrence）2015年刊行的《库尔斯克：普罗霍罗夫卡之战》[43]，均堪称卓尔不群，又开新径。前者在格兰茨等人研究的基础上，重新回到德国视角，探讨了巴巴罗萨作战的复杂决策过程。整书约40%的内容是围绕决策与部署写作的，揭示了德国最高统帅部与参谋本部等各部门的战略、作战观念差异，以及战前一系列战术、技术、后勤条件对实战的影响，对"巴巴罗萨"作战——这一人类历史上最宏大的地面作战行动进行了精密的手术解剖。后者则将杜普伊父子的定量分析战史法这一独门秘籍发扬到极致，以1662页的篇幅和大量清晰、独特的态势图，深入厘清了普罗霍罗夫卡之战的地理、兵力、技战术和战役部署，堪称兼顾宏观、中观、微观的全景式经典研究。曾在英军中服役的高级军医普里特·巴塔（Prit Buttar）同样以半百之年作老当益壮之后发先至，近年来异军突起，先后刊行了《普鲁士战场：苏德战争1944—1945》（2010）、《巨人之间：第二次世界大战中的波罗的海战事》（2013）、《帝国的碰撞：1914年东线战争》（2014）、《日耳曼优先：1915年东线战场》（2015）、《俄罗斯的残息：1916—1917年的东线战场》（2016）[44]。这一系列著作兼顾了战争的中观与微观层面，既有战役层级的专业剖析，又能兼顾具体人、事、物的栩栩如生。且从二战东线研究追溯到一战东线研究，溯本追源，深入浅出，是近年来不可多得的佳作。

行文及此，不得不再特别指明一点：现代学术著述，重在"详人之所略，略人之所详"。绝不可因为看了后出杰作，就将之前的里程碑著作束之高阁。尤其对中国这样的后发国家而言，更不能限在"第六个包子"的思维误区中。所谓后发优势，无外乎是能更好地以史为鉴，以别人的筚路蓝缕为我们的经验教训。故而，发展是可以超越性布局的，研究却不能偷懒。最多是随着研究的深入，实现阅读、写作的加速度，这是可取的。但怀着投机取巧的心态，误以为后出者为胜，从而满足于只吃最后一个包子，结果必然是欲速不达，求新而不得新。

反观我国的苏德战史研究，恰处于此种状态。不仅新方法使用不多，新史料译介有限，即便是经典著述，亦乏人问津。更值得忧虑之处在于，基础学科不被重视，军事学说研究和严肃的战争史研究长期得不到非军事院校的重视，以致连很多基本概念都没有弄清。

以前述战局、战役、会战为例：

汉语	战局	战役	会战
英语	Campaign	Operation	Battle
俄语	кампания	Операция	Битва
德语	Feldzug	Operation	Schlacht

比如科贝特的经典著作*The Campaign of Trafalgar*[45]，就用了"Campaign"而非"Battle"，原因就在于这本书包含了战略层级的博弈，而且占据了相当重要的篇幅。这其实也正是科贝特极其自负的一点，即真正超越了具体海战的束缚，居高临下又细致入微地再现了特拉法尔加之战的前因后果，波澜壮阔。故而，严格来说，这本书应该译作"特拉法尔加战局"。

我国军事学术界自晚清以来就不甚重视严肃的战争史研究和精准的学说体系建立。国民党军队及其后身——今日的台军，长期只有一个"会战"概念，后来虽然引入了Operation层级，但真正能领悟其实质者甚少[46]，而且翻译为"作战"，过于具象，又易于引发误解。相反，大陆方面的军事学术界用"战役"来翻译苏军的Операция，胜于台军用"作战"翻译Operation。因为战役的"役"也正如战略、战术之"略"与"术"，带有抽象性，不会造成过于具象的刻板误解，而且战略、战役、战术的表述也更贯通流畅。但是，在对"战役"进行定义时，却长期没有立足战争史演变的实践，甚至形成如下翻译：

汉语	作战、行动	战役	会战
英语	Operation	Campaign Operation Battle	Battle Operation
俄语	—	Операция кампания	Битва
德语	Operation	Feldzug Operation	Schlacht Operation

但是，所谓"会战"是一个仅存在于国–台军的正规军语中的概念。在我军的严格军事学术用语中，并无此一概念。所以才会有"淮海战役"与"徐蚌会战"的不同表述。实质是长期以来用"战役"一词涵盖了Campaign、Operation和Battle三个概念，又没有认清苏俄军事体系中的

Операция和英德军语中的Operation实为同一概念。其中虽有小异，实具大同。而且，这个概念虽然包含具体行动，却并非局限于此，而是一个抽象军事学说体系中的层级概念。而这个问题的校正、解决又绝非一个语言问题、翻译问题，而是一个思维问题、学说体系建设问题。

正因为国内对苏德战争的理解长期满足于宣传品、回忆录层级的此亦一是非、彼亦一是非，各种对苏军（其实也包括了对德军）的盲目崇拜和无知攻击才会同时并进、甚嚣尘上。

因此之故，近数年来，我多次向多个出版大社建议，出版一套"东线文库"，遴选经典，集中推出，以助力于中国战史研究发展和军事学术范式转型。其意义当不限于苏德战史研究和二战史研究范畴。然应之者众，行之者寡。直到今年六月中旬，因缘巧合认识了指文公司的罗应中，始知指文公司继推出卡雷尔的《东进：1941—1943年的苏德战争》《焦土：1943—1944年的苏德战争》，巴塔的《普鲁士战场：苏德战争1944—1945》和劳斯、霍特的回忆录《装甲司令：艾哈德·劳斯大将东线回忆录》《装甲作战：赫尔曼·霍特大将战争回忆录》之后，在其组织下，小小冰人等国内二战史资深翻译名家们，已经开始紧锣密鼓地翻译埃里克森的"两条路"，并以众筹方式推进格兰茨《斯大林格勒》三部曲之翻译。经过一番沟通，罗先生对"东线文库"提案深以为然，乃断然调整部署，决定启动这一经典战史译介计划，并与我方团队强强联合，以鄙人为总策划，共促盛举，以飨华语读者。罗先生并嘱我撰一总序，以为这一系列的译介工作开宗明义。对此，本人自责无旁贷，且深感与有荣焉。

是为序。

*王鼎杰，知名战略、战史学者，主张从世界史的角度看中国，从大战略的视野看历史。著有《复盘甲午：重走近代中日对抗十五局》《李鸿章时代》《当天朝遭遇帝国：大战略视野下的鸦片战争》。现居北京，从事智库工作，致力于战略思维传播和战争史研究范式革新。

1. ［美］T. N. 杜普伊，《把握战争——军事历史与作战理论》，北京：军事科学出版社，2001年，第2页。

2. 同上。

3. ［德］克劳塞维茨，《战争论》，第1册，北京：商务印书馆，1995年，第43—44页。

4. 这就是为什么很多优秀制度被一些后发国家移植后往往不见成效，甚至有反作用的根源。其原因并非文化的水土不服，而是忽视了制度背后的学说创新。

5. 战争结束后美国陆军战史部（Historical Division of the U.S.Army）即成立德国作战史分部［Operational History（German）Section］，监督被俘德军将领，包括蔡茨勒、劳斯、霍特等人，撰写东线作战的回忆录，劳斯与霍特将军均以"装甲作战"（Panzer Operation）为主标题的回忆录即诞生于这一时期。可参见：［奥］艾哈德·劳斯著，［美］史蒂文·H. 牛顿编译，邓敏译、赵国星审校，《装甲司令：艾哈德·劳斯大将东线回忆录》，北京：中国长安出版社，2015年11月第一版。［德］赫尔曼·霍特著，赵国星译，《装甲作战：赫尔曼·霍特大将战争回忆录》，北京：中国长安出版社，2016年3月第一版。

6. 如国内在二十世纪五六十年代译介的《苏联伟大卫国战争史》《苏联伟大卫国战争简史》《斯大林的军事科学与苏联伟大卫国战争》《苏军在伟大卫国战争中的辉煌胜利》等。

7. 此类著作包括古德里安的自传《闪击英雄》、曼施坦因的自传《失去的胜利》、梅林津所写的《坦克战》、蒂佩尔斯基希的《第二次世界大战史》等。

8. Paul Carell, *Hitler Moves East, 1941—1943*, New York: Little, Brown; First Edition edition, 1964; Paul Carell, *Scorched Earth*, London: Harrap; First Edition edition, 1970.

9. Albert Seaton, *The Russo-German War 1941—1945*, Praeger Publishers; First Edition edition, 1971.

10. John Ericsson, *The Road to Stalingrad: Stalin's War with Germany* (Harper&Row, 1975); John Ericsson, *The Road to Berlin: Continuing the History of Stalin's War With Germany* (Westview, 1983).

11. John Ericsson, *The Soviet High Command 1918—1941: A Military-Political History* (Macmillan, 1962); *Panslavism* (Historical Association, 1964); *The Military-Technical Revolution* (Pall Mall, 1966); *Soviet Military Power* (Royal United Services Institute, 1976); *Soviet Military Power and Performance* (Archon, 1979); *The Soviet Ground Forces: An Operational Assessment* (Westview Pr, 1986); *Barbarossa: The Axis and the Allies* (Edinburgh, 1994); *The Eastern Front in Photographs: From Barbarossa to Stalingrad and Berlin* (Carlton, 2001).

12. Earl F. Ziemke, *Battle for Berlin: End of the Third Reich* (Ballantine Books, 1972); *The Soviet Juggernaut* (Time Life, 1980); *Stalingrad to Berlin: The German Defeat in the East* (Military Bookshop, 1986); *Moscow to Stalingrad: Decision in the East* (Hippocrene, 1989); *German Northern Theatre Of Operations 1940—1945* (Naval&Military, 2003); *The Red Army, 1918—1941: From Vanguard of World Revolution to US Ally* (Frank Cass, 2004).

13. 这些翻译成果包括：*Soviet Documents on the Use of War Experience*, Ⅰ, Ⅱ, Ⅲ (Routledge,1997); *The Battle for Kursk 1943: The Soviet General Staff Study* (Frank Cass,1999); *Belorussia 1944: The Soviet General Staff Study* (Routledge, 2004); *The Battle for L'vov: The Soviet General Staff Study* (Routledge,2007); *Battle for the Ukraine: The Korsun'-Shevchenkovskii Operation* (Routledge, 2007).

14. David M. Glantz&Jonathan M. House, *When Titans Clashed: How the Red Army Stopped Hitler*, University Press of Kansas; First Edition edition, 1995.

15. David M. Glantz, *Stumbling Colossus: The Red Army on the Eve of World War* (Kansas, 1998).

16. David M. Glantz, *Kharkov 1942: Anatomy of a Military Disaster* (Sarpedon, 1998).

17. David M. Glantz, *Zhukov's Greatest Defeat: The Red Army's Epic Disaster in Operation Mars* (Kansas, 1999).

18. David M. Glantz&Jonathan M House, *The Battle of Kursk* (Kansas, 1999).

19. David M. Glantz, *Barbarossa: Hitler's Invasion of Russia 1941* (Stroud, 2001).

20. David M. Glantz, *The Siege of Leningrad, 1941—1944: 900 Days of Terror* (Brown, 2001).

21. David M. Glantz, *The Battle for Leningrad, 1941—1944* (Kansas，2002).

22. David M. Glantz, *Before Stalingrad: Barbarossa, Hitler's Invasion of Russia 1941* (Tempus, 2003).

23. David M. Glantz, *The Soviet Strategic Offensive in Manchuria, 1945: August Storm* (Routledge，2003).

24. David M. Glantz, *The Soviet Operational and Tactical Combat in Manchuria, 1945: August Storm* (Routledge, 2003).

25. David M. Glantz&Marc J. Rikmenspoel, *Slaughterhouse: The Handbook of the Eastern Front* (Aberjona, 2004).

26. David M. Glantz, *Colossus Reborn: The Red Army at War, 1941—1943* (Kansas, 2005).

27. David M. Glantz, *Red Storm Over the Balkans: The Failed Soviet Invasion of Romania, Spring 1944* (Kansas, 2006).

28. David M. Glantz&Jonathan M. House, *To the Gates of Stalingrad: Soviet–German Combat Operations, April—August 1942* (Kansas, 2009).

29. David M. Glantz&Jonathan M. House, *Armageddon in Stalingrad: September—November 1942* (Kansas, 2009).

30. David M. Glantz, *Barbarossa Derailed: The Battle for Smolensk,Volume 1, 10 July—10 September 1941* (Helion&Company, 2010).

31. David M. Glantz, *After Stalingrad: The Red Army's Winter Offensive 1942—1943* (Helion&Company, 2011).

32. David M. Glantz, *Barbarossa Derailed: The Battle for Smolensk,Volume 2, 10 July—10 September 1941* (Helion&Company, 2012).

33. David M. Glantz, *Barbarossa Derailed: The Battle for Smolensk,Volume 3, 10 July—10 September 1941* (Helion&Company, 2014).

34. David M. Glantz&Jonathan M. House, *Endgame at Stalingrad: December 1942—February 1943* (Kansas, 2014).

35. David M. Glantz, *Barbarossa Derailed: The Battle for Smolensk,Volume 4, Atlas* (Helion&Company, 2015).

36. David M. Glantz&Mary Elizabeth Glantz, *The Battle for Belorussia: The Red Army's Forgotten Campaign of October 1943—April 1944* (Kansas, 2016).

37. 格兰茨的研究基石中，很重要的一块就是马尔科姆·马金托什（Malcolm Mackintosh）的研究成果。之所以正文中未将之与西顿等人并列，是因为马金托什主要研究苏军和苏联政策、外交，而没有进行专门的苏德战争研究。但其学术地位及对格兰茨的影响是不容忽视的。

38. Douglas Nash, *Hell's Gate: The Battle of the Cherkassy Pocket, January—February 1944* (RZM, 2002).

39. George Nipe Jr. , *Decision in the Ukraine: German Panzer Operations on the Eastern Front, Summer 1943* (Stackpole, 1996).

40. George Nipe Jr. , *Last Victory in Russia: The SS-Panzerkorps and Manstein's Kharkov Counteroffensive, February—March 1943* (Schiffer, 2000).

41. George Nipe Jr. , *Blood, Steel, and Myth: The Ⅱ. SS-Panzer-Korps and the Road to Prochorowka* (RZM, 2013).

42. David Stahel, *Operation Barbarossa and Germany's Defeat in the East* (Cambridge, 2009).

43. Christopher A. Lawrence, *Kursk: The Battle of Prokhorovka* (Aberdeen, 2015).

44. 普里特·巴塔先生的主要作品包括：Prit Buttar, *Battleground Prussia: The Assault on Germany's Eastern Front 1944—1945* (Ospery, 2010); *Between Giants: The Battle of the Baltics in World War Ⅱ* (Ospery, 2013); *Collision of Empires: The War on the Eastern Front in 1914* (Ospery, 2014); *Germany Ascendant: The Eastern Front 1915* (Ospery, 2015); *Russia's Last Gasp, The Eastern Front, 1916—1917* (Ospery, 2016).

45. Julian Stafford Corbett, *The Campaign of Trafalgar* (Ulan Press, 2012).

46. 参阅：滕昕云，《闪击战——迷思与真相》，台北：老战友工作室/军事文粹部，2003年。该书算是华语著作中第一部从德军视角强调"作战层级"重要性的著作。

译 者 序

    无论过去还是现在，偏居于广大欧陆一隅的波罗的海三国都很少进入主流视野。第二次世界大战当中，拉脱维亚、立陶宛和爱沙尼亚的国民同样被卷入战争，被迫参与战斗、付出牺牲，却永远不可能受到几个大国那样的关注，只是默默为苏、德这两个巨人提供殊死搏斗的舞台和背景。所幸现在有了普里特·巴塔先生的这部著作，可以提醒人们，在那场战争中还有这样几个民族为了生存而如此挣扎过。

    《巨人之间》是一本主要介绍二战期间波罗的海地区战事的书。作者从战前该地区的政治外交形势开始谈起，依次对该地区内展开的"巴巴罗萨"行动、"巴格拉季昂"行动和最后的库尔兰桥头堡之战等重要战事做了详细而深入的描写。以第三章"国防军势如洪流"为例，巴塔先生不仅叙述战事发展本身，更预先就苏德两军的战前军事思想——分别以"大纵深战役"和"委任式指挥法"为代表——做了简明扼要的探讨，结合其引用文献，相信对许多读者而言都会成为很有价值的参考。除宏观战役以外，作者还大量引用一线官兵，如虎式坦克王牌奥托·卡里乌斯的回忆录，以及各师级单位战史，细致还原了下层官兵的战斗经历，相信喜欢微观战史的读者也能从书中得到满足。

    与此同时，这也是一本讲述在那片土地上生活的民众的书。拉脱维亚人、立陶宛人、爱沙尼亚人，还有生活其间的少数族群，如犹太人和波罗的海德意志人，每个民族都有各自的故事和命运，书中拿出了一定篇幅予以探讨。本书第二章详细介绍了纳粹德国的占领政策，读者由此可以明确了解德国种族政策的起源、发展和内在逻辑，好对接下来的史实发展有更明晰的认知。第四章以客观而冰冷的语气，叙述了战争阴影下犹太人遭遇的种种迫害及屠杀。拉脱维亚人、立陶宛人、爱沙尼亚人同样是外国占领的受害者，但巴塔先生也没有略过其中一小部分人在纳粹罪行里扮演的耻辱角色，于第五章详细介绍了三国人民面对纳粹占领者所做的各种主动或被动回应。第十二章则着重于战争在结束后的数十年间，依旧在对三国人民产生深远影响的一系列事实。

巴塔先生在写作中运用的资料复杂多样，又涉及多种语言，内容广泛深刻，而译者能力有限，出现错误固非本意，但也在所难免，还望读者诸君海涵，并恳请不吝指正。同时，巴塔作为西方学者，观点中不免有偏颇之处，还请读者在阅读过程中注意甄别。

译者经验浅薄，翻译过程中常有疑难问题或不足之处，感谢本书编辑王轩先生细心提供指导建议，翻译工作才得以顺利完成。

21世纪已度过最初五分之一，动荡与战乱却从未远离人类。

在此谨祈和平长存，书中悲惨的历史永远成为过去，不再重现。

刘任

2018年6月4日

前　言

　　"一个人的死亡是个悲剧，一百万人的死亡是个统计数字。"这样一种说法肯定可以套用于波罗的海诸国。毋庸置疑，许多国家都曾在第二次世界大战中承受毁灭与苦痛，但相关数字的尺度常常会削弱其影响力。德国在苏联的暴行广为人知并留有大量记录，但就丧失人口的比例来说，夹在苏德两大强国之间的那些国家——波兰、立陶宛、拉脱维亚和爱沙尼亚——所遭受的损失要远超任何一国。发生在波兰的死亡还较为人所知，波罗的海诸国的苦难则很少有人提及，可它们损失了约20%的人口，这一比率高过波兰以外的任何国家。

　　引发这些可怕损失的是上述三国的独特状况，它们接连经受了三次外国占领——苏联1939年第一次占领，德国1941年的占领，然后是1944—1945年的苏联第二次占领。但相较于波兰的情况，许多波罗的海国家（尤其是立陶宛和拉脱维亚）的公民是死于他们的波罗的海同胞之手，这是因为占领国家无情地利用这三国国内的分歧。而且和波兰不同，波罗的海三国都因为它们独特的形势不得不向德国提供帮助，虽然这些帮助既有限又很不情愿，但依然使得它们无法在战后安排中向战胜的同盟国吁请援助。

　　这本书并不打算评判波罗的海诸国的领导人及人民所做的决定，他们怀着自己的夙愿，努力缓解自身的处境；该书的目的是叙述那些破坏与流血，它们给欧洲的这一角带来如此毁灭性的影响，其后果至今仍未消散。

军事标志图例

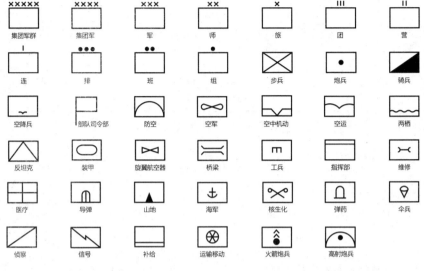

集团军群　集团军　军　师　旅　团　营

连　排　班　组　步兵　炮兵　骑兵

空降兵　部队司令部　防空　空军　空中机动　空运　两栖

反坦克　装甲　旋翼航空器　桥梁　工兵　指挥部　维修

医疗　导弹　山地　海军　核生化　弹药　伞兵

侦察　信号　补给　运输移动　火箭炮兵　高射炮兵

单位识别图例

单位识别符　　上级单位

指挥官

(+) 得到加强
(－) 缺编

献给丹

作者按

像这样一本书，必然要得到许多人的慷慨帮助才能完成。

承蒙我的好友大卫·克拉克借给我几本书，不然我就得花上好一番功夫才能找到它们。事实上，是大卫在多年以前初次跟我介绍了"双头"和"恺撒"行动，这是我在通往本书的道路上踏出的第一步。www.mapsatwar.us的汤姆·霍利亨提供了宝贵的帮助，并在和我一起加工地图的时候表现出极大耐心。我还急需向伊琳娜·多夫布什表达谢意，她帮我找到很多派上用场的苏方资料。

我的代理人罗伯特·达德利总能提出职业上的建议和私人方面的激励。鱼鹰出版社的工作人员，尤其是凯特·莫尔、马库斯·库珀和艾米丽·霍姆斯，他们都非常专业，给了我很大帮助。

我写作这本书时，我的家人一如既往地对我表现出巨大的宽容，我永远感激他们。

登场人物

波罗的海诸国

　　尤奥扎斯·安布拉泽维奇乌斯：1941年德军入侵后被任命为立陶宛代理总理。

　　奥斯卡斯·丹克斯：1941年7月被德国人指派为未来拉脱维亚行政机构的领导者。

　　奥古斯茨·基尔亨什泰因斯：1940年6月苏联入侵后拉脱维亚政府的领导者。

　　佩特拉斯·库比柳纳斯：德国人1941年7月指派的立陶宛总顾问，负责执行德国人的政策，尤其是为德军征募拉脱维亚人的相关工作。

　　赫亚尔马·梅埃：1941年7月受德国人委任，在爱沙尼亚运作一个执行德国政策的理事机构。

　　安塔纳斯·梅尔基斯：1939年的立陶宛总理，1940年6月被撤职。

　　温察斯·米茨克维奇乌斯：1940年苏联入侵后的立陶宛外长，在原位上待了不到一个月时间。

　　拉达斯·纳特凯维奇乌斯：立陶宛1939年派驻莫斯科大使。

　　尤斯塔斯·帕莱茨基斯：1940年苏联入侵后的立陶宛领导人。

　　孔斯坦京·佩茨：1939年战争爆发时的爱沙尼亚国家元首，1940年7月中旬被迫辞职。

　　卡尔·塞尔特：1939年的爱沙尼亚外长。

　　安塔纳斯·斯梅托纳：1939年战争爆发时的立陶宛领导人，1940年6月逃到德国，之后又去了美国。

　　卡尔利斯·乌尔马尼斯：1939年的拉脱维亚国家元首，1940年7月中旬被迫辞职。

　　尤奥扎斯·乌尔布希斯：1938年至1940年的立陶宛外长。

　　约翰奈斯·瓦雷斯：1940年苏联入侵后的爱沙尼亚总理。

德国

　　克莱门斯·贝策尔将军：1944年间的第4装甲师师长，他和他的师在"双头""恺撒"行动以及1944年10月至1945年1月的库尔兰之战中发挥了关键性作用。

　　埃里希·布兰登贝格尔少将："巴巴罗萨"行动期间的第8装甲师师长。

　　瓦尔特·冯·布劳希奇元帅：1941年的德国陆军总司令。

　　恩斯特·布施大将（自1940年7月），后元帅（自1943年2月）："巴巴罗萨"行动期间的第16集团军司令；在1944年1月—4月间的纳尔瓦周边战事中指挥中央集团军群。

　　汉斯·克里斯特恩上校：第4装甲师辖下第35装甲团的团长；1944年12月贝策尔临时缺席期间接管了第4装甲师的指挥权。

　　约翰内斯·弗里斯纳大将：1944年7月间接替林德曼任北方集团军群司令，但在当月底让位给舍尔纳。

　　吕迪格尔·冯·德·格尔茨少将：1918—1919年间德国在拉脱维亚的指挥官。

　　海因茨·古德里安大将：德国陆军总司令部（OKH）总参谋长。

　　克里斯蒂安·汉森上校：1944年的第16集团军司令。

　　莱因哈德·海德里希：帝国保安总局局长。

　　埃里希·赫普纳大将："巴巴罗萨"行动期间北方集团军群第4装甲集群司令。

　　赫尔曼·霍特大将："巴巴罗萨"行动期间中央集团军群第3装甲集群司令。

　　卡尔·耶格尔党卫队旗队长：1941年夏季开始任第3特别行动指挥部指挥官；同期被任命为党卫队帝国保安处在立陶宛的指挥官，之后驻留立陶宛两年。他撰写了《耶格尔报告》，这是一份1941年下半年期间于考纳斯隔离区杀害犹太人活动的详细记录。

　　格奥尔格·冯·屈希勒尔大将："巴巴罗萨"行动期间的第18集团军司令。他在1941年12月莱布免职后负责指挥北方集团军群，但于1944年1月被解职，继任者是莫德尔。

骑士威廉·冯·莱布元帅：北方集团军群司令，该集团军群是波罗的海区域的主要军事指挥机构，"巴巴罗萨"行动开始时由第16集团军、第18集团军和第4装甲集群组成。

格奥尔格·林德曼大将：1942年1月至1944年3月任第18集团军司令，1944年3月至7月领导北方集团军群。

埃里希·冯·曼施泰因上将（自1940年6月），后元帅（自1942年7月）："巴巴罗萨"行动期间第56装甲军军长。

瓦尔特·莫德尔元帅：1944年1月起接替屈希勒尔任北方集团军群司令，两个月后晋升元帅。他在1944年3月31日被调往北乌克兰集团军群，在北方集团军群的职务由林德曼接替；同年6月，莫德尔于"巴格拉季昂"行动开始后承担起中央集团军群的指挥权。1944年8月他被调往西线，中央集团军群司令之职由莱因哈特继任。

格奥尔格-汉斯·莱因哈特上将："巴巴罗萨"行动之初任第41装甲军军长。晋升大将之后，1944年7月在维尔纽斯周边战事中指挥第3装甲集团军。1944年8月，他接替莫德尔成为中央集团军群司令。

约阿希姆·冯·里宾特洛甫：1938—1945年的德国外长，他与苏联商定了《苏德互不侵犯条约》。

阿尔弗雷德·罗森贝格：国家社会主义领导人物，对种族理论怀有强烈兴趣；罗森贝格强烈反犹反共，对纳粹种族理论的发展具有高度影响力，他的理念在《东方总计划》中占有很大份额。1941年起，他成为新近创建的帝国东方占领地区部（简称东方部）部长。

迪特里希·冯·绍肯上将：1944年夏担任重建不久的第39装甲军军长。1945年4月接管东普鲁士陆军高级司令部的指挥权。

斐迪南·舍尔纳上将：1944年7月被任命为北方集团军群司令，接替了弗里斯纳。他以严格贯彻铁一般的纪律著称，颇受希特勒喜爱。舍尔纳在北方集团军群任职至1945年1月，这时第16与第18集团军转隶新命名的库尔兰集团军群，司令为维廷霍夫。

弗里德里希·维尔纳·冯·德·舒伦堡：1939年德国驻莫斯科大使。

弗朗茨·瓦尔特·施塔勒克：律师，在党卫队保安处爬至高位，在"巴巴罗萨"行动期间指挥A特别行动集群。施塔勒克撰写了一份详细报告，表明他的集群是怎样跟随在入侵德军之后在立陶宛运作的。

菲利克斯·施泰因纳党卫队高级地区总队长：1943年5月至1944年10月任党卫队第三（日耳曼）装甲军军长。

海因里希·冯·维廷霍夫大将：1945年1月至3月任新得名的库尔兰集团军群司令。

苏联

苏联元帅伊万·赫里斯托洛维奇·巴格拉米扬："巴巴罗萨"行动开始时任西南方面军副参谋长，从该方面军在西乌克兰的败战中幸存下来。巴格拉米扬后来先是被提拔为第16集团军、之后是第11集团军司令，最后被任命为波罗的海沿岸第1方面军司令，他在这一职位上于1944年"巴格拉季昂"行动中扮演了关键角色。巴格拉米扬深入参与了库尔兰地区的战斗，后来撰写了一本有关本人经历的详细记录。

拉夫连季·贝利亚：苏联内务人民委员。

伊万·达尼洛维奇·切尔尼亚霍夫斯基大将："巴巴罗萨"行动期间任第28坦克师师长。于1944—1945年间晋升为白俄罗斯第3方面军司令，在"巴格拉季昂"行动期间熟练遂行战斗。

伊万·米哈伊洛维奇·奇斯佳科夫上将：自1943年起至战争结束任近卫第6集团军司令。奇斯佳科夫和他的部下在"恺撒"行动和1944年10月的库尔兰之战期间扮演了重要角色。

弗拉基米尔·格奥尔基耶维奇·杰卡诺佐夫：副外交人民委员，1940年6月安塔纳斯·斯梅托纳被解职后由苏联派往立陶宛组建新政府；1940年11月成为苏联驻柏林大使。

列昂尼德·亚历山德罗维奇·戈沃罗夫：1942年4月任列宁格勒方面军司令。1945年1月列宁格勒方面军解散后，他接替叶廖缅科成为波罗的海沿岸第2方面军司令。

费奥多尔·伊西多罗维奇·库兹涅佐夫："巴巴罗萨"行动中列宁格勒西面第一道防线波罗的海特别军区的司令。

马克西姆·马克西莫维奇·李维诺夫：20世纪30年代大部分时期任苏联外交人民委员，但1939年被斯大林解职，这部分是因为他的犹太出身。

基里尔·阿法纳西耶维奇·梅列茨科夫：1944年1月的沃尔霍夫方面军司令。

维亚切斯拉夫·米哈伊洛维奇·莫洛托夫：1939年斯大林解职李维诺夫后就任苏联外务人民委员。他和斯大林一同协定了1939年的《莫洛托夫–里宾特洛甫协定》，该协定1941年6月随着德国入侵苏联而终结。

彼得·彼得洛维奇·索边尼科夫中将："巴巴罗萨"行动开始时担任第8集团军司令，经历1941年6月的战斗后取代库兹涅佐夫成为波罗的海特别军区司令。

瓦西里·提莫费耶维奇·沃利斯基上将：1944年10月库尔兰地区战斗中的近卫坦克第5集团军司令。

苏联元帅安德烈·伊万诺维奇·叶廖缅科：1944年夏季间参与波罗的海之战的波罗的海沿岸第2方面军司令。

伊万·佐托夫：1940年的苏联驻拉脱维亚大使。

CONTENTS 目录

MAP 地图目录

导　言

数百年来，波罗的海诸国的人民都不过是外国统治者在他们自家土地上发动战争的炮灰。在这一时期，他们自己的愿望——甚至包括少数更为富裕的波罗的海人的愿望——均未产生任何意义。这最终导致18世纪末民族主义运动的兴起，以及第一次世界大战后那一连串带来独立的战争。不过，尽管三个国家在前述的历次战争，以及随后的第二次世界大战中有着相似历史，但它们的民族起源大相径庭，造就了三个截然不同的国家。

随着明道加斯（Mindaugas）1253年加冕为第一位立陶宛国王，波罗的海诸国中最靠南的立陶宛，成为三国中最早建立起民族实体的国家。十年后，条顿骑士从临近的普鲁士向明道加斯的国家发动十字军征讨，带来了一场漫长的战争。1385年，立陶宛与波兰结成联盟，并开始接纳基督教信仰；两国携手对抗他们在普鲁士的共同敌人，1410年于坦能堡（Tannenberg）或称格伦瓦尔德（Grunwald）战胜条顿骑士团，赢得一场决定性胜利。普鲁士的威胁衰微以后，许多立陶宛贵族寻求中断同波兰的联盟，但莫斯科大公国这个崛起中的强权，迫使波兰与立陶宛更为密切地合作。由此形成的联邦国家一直存续到1772年第一次瓜分波兰时被肢解。此后，立陶宛就变成了俄罗斯帝国的一部分。

立陶宛北面就是拉脱维亚，这里居住着与立陶宛原住民相似的部落。他们缓慢地融合为五个不同的族群，并拒绝了12世纪后期传教士引入基督教的努力。和爱沙尼亚的部落一样，拉脱维亚人与俄罗斯的纵深地带也被厚密的森林和沼泽分隔开来，并且在西方的海上贸易到来以前，他们都享受着一种相对孤立、艰苦和朴素的生活。伴随基督教传教士而来的贸易者们沿着波罗的海海岸建立起一系列港口，以方便与北欧日渐增长的贸易活动，这些港口中有许多成为汉萨同盟的一部分。该同盟是一个贸易网络，由发源自德意志港口吕贝克（Lübeck）的若干独立城市组成。当地人口对基督教的抗拒引来了德意志十字军修会的注意，对这些团体的成员来说，在信奉异教的波罗的海地区开展一次十字军征伐，是在精神上等同于重夺圣地的战斗任务，而又远不像后者那样艰巨；还有一个好处就是这里与本土要近得多，因此组织起来容易得多——也便宜得多。西欧一些国王的儿子都曾短暂参与过波罗的海十字军，他们可以加入修会作战，并且在一年之内回家。1202年，里加主教（他这个职位仅存在了一年）建立一个新的骑士团——宝剑骑士团，迅速征服了名为利沃尼亚的土地。1236年，兄弟会的骑士劫掠了萨莫吉提亚人①的领土，这是当地的大部落之一。骑士们踏上归途，却发现自己在一座名为苏勒［Saule，今希奥利艾（Šiauliai）］的小聚落附近，被一支萨莫吉提亚战士组成的军队挡住去路。在随后发生的战斗中，这支为数3000人、包括至多60名骑士在内的基督教军队几乎全部被杀。修会会长福尔克文（Volkwyn）也在战死者之列。持剑兄弟会此前辛苦征服的至道加瓦河（Daugava）以南的部落，此时也开始奋起反叛。残余的骑士们为了生存而转入利沃尼亚骑士团，形式上成为普鲁士条顿骑士团的分支，但由于这两块领土之间有立陶宛，两个十字军修会也无法将其力量合为一处。随着十字军骑士团国力的衰退，拉脱维亚的土地为其邻居所吞并，其中的南方部分逐渐受立陶宛与波兰控制，而瑞典则占据了北部的利沃尼亚。最终，拉脱维亚也像立陶宛那样被并入俄罗斯帝国。

爱沙尼亚在文化上不同于南方的两个邻居，它的语言和芬兰语要近似得多。这里从1208年开始受条顿十字军的影响，是该地区最后皈依基督教的部分。此后不久，丹麦对这一区域产生兴趣，并占领该国北部。1343年，当地人奋起反抗丹麦统治，不久，丹麦人又将他们在该地区的利权卖给利沃尼亚骑士团；然后，一个名为"马利亚之地"（Terra Mariana）的教会国家就这样在利沃尼亚的控制下建立起来。接下来的事可能是该地区历史上的典型现象：不同

---

① 译注：Samogitians，该部居住于今立陶宛西北部。

派系——利沃尼亚骑士、教会当局，还有当地的世俗波罗的海德意志人——为争夺爱沙尼亚的控制权展开一系列内战，他们很少或根本不曾虑及原住民，只将后者看作能补充军队的一类人力资源。利沃尼亚骑士团最终在1345年战败，各个派系同意将他们的分歧放到一边，建立起利沃尼亚联邦（Livonian Confederation）。到16世纪，丹麦人重新开始在爱沙尼亚谋求利益，之后瑞典控制该国北部地区。随之而来的是瑞典为一方、立陶宛—波兰联邦为另一方的一系列战争。到最后，瑞典人完全控制当今的爱沙尼亚国土，并迫使德意志地主授予爱沙尼亚农民更多自治权，但在1710年，作为大北方战争的结果之一，该地区转而被俄国掌控。对爱沙尼亚人来说，这不过是一个外国统治者替换掉另一个。俄国人废除瑞典人此前发起的有限改革，恢复农奴制以及波罗的海德意志人贵族的统治权。

上述这些不同的历史，加上一个共同的终点，让这三个国家既有显著区别，又有鲜明的相似性。因为同波兰的关联，立陶宛很大程度上是一个天主教国家，当地贵族也和波兰贵族有着密切的家族联系。相反，爱沙尼亚和拉脱维亚则拥有德意志种族的地主统治阶级，他们构成了较大的市镇与城市中的主体人口，两国都在很大程度上追随着德意志和斯堪的纳维亚，接纳了路德宗基督教。波罗的海德意志家族恢复对当地农民的统治，作为回报，他们为俄罗斯帝国提供了许多帝国最为出色的行政专员、外交家和陆军军官；这就不可避免地导致爱沙尼亚人和拉脱维亚人，还有他们那些波罗的海德意志领主之间出现种族敌视。波罗的海国家对俄罗斯的仇视在20世纪这一地区的历史上发挥了如此重大的影响，由上文可见，其根源实可以追溯到数百年前。

事实证明，农奴制的复辟持续不长，至1819年便在爱沙尼亚及拉脱维亚部分地区再次取消。无论这一做法意图如何，当地农民受益都非常有限，因为土地仍处于德意志地主家庭的控制之下，而新解放的前农奴们又缺乏购买自家土地的财源。到19世纪中期，才进行了一场程度有限的土地改革。同一时期，强制参与贸易行会的法律也有所缓和，由此导致更多拉脱维亚人与爱沙尼亚人从乡村移居至大型海岸城市。1871年，塔林（Tallinn）的人口占爱沙尼亚的50%以上，这个比例到1897年又进一步增长至67%。与此同时，里加人口占拉脱维亚的比例也从23%增长至42%。

文化差异引发大量斗争的另一个领域是宗教信仰。波罗的海诸国法定教会之间——在拉脱维亚和爱沙尼亚是路德宗，在立陶宛是罗马天主教——以及与俄罗斯东正教会的竞争，催生出更多的爱沙尼亚语、拉脱维亚语和立陶宛语出版物，并推动识字率快速提高——截至该世纪末，波罗的海诸国的几乎所有人口都能够识字。[1] 19世纪，俄罗斯试图将本国文化强加于这一地区，三个国家概莫能外。除东正教会的传教努力之外，一切学校教育都强制用俄语进行，而且在立陶宛，使用拉丁字母的立陶宛语书籍直到1904年都是遭禁止的。立陶宛的天主教徒在1894年被禁止进入当地政府任职，这一禁令导致民族主义情绪在当地同天主教会紧密联系起来。由于临近的东普鲁士存在大量立陶宛人，俄国人的努力受到阻挠，人们继续在东普鲁士出版立陶宛语的材料，并将其走私过边境。与拉脱维亚和爱沙尼亚不同，立陶宛相对而言并未受工业革命影响，很大程度上仍然是一个农业国家。正因为此，该国的新增人口有许多移民到了新大陆，而不像两个北方国家那样前往本国的工业城市。

20世纪伊始，骚乱席卷俄罗斯帝国。1905年，民族主义者在塔林、里加和维尔纽斯召开集会，与此同时，在爱沙尼亚和拉脱维亚的乡村，动荡的状况也瞄准了不受欢迎的德意志贵族。大约200处乡间庄园遭人纵火，约300人被杀。受害者中一部分是富裕的地主，其他则是拉脱维亚人和爱沙尼亚人，他们被周围的邻居看作是波罗的海德意志人的同情者。一些人因为同贵族地主阶层有一丁点联系就成了目标，例如叶尔加瓦〔Jelgava，德语称米陶（Mitau）〕①镇上的一位上了年纪的牧师：

他的首要兴趣是收集列特语（拉脱维亚语）的歌曲、谜语、谚语和传说。他沉迷于这项工作……突然，农民们袭击他作为牧师的住宅，射杀他的教堂司事，恐吓他的女儿，焚烧他的藏书室，打碎他的瓷器，践踏他的羽管键琴，并且用他的家具在花园里搭起一处营火，用他的手稿将其点燃。[2]

①编者注：原书作者在引用一些文件、对话时，为表述清晰和便于理解，自行补充了少量文字。为与引用原文区分，这些补充文字统一使用方括号［］扩起来。本书中需要用到嵌套括号时，外层括号为六角括号〔〕，还请读者注意区别。

立陶宛则有所不同，那里的民间骚动较少，而是发生了一些针对俄语教师以及东正教圣职者的袭击事件。俄国人视骚乱程度报以不同的回应：在立陶宛进行了有限的镇压，而在塔林和里加，俄国军队向抗议者开火，打死150多人，另打伤数百人。俄军在农村制止袭击地主财产的行为，在此期间约400名爱沙尼亚人被杀；在拉脱维亚，民族主义者控制了大范围的乡间地区，俄国人数次出兵才收复，造成1100人死亡。更有许多人被流放到西伯利亚。[3]

第一次世界大战给该地区带来更多纷争。战争伊始，俄国的集团军开进东普鲁士，却在1914年于坦能堡和马祖里湖区（Masurian Lakes）遭到重大失败。拉脱维亚与立陶宛的大部分地区都在随后的几个月里被德军占领，不过爱沙尼亚仍处于俄国控制下。随着1917年俄罗斯帝国崩溃，俄军余部的撤离使得混乱进一步加剧。1917年12月，面对一场可能会旷日持久的内战，苏俄同德国、奥匈和土耳其在布列斯特—利托夫斯克（Brest-Litovsk）市展开和谈，试图与同盟国达成和平，好让苏俄军队能够集中精力对俄国白卫军作战。

谈判在1918年2月份宣告破裂，时任苏俄代表团长的列昂·托洛茨基判定无法再取得进展，因为德国人坚持要求领土让步，而苏俄的立场是既不割让土地，也不向同盟国赔款。战端重启，事实证明，这对苏方而言是一场灾难，德国军队推进至爱沙尼亚境内。一个月后，谈判再度开始时，苏俄被迫接受比原提案恶劣得多的条款。俄罗斯声明放弃对芬兰、爱沙尼亚、拉脱维亚、立陶宛、白俄罗斯、乌克兰和波兰的任何权利。按照条约所言，德国与奥匈将在与当地居民合意的情况下决定这些地区未来的命运。实际状况是，无论德国人能获取的支持有多么少，都会寻求建立附庸国。

正当德国在东欧建立一个帝国、使其能够匹敌不列颠帝国的梦想眼看即将实现时，1918年末德皇的逊位以及德意志帝国的崩溃完全改变了局势。随着德国军队撤离波罗的海诸国，苏俄看到了收复在《布列斯特—利托夫斯克条约》中所割领土的机会。在他们看来，该条约是他们在最为脆弱的时刻被强加于身的，而且作为沙皇的继承者，他们认为自己对沙皇俄国曾经控制过的所有领土都拥有权利。苏俄军队开始向波罗的海地区进军。尽管该行动曾被称作"苏维埃西方攻势"（Soviet Westward Offensive），某份资料又将其称为"目标维斯杜拉"（Target Vistula），但似乎并不存在统筹策划的攻势。[5]倒不如说，那是发生在同一地区内的一系列未经协调的行动，几乎没有进行任何宏观调控。

如果随之而来的战争能局限于苏俄军队和三国那初生的民族主义军队之间，那么在1919年年初也就结束了，苏俄红军将获得一场几近完全的胜利。然而有许许多多的派系牵涉到斗争之中，每一派都有自己的盘算。处于这些彼此冲突的盘算正中的是三国提出的根本性难题：它们是否可以作为独立国家存在，还是要被迫牺牲一定程度的独立性、来确保某个强大邻居的支持？

苏俄对这三国未来所持的想法已经有所提及，而随着第一次世界大战的进行，德国人也发展出他们对于东欧形态的理念。1915年，弗里德里希·瑙曼（Friedrich Naumann）首次详细提出作为德意志帝国的"中欧"概念，这体现在他的一本同名著作当中。[7]他建议用俄罗斯帝国的西部创造出一群新国家，这些国家会因移民活动而逐渐德意志化，并且"中欧"可以为德国的经济扩张提供一片区域，以此起到平衡不列颠帝国各殖民地的作用。此外还有奥匈与土耳其，两国作为德国的盟友，会在经济上日渐依附于德国及其附庸国，并且自己最终也将变得和附庸国一样。

根据设想，新兴国家享有几种不同层级的自治。爱沙尼亚、拉脱维亚和立陶宛将是半自治国，政府职能几乎完全受德国控制。它们会是德国殖民活动的早期目标，因此在经历较长一段时期后，就应该失去半自治地位。[8]需要留意的是，德国人对殖民地的概念不同于英国或法国。一方面，英国确保大不列颠帝国的非白人地区几乎不存在自治，但也没有真打算向那些地区移居足够多的英国白人公民，形成不列颠人占主体的局面。相反，德国人则意在完全"日耳曼化"他们的殖民地，并且认为一切非日耳曼人均劣于德国人，不论其肤色如何。在西南非洲的德国保护领——今日的纳米比亚——为尝试创造一个"非洲德国"，当局从当地人口那里强制剥夺土地，转给德国移民，引发了一场赫雷罗人（Herero people）的起义。[9]德国回应以一场种族灭绝战争，导致成千上万的赫雷罗人死亡。[10]这种对待殖民地的态度在德皇倒台后还留存了很久，并深深影响了纳粹德国对东欧占领区的行为。事实上，许多纳粹时代的关键人物都同赫雷罗战争有关，赫尔曼·戈林的父亲就是一名参与过此次种族灭绝的德国军官。

《布列斯特—利托夫斯克条约》实际上赋予了德国创造"中欧"的自

由，而且，虽然条约本身不久后即被苏俄以其是强加于自己为由宣告废除，德国人却并未放弃他们的东欧帝国之梦。尽管德皇的倒台是一次重挫，但德国在波罗的海诸国奉行的政策，看来仍是企图借附庸国来建立对该区域的统治，由此在西方国家的最终和平协定下，制造一种有利于德国的现状。大量德国军队以志愿队的形式集结起来，被称为"自由军团"（Freikorps），在波罗的海诸国的独立战争中扮演重要角色。他们在击退苏俄军队的过程中提供了难以估量的帮助，却并不打算协助创造真正的独立国家；他们更频繁地为促进德国的傀儡政权构想而行动，这种政权或处于德国的直接控制之下，或者是由波罗的海德意志贵族所控制。应当强调的是，拉脱维亚的情况尤其如此，而爱沙尼亚的波罗的海德意志人大都是爱沙尼亚民族主义的热心支持者，首批为爱沙尼亚独立而战斗的军事单位中有一部分是他们协助组建的。

对于那些夹在德俄之间的欧洲地区的愿景，波兰与德国也有相同之处。波兰人希望的是一组被统称为"海间之地"（Międzymorze，意指从波罗的海海岸延伸至亚得里亚海的陆地带）的独立国家。这些国家将——理所当然——受波兰支配，后者自身将会是联盟中最大的成员国。此外，波兰不打算让立陶宛独立。作为替代，两个民族之间的旧有联邦将会再度建立，而立陶宛则降格为波兰的一个半自治地区。虽然立陶宛的民族主义者欢迎波兰介入这场对抗苏俄军队的战争，但对于那些在他们看来是针对立陶宛本身的干涉行为（包括一次发动政变并夺取立陶宛首都维尔纽斯的企图），这些人就没有那么热情了。

该区域还存在另一个武装派系，他们对事务究竟该如何安排有着完全不同的一套看法。白俄们（White Russians）仍在进行对抗苏俄军队的内战，他们一心恢复俄罗斯帝国，并准备在此过程中授予波罗的海各国有限程度的自治。德国人寻求与白俄合作，希望建立起一个能够支援德国对抗英国与法国的复辟俄罗斯帝国；与此相对，英国和法国虽然热心支持白俄进行内战，但也试图令这种支持符合它们对波罗的海诸国独立建国努力的援助。

第一次世界大战的终结给西方带来和平，然而动乱依旧在东方继续，在三场波罗的海独立战争中，不同国籍与立场的集团在这三个波罗的海国家的领土上相互争斗，这些战争交互作用，使得人们无法孤立看待其中任何一场。立陶宛、拉脱维亚和爱沙尼亚的民族主义运动努力组建属于自己的战斗力量时，其他国家也在向他们提供可靠程度不等的援助。爱沙尼亚与芬兰的紧密联系令数百名芬兰人志愿为爱沙尼亚的独立参战。英国的一支轻巡洋舰分队送来弹药和武器，还阻止了以彼得格勒（Petrograd，即列宁格勒）为基地的苏俄舰队，使其无法大举进袭波罗的海。进入三国的红军部队缺乏有效领导，训练程度低下，补给也极不规律。苏俄军队一失去开始时的势头，爱沙尼亚的民族主义政府——在芬兰、英国巡洋舰以及白俄军队的有力支持下——就迅速夺回本国领土。拉脱维亚几乎被红军攻陷全境，然而在吕迪格尔·冯·德尔·戈尔茨（Rüdiger von der Goltz）的指挥下，波罗的海德意志人与"自由军团"设法在利耶帕亚（Liepāja）港周边保住一处狭小的桥头堡，通过联合拉脱维亚北部的其他德军，戈尔茨的部下同一小支拉脱维亚民族主义者军队重新夺回里加。在那之后，由于戈尔茨企图建立一个亲德国的政府来取代民族主义者的统治，德国人与拉脱维亚人之间发生了杂乱的战斗，后者得到爱沙尼亚军队的帮助，最终结果是自由军团被逐出拉脱维亚。

而在立陶宛，同德国和波兰这两国的关系在该国的独立战争过程中发挥重要作用，也从侧面影响了它随后几年的命运。布列斯特—利托夫斯克谈判期间，德国人曾向立陶宛提议：德国承认立陶宛的独立，以换取同德国的永久联邦，诸如国防、外务和货币之类的事项由柏林掌控。维尔纽斯会议（Vilnius Conference，一个立陶宛民族主义者构成的团体）考虑这份提案，并回应说愿意接受，前提是立陶宛能够在内外两方面事务上保留自主性。后面那点与德国在军事问题上保持一致的要求矛盾，于是德国拒绝了这个提议。尽管如此，维尔纽斯会议仍旧于1917年12月11日投票表决，按照规定好的条件接受德国的提案，由此等于做出了一次有限的独立声明。事实表明这是一个争议性的举动，并遭到来自国内与流亡中的立陶宛人两方面的批判，他们觉得对德国的让步程度实在太大。此举还引起协约国的愤怒，后者依然在同德国作战。1918年1月，维尔纽斯议会（Vilnius Council）试图修改其声明，以添加一条规定，内容为立陶宛应被允许召开一个地区性选举人的国民议会。德国人已经明确反对过该议会先前所提条件，现在也拒绝了最近这次请求。于是维尔纽斯议会发现自己正面临来自全方位的敌视，许多成员还以辞职相威胁。议会于2月16日同意发布一份新的立陶宛独立声明，此次完全没有提及同德国的永久结盟。德国占领军竭力阻止这份声明在立陶宛境内公布，但它很快就被德国媒体广泛报道，相关新闻不可避免地传回了立陶宛本土。

1918年3月，随着《布列斯特—利托夫斯克条约》的签订，德国宣布在维尔纽斯议会于12月11日所公布条款的基础上，承认立陶宛的独立。关于这次独立准确性质的争吵持续不休，而在6月份，议会又邀请符腾堡（Württemberg）伯爵成为立陶宛君主。此举给议会压上了一道难以承受的重荷，并有几名成员辞职。德国政府无论如何都拒绝接受这一安排，还阻止自称国王的明道加斯二世前往他的新国家。[11] 沮丧的维尔纽斯议会成员们发现，他们为制定政策所做的尝试几乎每次都为德国方面所阻，这种僵局一直持续到德国于11月垮台为止。这时，议会撤回它对符腾堡伯爵发出的邀请，还将成员资格扩展至犹太人与白俄罗斯人，试图增加其对这两个群体的吸引力。一开始，犹太人社团接到2个议席的提案，但他们拒绝了，犹太人领袖要求他们的议席数量应与立陶宛境内的犹太人口成比例，于是他们得到三个席位。新的立陶宛政府宣告成立，奥古斯丁纳斯·沃尔德马拉斯（Augustinas Voldemaras）任总理，安塔纳斯·斯梅托纳（Antanas Smetona）曾在议会初建时担任主席，现在出任总统。

立陶宛正处于一片混乱之中。德国士兵成群结队，常常是在拒绝听从上级军官命令的情况下，形成一条朝向德国的坚定潮流，横穿立陶宛国土。新政府不具备征税的手段，因此也没法履行任何重大职能。沃尔德马拉斯宣布立陶宛无意威胁它的邻居，并由此得出结论说并没有创建军队的迫切需求。对他来说不幸的是，苏俄迅速攻占立陶宛的东部地区。1919年1月5日，他们进抵至维尔纽斯。

立陶宛这座历史悠久的首都是个多种族的城市。德国1916年的一次人口普查显示，城市人口有一半是波兰人，余下的部分中很大一部分是犹太人，剩下的立陶宛人成了规模极小的少数群体；然而，其他调查显示周边地区的人口主要就是立陶宛人。[12] 事实上，维尔纽斯的犹太人口为这座城市从拿破仑那里博得了"北方耶路撒冷"的称呼。如此多种族混居肯定会制造额外的紧张状况，这种状况可以被任何有心于此的外部力量所利用。落于人后的立陶宛民族主义政府开始募集部队，但这些人无论是从战术上看，还是就兵力来说，都没法保卫维尔纽斯。最活跃的防御者是亲波兰的游击队，但他们并不能阻止苏俄红军夺取这座城市。苏俄军队由此逐步向西前进，但他们那聊胜于无的补给线无法使部队得到补充时，推进就耗尽了动能。立陶宛人还成功募集到德国（尤其是萨克森）志愿者为他们战斗，事实证明，这些老兵是一支强大的力量。

另一支在此区域行动的军队属于波兰。波兰人已同俄国开战，并在1919年春对红军发起一场大规模攻势。波兰的国家元首，约瑟夫·毕苏茨基（Józef Piłsudski）以他惯常的那种对细节一丝不苟的态度计划了这场行动，对利达（Lida）、纳瓦赫鲁达克（Navahrudak）与巴拉诺维奇（Baranovichi）发起牵制攻击。但他的主要目标是维尔纽斯，一支包含800名骑兵、2500名步兵和炮兵的军队领受了此项任务。波兰骑兵指挥官，瓦迪斯瓦夫·贝利纳-普拉兹莫夫斯基（Władysław Belina-Prazmowski）上校不等速度更慢的步兵抵达，于4月18日决定用他的骑兵发动攻击。他从城市周边迂回，由东面发起进攻，打了苏俄守军一个措手不及，并席卷了城郊地带。苏俄军队集结时，波兰步兵开始抵达，在他们的支援——还有来自维尔纽斯的波兰游击队的帮助——之下，贝利纳缓慢地占据上风，到4月21日日终时肃清城内苏俄军队。[13]

至6月底，苏俄红军几乎被逐出立陶宛全境，于是波兰与立陶宛就边境问题展开谈判。事实证明这是一项艰难的工作，部分原因是毕苏茨基并不希望看到一个独立的立陶宛，他更偏向于恢复之前的波兰—立陶宛联邦。谈判因维尔纽斯地区——两国都声称为己所有，但为波兰军队所占——陷入僵局，立陶宛人和波兰人于是请求协约国大使会议（Conference of Ambassadors）干预。在这个阶段，立陶宛与波兰两国在外交地位上的差别变得极其明显。波兰已经为协约国所承认，甚至还被伍德罗·威尔逊那著名的《十四点原则》特别提及：

> 应建立一个独立的波兰国家，并包括由不受争议的波兰人口所居住的各处领土，应确保该国有一个自由、可靠的入海口，其政治与经济独立及领土完整应由国际盟约担保。[14]

与此相反，立陶宛尚未获得国际承认。在许多圈子，尤其是那些支持俄罗斯帝国复辟的圈子里，立陶宛的独立显然不受欢迎。因此大使会议决定不把维尔纽斯及其周边地域归还给立陶宛的时候，没有谁会为此感到惊讶。

尽管毕苏茨基反对立陶宛的独立，但他敏锐地认识到：未来的联邦只有在立陶宛人民同意的情况下才能成立，于是他竭力劝说立陶宛人配合自己的计划。毕苏茨基与他的下属提议以一次公民投票来决定维尔纽斯地区的命运，但立陶宛人拒绝了该建议。不过，苏俄并未罢休。1920年，重新焕发活力的苏俄军队再度入侵，并把波兰人赶出维尔纽斯。之后不久，苏俄与立陶宛达成一项和约，作为和约的一部分，维尔纽斯地区被划给了立陶宛。这样一个安排对波兰人来说是不可接受的，10月份，波兰将军卢茨杨·泽利戈夫斯基（Lucjan Żeligowski）似乎发动了兵变，并向维尔纽斯进军，于10月9日占领这座城市。然后他宣布建立中立陶宛共和国（Republic of Central Lithuania），该国1923年与波兰合并。后来秘密泄露，泽利戈夫斯基的兵变子虚乌有，实际上是执行了波兰国家元首毕苏茨基的命令。立陶宛军队寡不敌众，无法对维尔纽斯地区的占领做出任何回击，整个间战期间，维尔纽斯问题一直是两国之间剧烈摩擦的一个源头，也使得波兰与立陶宛不可能进行任何合作。由此可见，波罗的海独立战争是两种理念冲突的表现：一方面，三个国家都有着强烈的民族主义心愿，而另一方面，那些强大的邻居们——苏俄、德国，甚至还有波兰——认为它们太小太弱，除作为某个更大的权力集团的一部分外别无生路。这个问题将在第二次世界大战中经受甚至更为残酷的查验，解决这一问题将耗费70多年的时间，以数百万人的生命为代价。

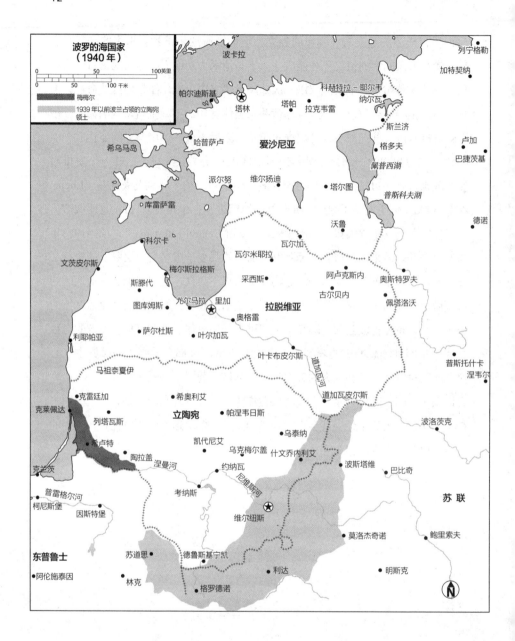

波罗的海国家
（1940 年）

梅梅尔

1939 年以前波兰占领的立陶宛领土

爱沙尼亚

拉脱维亚

立陶宛

苏联

东普鲁士

列宁格勒
加特契纳
波卡拉
科赫特拉－耶尔韦
帕尔迪斯基
塔林
塔帕
拉克韦雷
纳尔瓦
斯兰济
卢加
巴捷茨基
希乌马岛
哈普萨卢
格多夫
佩普西湖
德诺
派尔努
维尔扬迪
塔尔图
普斯科夫湖
库雷萨雷
沃鲁
科尔卡
瓦尔米耶拉
采西斯
阿卢克斯内
奥斯特罗夫
佩塔洛沃
文茨皮尔斯
梅尔斯拉格斯
斯滕代
尤尔马拉
里加
奥格雷
古尔贝内
图库姆斯
萨尔杜斯
叶尔加瓦
叶卡布皮尔斯
利耶帕亚
道加瓦河
普斯托什卡
涅韦尔
马祖奈夏伊
叶卡布皮尔斯
道加瓦皮尔斯
克雷廷加
希奥利艾
帕涅韦日斯
波洛茨克
克莱佩达
列塔瓦斯
乌泰纳
巴比奇
希卢特
凯代尼艾
乌克梅尔盖
什文乔内利艾
波斯塔维
克兰茨
陶拉盖
涅曼河
约纳瓦
尼维斯河
维尔纽斯
莫洛杰奇诺
鲍里索夫
普雷格尔河
考纳斯
柯尼斯堡
因斯特堡
明斯克
阿伦施泰因
苏道思
德鲁斯基宁凯
利达
林克
格罗德诺

0   50   100英里
0   50   100千米

注释

1. R. 米苏纳斯，R. 塔奇佩加，《波罗的海三国：失去独立的岁月1940—1990》（伦敦：霍尔斯特出版社，1993年），第6页。

2. M. 埃克斯坦，《自黎明起漫步》（纽约：水手出版社，1999年），第42—43页，引自亨利·奈文森。

3. D. 贝埃里，I. 布图里斯，A. 祖达，I. 弗雷德马尼斯，《20世纪拉脱维亚史》（里加：尤马瓦出版社，2006年），第68页。

4. 策宁·冯和楚邓尼茨，《大战中》（纽约/伦敦：哈珀兄弟出版社，1920年），第245—246页。

5. N. 戴维斯，《白鹰和红星：苏波战争1919—1920》（伦敦：皮姆利科出版社，2003年）。

6. D. 沃尔科戈诺夫，《列宁：生平和遗产》（伦敦：哈珀柯林斯出版社，1994年），第482页。

7. F. 瑙曼，《中欧》（柏林：格奥尔格·雷迈出版社，1915年）。

8. C. 马达捷克，《纳粹军事总督之研究》（华沙：PWN科学出版社，1961年），第88—89页。

9. W. 罗威尔，《帝国，殖民地，大屠杀：世界历史上的征服，占领和下层反抗》（纽约：博格哈恩出版社，2009年），第301页。

10. C. 艾奇逊，D. 奥苏加，《皇帝的大屠杀：德国被遗忘的种族灭绝及纳粹主义的殖民根源》（伦敦：法博和法博出版社，2010年）。

11. H. 霍尔伯恩，《现代德国史》（纽约：柯诺普出版社，1969年），第429页。

12. A. 艾丁塔斯，《国家的光复》，收录于A. 艾丁塔斯，V. 扎伊斯，A. 西恩，《欧洲政治中的立陶宛：第一共和国时代，1918—1940》（巴兴斯托克：麦克米兰出版公司，1997年），第220—221页。

13. N. 戴维斯，第50页。

14. 威尔逊总统致美国国会，1918年1月8日；美国参议院档案记录，第46全宗。

第一章
莫洛托夫与里宾特洛甫

　　第二次世界大战之前的那十年见证了发生在波罗的海三国的重大变化。最初作为共和国建立的三国，最后都采纳了极权主义统治。爱沙尼亚国家元首孔斯坦京·佩茨（Konstatin Päts），利用强硬反苏、反议会制的民族主义者们发动政变的威胁，于1934年宣布实施政令统治①。就在同一年，拉脱维亚领导人卡尔利斯·乌尔马尼斯（Kārlis Ulmanis）也解散了他的议会，这部分是为了应对世界经济形势。而在立陶宛，1926年的一次军事政变——政府尝试与苏联谈判引发的批评所致——废除议会，并将安塔纳斯·斯梅托纳推到国家元首的位置上。值得注意的是，三个国家中，直接或间接导致独裁的动荡背后，反苏情绪起到了重要作用。这很大程度上是因为，该地区一直担忧苏联有朝一日可能会尝试恢复俄国对他们的控制。同时，对于一战后德国企图在该地区建立霸权的愤恨之情也依然强烈。因此，波罗的海诸国的人民及其领导人忧虑地注视着他们强大邻居之间的关系作何发展。1939年，在德国入侵波兰前夜宣布的《莫洛托夫–里宾特洛甫协定》对西方国家造成了冲击，对波罗的海国家来说震动甚至更大，协定看来是确认了两大邻国均无意让三国继续独立。但该协定的背景是，尽管这两个国家在意识形态上差异显著，却已就明确互不侵犯条约之事进行了多年尝试。

---

①译注：原文是rule by decree，即法令规定允许统治者擅自制定法律，无需经立法议会批准。

第一次世界大战后，魏玛德国同苏联签署了两份条约。第一份是1922年的《拉帕洛条约》（Treaty of Rapallo），两国借此撤销了针对彼此的一切领土或经济要求。接着是四年后的《柏林条约》，该条约宣布为期五年的互不侵犯协定，且一国需在另一国卷入冲突时保持中立。1931年通过了对上一份条约的补充条款，但两国关系几乎是立即恶化起来，这一趋势在希特勒于1933年上台后加速进行。对德国共产党的迫害，外交舞台上露骨的敌意，以及号召德国向俄罗斯领土扩张并将共产党人与犹太人同等看待的《我的奋斗》第二卷的出版都起到了作用。

20世纪30年代的苏联外交人民委员马克西姆·马克西诺维奇·李维诺夫认为，苏联最大的威胁是纳粹德国。他倾向于与法国和英国建立稳固的联系，以限制德国的威胁，但斯大林坚持此类联盟需包括苏联驻军爱沙尼亚与拉脱维亚的权力，鉴于法国和英国在独立战争中协助爱沙尼亚将苏俄军队逐出该国领土时扮演的角色，这种坚持让协定几乎无法达成。对斯大林来说，苏联和波罗的海三国——尤其是爱沙尼亚——之间的边境线与列宁格勒这样的关键地点非常临近，使得苏联在三国的军事存在成为国防上的必要条件。1936年，NKVD（Narodnyy Komissariat Vnutrennikh Del，即内务人民委员部）报告说许多爱沙尼亚政府官员与德国联系愈发紧密。NKVD的报告继续写道，此外，爱沙尼亚政府相信拉脱维亚人已经"完全在为德国人服务"。相比之下，报告称两国普通民众是亲苏联的。[1]

得自其他来源的情报看来是证实了德国人与苏联人的观点，即这三个国家将要被迫选边站队。1937年3月，一位芬兰派往该地区的使节报告说：

> 立陶宛的领土位于德国、苏联和波兰之间。如果这些国家爆发冲突，将威胁到立陶宛的生存。这样一种可怕的前景迫使立陶宛寻求最安全的立场。不言而喻，（立陶宛政府）寻求大不列颠与法国的保护——徒劳无功，因为它们都离得很远。中立？但实际上，中立意味着完全孤立。因此，立陶宛不得不在波兰、德国和苏联之间做出选择，而立陶宛……（会选择）后者。立陶宛同德国及波兰关系中存在本质性困难，而苏联和立陶宛的关系中并不存在这样的困难。[2]

　　苏联与德国的谈判因为李维诺夫的犹太血统而受挫，这也是他1939年5月被免职的原因之一。[3] 1938年《慕尼黑协定》签署后，斯大林感到凭资本主义国家牵制希特勒的前景渺茫，于是他开始考虑进行直接谈判。

　　接替李维诺夫的人是维亚切斯拉夫·米哈伊洛维奇·莫洛托夫。莫洛托夫出生时姓斯克里亚宾（Scriabin），由于他从事政治工作，于是选择了莫洛托夫这个名字，源于俄语词"molot"（锤子）。与他同时代的很多人都更喜欢"石头屁股"这个昵称，因为他长时间工作。莫洛托夫经常就此纠正同事，指出列宁最初是把他叫作"铁屁股"的。

　　苏德两国1939年4月开始为谈判进行试探性动作，尽管双方7月份便就经济问题（至少是以纲领的形式）达成共识，但严肃的外交对话直到李维诺夫被解职几周后都缺乏进展。拉脱维亚在德国的压力下同意签署一份互不侵犯条约后，局势在夏季变得紧张起来。拉脱维亚外交官悲哀地开玩笑说："德国现在可以安心睡觉了，拉脱维亚不会去攻击它。"[7] 斯大林和莫洛托夫担心他们可能要面对这样一种讨厌的局面，即德国军队存在于能够轻易打击苏联主要城市的距离内，尤其是苏联驻塔林大使尼基京报告说，德国已同爱沙尼亚官员会面，讨论合作修筑一条从爱沙尼亚—拉脱维亚边境向北的主干道[8]；于是，苏联人加强了他们对柏林的外交手段。尽管如此，进展依旧缓慢，尤其是因为这两个国家的议程大相径庭。

　　斯大林想从对德条约中得到的不只是一份单纯的互不侵犯协定。为确保列宁格勒能够守住，苏联迫切希望能在爱沙尼亚放手布置兵力。尽管它和拉脱维亚的边境线稍稍远离关键地区，且就像国防军1941年将会发现的那样，从这条边界出发通往苏联腹地的陆路并不好走，但也可以向拉脱维亚提出一份类似对爱沙尼亚的主张。西方国家坚决反对苏联获取这样的行动自由，而且虽然有一个英法代表团1939年8月前往莫斯科，但缔结一份令斯大林满意的协定前景渺茫。与此相对，即将入侵波兰的希特勒渴望同苏联缔约，同庞大的东方邻居划分势力范围也不会让他感到不安。德国派驻莫斯科大使弗里德里希·维尔纳·冯·德·舒伦堡伯爵（Graf Friedrich Werner von der Schulenburg）8月15日通知莫洛托夫：德国外交部部长约阿希姆·冯·里宾特洛甫希望举行一次会谈，订立互不侵犯协定、在东欧划分势力范围这类事项都可以得到符合双方共同利益的解决。8月17日，国防人民委员克利门特·伏罗希洛夫向英法代表团提出了一份军事互助条约，条约将要求波兰与罗马尼亚在德国进攻的情况下允许苏联军队过境。英国代表回复说自己无权接受这一提案时，斯大林失去耐心，决定与德国达成协定。⁹

莫洛托夫两天后召见舒伦堡，向他递交了互不侵犯协定草案。8月21日，正当里宾特洛甫准备前往莫斯科时，英法代表团解散了。德国外长于8月23日抵达，并在当天午后会见了斯大林和莫洛托夫。双方数小时内通过了协定的概要，协定本身则在8月24日2时签署，计划为期十年。

条约当日公开，在全世界引发了反响，对德苏两国的盟友以及潜在敌人来说都是如此。驻塔林的尼基京大使极为满意地报告说，爱沙尼亚人彻底陷入混乱，该国政府完全被这一新发展搞昏了。¹⁰ 两个签约国对这份协定均不抱有任何幻想。就在条约签署当日，斯大林与亲信去猎鸭子，他告诉众人："这当然不过是场看谁能糊弄过谁的游戏。我知道希特勒在干什么。他认为自己比我聪明，实际上我才是骗过了他。"¹¹

希特勒同样只把该条约看作权宜之计。为入侵波兰作准备时，他向随行人员表达过自己的观点："没有时间可以浪费。战争必须在我活着的时候到来。这份协定只是要拖延时间，然后，先生们，我对波兰实行过的那一套将发生在俄国人身上——我们会碾碎苏联。"¹²

夹在两个强权之间的波罗的海诸国挣扎着去适应它们世界里的这次变故。数年以来，它们承受着德国与苏联常常是公然施加的压力，迫使它们选择要支持哪一家。突然间，这两个对立的大国成了朋友。这些小国挣扎着去理解这次戏剧性的转变，及其对它们自身地位的影响，并未意识到《莫洛托夫–里宾特洛甫协定》的一份议定书早已决定它们的命运。这份议定书当时是保密的，其文本给予苏联那些它为保护列宁格勒门户而想要得到的领土：

> 构成波罗的海诸国（芬兰、爱沙尼亚、拉脱维亚和立陶宛）的各地区如果发生领土与政治重组，立陶宛的北部边境将充当德国与苏联两国利益范围的边境。在此种情况下，立陶宛与维尔纽斯地区的相关利益将得到双方承认。¹³

考虑到德国多年来基于与该地区的历史性关联，向爱沙尼亚和拉脱维亚提出的权利要求，它将这些领土让给苏联时表现出的干脆，说明了希特勒是多么急切地想要确保同斯大林的交易，价值在此之下的任何事物都无法安抚后者，他认为将苏联军队部署在上述两个国家是保卫列宁格勒的一项基本需求。起初，德国人要求他们的影响范围应当包括库尔兰，即拉脱维亚西部，但斯大林回答说整片地区都曾是俄罗斯帝国的一部分，因此苏联对这些领土拥有压倒一切的所有权。

随着德国与波兰之间的战争渐行渐近，派驻立陶宛的德国特使埃里希·策希林（Erich Zechlin）8月29日通告立陶宛政府，一旦发生战争，柏林将要求立陶宛保持完全中立；如若不然，德国将采取任何必要的手段来保卫本国利益。德国人在一次影响立陶宛情绪的尝试中暗示：德波之间的任何冲突都可能导致领土重新调整，包括维尔纽斯地区——现在是波兰的一部分，而一旦发生战争，立陶宛人就应当采取措施来夺取这一地区。显然，德国人的"严格中立"概念与对这一词组的通常认知有所不同。现在，立陶宛人发现自己正受到其他方面的压力：英国与法国敦促立陶宛政府不要攻击波兰，即使在维尔纽斯争议地区也不行。

德国军队9月1日侵入波兰。波兰难民涌入立陶宛，该国声明将严格保持中立；德国人失望了，立陶宛并没有试图去夺取维尔纽斯及其周边区域。到9月17日，苏联军队从东面进入波兰。由于苏联军队无疑将要攻占维尔纽斯——该市9月19日落入苏联军队之手——柏林便命令策希林停止鼓动立陶宛人做出任何自发行动。

现在，整个维尔纽斯地区都在苏联手中，斯大林发现自己面对德国与立陶宛时均处于有利位置。莫洛托夫推迟了同这两个国家关于维尔纽斯的讨论，不过他曾向立陶宛人暗示，维尔纽斯会被包括在该区域各项问题的总体解决方案内。[14] 与此同时，里宾特洛甫通知立陶宛外长尤奥扎斯·乌尔布希斯（Juozas Urbšys），说德国准备提出一份条约，规定立陶宛将被纳入德国保护之下，立陶宛军队也将受国防军指挥。令德国人愤怒的是，立陶宛人把德国的提案告知英国与苏联，里宾特洛甫随之取消同立陶宛外长的预定会晤。

如果说德国确保它在波罗的海诸国的份额时遇到一些困难，苏联似乎就没有这样的障碍。首当其冲的是爱沙尼亚，借助的是一次涉及一艘波兰潜艇的事件。部署于波罗的海的"奥尔泽乌"号（Orzeł）9月14日来到塔林，该艇艇长因患重病在当地就医入院。依照《海牙公约》，爱沙尼亚应拘留这艘潜艇，而德国要求行动后，爱沙尼亚军队也按正当方式登船。"奥尔泽乌"号的艇员另有打算，并在9月18日那天利用多雾天气溜出港口。他们把仍在艇内的两名爱沙尼亚水手留在瑞典海岸上，还留下衣物及足够他们回到爱沙尼亚的金钱，然后便逃往英国，最终抵达罗塞斯（Rosyth）的海军基地。9月24日，莫洛托夫向爱沙尼亚外长卡尔·塞尔特（Karl Selter）——他恰巧在莫斯科商讨贸易协定——通告说，"奥尔泽乌事件"表明爱沙尼亚并未像真正的中立国那样行事，且爱沙尼亚当局必定在波兰艇员的逃亡过程中与之有过合作。鉴于其中立性值得质疑，爱沙尼亚必须与苏联结成军事联盟或达成互助协定。塞尔特还被告知，已有约16万名苏联士兵部署在爱沙尼亚边境沿线，他们将采取任何必要行动来确保爱沙尼亚履行其义务。爱沙尼亚人几乎没有什么时间来考虑这个事实上的最后通牒。他们尝试接触德国，但被柏林方面断然回绝——德国人补充说他们将阻止任何装运武器的船只从西方前往爱沙尼亚。[15] 苏联空军派出飞机低空掠过塔林，威胁佩茨的政府，之后在9月27日，塞尔特又被召唤至莫斯科大剧院，斯大林和莫洛托夫正在那里观看一场《天鹅湖》。趁着第一幕结束后的休息期间，他们在剧院的休息室内会见了塞尔特。莫洛托夫坚持立即让35000名苏联士兵驻扎于爱沙尼亚。斯大林大方地提议将这一数字削减至25000，不论如何，爱沙尼亚除了默许以外别无选择，特别是因为爱沙尼亚武装力量的全部兵力只有16000人。[16] 协定次日得以签署，25000名苏联士兵获准驻扎在帕尔迪斯基（Paldiski）港内的两座岛上。

解决爱沙尼亚之后，苏联的注意力便转移至拉脱维亚。9月30日，莫斯科邀请拉脱维亚政府向苏联首都派遣全权委员以进行商讨。10月2日，莫洛托夫通告拉脱维亚代表团，表示苏联意图使苏拉关系同苏联与爱沙尼亚的新安排趋于一致。和爱沙尼亚的佩茨一样，乌尔马尼斯也知道拉脱维亚无法独自对抗苏联。德国对于那份苏联与爱沙尼亚"协定"无动于衷，这就坐实了人们广泛抱有的、关于《莫洛托夫-里宾特洛甫协定》附属秘密议定书的怀疑，于是在10月4日，拉脱维亚屈服于苏联压力。约30000名苏联士兵在接下来的几天开进拉脱维亚。

　　立陶宛的问题要复杂得多，德国与苏联持续就战利品问题讨价还价。除去有关在波罗的海诸国划分影响范围的共识外，秘密议定书还在波兰为两国勾勒出一条分界线。9月25日，斯大林建议变更现有协定。德国军队业已攻占卢布林（Lublin）周边区域，若依据秘密议定书，这一地区理应让给苏联；于是斯大林建议德国保留卢布林，作为替代，苏联将得到立陶宛。毕竟——他指出——苏联军队已进入维尔纽斯，而且若不必再来一套把德国、立陶宛和苏联都牵扯进去的复杂谈判，那么维尔纽斯问题的解决会简单很多。短暂犹豫之后，德国人9月28日同意了，不过附有一个条件：立陶宛的西南部将交给德国。

　　两天前，立陶宛左翼党派曾发表公告，称德国正意图占领立陶宛，立陶宛应向苏联寻求救助。而在苏德协定划分立陶宛次日，立陶宛在莫斯科的代表拉达斯·纳特凯维奇乌斯（Ladas Natkevičius）被召往克里姆林宫。在那里，莫洛托夫通知他说，斯大林希望立陶宛人能派遣一位高级部长来莫斯科磋商。莫洛托夫还声明，德国会接受立陶宛和苏联之间达成的任何安排，实际上是证实了立陶宛的两大邻居已经同意将立陶宛划入苏联的影响范围。如同之前爱沙尼亚和拉脱维亚的情况，时间显然是最重要的，此次会谈以米哈伊尔·加里宁的一番话作为结尾，他说"柏拉图式"关系的时代结束了："你离哪一方更近，德国人还是我们？"[18]

　　纳特凯维奇乌斯回到考纳斯参与讨论，并在10月初前往莫斯科，接着立陶宛外长尤奥扎斯·乌尔布希斯也过去了。德国人不安起来，担心他们所计划的、对立陶宛西南部的占领，会被看作是对一个小国的掠夺性瓜分的一部分（当然这严格来说正是他们要做的），于是请求苏联方面先避免与立陶宛人商讨此事，等苏联向立陶宛派驻军队以后再说。他们希望，苏联军队将军队送入立陶宛时，西南地区会免受占领，这样国防军就可以保住该地区，必要时宣称此举是为了防止苏联完全接收该国。

　　然而，这一请求来得太晚了。斯大林已在10月3日会见乌尔布希斯，告诉他立陶宛有三个选择：第一个是一份互助协定，内容参照苏联同爱沙尼亚和拉脱维亚的协定；第二个是一份将维尔纽斯地区归还给立陶宛的条约，与第一项并不互斥；第三则是一份将导致立陶宛西南部划给德国的协约。乌尔布希斯确确实实被第三个建议吓到了，并宣布说把任何立陶宛领土交给德国都将是"一个人所能想象到的最大程度的不公正"[19]。立陶宛人提出他们的中立声明足够保护苏联利益，但遭到拒绝。苏联军队必须被部署至立陶宛——斯大林和莫洛托夫坚持道。不过，立陶宛的独立将受到尊重。斯大林甚至提议说，如果需要，将命令驻立陶宛的苏联军队去镇压任何暴动。

之后会谈转向维尔纽斯问题。立陶宛人发现，提供给他们的领土要远比自己期待的少。斯大林挑明，任何立陶宛领土的归还都取决于莫斯科的好意。谈话未达成共识便结束了。当年早些时候，立陶宛已经被迫将克莱佩达（Klaipėda，德国称梅梅尔）割给德国，于是乌尔布希斯抱怨道：立陶宛现在甚至要损失更多领土。斯大林的回应体现了他与莫洛托夫是何等巧妙地操控着事件："德国抢走了你们的领土。相反，我们要给你们。这怎么能比！"[20]

10月4日，莫洛托夫告诉德国大使舒伦堡，已向立陶宛代表团提出德国占领立陶宛西南的问题。柏林极力想赶上事态发展，于是通告立陶宛人说，归还维尔纽斯给立陶宛一事是德国坚决主张的，而把立陶宛西南转让给德国只不过是为此付出的一点微小代价。10月7日，谈判在莫斯科继续进行。立陶宛人准备接受一项互助协定，但不希望苏联军队到他们的土地上。莫洛托夫回应说，立陶宛必须接受与爱沙尼亚和拉脱维亚相同的条款。他的副手弗拉基米尔·波将金（Vladimir Potemkin）评论说："立陶宛没有表现出收复维尔纽斯的热情。"[21]维尔纽斯问题与部署苏联军队的关系就这样清晰起来，立陶宛代表团短暂休会以进行私下商讨。显然无论他们做什么，苏联军队都要进入立陶宛，但如果他们接受苏联的协定，那么至少还能获得维尔纽斯，所以他们同意签署那份建立互助关系、部署2万名苏联军队至立陶宛和归还维尔纽斯的协定。

尚不清楚斯大林是一直计划控制立陶宛，还是仅仅利用了当时发生的事（尤其是立陶宛人不愿亲自夺取维尔纽斯）。无论如何，他施展的手腕展现了高超的技巧。同德国、爱沙尼亚、拉脱维亚以及立陶宛进行的所有这些复杂谈判中，莫洛托夫和斯大林组成了一支非常有效的队伍；莫洛托夫反复扮演"强硬者"，斯大林则做出调解的姿态，例如要减少部署在波罗的海国家的军队。波罗的海三国政府既然与西方隔绝，又拒绝德国方面的支持，最终除接受斯大林的要求外也别无选择。

随着苏联驻军士兵开始搬入他们新兵营——在驻留的头几个月，他们奉命保持一种低姿态——莫斯科的注意力转向芬兰。冬季战争[22]的详情已超出本书的范围，不过战斗的长期化以及苏联军队的恶劣表现令斯大林和他的同事们一时间完全抽不开身。波罗的海三国就合作事项进行试探性的谈话，这本身已经太迟，它们又过于担忧苏联的反应，以至未采取任何值得一提的军事措施。拉脱维亚和爱沙尼亚的一些黄金储备被送往英国与美国，一些派驻西方的大使也获得授权，如若本国政府无法继续运转，即可承担起国家元首的职责。同时，波罗的海诸国尝试在外交舞台上小心翼翼地保持中立姿态。它们拒绝在国际联盟内同西方一道谴责苏联对芬兰的进攻，也在决定将苏联逐出该组织的投票中弃了权。

对立陶宛而言，还有试图消化维尔纽斯地区的问题。国家元首安塔纳斯·斯梅托纳渴望获得为立陶宛收复"历史性首都"的勋功；政府的反对者希望能阻止他，并宣扬说立陶宛应当为此次领土调整感激苏联，而非斯梅托纳。不论立陶宛大部作何反应，维尔纽斯当地远远谈不上普遍愿意与立陶宛重新统一。波兰占据此地后，立陶宛人在维尔纽斯的少数族群地位实际上更加恶化，因为许多波兰人移居这座城市及其周边区域。此外，因德国进军波兰而逃亡至此的犹太难民进一步增加了这里的非立陶宛族人口。对犹太人来说，要在德国统治和苏联统治之间做出选择非常简单，而且从一开始，拉脱维亚和立陶宛的犹太人就是苏联军队最为热心的支持者。虽然他们认为苏联是两个恶魔当中较小的那一个，但也完全了解德国人在德国和波兰给犹太人的待遇。尽管如此，犹太团体的态度也各有不同。毫无疑问，他们当中声音最大且最显眼的部分由那些支持苏联驻军的人构成；然而，从数量上看似乎还是更加保守的成分为多，后者仅仅希望能维持和平，不过他们也明白，在苏联的控制下，这一点实现的可能性要大得多。由于这个保守的大多数相对沉默，全国上下的立陶宛族人口便确信犹太人仇视立陶宛人国家。

维尔纽斯还遭遇严重的食物短缺，10月31日，有关犹太店主藏匿面包的传言导致了一场反犹暴力行为的爆发。许多犹太人的商店被人洗劫，几名犹太人被打成重伤，其他地方则发生了支持苏联人、反对立陶宛人的示威游行。许多针对犹太人的暴力行为来自波兰人社区，并且又持续了数日。犹太人社区批评近期来到该市的立陶宛警察力量，后者的干涉为时已晚，通常又没有效果；而几乎没有警官讲意第绪语或波兰语，以及警察们对该市区划缺乏了解这两个事实，对他们的任务也毫无帮助。

拉脱维亚犹太人社区受到的怀疑同样与日俱增。十月革命开始时，经历了工业化的拉脱维亚中心地带为红军提供了丰富的兵源，拉脱维亚人在苏联共产党内也多得不成比例，这部分是因为有大量拉脱维亚族人生活在俄罗斯本土内。20世纪30年代后期，数千拉脱维亚族人被驱逐至西伯利亚，并有16000多人死亡。尽管如此，苏联人还是鼓动拉脱维亚犹太人以及拉脱维亚国内的俄罗斯族人，让他们把苏联军队看作是对抗德国人与拉脱维亚人时对自己最好的保护。乌尔马尼斯政府的"拉脱维亚人的拉脱维亚"政策是毫不含糊的民族主义，但同时也结合了防止针对犹太人暴力行为的强力措施。但苏联人说服了大部分犹太群体，让他们相信拉脱维亚只比德国少反犹那么一点。

到1940年2月，苏联军队终于开始对它那顽强的芬兰对手取得上风，现在，冬季战争有望取得一个满意的结局，斯大林把注意力转回波罗的海国家。派往三国的苏联特使出席了莫斯科的一次会议，他们在那里收到增强活动的指示。[23] 乌尔马尼斯民族主义政府和少数族群之间态势紧张，后者包括犹太人与俄罗斯族人，正当里加政府被迫接受互助条约时，佐托夫向莫斯科报告说：

> 犹太居民可怕的贫穷处境触目惊心。约三分之一的犹太人口依赖志愿组织……近期，犹太人在缺乏证据的情况下屈从于司法诉讼的情况越来越多。国家机器在工作场所宣扬反犹主义……由于经济、政治原因和［出于一种］民族的耻辱，犹太工人们怀揣兴趣和感情注视着苏联的发展。对于一个没有民族仇恨或差别，且工人们的兄弟情谊司空见惯的国家，他们表达了自己的认同。[28]

立陶宛的情况尤其复杂。英法同盟为保卫波兰而在表面上对德宣战，无法同意将维尔纽斯地区转让给立陶宛。法国人努力想避免尴尬，于是请求立陶宛人不要提及这个问题，反过来他们自己也没有提起。虽然立陶宛领导层希望并期待西方国家战胜德国，却持续被莫斯科提醒：苏联人曾两度将维尔纽斯归还给立陶宛，第一次是在立陶宛独立战争结束时，第二次是在波兰崩溃后。相反——莫洛托夫断言，西方国家从未帮过立陶宛。整个1939—1940年冬季，苏联人都在反复阻碍立陶宛政府尝试同西方国家增进贸易联系的努力，鼓励它与德国进行更密切的合作，同时在公共和私下两方面声明说，他们没有擅自干涉立陶宛的事务。这样一种政策反映了莫斯科对苏德协定的态度：斯大林和其他人或许把协定看作权宜之计，但他们同时——至少在贸易事务上——表现得好像自己十分尊重协定一般。10月底于最高苏维埃讲话时，莫洛托夫强调说，同波罗的海三国的协定不对任何对内部事务构成干涉。维尔纽斯问题的解决——他强调——显示了苏联外交政策的高尚原则。不久以后，莫洛托夫给苏联驻立陶宛大使尼古拉·波兹德尼亚科夫（Nikolai Pozdniakov）写信，要求禁止所有苏联官员卷入立陶宛内部的任何政治活动："你们当中若有任何人最低限度地参与立陶宛内部事务，都将招致最为严厉的惩罚……必须抵制关于立陶宛'苏联化'的刺激性且有害的传闻。"

公开场合下，立陶宛官员反复赞许新的立苏关系。私下里，他们对未来并不是那么确定。1940年2月份起，立陶宛安全部门头目奥古斯丁纳斯·波维莱蒂斯（Augustinas Povilaitis）经常与一位盖世太保特工秘密会面，给德国人提供关于立陶宛境内苏联基地的详细情报。他们之间讨论的详情受到争议，因为波维莱蒂斯受到苏联人大量的审问，而这些审问的记录清楚地表明他越来越不顾一切地想要缓解所受的讯问。如同一位立陶宛历史学者评论的那样："如果审问波维莱蒂斯的人正好想要，他就会承认挖了一条从考纳斯到维尔纽斯的隧道。"[31]

与此同时，三个波罗的海国家都有一堆内部问题。德国有效封锁了他们战前与英国和西方进行的有利贸易，同时只提供很少补偿。互助协定中并未规定承担苏联驻军花费的责任，而苏联当局频繁拒绝为驻军收到的物品买单，抱怨说其数额夸大。1940年2月，逐渐恶化的经济环境在立陶宛掀起一波罢工潮；尽管斯梅托纳公开将此归咎于煽动者，但他也明白那些人实际上规模尚小且相对弱势，而所有立陶宛人正在面临的财务困难又非常真切。

苏联何时决定进入波罗的海三国不得而知，但看来可能在1940年春就定下决心，或许最迟至5月份最后一周。此时，德国军队已经开始占领丹麦和挪威，荷兰业已沦陷，德国坦克抵达了英吉利海峡。爱沙尼亚驻莫斯科的外交人员确信，西欧的事件会促使苏联加快动作，以便赶在希特勒可能重新考虑此前接受的"影响范围"之前，确保完全控制波罗的海国家。[32] 斯大林曾希望希特勒在西方陷入一场长期战争，这样就会极大削弱后者进攻苏联的力量与能力。因此他为西方同盟无力有效抵抗德国进军的事而担忧，并断定他必须采取一切必要措施来稳固自己的边境线。即将发生之事的第一个预兆就是驻扎在维尔纽斯地区的苏联坦克于5月18日奉命移往盖日乌奈（Gaižūnai），更接近考纳斯——波兰控制维尔纽斯时，这里曾经是立陶宛的"临时首都"，维尔纽斯归还后依然是政府所在地。一周后，莫洛托夫召见立陶宛大使拉达斯·纳特凯维奇乌斯，交给他一份备忘录，上面宣称有为立陶宛政府工作，或在立陶宛政府保护下工作的立陶宛人在引诱苏联士兵进行犯罪行为。文中未交代这些行为的性质，但暗示说两名士兵遭到绑架。莫洛托夫总结道，他确信立陶宛政府会采取恰当措施，这样苏联政府方面就没有必要采取进一步行动。

当月早些时候，纳特凯维奇乌斯曾向苏联当局通告过一位苏联士兵在立陶宛自杀，但他并不知道其他涉及自己国家境内苏联驻军的事件，考纳斯的其他人也不知道。5月27日，斯梅托纳的总理安塔纳斯·梅尔基斯（Antanas Merkys）以并未发现为由拒绝了苏联的主张，但下令建立一个委员会做进一步调查。

立陶宛政府现在意识到自己被拽入了一个越来越卡夫卡式的世界，它发现自己无法确定所受指控的确切性质。乌尔布希斯询问立陶宛委员会，是否能和苏方主张牵扯到的苏联士兵说话，但被告知不可以，因为他们正在为遭受的伤害接受治疗。莫洛托夫的反应甚至更为超现实主义，立方请求苏联就其主张提供更多精确信息时，他告诉为难的立陶宛人说，立陶宛人不能指望苏联当局替他们完成自己的工作，应当自己解决问题。7月初，在苏联驻军区域附近逮捕了近300名涉嫌各种犯罪的立陶宛人，但无一被发现曾卷入过任何可以同苏方主张联系起来的情况。一次增强苏联驻军附近安全工作的努力适得其反，苏联人又抱怨说立陶宛人在骚扰驻军，甚至阻止待洗衣物的收集和递送。立陶宛人受到的另一项指控是与拉脱维亚人和爱沙尼亚人密谋建立反苏同盟。这三个国家确确实实在冬季讨论过协同防御，但事实是驻扎在它们领土上的苏联军队数量已经比三国军队加起来还多。任何联合反苏的态势都是无法维系的。

7月4日，梅尔基斯被召往莫斯科。7月7日，莫洛托夫告知他说，苏联当局相信反苏行为的幕后有立陶宛内务部长卡济斯·斯库恰斯（Kazys Skučas），以及奥古斯丁纳斯·波维莱蒂斯，而这些行为本身依旧模糊不清。波维莱蒂斯当然是立陶宛安全部门的头目，还曾与一位盖世太保特工保持经常性会面。对话继续进行，并且稳定偏离干涉苏联驻军的指控。立陶宛人试图让话题返回到指控本身的性质，但一切努力都被莫洛托夫避开了，后者总是以指责立陶宛人有反苏活动作为回答。7月14日，莫洛托夫终于提出他的最后要求。立陶宛人摆脱现状的唯一途径是逮捕斯库恰斯和波维莱蒂斯，然后创建一个对苏联更加友好的新政府。

立陶宛人的直接反应是他们没有理由去逮捕斯库恰斯和波维莱蒂斯。莫洛托夫回复说，他们无论怎样都应当逮捕这两人，之后再寻找恰当的指控。[33]如果他们没有能力这么做，苏联当局会帮助他们找到适当的指控。立陶宛政府争论了一整夜。斯梅托纳想要拒绝，哪怕这样的抵抗只能起象征性作用，但他属于少数派。最终，他们得出了唯一可能的结论：他们将接受苏联的条件。梅尔基斯辞职了，斯梅托纳宣布他要离开国家，而斯塔西斯·拉什蒂基斯（Stasis Raštikis）则被要求组建一个新的政府。

立陶宛外长在第二天向莫洛托夫告知这些发展时，他被苏联方面的回应惊呆了。莫洛托夫拒绝由拉什蒂基斯担任新总理的建议，并告诉乌尔布希斯，他将派遣弗拉基米尔·杰卡诺佐夫（Vladimir Dekanozov）——一位负责外交事务的副人民委员——前往考纳斯，以监督新政府的创建。苏联军队在当天晚些时候开始进入立陶宛境内。苏联军队抵达考纳斯时，迎接他们的是嘈杂的游行活动，以支持为主。立陶宛历史学者反复主张这些游行几乎完全是犹太人群所为，但苏方记录自然坚称许多以鲜花欢迎他们的游行者是立陶宛人。不论如何，当时的一种广泛共识是，犹太人对苏联占领比他们过去对立陶宛民族主义更加热心。立陶宛安全部门的一份报告做出了许多人赞同的评论：

苏联军队一开入立陶宛，犹太人便开始表达他们的傲慢之情。碰巧犹太人社群里一个不可靠的元素——大多数是些青年——在城市的街道上行走，甚至连过道都不让给立陶宛行人通过。同样，有立陶宛人抱怨说犹太人正以威胁的口吻宣布："现在我们是主人。"[34]

斯梅托纳在苏联人到来前离开了考纳斯。他给自己颁发了一份前往德国的签证，并在当天晚些时候穿过了边界；发生了一出立陶宛边防警卫拒绝允许他离开立陶宛的闹剧，而他最终涉过一条水浅的溪流才进入德国。自从前一年被强加互助条约以来，他已经反复调查过逃亡德国的可能性，离开立陶宛时还携带着几份重要文件和一大笔现金。尽管有指控说他卷走了政府资金，但后来的调查暗示那些钱是他自己的。[35] 他最后来到美国，在那里生活至1944年1月死于一次家中火灾。

斯梅托纳与他的部长们在考纳斯进行通宵会议时，斯大林已经断定立陶宛问题解决了，正着手对付拉脱维亚。一群苏联内务人民委员部军人趁夜越过边境进入拉脱维亚，攻击马斯林基（Masļenki）镇附近的一处拉脱维亚边境哨站。发生短暂交火，造成数名拉脱维亚士兵死伤，之后这些苏联内务人民委员部军人就撤退了。他们带走10名拉脱维亚士兵和27名平民作为俘虏。[36] 这次突袭的意图从未被披露，但正当拉脱维亚官员被立陶宛邻居正在经受占领的新闻弄醒时，他们也知道了夜里发生在马斯林基的事件。一天后的7月16日，里加的乌尔马尼斯政府与塔林的佩茨政府收到来自莫洛托夫的最后通牒。他援引冬季期间三个波罗的海国家的会议为证，指控他们密谋反对苏联，并要求他们允许苏联军队进入各自的领土。这两个国家还必须同意建立新的亲苏政府，且只给8个小时来考虑是否接受。

爱沙尼亚和拉脱维亚两国的部长们都考虑武装抵抗。爱沙尼亚人明白他们只是因为有芬兰和西方国家两方面的支持才可能在独立战争中胜利，而在当下的危机中，这两者均无法依靠；苏联军队也远比第一次世界大战结束时强大。于是，塔林政府做出结论说战斗将会毫无意义。莫洛托夫发出最后通牒数小时后，另一份讯息抵达里加，警告任何动员军队的迹象都会导致对拉脱维亚城市的轰炸。请求从德国购买武器，甚至是德国外交干涉的努力都只是白费力气。两国政府别无选择，只有同意，而苏联军队几个小时内便越境进入它们的领土。乌尔马尼斯在苏联坦克缓缓驶入里加的时候向他的人民做了一次广播声明，号召他们保持平静："我继续留在我的岗位上，"他告诉他们，"就像你们应该留在你们那里。"[37] 他的话语总体上得到了重视。尽管如此，"莫斯科"郊区——一片犹太人、俄罗斯族与白俄罗斯族人所支配的区域——的居民在里加进行的吵闹游行升级为对里加警察的攻击。枪支开火，造成3名游行者死亡及26人受伤。秩序恢复以前亦有67名警察负伤。[38] 后来泄露出的情况是此次事件系精心策划所致。煽动者曾鼓励"莫斯科"郊区的居民开展积极游行，而在某个时间点，苏联军事当局又催促警察确保维持严格的秩序。看起来，这种做法的目的是增加"被踩在脚下的少数族群"与"准法西斯国家"之间的紧张度。甚至有报告称抗议过程中苏联士兵从他们的装甲车辆内向人群射击。[39] 在利耶帕亚港口同样发生了暴力事件，不过在那里，苏联驻军阻止拉脱维亚当局实施干涉。

安德烈·维辛斯基（Andrei Vyshinski）与安德烈·日丹诺夫（Andrei Zhdanov）分别前往里加和塔林，以监督当地政府的组建。斯梅托纳离开立陶宛的行为并未引起普遍惊慌，许多人已经厌倦他逐渐被个人崇拜所主导的独裁统治，甚至他政府里的成员也乐意接受苏联的最后通牒以便摆脱他。尽管如此，为防节外生枝，杰卡诺佐夫宣布由于斯梅托纳已经离开这个国家，他实际上就辞去了总统之职。总理梅尔基斯尽管已经辞职，却还在代行总统职务；而杰卡诺佐夫将他解职了。新的政府领导是尤斯塔斯·帕莱茨基斯（Justas Paleckis），一位左翼新闻从业者。

同一时间，维辛斯基与日丹诺夫向乌尔马尼斯以及佩茨的政府呈交了其各自新政府的部长名单。两位波罗的海领导人都拒绝了名单，于是导致又一轮反民族主义政府游行。在塔林，示威者在苏联部队的支持下汹涌至警察的营房，并且和警察之间发生了一次短暂的交火。[40] 最后，奥古斯茨·基尔亨什泰因斯（Augusts Kirhenšteins）成为拉脱维亚新政府的领导人，约翰奈斯·瓦雷斯（Johannes Vares）则成为爱沙尼亚的首相。乌尔马尼斯和佩茨继续担任国家元首，直到他们在7月中旬被迫辞职。

三国建立苏维埃社会主义共和国后申请成为苏联成员国，代表们被派往莫斯科，在那里，最高苏维埃于8月1日收到了加盟的申请。不出六天，最高苏维埃便通过了所有三件申请。波罗的海诸国实际上已经停止作为独立国家存在。作为德国和苏联之间讨价还价的最后清算，莫斯科支付给柏林750万美元黄金，以赔偿德国没有得到立陶宛西南部的损失。这是一系列奇异事件结尾处的高潮，在此过程中苏联几乎未发一弹便在实际上征服了波罗的海三国。由于深陷西方战事，希特勒就算想也无力干涉。

莫斯科与柏林协定的另一个要点与波罗的海三国德意志族人的命运有关。1938年以来，纳粹德国推进一项名为"返乡帝国"（Heim ins Reich）的政策，在此政策下，生活在德国以外的德意志人社区被鼓励返回他们的故国。甚至在苏联接收波罗的海三国之前，德国便已同拉脱维亚和爱沙尼亚达成条约，以允许波罗的海德意志人售出他们的财产并返回德国，在那里，他们将被用来充实所兼并波兰土地的人口。到1940年春，已有近14000名波罗的海德意志人离开爱沙尼亚，还有大约51000人离开了拉脱维亚。许多波罗的海德意志人选择留在爱沙尼亚和拉脱维亚，但次年苏联兼并波罗的海三国，使得大多数人重新考虑。此外，由于德国在制定入侵苏联的计划，柏林寻求将尽可能多的德意志人迁移出预计会成为交战区的地方。结果，现在又有7000名波罗的海德意志人离开爱沙尼亚、10500名离开拉脱维亚。和那些在去年启程的人们一样，大多数人前往曾经的西波兰地区。抵达波兰后，他们接受了种族纯洁性方面的仔细评估，然后才被给予波兰农场和企业，代替他们留在爱沙尼亚或拉脱维亚的那些，他们把自己出售原有财产所得钱款也上交给德国国家。[44]

许多犹太人并不欢迎苏联兼并立陶宛和拉脱维亚，尝试逃离该地区。日本驻立陶宛领事杉原千亩（Chiune Sugihara）为他的政府搜集有关德国与苏联动向的情报，他利用着一批波兰军官及官员，他们在国家被邻国占领后逃到立陶宛，又躲过了逮捕。杉原利用自己的职位授予他们日本护照，并安排一部分人通过铁路前往苏联远东，再从那里去往日本。随着时间推移，许多犹太人也联系上杉原，数千人经由相同的路径逃离；他们从日本继续前往巴勒斯坦和美国。[52]尽管如此，在其他生活领域内，犹太人和俄罗斯族人相对于波罗的海诸族国民生活上的优越同样引发了强烈的憎恨。在拉脱维亚，犹太人曾经在许多传媒机构中扮演显著角色，例如新闻界、电影界和广播业。经历过多年乌尔马尼斯政府的"拉脱维亚人的拉脱维亚"政策后，少数族群总体上遭到边缘化，即使犹太人在媒体上的存在感只有相对较小的增长，也会立即引起关注。不可避免的是，当机会到来时，拉脱维亚人和立陶宛人将毫不犹豫地展开报复。

注释

1. Y. 叶梅利亚诺夫，《在斯大林和希特勒之间的波罗的海三国》（莫斯科，别斯托夫出版社，2007年），第157页。

2. 叶梅利亚诺夫，第158页。

3. A. 尼克里奇，A. 乌尔姆，G. 弗里兹，《贱民，伙伴，对手——德苏关系1922—1941》（纽约：哥伦比亚大学出版社，1997年），第110页。

4. S. 塞巴格·蒙蒂菲奥里，《斯大林，红色沙皇的宫廷》（伦敦：珍藏出版社，2004年），第40页。

5. 引自塞巴格·蒙蒂菲奥里，第310页。

6. A. 利西斯，《李维诺夫的倒台：苏德互不侵犯协定的预兆》（2000年），收入于《欧亚研究》第52卷第一期，第35页。

7. 叶梅利亚诺夫，第161页。

8. 叶梅利亚诺夫，第163页。

9. 塞巴格·蒙蒂菲奥里，第314页。

10. 叶梅利亚诺夫，第165页。

11. 引自塞巴格·蒙蒂菲奥里，第318页。

12. F. 哈尔德，《日记》1939年8月22日（收藏于帝国战争博物馆）。

13. USSR DVP, 22/1，第632页。

14. 《立陶宛被占领及合并》（维尔纽斯：米提斯出版社，1993年），第65页。

15. 《爱沙尼亚社会主义共和国回来了》（塔林，1971年），第365页。

16. 塞巴格·蒙蒂菲奥里，第321页。

17. J. 哈登，P. 萨蒙，《波罗的海三国和欧洲》（修订版）（哈尔洛：朗曼出版社，1994年），第110页。

18. E. 塔拉乌斯卡斯，《立陶宛独立的失败》（考纳斯：西维萨出版社，1990年），第74页。

19. J. 乌尔比西斯，《回忆录》（考纳斯：半径出版社，1990年），第17页。

20. 西恩，第18页。

21. 西恩，第20页。

22. 冬季战争是芬兰同苏联1939年11月—1940年3月间在列宁格勒以北和以西的狭窄地峡上进行的。

23. S. 迈林涅米，《波罗的海危机1938—1941》（斯图加特：德意志出版社，1979年），第114—117页。

24. B. 费德尔，《二战中的立陶宛》（帕德博恩：斐迪南·绍宁出版社，2009年），第45页。

25. 佐托夫的电文构成了美国国会图书馆所藏沃尔科戈诺夫收藏品的一部分（第1盒，第1胶卷盘）。

26. 引自费德尔（2009年），第44页。

27. 费德尔（2009年），第79页。

28. V. 诺伦多夫，《波罗的海之战——拉脱维亚沦陷时期博物馆年鉴》（里加，2004年），第162页。

29. J. 斯提曼尼斯，《拉脱维亚犹太人史》（纽约：东欧专论集，2002年），第115页。

30. G. 康普利科夫，《全权代表报告》（莫斯科：国际关系出版社，1990年），第140页。

31. G. 路迪斯，引自西恩第74页。

32. 叶梅利亚诺夫，第167页。

33. 西恩，第97页。

34. R. 米苏纳斯，R. 塔奇佩加，《波罗的海三国：失去独立的岁月1940—1990》（伦敦：霍尔斯特出版社，1993年），第201页。

35. 西恩，第106—107页。

36. 费德尔（2009年），第32页。

37. 《自由之地》，1940年6月17日。

38. NKVD 1940年10月25日的报告，于拉脱维亚国家档案馆，里加，PA-101/1/35，3。

39. J. 莱茵斯，《我的母亲：当下与回想》（瓦斯特拉斯：ICA出版社，1971年），第180页。

40. 米苏纳斯和塔奇佩拉，第21页。

41. 《共产主义侵略调查委员会第三次中期报告》，第83届国会第2会期，华盛顿，1954年，第458页。

42. 米苏纳斯和塔奇佩拉，第28—29页。

43. E. 乌斯特拉图，《爱沙尼亚民族史》（伦敦：波尔阿斯出版社，1952年），第242页。

44. L. 尼古拉斯，《残酷的世界：处在纳粹巨网下的欧洲儿童》（纽约：珍藏出版社，2006年），第194—205页。

45. 《第三次中期报告》，第471页。

46. 拉脱维亚国家档案馆，PA-101/2/32，35。

47. 胡佛战争，和平，革命档案馆，斯坦福德，89/18/1。

48. 费德尔（2009年），第162页。

49. 米苏纳斯和塔奇佩拉，第42页。

50. 费德尔（2009年），第158—159页，米苏纳斯和塔奇佩拉，第43页。

51. A. 帕卡尔尼斯基斯，《普伦盖》（芝加哥：莫库诺出版社，1980年），第45页。

52. H. 黑宫，A. 派普伊斯基，《在华沙和东京之间》（托仑，亚当·马兹沙维克出版公司，2009年），第470—485页。

53. G. 斯万，《在希特勒和斯大林之间》（伦敦：劳特里奇出版社，2004年），第28页。

第二章
罗森贝格、东方总计划
与"巴巴罗萨"的准备

阿尔弗雷德·罗森贝格（Alfred Rosenberg）1893年生于塔林，那里当时是沙皇帝国的一部分。他的双亲是波罗的海德意志人，是在此前数个世纪之间来到此地的移民的后裔；他父亲是来自拉脱维亚的商人，母亲则来自爱沙尼亚的波罗的海德意志人族群。他在里加和莫斯科读过书，之后选择支持白俄事业，布尔什维克掌权后便去了德国。他很早就开始追随民族社会主义，并且与他的导师——埃尔温·冯·绍伊布纳–里希特（Erwin von Scheubner-Richter）一起，参与计划1923年那次失败的"啤酒馆政变"。绍伊布纳–里希特在政变过程中被杀——他和希特勒臂挽臂行进时被射中，倒下时还把希特勒的肩膀弄脱臼了——罗森贝格便于希特勒监禁期间成为民族社会主义者的领导人。这不是一项特别成功的任命，希特勒后来也暗示说他是故意挑选了某个无法长期代替他的人。[1] 考虑到当时并没有理由怀疑罗森贝格能否胜任，希特勒也无从知晓他会被关押多久，这一评论或许只是后见之明。

纳粹掌权后，罗森贝格对种族学说的兴趣日益增长，尤其是关于犹太人的部分。他自举家逃离俄国以来便强烈反对布尔什维克，还具有无法缓和的反犹思想。事实上，他是第一个明确表达出"犹太布尔什维克主义"概念的人，这一概念后来主导着许多德国人对于苏联的看法，他可能在希特勒采用这一术语时也发挥了影响。混乱的纳粹意识形态世界中，他的观点不可避免地会对德国计划的发展产生重要影响。

将德意志文化向东扩展的历史性渴望要早于德国自身的统一，有大量德意志人定居波罗的海诸国及更远地区，构成了"向东方推进"（Drang nach Osten）过程的一部分。这是持续几个世纪的周期性主题。弗里德里希·赖策尔（Friedrich Ratzel）于20世纪初创造了"生存空间"这个词汇，此概念之后又被其他人继续发展，而他们几乎总是认为，对德国来说，寻求新"生存空间"合乎逻辑的地点在于东欧。几乎所有这些提案都敌视波兰，并将该国认定为德国要夺取的第一个也是最容易的一个地区，同时它们也都包含着进一步向东的明确意图，甚至要超出历史上德意志骑士团和利沃尼亚骑士团的领土范围。尽管第一次世界大战期间及战后建立"中欧"（Mitteleuropa）的尝试失败了，德国理论家们仍在讨论未来可能的东向扩张，希特勒也在《我的奋斗》中表明，他认为这样一种政策是为德国确保"生存空间"必不可少的要素：

> 德国必须找到勇气，把我们的人民和他们的力量凝聚起来，以引导这个民族从其目前有限的生存空间走向新的土地，从而摆脱灭绝或被其他民族奴役的危险。[2]

这与德国国内一种普遍的看法一致，即从社会达尔文主义角度来说，强大民族和文明的扩张是"自然的"，弱小者就要慢慢消亡。希特勒坚决认为德国应当属于前一个类别。民族社会主义者那种典型的选择性且混乱的思维就体现于此，接受社会达尔文主义概念的同时，他们又相信自己的社会代表社会进化的最高顶点，不会反过来被其他社会所取代。

20世纪30年代似乎进行过几项研究，探讨在东欧重新划分领土的可能性；纽伦堡审判上，党卫队高级地区总队长埃里希·冯·德姆·巴赫–策莱夫斯基（Erich von dem Bach-Zelewski）作证说海因里希·希姆莱监督这些讨论。到1940年，更详细的计划开始，孕育了一整套构成"东方总计划"（Generalplan Ost）的文件。很难确定导向东方总计划建立的准确事件链，因为许多与此计划相关的文件都在战争最后的时日里被故意销毁。党卫队旗队长汉斯·埃利希（Hans Ehlich）在纽伦堡陈述说他负责起草这项计划，虽然计划本身并没有副本在战争中留存，但借用他的证词以及零碎的文档和信件，人们可以重建该计划的大部分内容。[3] 尤其是《党卫队全国领袖对东方总计划的表态与想法》

（Stellungnahme und Gedanken zum Generalplan Ost des Reichsführers-SS），埃里希·韦策尔博士（Dr Erich Wetzel）起草的文件被证明是关键性的，这份对东方总计划的评论文章包含大量涉及计划内容的信息。

罗森贝格个人的思想在计划发展过程中占据很大比重。他提出将前沙皇帝国打碎为数个部分，每块将组成一个"国家专员区"（Reichs-kommissariat）：东部地区（Ostland），包括波罗的海诸国；莫斯科维恩①，从莫斯科绵延至乌拉尔山脉和巴伦支海；乌克兰；还有高加索。他还希望创建第五个区，大体上是沿苏联南部靠近同伊朗与阿富汗边境的部分延伸，但希特勒命令他放弃这个打算，集中搞苏联西部的四个地区。到这个阶段，罗森贝格在许多层面上已经走过了他个人影响力的巅峰时期。他20世纪30年代早期写过一本名为《20世纪的神话》（Der Mythus des 20. Jahrhunderts）的书，这是一部冗长的种族学说说明书，特别是关于"犹太人问题"，但尽管这本书卖得很好，却少有国社党高层可以说自己通读过它，或认为该书对他们的信念有所贡献；希特勒将其摒弃为"没人能理解的东西"。[4] 到1941年，德国入侵苏联的计划进入具体阶段时，罗森贝格被任命为新建的"帝国东方占领地区部" [Reichsministerium für die besetzten Ostgebieten，通常缩写为"东方部"（Ostministerium）] 部长。该部门的人员素质至少可以说是参差不齐：

> 各部受命为新的"东方领导人团队"（Führerkorps Ost）提供各自配额的公务员时……［他们］在这个通知里［看到］了一个摆脱私人仇敌、爱管闲事的讨厌鬼以及无能懒虫的好机会……［结果是］随机聚集的一堆五花八门的大区领导人、县领导人、劳工阵线官员，还有大量级别各异的冲锋队（Sturmabteilung，纳粹党战前的一个准军事派别）领导人，他们听取罗森贝格的幕僚们所做的少许介绍性讲座后，便在民政机构中承担起高级职务。[5]

由于东方部内的许多成员依旧在向他们之前的保护人效忠，并寻求暗中

---

① 译注：Moskowien，西欧对莫斯科大公国的旧称，英语为莫斯科威（Muskovy），俄语将此译为莫斯科维亚（Московия）。

破坏罗森贝格的地位，以便国社运动的其他高级成员——特别是海因里希·希姆莱、赫尔曼·戈林、马丁·鲍曼（Martin Bormann，国社党党务部长、党办公室主任，后来兼任希特勒的个人秘书），以及埃里希·科赫（Erich Koch，东普鲁士大区领导人）——发展他们自己的帝国，这一情况使得罗森贝格对该主体的权威被进一步弱化。罗森贝格向希特勒抗议过曾几次被上述角色以及其他一些人妨碍的事，却无法阻止这些在他看来是干涉他管辖权的行为。这种情形在战争期间的德国政府内是一个反复出现的问题，因为希特勒积极鼓动他的下属争权夺利，他相信这样可以让最强和最好的人选爬上顶端。这一政策引起的混乱与错位要远远大于它带来的任何好处。

1940年4月，罗森贝格详细描述了他对于发展东方新领土的预见：

因此，我们政策的目标看来在于这个方向：以一种明智的方式继续并确保我们的目标——解放所有这些民族，并让他们成立特定形式国家的愿望……并且要重塑他们来对抗莫斯科，以便使德意志国家摆脱未来几个世纪里的东方噩梦。[6]

换句话说，罗森贝格的意图是在德国和"野蛮东方"（barbaric east）之间建立一系列缓冲国。这并不符合希特勒本人的愿景，后者设想的是一个由沦落至奴隶地位的当地人口残余部分所支撑的德意志"主宰民族"（Herrenvolk）。希特勒反对建立任何形式的缓冲国，他认为引入自治政府的任何尝试都将不可避免地使一个民族走上完全独立之路。[7]罗森贝格发现只有很少的人认同自己。讽刺的是，国社党仅有的一位与他想法类似的重要人物——外交部的约阿希姆·冯·里宾特洛甫——却经常与罗森贝格在其他问题上争执，因为他认为后者正在发展一个影响圈，而该圈范围会在很大程度上同他自己的重叠，这就阻止了他们通力协作。帝国保安总局（Reichssicherheitshauptamt，简称RSHA，党卫队的一个部门）对于东方总计划的观点与罗森贝格有很大不同。苏联境内不会给任何半独立国家留空间，所有这些地区都要牢牢处在柏林的控制下。前文已经谈过，德国对待殖民地的政策迥异于英法，而整个"生存空间"的概念就是要制造出主要由德意志人居住的地区。希特勒有意识地以北美殖民活动作为他自己方法的范本。就像他告诉下属的那样："我们吃加拿大的小麦，不去想印第安人的事。"[8] 与这一态度相对应，计划要求移除一切不能被"日耳曼化"的人口成分。

大量德意志族人力被动员投入战争，因而就有了为德国进口农产品以喂饱国民的迫切需求。由于有着一战时期因英国海军封锁导致近乎遭受饥荒的回忆，希特勒不可避免地要转向东方，将其作为食物补给的来源之一。尤其是乌克兰，这里有历史上知名的肥沃土地，被视为工农业两类资源的来源地，可以让德国永远避免被封锁的危险。[9] 第一次世界大战以来，苏联的城市人口增长2500万人。把这些苏联市民消除后，即可将乌克兰的"富余"农产品送往西方。[10]

四块新领土的人口替换工作需要借助多种方式来达成，视涉及的具体民族而定。从开始就有的一个清晰意向是不容忍犹太社群，只予以灭绝。德国关于犹太人的计划经过几个明显的阶段。起初打算在波兰被征服的部分建立起一块犹太人"侨居地"，但这由于几个原因而被证实难以施行：第一，计划中位于卢布林及其周边的聚居区仍然离德国太近；第二，征服波兰后，事实表明把犹太人从德国和西方转移至波兰几乎是不可能的，因为波兰占领区的当局根本应付不来所牵涉的人数。第二个"犹太人问题"的解决提案是在遥远的岛屿（如马达加斯加）上建立一处犹太人聚居地。尽管目前控制着马达加斯加的欧洲国家（法国）已经被德国打倒，然而因为英国统治着海洋，此类计划都不可能实施。作为替代方案，德国尝试劝说斯大林接收数百万犹太人进入苏联，在那里他们可以被安置到西伯利亚或苏联中亚地区的偏远地带，而斯大林拒绝了。现在，随着德国征服苏联的计划已进入后期阶段，一个新的解决方法浮现出来，那就是直接让犹太人工作至死，修建新道路，横贯德国征服下来的俄罗斯土地。迅速征服俄国的努力失败后，大规模灭绝的最终解决方案才成为一项正式政策。

预定征服地区内的其他人口，例如吉普赛人，也会受到同样的待遇。斯拉夫人将被剥夺医疗看护资源，他们的食物供给也会遭到削减，以造成饥饿死亡。还有实施大规模绝育的提案，以确保当前这一代"不受欢迎者"成为占领区内的最后一代。其他的人，包括苏联城市人口的主体，将被从新领土中驱赶向东，进入西西伯利亚。尽管计划并未明确他们会遭遇什么，但必定非常清楚的是，把这样多的人赶入一片未开发的荒野地带，将导致其中大部分人迅速死亡。实际上，尽管使乌克兰农业去集体化可以解决乌克兰乡村人口最大的怨恨之一，从而带来政治上的益处，但德国人打算保留集体化制度，因为这样他们就可以更容易地确保农产品流向他们所选择的目的地，以此确保让上千万苏联城市居民陷入饥饿。这点在一份名为《饥饿计划》的文件中得到明确，该计划在1941年3月最终完成。[11]

对于这些将会采纳的措施，希特勒在1940年7月的一次会议上清楚地表明了他的观点："德国的目标与方法必须对全世界隐瞒，同时一切必要的措施——枪决、流放，等等——我们都会采用，无论如何都要采用。那个时候的顺序是：第一，征服；第二，统治；第三，开发。"[12]

打算从东欧移除的人口规模令人震惊。只有15%的波兰人将被允许留在波兰，而白俄罗斯人、乌克兰人和俄罗斯人的数字分别是25%、35%和50%。那些允许留存的人口中将包括少量被认为值得日耳曼化的人；剩下的则会被当作奴工。据估计将有超过4500万人被驱逐到西伯利亚。而对波罗的海国家来说，驱逐行动计划把爱沙尼亚与拉脱维亚的"原住"人口减少约50%，立陶宛——它受历史上与波兰的联系"污染"——则为85%。有一种说法是斯大林可能最终移除了波罗的海诸国约四分之一的人口，这必须对照德国人计划中的这些驱逐方案以作评判。东方总计划最初打算在25年左右的时间里实现波罗的海三国的日耳曼化，希姆莱把这一目标变更为20年。[13]

东方总计划将分为两个明显的阶段实行。第一个阶段名为"小计划"（Kleine Planung），将在攻占相关地区之后尽快执行。第二个计划，或称"大计划"（Grosse Planung），会在之后的大约20至30年内付诸实施，预计主要的驱逐行动会发生在这一阶段。不过，从"不受欢迎者"那里转移食物的行动将作为"小计划"的一部分进行，如果这导致大规模的饥饿致死，如同计划中会在德国取得预期胜利后第一个冬天里发生的那样，就可以减少"大计划"的工作量。

德国对波罗的海诸国国民的敌意值得做进一步探究。在德国，间战期间对于爱沙尼亚、拉脱维亚和立陶宛的态度受两个主要因素影响。首先，有大量前波罗的海德意志人，例如罗森贝格自己，在困难的状况下离开了他们的故土。波罗的海德意志人同波罗的海当地民族之间的关系屡屡处于紧张状态。拉脱维亚和爱沙尼亚的贵族与地主大多曾是德意志人，而且就像之前谈到的，这些社群曾广泛参与到独立战争中，试图阻止民族主义者掌权，特别是在拉脱维亚。无论怎么说，波罗的海日耳曼人坚信任何一个独立的拉脱维亚政府都会是德国的亲密盟友，而他们自己作为大地主的利益将得到保护。其次，那几场独立战争卷入了一大批效力于自由军团的德国士兵。这些志愿者曾被许诺说他们的服务会得到大量报酬，包括波罗的海国家的土地，但到解放战争结束时，自由军团却在同民族主义政府作战，为建立亲德傀儡国家做最后的努力，很少有人收到他们认为公平的报酬。这两个因素，再加上德意志人长期以来致力于将该地区纳入其支配的历史背景，导致了一种把波罗的海海岸视为德国应得范围的感觉。在国社党人借以看待世界的种族排行榜（league tables of races）上，波罗的海民族被划在德意志"主宰民族"（Herrenvolk）与斯拉夫"次等人"（Untermensch）之间的某个位置上。甚至波罗的海的这三个民族，也有高下之分。爱沙尼亚人被看作高于其他两个民族，因为他们与芬兰人和瑞典人之间有着深厚的历史上（因此也有种族上）的联系，而后两者被看作雅利安人。立陶宛人被认为是最低等的，因为他们同可憎的波兰人存在历史关联。

波罗的海民族在苏联占领期间的经历改变了三国内部的公众意见（至少在非犹太人与非俄罗斯人群体间是这样）并使之倾向于德国。人们广泛希望和期待苏德之间爆发战争，而作为这场战争的一部分，德国人将恢复波罗的海国家的独立地位。虽然要付出一定代价，但大多数爱沙尼亚人、拉脱维亚人和立陶宛人都完全做好了成为德国盟友的心理准备。但1941年5月，罗森贝格向部下发布了一份题为《对一位东部地区国家专员的指示》的文件。文件解释说，无论对波罗的海三国的未来规划如何，德国都不可能使该地区恢复独立地位：

> 爱沙尼亚、拉脱维亚以及白卢塞尼亚（Weissruthenien，白俄罗斯的西部与北部）国家专员区的目的必须是致力于某种形式的德国保护国，之后再通过将种族上可以接受的成分日耳曼化，德意志民族殖民，以及驱逐不必要的成分，使这一地区转化为大德意志国的一部分。[14]

　　除那些因种族归属而被视作"不必要"的成分以外，德国人还利用了他们在波兰的经验。三个国家的知识精英将被驱逐，以排除残余的民族主义思想。罗森贝格预期，单在拉脱维亚，这项措施就将使被驱逐者的人数再增加4万。德国统治阶层大体上都同意这些政策，但具体如何实施尚未确定。希姆莱发行了详细的标准规范，被占领国的人们要满足这些标准才会被认为有日耳曼化的价值，但他的一些下属表示抗议，指出连德国本身的人口也有很大一部分无法满足这些规范。有鉴于此，在党卫队以及各类争夺占领区控制权的团体内部，许多人更支持一种基于古代斯巴达的模型：德国人处于斯巴达人的位置，斯拉夫人将沦为希洛人（Helots）奴隶，还有空间容纳第三个类别，即庇里阿西人（Perioikoi），不具备完整公民权的自由民，他们将作为忠实的盟友为帝国服务——换句话说，与罗森贝格原本的提案非常一致。波罗的海国家的人口尤其被认为适合扮演庇里阿西人的角色。罗森贝格本人还给乌克兰人选择了这个角色，他正确地判断这个族群大多数都不喜欢俄国人。不过，这立即被希特勒拒绝了。乌克兰人是斯拉夫人，并且会得到相称的待遇。

　　德国将面临的一个问题是如何为实现这些宏大的梦想提供足够的移民。"返乡帝国"政策导致超过12万波罗的海德意志人迁往德国，而在把来自欧洲其他部分的德意志族人算进来后，总数超过85万。大部分人被安置在波兰西部地区；举例而言，波兹南的德意志人口从1939年的6000人已增加到9300人以上。[15] 尽管采取了这些措施，还是没有足够的移民来将波兰日耳曼化，更别说再往北和东去的广大领土了。预期德国人口将稳步增长，特别是因为堕胎禁令以及缺少控制生育的法律。人们希望，这些未来的世代能提供大部分移民。其他更为极端的想法同样得到了考虑。戈林与RSHA首脑莱因哈德·海德里希主张根除乌克兰的男性人口，之后党卫队将可以自由使尽可能多的、种族上能够接受的女性受孕。

　　作为德国入侵苏联的总体军事计划，"巴巴罗萨"已经超出本书的范围。波罗的海地区主要的军事指挥机构是北方集团军群，其指挥官为陆军元帅威廉·冯·莱布元帅（Wilhelm Ritter von Leeb）。他1876年出生于巴伐利亚，义和团运动期间曾在中国服役，第一次世界大战时在西线与东线都参与过战斗。间战期间他留在魏玛国防军，1923年镇压希特勒的啤酒馆暴动时扮演了主要角色。希特勒因为莱布众所周知的反纳粹主张而猜疑他，莱布还是唯一一个反对借道比利时进攻从而打败英、法计划的高级军官，这也没有让事情有所好转。他坚称，世界将在同一个世纪里因为攻击比利时这个中立国家而第二次谴责德国。[16] 莱布在麾下军队于法兰西之战中突破马奇诺防线后被晋升为元帅，他目前正在德国展开的北翼指挥着一支强大的力量。尽管有在西线的经历，莱布仍旧是个谨慎的人，从某些方面来说，也没能成功领会装甲战与德国战术战役学说结合起来的巨大意义，以及这两者有多么相互匹配。

莱布指挥两个步兵集团军和一个装甲集群——"装甲集团军"的名称创立于"巴巴罗萨"开始之后。普鲁士人格奥尔格·冯·屈希勒尔大将（Georg von Küchler）麾下的第18集团军位于左翼。和同时代的所有人一样，屈希勒尔参加过第一次世界大战，还加入自由军团在拉脱维亚战斗过，期间一度作为参谋军官为德国在波罗的海地区的指挥官吕迪格尔·冯·德尔·戈尔茨效力。他曾在1940年指挥第18集团军穿越荷兰并进入巴黎，现在他和他的部下准备入侵立陶宛。供他支配的是第一军，拥有5个步兵师，以及第26军，有4个师。他右翼是第16集团军，由恩斯特·布施上将（Ernst Busch）指挥，他是一战西线的老兵，曾于1940年在比利时、法国的战斗期间指挥过该集团军。布施的部队包括第二军的2个师，以及第10军的5个师。

莱布集团军群的打击力量是埃里希·赫普纳大将（Erich Hoepner）的第4装甲集群。赫普纳在军队里以"老骑兵"（Der alte Reiter）而著称，是装甲战的早期拥趸，1938年被指派为第16装甲军军长，经历成功的波兰与法国战役后被提升为大将。他的装甲集群由2个摩托化军构成，同时以党卫队"骷髅"师为预备队。第41装甲军下辖2个装甲师、1个摩托化步兵师，还有1个普通步兵师，由格奥尔格·汉斯·莱因哈特上将（Georg-Hans Reinhardt）指挥，他曾在1939年指挥第4装甲师进入华沙。与他并列的是第56装甲军，辖有1个装甲师、1个摩托化师和1个普通步兵师。其指挥官为埃里希·冯·曼施泰因（Erich von Manstein），他在间战期间第一个提出制造突击炮以近距离支援步兵，也是1940年德军那次成功的、穿越阿登地区战役的主要设计师之一。曼施泰因曾在法兰西之战中指挥第38军，且他的部下最先抵达并渡过塞纳河。现在，他将拥有机会来展示自己用一个装甲军能取得何种成绩。

德军装甲师曾在战争初期的几场战役中俘获全世界的想象力，但德国军队的主力由步兵师组成，它们仍旧徒步行军作战。它们相对于摩托化装甲师而言较差的机动性引发了一些担忧，甚至在相对短暂的波兰和西方战役中，装甲师便经常陷入孤立，同时步兵则拼命跟上步伐。从某种程度上讲，德军装甲师就是为解决这一问题而组建起来的，它们包括足够的工兵、维护和补给单位，可在较长时间未与国防军其余部分保持充分接触的状况下继续运作。装甲师在西线的快速进军及其随之而来的孤立无援并未导致任何重大挫折，虽然英军在英吉利海峡附近对德军装甲前锋的反击引发了一些紧张时刻。在苏联的广阔空间里，步兵无法跟上装甲师的缺点将毫不留情地暴露出来。步兵师由3个步兵团、1个炮兵团，以及侦察、工兵、反坦克各1个营构成。炮兵主要由马匹牵引，这进一步限制了其机动性。装甲师在战争的这一阶段拥有1个步兵旅，包括1或2个步兵团，许多情况下还有1营乘摩托车的步兵。装甲部分包括1个装甲旅，通常有2个装甲团，总计最多有4个营的坦克[①]。此外，师里还有搜索营、工兵营和反坦克营，以及1个团的炮兵——与步兵师相反，多数炮兵要么是摩托化，要么由半履带车和卡车牵引。摩托化步兵师有2个摩托化步兵团及1个摩托车营、1个炮兵团，还有工兵和反坦克营。

装甲师的坦克曾经引导了横穿波兰、比利时与法国之路，但在许多层面上劣于德国敌人的同类装备。大多数师仍保有大量于1936年首次入役的二号坦克。这种9吨重的车辆装备有1门20毫米火炮，其装甲最初只是设计用于保护车组免受轻型步兵武器的伤害。后来的型号把装甲增强到30毫米，但这在反坦克炮面前也只提供了最低程度的保护。从数量上看，三号坦克在"巴巴罗萨"之初是主力坦克。这是第一款专门设计用于同其他坦克作战的德国坦克，并且是一款远大于二号坦克的车辆，重23吨。其装甲从最初的15毫米增加至30毫米，但这在与其他坦克交战时仍不够用。起初这种坦克计划装载1门50毫米加农炮，但它入役时，国防军的反坦克营装备的是37毫米炮，于是这款火炮就为标准化起见安装到三号坦克上。到"巴巴罗萨"前夕，多数三号坦克已经被升级

---

①译注："巴巴罗萨"初期的德国装甲师并非都下辖有旅一级，各师也只有一个团，两到三个营。

为50毫米火炮，尽管大部分炮管都比希特勒命令的要短，导致炮口初速较低，穿透力更小。此外还有大量三号底盘被用于突击炮。曼施泰因1935年提出了这种车辆的概念，三号突击炮作为对该提案的回应而投产，以便向前进中的步兵提供能对付碉堡及其他防御工事的重武器支援。该车可配备一门比三号坦克威力更大的火炮，因为它没有炮塔，而这种车辆组成的营被指定用于为步兵师提供装甲支援。1941年，它们装备着一种短身管、低初速的75毫米炮，反映其作为步兵支援武器的原本角色。后来，它们重新装备高初速的75毫米火炮，以便在反坦克战中承担日益增加的职责。

四号坦克是1941年德国最重的坦克，最初计划作为一款步兵支援武器；然而，三号坦克在坦克战中的无力导致了一次角色反转，结果四号坦克被优先用于对抗敌军装甲兵，三号坦克则用于支援步兵。四号坦克重25吨并拥有50毫米厚的正面装甲，在其漫长的生涯中配备了多种多样的火炮——这是唯一一款在战争期间一直生产的德国坦克。1941年，大多数四号坦克装备1门短管75毫米炮，而这种武器的低初速限制了它在反坦克战斗中的效能。

就战争准备来说，1941年的国防军状态良好，几乎所有陆军军官与军士都经历过波兰和西方的战斗。德国空军同样拥有大量经验丰富的人员，但还没有补充好在不列颠之战中遭受的损失。它如今要在东方大规模投入到一场新的战争中去，而西方的皇家空军仍未被击败。国防军最大的弱点可能是后勤问题，这部分是由于没能计划一场长期战争。从大多数层面来说，德军装备订购时并未附带足够的备用部件，以允许其承受长时间的持续使用。举例来说，英国与美国的标准做法是为每架飞机订购至少2部航空发动机，确保有富裕的替换发动机和备用零件，而在德国，这一比率接近于4∶1。备用部件的存货因法国的战斗与不列颠之战严重消耗，故而除非国防军能赢得一场快速胜利，否则将迅速陷入使其战斗力衰弱的短缺之中。

北方集团军群的战役命令需要赫普纳的装甲兵沿蒂尔西特（Tilsit）—陶格夫匹尔斯（Daugavpils）方向进军，同时第18集团军在左，位于赫普纳与波罗的海之间，第16集团军居右，保证与中央集团军群北翼单位的联系。一旦这一初始目标得以达成，第4装甲集群将继续向北突进，跨越拉脱维亚和爱沙尼亚，到达位于普斯科夫（Pskov）的佩普西湖（Lake Peipus）南端。第18集团军将完成对波罗的海诸国的征服，但预计北方与中央两个集团军群沿发散的方向推进时，第16集团军会发现越来越难与中央集团军群保持联系。因此计划要求，歼灭沿途的苏联军队主力以后，中央集团军群将在最终向莫斯科突进之前，以其两翼援助北方集团军群与南方集团军群。北方集团军群将朝向其最终目标列宁格勒移动，之后再向苏联首都突进——希特勒1940年12月18日的训令（这份训令首次提出了"巴巴罗萨"的计划）清楚阐明了这点：

> 只有当前以夺取列宁格勒和喀琅施塔得（Kronstadt，列宁格勒外围的苏联海军基地）为目的的各次进攻战役完成之后，才考虑展开下一步的进攻战役，其目标是占领莫斯科这个重要的交通与军备制造中心。
>
> 唯有俄国的抵抗能力出乎意料地迅速崩溃时，才能尝试同时达成这两个目标。[17]

许多因素结合起来，造就了德国在战争初期的惊人胜利。或许德国成功的关键，是装甲机械化战争的发展恰逢德国军事学说演进到一个特定的阶段，后者是一个随19世纪初压倒性败战后开始的进程。普鲁士军队1806年在耶拿与奥尔施塔特被拿破仑彻底击败之后，普鲁士人开始详细分析法国人为何胜出。其结果就是普鲁士——后来的德国——总参谋部。这一主体拥护某种后来被命名为"委任战术"（Auftragstaktik）的概念，该词最好的英文译法或许是"任务导向战术"（mission-oriented tactics），尽管这种表达在德语军事著作中并无明确使用。目的是创建这样一支军队，指挥官会使下属领会他的意图，并向其分派任务。一支混成兵力将被分配给这位下属，由他自己做详细安排，上级不作干涉。最大限度地强调下属理解他们的命令时展现主动性。极端情况下，只要下属采取的行动能达到其上级的总体意图，"委任战术"允许他无视自己领受的命令。赫尔穆特·冯·毛奇的这段话是对此概念最为清晰的表述之一：

> 形势瞬息万变，置身其中的军官必须基于他对形势的见解行事。上级无法给出命令时，他不应该再坐等命令。恰恰相反，在上级意图的框架内行动时，他的行动最富成效。[18]

这一运动在普法战争后开始加速，但并未获得普遍认可。事实上，正是那些倾向于更传统的指挥与控制方式，或称"标准战术"（Normaltaktik）的人，创造出"委任战术"这个词来描述其对手的原则。他们主张，只有仔细管理战斗的所有层面，才能使机动能力与武器射程日益增长的趋势可控，以防在战场上完全碎片化。

委任战术于第一次世界大战期间一直获得支持，到德国人1918年在西线发动他们最后攻势的时候，这一战术几乎已经是所有德军战役行动的标准规范。对德军而言，军官甚至军士花时间和其他兵种在一起成为常态——结果，第二次世界大战中的德国指挥官常拥有与步兵、炮兵和装甲兵共事的经验。以至在那些为完成任务而成立的临时战斗群中，所有成分都能够得到出色地运用。

为了让委任战术生效并且成功，需要将几个因素结合起来。首先，指挥机构上下都必须理解这一原则的性质，并理解上级指挥部的总体意图，而非低层级任务的重要性；任务仅仅是达成目标的一种手段，如果针对同一目标出现更好的方法，就予以变更或舍弃。其次，那些被委以此种战术与战役自由的人需要具备技能和主动性，能够有效地应对不断变化的环境，这样便可以克服任何出乎意料的障碍，同时也能活用任何意外出现的机会。再次，任何指挥官身边的延伸指挥结构——余下的司令部幕僚——必须能以一种灵活的方式组织后勤及其他事务，以允许指挥官本人专注于战场上的发展。最后，为能在遭受伤亡或其他混乱情况下有效运转，每位指挥官都需要有能力承担高于其目前职务两级的职能，并且必须要理解与这些较高层级相应的目标。

机械化战争（尤其以德军装甲师的形式）的出现，恰逢德军总参谋部尤其出色地适应了委任战术。凭借对坦克、炮兵、步兵和战斗工兵的整合，以及专门的支援纵队，装甲师在许多方面都是此种作战模式的理想工具。到"巴巴罗萨"开始时，很多——虽然就像人们将要看到的那样，不是所有——德国军官有时间和机会去理解这种新型师与国防军内部盛行的战役学说结合之后，所提供的新可能。

《东方总计划》要求其最初阶段（即"小计划"）跟在推进的陆军后面执行。部分是出于该目的，部分是为确保快速建立秩序，党卫队再次组建了一些"特别行动队"（Einsatzgruppen），它们将紧随国防军的三个集团军群。这些单位的先导是莱因哈德·海德里希的特别行动指挥部（Einsatzkommando），后者曾于1938年的德奥合并期间占领奥地利的政府建筑。别动队最初是计划入侵捷克斯洛伐克时建立的，但《慕尼黑协定》令德国不必再行此举；尽管如此，别动队再次扮演了控制政府办公室和文件的角色，还在捷克斯洛伐克政府官员静悄悄地溜走前协助将其扣押。为入侵波兰做准备时，海德里希再次复活他的别动队，但这次任务范围要大得多。它们可以自由处决任何被视为德国敌对分子的人，除了激怒他们的人，别动队还借助一份"不受欢迎"的波兰人特别名单，找出并杀害波兰知识分子、神职人员及其他可能被视为其社群领导者的人。许多情况下，它们的行动引起了国防军方面的抗议，后者担心其自身的声誉会受损。[19]

据估计，到1939年10月底，分为8队运作的别动队已经杀害20000名波兰人。这些队伍1940年于西欧短暂活动过，当时它们重操控制政府办公室的旧业，而在"巴巴罗萨"的准备阶段，它们再次被激活。1941年5月，海德里希视察德国边境警察学校，别动队的指挥官们正在那里接受训练，他明确指示说别动队将会杀死犹太人。[20]为防止波兰战役期间出现的那种摩擦，海德里希1941年4月28日同国防军第一军需总监爱德华·瓦格纳（Eduard Wagner）将军会面，起草了一份规定别动队运作方式的协定。遵照这份协定，德国陆军司令瓦尔特·冯·布劳希奇（Walter von Brauchitsch）元帅发布指令，告诉所有集团军指挥官，他们的单位应收集各自占领区内犹太人的名单，而这些名单应递交给别动队。尽管命令并未具体说明别动队要用这些名单做些什么，但指挥官们心中应当不会有多少疑问。

海德里希应该清楚，在拉脱维亚与立陶宛，当地人与犹太人之间存在敌意，尤其是德国情报报告准确指出了苏联占领之后日益增长的反犹情绪。因此，他建议属下利用这一点："不要干预在新近占领的土地上可能由反布尔什维克或反犹分子发起的清洗活动。相反，要暗中鼓励这些行为。"[21]

别动队A被指派给北方集团军群，于"巴巴罗萨"前夜在东普鲁士的贡宾嫩（Gumbinnen）开始集结。指挥官是弗朗茨·瓦尔特·施塔勒克（Franz Walter Stahlecker），一位在党卫队保安处（Sicherheitsdienst，SD）爬到高位的律师。它的指挥部被划分为2个特别指挥部（Sonderkommando）和5个特遣指挥部（Einsatzkommando），各自负责前线不同地段。

　　1939年，迫使波罗的海三国接受互助协约之后，斯大林把注意力转向芬兰，这是《莫洛托夫-里宾特洛甫协定》秘密协定涉及的国家中剩余的一个。早在1938年，苏联便开始压迫芬兰的中立理念，警告芬兰说苏联军队可能会在苏联与德国开战时寻求让部队通过芬兰。苏方暗示，为方便此事，芬兰或许会希望割让或租借一些处在通往列宁格勒海路上的岛屿；曾经为本国独立而与俄罗斯战斗，并在来自德国的援助下获胜的芬兰人拒绝了。1939年，芬兰开始意识到边境的苏联军队正在稳步增加，于是以正在进行的军事训练为伪装，对预备役进行了一次预防性动员。10月初，莫斯科要求赫尔辛基割让领土，包括几座波罗的海岛屿以及靠近列宁格勒的部分陆地。经过漫长的辩论，芬兰人拒绝了最后通牒。11月26日，一座苏联边境哨所遭到炮击；炮弹后来被证明是一个NKVD单位蓄意发射的，但苏联把责任推给芬兰人，并要求芬兰人从边境区域撤出。[22] 月底，苏联军队进入芬兰。

　　事实证明，冬季战争对苏联军队来说是一场惊人的失败。苏联国防人民委员克利缅特·伏罗希洛夫曾预测会有一场速胜，但若干因素对苏联人不利。作战区域对防守方非常有利，为战役所做的计划基于胜利将快速到来的极度乐观的设想，笨拙又不充分。随着意志坚定、战斗技能过硬的芬兰守军给苏联军队造成灾难性的损失，经过大规模人事调整的军官团的薄弱暴露无遗。经过105天的战斗，苏联人最终得以战胜芬兰人，并把一份条约强加给他们。那时，苏联军队已经伤亡32万余人，相较之下，芬兰损失约7万人。

　　总军事委员会召集了一次对苏联军队表现的评审会，之前被斯大林派往列宁格勒接管冬季战争并成功将其了结的谢苗·康斯坦丁诺维奇·铁木辛哥（Semon Konstantinovich Timoshenko）在会上提出了广范围的改革建议，涵盖服装、无线电装备和作战战术在内的多个主题。然而到1941年夏，许多改革措施都还没有实现，其他的则被打了折扣。苏联军队将在一种蹩脚的状态下进入这场它最受考验的战争。

　　苏联装甲兵被编为机械化军，这种编制出现在1940年晚期。每个军拥有2个坦克师和1个摩托化师，其兵力总计为36000人和约1000辆坦克。[23] 苏联步兵师包括3个步兵团、2个炮兵团，还有一个16辆坦克的轻型坦克营。虽然全师纸面力量超过14000人，但大部分师的人员都在8000至10000人之间，而其坦克与炮兵支援单位通常并不存在。每个苏联军队集团军应有1个机械化军、3个各辖2—3个步兵师的步兵军，以及额外的炮兵与反坦克部队，但和更基层级的单位一样，多数集团军都没有这些集团军级兵团应有的人员或装备。

苏联军队装备质量差异极大。1930年，一个派往伦敦的苏联代表团参观维克斯（Vickers）的工厂，并订购一小批维克斯MK. E坦克及其在俄国生产的许可证。这种6吨坦克被发展为苏联的T–26，该车后来投入大量生产，过去几年有1万多辆被制造出来。它最初的武装——装在一对炮塔里的2挺机枪，设计意图是令其突破敌军战线时可朝两个方向开火——被升级为1门45毫米火炮，其装甲及与之相关的重量也与时俱增。到1941年时，T–26与德国二号坦克一样，设计已经完全过时，缺乏在战场上生存所需的防护与火力，但它在苏联装甲力量中占据很大一部分。

和20世纪20年代的所有军队一样，苏联军队奉行突破坦克——用于强行突破敌军战线——以及战果发展坦克或者说骑兵坦克的理念，后者是较为轻型、快速，可进一步发展突破的车辆。BT7是一款配备1门45毫米加农炮的14吨战车，可能制造了5000辆。它们的轻装甲——最厚的地方也只有22毫米——使其易被敌方炮火毁伤，且由于零备件长期短缺，这种比T–26更复杂的车辆在"巴巴罗萨"开始时有许多无法开动。

T–26被普遍认为太轻，无法成为一款有效的突破坦克，于是几种更大车辆的原型车被生产出来。三种原型车在冬季战争期间进行了测试，KV坦克被选为最佳设计。它的名字源于克利缅特·伏罗希洛夫，有两种生产型，即45吨重，装备1门76毫米火炮的KV1；（数量较少的）53吨重，巨大的、侧面平坦的炮塔里搭载1门152毫米榴弹炮的KV2。它重于任何德国对手，一些地方的装甲厚度超过70毫米——这就使其基本免疫德军的反坦克火力。不过，这种坦克虽然具备良好的越野性能，但并不受坦克车组欢迎。战斗室设计得很拙劣，变速箱特别难用，常常要靠驾驶员用锤子敲打。[24] 它的重量使其无法通行许多苏联桥梁，并且造价昂贵，维护困难。不论如何，这种坦克还是非常强大，苏联军队在波罗的海诸国的兵团有几百辆可用。

最有名的二战苏联坦克是T–34。最初，苏联设计者试图设计一款替代

BT7的新型骑兵坦克，但其设计者米哈伊尔·柯什金由此发展出T-34的设计理念。它重26吨，装备一台强大的柴油发动机和宽履带，机动性在同时代的苏联坦克中无出其右，而它强大的76毫米火炮——这种武器也安装在更复杂、更重且更贵的KV1上——能够干掉其可能遭遇的任何德军装甲车辆。革命性的倾斜装甲赋予它极佳的防护，而且德国入侵开始的时候已有相当数量服役；但就像许多苏联武器那样，许多T-34由于机械问题和缺乏备用零件而无法运作。多数苏联坦克还缺乏无线电——只有指挥官的车辆有一套设备，用来和上级指挥进行通讯，甚至这些设备也经常出故障。部队指挥官与下属坦克之间的全部通讯手段就是从炮塔上挥舞旗帜，这种做法在激烈的战斗中很难实行，还有可能因为任何原因而失效，比如下属的坦克太过忙碌，无法一直留意指挥官坦克挥舞的旗帜。结果就是，战斗一开始，指挥官与部下之间的通讯就几乎无法进行，这导致几乎可说是死板的兵力运用；苏联坦克车组无法与上级联络，只能按照他们最初的作战计划奋战，即使情况清楚地表明那不可能带来胜利。

苏联空军至少在纸面上是一支强大的力量，拥有19000架作战飞机。尽管其中很大一部分是陈旧或落后的型号，但也有一些飞行中队[①]装备了较新式的飞机，如MiG-3和IL-2。但与苏联军事机器中的其余部分一样，空军同样被那些约束条件拖后腿。首先，备用零件短缺使得作战飞机的数量减少了约15%。其次，许多飞行员在他们的飞机上只飞了很短时间，特别是那些较新的型号——训练因担心坠机而受到限制，这种事故可能会让指挥军官受到从事破坏活动的指控。再次，战术学说乃是基于20世纪30年代初期有关大规模运用空中力量的过时理念。哪怕这样的概念还未被证明无效（就像不列颠之战期间发生的那样），苏联人也缺乏足够的前线机场来进行此种大规模部署。这就导致飞机拥挤在少数机场内，如果德国空军得到先发制人的机会，它们便会成为易于得手的目标。

部署在波罗的海三国的军队构成了波罗的海特别军区，作为列宁格勒的第一道防线。费奥多尔·伊西多罗维奇·库兹涅佐夫（Fyodor Isidorovich

---

① 译注：这里所说的飞行中队（squadrons）实际上相当于苏联当时的航空兵大队。

Kuznetsov）指挥的波罗的海沿岸军区可能是苏联边境沿线上三个军区中最弱的。它包括彼得·彼得罗维奇·索边尼科夫中将（Petr Petrovich Sobennikov）位于西立陶宛的第8集团军，瓦西里·伊万诺维奇·莫洛佐夫中将（Vasili Ivanovich Morozov）在东面的第11集团军，以及第3与第12机械化军。库兹涅佐夫有第27集团军作为预备队，由尼古拉·叶拉斯托维奇·别尔扎林少将（Nikolai Erastovich Berzarin）指挥。从数字上看，这支力量的兵力令人印象深刻，有近37万人和1500多辆坦克；相比之下，北方集团军群拥有65.5万人和近1400辆坦克。和苏联所有装甲兵团一样，库兹涅佐夫麾下的机械化军里有大量坦克由于缺零少件而无法动弹。相反，尽管国防军同样面临后勤问题，它至少还能在北方集团军群的坦克全部可以作战的情况下发动战役。这一因素，再加上苏联军队中几乎各部都存在的低劣训练水平，意味着德国人享有巨大优势。

对于可能发生的对德战争，苏联若干年前便有计划。北面首要关切是保卫列宁格勒，这座城市被看作苏联军队的大规模动员中心之一。库兹涅佐夫的波罗的海特别军区以及列宁格勒军区都将致力于在初期攻势中保护该市。库兹涅佐夫的军队需要承受德军的任何攻势，并迫使其停在边境线与道加瓦河之间，与此同时，马尔希安·米哈伊洛维奇·波波夫（Markhian Michailovich Popov）将军的列宁格勒军区应对芬兰人的任何入侵。一旦这些初期目标得以达成，两个军区将寻求对进攻者形成空中优势，并在之后准备参与一场向心反攻。[26] 计划认为国防军需要至少15天来准备一场战争，而苏联会察觉到这些准备工作；现实是，尽管有来自多种渠道的反复警告，苏联还是完全被"巴巴罗萨"的开始弄得措手不及。库兹涅佐夫自己的计划是利用这15天把他的军队移动至边境——大多数师在边境仅有1个团，余下人员都待在后方一段距离的平时军营。他打算一旦战斗开始，就使用麾下2个机械化军去发动一次早期且决定性的装甲反冲击，以打断并摧毁前进中的德军前锋。似乎苏联军队指挥链中的任何一个人都不曾想过，他们或许不会有这宝贵的15天时间来准备战争。无论如何，弹药、燃料和备用零件的匮乏不可能在这么短的时间里得到补救。苏联军队将伴随巨大的困难进入一场绝望的求生之战。

1941年，苏联军队战役学说处于一种混乱的状态。间战期间，富有远见的军官（如米哈伊尔·图哈切夫斯基）意识到，现代战争的规模将阻碍那些更为传统的、寻求一场决定性会战的方法：

> 鉴于当今战线延长，不可能歼敌于一役，因此，我们必须尝试通过多场战役来逐渐做到这一点，这些战役将使敌人付出比我们更为高昂的代价……简单来说，在合乎逻辑的原则指导下、由一次不间断的追击所联结起来的一系列歼灭战役，可能取代过去军队交战采用的、在较短战线上进行的决定性会战。[27]

随着苏联军队学说继续发展——通常要面对思维更加传统的高级军官们的强烈抵抗——图哈切夫斯基勾勒出的对敌人力量的作战和消耗，逐渐与同时代人，如格奥尔基·伊塞尔松（Georgi Isserson）和弗拉基米尔·特里安达菲洛夫（Vladimir Triandaffilov）发明并详细描绘的纵深战役的概念结合起来，这就要求半独立的快速兵团针对敌军补给线与指挥线展开行动，以便在敌军部署的整个纵深扰乱并瘫痪敌人。

图哈切夫斯基大力参与20世纪30年代初期苏联军队的改组，发展装备轻型装甲车辆与炮兵的空降兵部队，这大大领先于与它们同时代的人。图哈切夫斯基是一位坦率的多兵种合成兵团的倡导者，而他凭借自己在苏联军队现代化进程中的主导作用，于1935年晋升为陆军元帅。翌年，他在新版《红军野战条令》（Vremmenyi Polevoi Ustav RKKA, 'New Feild Service Regulations of the Red Army'）中将自己的观点规范化。这份文件令他常常被归功为"纵深战役"理论的创始人之一，这些理论最初由伊塞尔松和特里安达菲洛夫明确表述并发展出来，而图哈切夫斯基试图将其内化到未来的苏联军队学说之中。尽管如此，他曾就这套理念清楚地表达过一些自己的想法，下文写于1924年：

> 纵深战役的实现——在敌人的整个纵深上扰乱其战术布置——对坦克有两个要求。一方面，它们必须帮助步兵前进并伴随步兵；另一方面，它们必须突破到敌人的后方，既扰乱其组织，也要把他们的主力同他们掌握的预备队隔离开来。这种由坦克执行的纵深突破必须在敌人的后方制造一道障碍，必须将他们逼退至此，并在此歼灭其主力。同时，这种突破必须歼灭敌人的炮兵，切断其通信并夺取其指挥部。[28]

虽然图哈切夫斯基作为开拓性军事理论家的声誉受益于其对他人理念的整合，但毫无疑问，他也有自己的革命性观点，可参见他1931年写下的关于未来空战发展的评论：

现代技术取得的成就，包括飞机在空中的自动稳定装置，为遂行大规模空中行动打开了新的可能，甚至在恶劣气象条件下也不例外。自动稳定装置、电视以及实用红外线设备的结合将很快允许开展复杂的行动，而不必顾及云雾遮挡。[29]

图哈切夫斯基不仅理解那些改变军事机器各组成部分（空军、炮兵、坦克、步兵武器等）本质的发展，还抓住了将这些不同武器整合起来、使其效率实现最大化的重要性。他认为，此种整合需要军官们具备类似德国"委任战术"要求的那种思维方式：

各级指挥官都被训练得具备大胆主动的精神时，战斗将收获最好的结果。个人主动性具有决定性意义。高级指挥官方面的适当控制涉及：清楚明确地布置任务；适当选择攻击方向，及时集中足够强大的兵力来实现这一意图；筹备各部队适当合作，尽可能利用个人主动性；［还有］支援与利用在战线上任何特定地点取得的成功。[30]

不幸的是，图哈切夫斯基是苏联军队大规模人事调整的第一批受害者之一。他1937年被逮捕，在监禁中承认自己与德国间谍合作。一位替NKVD工作的特工把一份伪造的文件交给德国人，暗示图哈切夫斯基图谋不轨。德国人看到了令一位富有远见且位高权重的苏联高级军官受到怀疑的机会，于是进一步炮制其他文件来牵扯图哈切夫斯基。[31]他被裁定犯有叛国罪，于1937年6月11日被处决，距被逮捕还不到三周。

《红军野战条令》高度推崇个人主动性，但图哈切夫斯基被处决之后的大范围人事调整，实际上使得苏联军事指挥层不可能展现这种主动性。因此，苏联军队将以一种死板的方式来回应德军的突击，各级单位都努力贯彻那些因为德军进展神速而变得毫无意义的命令。苏联军队需要几年时间，来重新认识允许军官们自由发挥、展现其主动性的重要性。

另一个退步是对西班牙内战以及苏芬冬季战争的教训理解得并不准确。这两场冲突引发了对大型机械化兵团价值的质疑，结果，苏联装甲兵被重组为较小的师，以取代大型的坦克军。1941年的事实证明，这些新师过于弱小，远远无法对抗同级别的德国对手。鉴于德军1939年与1940年的成功，苏联军队也在尝试反转这一倾向，但这些努力到"巴巴罗萨"开始时并未完成。事实上，铁木辛哥预计这一进程至少要到1942年中期才能完成。[32]

战争可能无法避免。希特勒显然打算在某个时间点进攻苏联，而准备工作在战争爆发前的一年多就开始了。与此同时，至少是在某种政治层面上，《莫洛托夫–里宾特洛甫协定》似乎在头几个月里起着作用。莫斯科反对战争，谴责英国与法国是反动的资本主义国家。贸易协定让德国可以避开任何英国封锁企图的影响，但是到1940年夏季，《协定》开始显现出绷紧的迹象。尽管秘密议定书中明确划分了势力范围，但苏联对芬兰和波罗的海诸国的动作令德国人担忧，苏联也逐渐对德国无法按期为谷物和原材料付款不耐烦起来。法国的陷落让斯大林感到与德国的战争可能会来得更早而非更晚，他还发现向舒伦堡恭维德国的胜利时很难维持一种虚饰的礼貌。在某个阶段，他对莫洛托夫抱怨说："他们一点抵抗都做不来吗？现在希特勒要来打我们的脑袋了！"[33]

然而，英国的继续抵抗似乎让斯大林重新确信希特勒会继续被牵制在西方，至少目前是这样，于是紧张的情绪短暂放松下来。1940年11月，莫洛托夫为讨论两国之间摩擦地区（尤其是芬兰和巴尔干国家）的问题访问柏林。他尝试让德国人表明他们对罗马尼亚与保加利亚的意图时，后者闪烁其词。访问期间，柏林遭到一次空袭。里宾特洛甫尝试让莫托洛夫相信英国已经完蛋了。"如果是这样，"莫洛托夫问道，"我们为何在这个避弹所里，那些掉下来的炸弹又是谁的？"[34]

莫洛托夫关于巴尔干的执拗试探或许促使柏林最终下定决心。希特勒1940年12月18日签署一份训令，授权详细策划"巴巴罗萨"行动。通过间谍，斯大林不到两周后得到了这个消息。尽管这刺激着苏联领导人着手重整军备，但他的态度依旧矛盾，在对德国的恐惧和坚信不会立即发生战争的想法之间摇摆不定。有那么一阵，格奥尔基·朱可夫，这个将成为战争中最伟大的苏联将领的人，尝试让斯大林注意德国在波兰的增兵行动时，后者回复说德国人已经向他保证过这仅仅是一次训练演习。苏联与英国在南斯拉夫的动作导致亲德政府被推翻，希特勒不愿冒着后方存在南斯拉夫这样一个潜在敌国的风险入侵苏联，被迫推迟"巴巴罗萨"，向这个巴尔干国家派兵。让斯大林失望的是，南斯拉夫不到两周就陷落了。从入侵的威胁中获得的喘息非常短暂。

随着1941年慢慢过去，战争迫近的迹象已是有目共睹。对斯大林来说不幸的是，他自己的经验并不能起到作用。NKVD对外部门的负责人弗谢沃洛德·梅尔库洛夫（Vsevolod Merkulov），以及军事情报部门的主官菲利普·戈利科夫（Filip Golikov）担心引火上身，于是便确保斯大林听到的都是他们认为后者想听的东西。反对德国入侵苏联的德国驻莫斯科的大使舒伦堡试图暗示杰卡诺佐夫，后者作为苏联官员曾监督过立陶宛的合并，时任苏联驻柏林大使。杰卡诺佐夫把他的谈话内容报告给斯大林，结果未被后者接受，斯大林还暗示说，德国人故意散布的假情报现在都传到外交部门的高层来了。最终在5月12日，斯大林同意动员50万预备役人员，并将更多军队移至更靠近边境的地区，但他继续对情报报告嗤之以鼻，那些给出了准确入侵日期的报告也不例外。斯大林清楚苏联军队需要更多时间来备战，还因为害怕引发冲突而拒绝采取恰当的措施。甚至就在入侵前夕，随着骇人听闻的消息从各个地段飞来——几乎所有德国外交官的家属都已经离开莫斯科，德国船只甚至没卸完货物就离开苏联港口，也有德国逃兵给出关于进攻时间安排的详细情报——斯大林仍然在摇摆不定，时而要接受战争将要开始的事实，时而又在沉思希特勒是否真要发动攻击。甚至那些相信报告的人也不准备违背斯大林的指示行事，而这指示直到最后也没有变化：不要做激怒德国人的事。

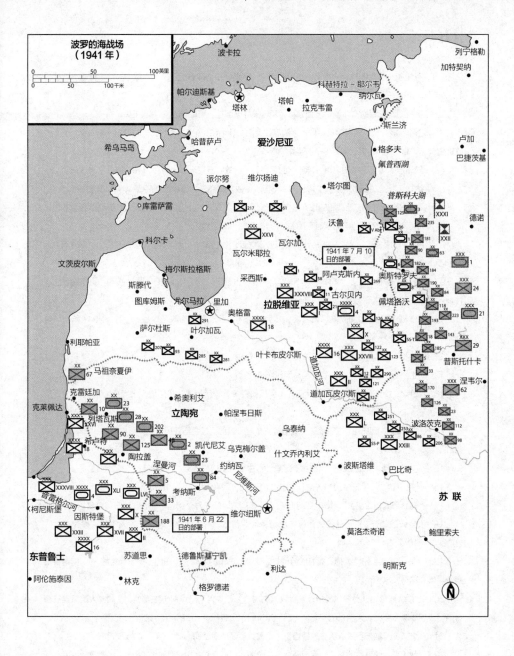

波罗的海战场
（1941 年）

注释

1. R. 克里尔，《优等种族的神话：阿尔弗雷德·罗森堡和纳粹意识形态》（纽约：杜德梅德出版社，1972年），第42—43页。

2. A. 希特勒，《我的奋斗》（波士顿：霍顿米夫林出版社，1971年），第646页。

3. M. 罗斯勒尔，S. 施雷尔马赫尔，《国家社会主义计划和灭绝政策的主线》（1996年）收入于《中欧历史杂志》第29卷第2期，第270—274页。

4. A. 施佩尔，《第三帝国内幕：施佩尔回忆录》（伦敦：麦克米兰出版社，1970年），第115页。

5. A. 达林，《德国在俄统治，1941—1945》（伦敦，麦克米兰出版社，1957年），第102页。

6. 《国际军事法庭对主要战犯的审判书1947—1949》，第26卷，第610—627页，美国国会图书馆。

7. 《元首海军会议》（美国国会图书馆，1947年），第120页。

8. 引自C. 马达捷克，《从东方总计划到东方定居计划：档案》（慕尼黑：绍尔出版社，1994年），第24页。

9. A. 凯，《剥削，迁移，集体屠杀：德国对苏联被占领区的政治及经济计划》（纽约：贝格哈恩出版社，2006年），第211页。

10. T. 斯奈德，《血腥大陆：希特勒和斯大林之间的欧洲》（伦敦：珍藏出版社，2011年），第161—162页。

11. 凯，第164页。

12. 《对主要战犯的审判书》第38卷，第86—94页。

13. T. 劳恩，《爱沙尼亚和爱沙尼亚人（民族研究）》（斯坦福：胡佛协会出版社，2002年），第161页。

14. 引自K. 康格里斯，《拉脱维亚历史学者文集》（里加：拉脱维亚历史研究所出版处，2008年），第241页。

15. P. 艾伯哈德，《波兰的政治移民》（华沙：中欧历史研究中心，2006年），第26页。

16. W. 夏伊勒，《第三帝国的兴亡》（纽约：西蒙舒斯特出版公司，1960年），第647页。

17. 《第21号元首令》，1940年12月18日（《美国首席顾问办公室起诉轴心国罪行材料集》）。

18. 引自W. 文德尔，《任务式指挥和小组领导：德军领导方式的标志》，收入于《军事评论》，2002年9—10月刊，第4页。

19. R. 罗德斯，《死亡大师：党卫队特别行动队及大屠杀的发明》（纽约：阿尔弗雷德·A. 柯诺普出版社，2002年），第9页。

20. A. 希尔格鲁伯，《东线战争及对犹太人的屠杀》，收入于马卢斯（主编），《纳粹大屠杀第三部分，"最后解决方案"：大屠杀的实施》（慕尼黑，绍尔出版社，1989年），第94—95页。

21. L. 里斯，《纳粹：来自历史的警告》（伦敦：英国广播公司，1997年），第177页。

22. T. 利埃斯，《冰冷的希望：保卫芬兰》（伦敦：巴西里防务出版社，1988年），第77—78页。

23. D. 格兰茨，《列宁格勒会战》（劳伦斯：堪萨斯大学出版社，2002年），第22页。

24. S. 瑟维尔，《为什么是三辆坦克？》（《装甲》1998年7/8月号），第24页。

25. 格兰茨（2002年），第23页。

26. I. 古科夫，N. 舍明，《"未完成的目标"，苏联西北方向1941年的战役计划——苏联并未进攻德国》，收入于《军事历史杂志》1996年第6期，第3—4页。

27. J. 施耐德，《战略革命的结构：全面战争和苏联军国主义的根源》（诺瓦托：普莱斯迪奥出版社，1994年），第178页。

28. M. 图哈切夫斯基，《高级指挥部的问题》（莫斯科，1924年），第88页。

29. M. 图哈切夫斯基，《战争中的新问题》，引自C. 麦克帕顿，《米哈伊尔·尼古拉耶维奇·图哈切夫斯基（1893—1937）战争理论家和实践者》，《陆战论文集》第56期（陆战研究机构，弗吉尼亚州阿灵顿，2006年）。

30. M. 图哈切夫斯基，M. 图哈切夫斯基，《苏联工农红军临时野战条令》（莫斯科，1936年），第42页。

31. I. 卢克斯，《夹在斯大林和希特勒之间的捷克斯洛伐克：爱德华·贝奈斯在20世纪30年代的外交》（牛津：牛津大学出版社，1996年），第95页。

32. D. 格兰茨，收入M. 克劳斯，R. 菲利普斯（主编），《历史视角下的战役法》（华盛顿：军事历史中心，2006年），第247页。

33. 引自S. 塞巴格·蒙蒂菲奥里，《斯大林–红色沙皇的宫廷》（伦敦：珍藏出版社，2004年），第341页。

34. 引自塞巴格·蒙蒂菲奥里，第347页。

第三章
国防军势如洪流

1941年6月22日3时过后不久，国防军的炮兵开始向苏联边境哨所开火。在北方集团军群的地段，炮击相对短暂，因为那里没有多少靠近边境的坚固目标。德军开始向前移动同时，负责为集团军群提供空中支援的第1航空队发起第一波袭击，向北方派出近400架飞机。最顽强的抵抗发生在前立陶宛城市克莱佩达（Klaipėda）的正北方，当时是德国的梅梅尔（Memel）。第291步兵师冲进一处顽强固守的据点，魏因罗夫斯基（Weinrowski）少尉在此成为北方集团军群的第一例确认伤亡。[1]

德国空军完全控制住头顶上的天空。第58步兵师的士兵威廉·卢贝克（Wilhelm Lubbeck）位于离前线有一小段距离的地方，因为他的师属于第38军一部，被留作预备队。但他仍然足够靠近边境，可以听见战争最初的时刻：

一连串爆炸声在我们身边回响。我们的炮兵对敌人阵地发起一阵短暂但毁灭性的轰击，爆炸发出的闪光点亮了整个东方地平线。之后随着黎明到来，一阵不间断的轰鸣声在我们头顶的天空中回响。一波又一波飞机出现了——亨克尔与容克，斯图卡和梅塞施密特——都在往东飞。[2]

德军最初的空袭在对手上天之前便摧毁100多架苏联军队战机。7时15分，一道乐观的命令被发往苏联空军，要求立即对德军阵地发起纵深达90英里的大规模袭击。仅有少数飞机设法升空，抵达边境地区的更少，对战斗的影响可以忽略不计。

随着夏季的烈日升入晴空，德军装甲兵几乎不受阻碍地奔涌向前。甚至步兵都在快速进军，在波罗的海海岸区域，第291步兵师挽回了此前克服顽固的边境防御时失去的时间，下午三时左右便推进到拉脱维亚领土。当天结束时，其前锋跨越了41英里的惊人距离，大部分是用脚走过的。该师于6月23日抵达利耶帕亚——德国人称作利鲍（Libau）——时，与尼古拉·捷达耶夫少将（Nikolai Dedaev）的苏联步兵第67师爆发激烈战斗。德国人花费近3天的时间拿下这座城市："房屋与街道的战斗打得非常残酷。敌军机枪火力从隐蔽火力点中喷吐而出。只有以重型步兵炮在开阔阵地上射击，或是迫击炮的炮弹才能克服抵抗。"[3] 苏联步兵第67师大量人员被歼灭。余部穿越库尔兰向里加撤退。捷达耶夫也在战死者之列。

曼施泰因第56装甲军辖下的第8装甲师在"巴巴罗萨"首日便展现出装甲师与"委任战术"结合后的威力。该师第10装甲团混合装备二号、三号与四号坦克，但其数量最多的坦克是捷克设计的38(t)，一种装有1门长身管37毫米火炮的10吨重车辆。它只有30毫米厚的装甲，并不是一款武器或装甲特别优秀的战车，但维修记录非常出色，在其乘员看来优于德国的一号与二号坦克。曼施泰因在战争初始阶段的战役目标是尽快推进，确保道加瓦河上的渡河口，这条河被普遍认为是苏联军队可资利用的最佳防线。如果能完整夺下陶格夫匹尔斯的桥梁，并在河流东北岸建立起一处桥头堡，苏联军队就几乎不可能阻止立陶宛、拉脱维亚的全境以及爱沙尼亚大部被侵占。

埃里希·布兰登贝格尔（Erich Brandenbeger）少将的师领受的任务，是在桥梁被撤退的苏联军队摧毁前将其占领。布兰登贝格尔与参谋们研究了他们需要穿过地域的地图，并结合他们将要利用的恶劣道路网络，仔细权衡有限的一些选项。他们总结到，自己与目标之间存在37条水道，其中有7条至少宽25码。[4] 为帮助解决这些问题，该师请求——并得到了——额外的架桥单位。

最初的目标是杜比萨河（Dubysa），布兰登贝格尔把他的师分成三个战斗群。师右翼是克里索利（Crisolli）战斗群，包括1个摩托化步兵团的主体、1个加强摩托车营、1个营的坦克，还有1个战斗工兵连。左翼是舍勒（Scheller）战斗群，这是一个更加强大的战斗群，辖有1个摩托化步兵营、1个坦克营、1

个加强侦察营，还有战斗工兵与附加兵力。博登豪森（Bodenhausen）战斗群准备着支援其他任一战斗群，或是扩大它们的战果。根据预期，舍勒战斗群将完成主要突破任务，而来自友邻第290步兵师的1个步兵团将在该战斗群前方行进——步兵会克服苏联军队的边境防御，之后装甲与机械化队伍快速向前推进。按照委任战术的原则，布兰登贝格尔让自己与舍勒战斗群待在一起。

克里索利的第一波次包含他的战斗工兵，指挥官为哈劳尔（Hallauer）上尉。他们在持续的敌军火力下迅速清除道路上的苏联地雷，然后待机中的装甲兵迅速前进。哈劳尔在扫雷行动中负重伤并获得骑士铁十字勋章，但他没能等到授勋，两天后便死于伤势。克里索利战斗群的车队突然察觉自己正在一片开阔地中行进——事实表明，红军在该地段的防御只存在于紧邻国境线的地方。6时之前，克里索利发信号通知师部他已抵达尤尔巴尔卡斯（Yubarcas）外围，几分钟后，一个坦克排在隆隆声中越过米图瓦河（Mituva）上的桥。经过短暂的战斗，克里索利占领那座城市。与此同时，再往西北，第8装甲师侦察单位正在舍勒战斗群前方推进，他们在茂密的林地中遭遇顽强抵抗。布兰登贝格尔立即发现师的突破方向——因此也是它的前进方向——很可能在克里索利而非舍勒那里，并于7时34分向师部通告说，他要前去伴随那个更成功的战斗群。[6]

克里索利在无云的天空下往东方推进。正午过后不久，他战斗群里的先导摩托车连便抵达谢列久斯（Seredžius），这里位于尤尔巴尔卡斯以东40英里，一个值得瞩目的距离。大约同一时间，第4装甲集群司令赫普纳大将到访该师师部，布兰登贝格尔的参谋长在那里向他简要报告了战斗的发展。如同布兰登贝格尔把自己与属下的先头单位放在一起那样，德军学说的特点即是赫普纳应当拜访他麾下各师，以便跟上战事的发展节奏。类似的，曼施泰因也在不久后访问第8装甲师师部，并附言表示赞同布兰登贝格尔的计划，又催促该师向前推进，在当天结束前到达阿廖加拉（Ariogala）。他并不需要担心。第8装甲师的日志记载道：

同时A群［克里索利战斗群］主力在未经其他战斗的情况下，成功前进至阿里奥加拉地段，该地侧翼的高地被敌人占据。阿里奥加拉的桥梁无法供车辆使用，但在道路近旁发现一处坚实的浅滩，适用所有车辆，坦克迅速开始

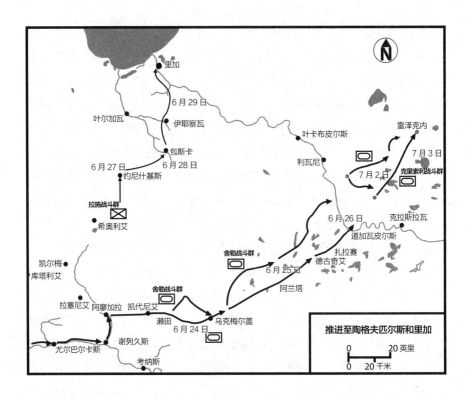

由此渡河，装甲人员运输车跟随在后，以便向阿里奥加拉的高地展开兵力。

　　这次快速突进一定出乎敌人预期，成功克服敌人包括装甲车在内的抵抗，并夺取了那处俯控浅滩的高地。

　　同时，按照师长的命令，在我军炮兵和坦克营的支援下展开对阿里奥加拉主要公路桥的突击行动，17时25分即已成功结束。[7]

　　几分钟后，曼施泰因在刚刚占领的这座杜比萨河上的关键公路桥与布兰登贝格尔会合。克里索利战斗群已经从其出发线前进了48英里多，但此时天色未晚。布兰登贝格尔奉命在剩余燃料许可的范围内，以他的坦克向凯代尼艾（Kadainiai）推进。从阿里奥加拉出发不到两公里，德军先锋便撞上了被误认为是苏联坦克第5师下辖单位的队伍，因此被迫在23时停止行进。20小时内，这些领头的德军即从出发地点跨越55英里。第8装甲师显然是分散在了一片广大区域中，其舍勒战斗群依旧在努力突破边境工事，但当天的目标已经在时间绰绰有余的情况下达成了。[8]

与装甲师的摩托化步兵一同前进的古斯塔夫·克林特尔（Gustav Klinter），回忆起他第一次看到苏联人尸体的情景：

> 作为战斗区域的提示，空气中弥漫着腐败的烧焦味儿，一切神经和感官都开始探测到战争的气息。突然，所有人都把头向右转去。俄国战役的第一个死者躺在我们眼前，就像一个幽灵——一个在战斗中被打碎的蒙古人种的头骨，一套撕裂了的军服，还有被弹片切开的赤裸腹部。纵队排列整齐，然后加速往前——这幅图景落在我们身后。我在沉思中一屁股坐回了位子。[9]

战争的爆发使得波罗的海军区转变为西北方面军，库兹涅佐夫指挥下的各集团军奋力把它们的步兵从兵营里拽到整条前线上去。沿边境部署的各团在当天早晨就被打散和歼灭，许多纵队在来自空中的骚扰下匆忙赶路，结果撞上行进中的德国军队，在一片混乱中被后者"送"了回去。苏联步兵第48师被德军轰炸机发现，之后便持续遭到轰炸，该师甚至还未投入战斗就蒙受重大损失。各级苏联军队指挥官都在努力跟上事态发展。从前线发来的寥寥几份报告讲述着无法想象的灾难，来自航空侦察的情报极少或干脆没有。而在最高层面，斯大林的下属们争论着该由谁来叫醒他们的领袖并告诉他正在发生什么。一部分人，像部长会议主席格奥尔基·马克西米利安诺维奇·马林科夫（Georgi Maximilianovich Malenkov），甚至企图胁迫那些打电话给莫斯科的人更改他们的报告。[10] 政治局在德国入侵开始一小时后集合起来，而斯大林继续拒绝批准全面反攻——他认为战斗可能因德国将军的挑衅行动而起，希特勒并未了解或批准。舒伦堡被召至克里姆林宫，他在那里告诉莫洛托夫，柏林已经由于苏联军队在边境附近的集结而被迫采取行动，斯大林到这时才终于接受事实：他的国家正处于战争状态。

事实上，正处于情报真空期的苏联国防人民委员部——实质上的国防部——给库兹涅佐夫发去了三号指令：

坚决守卫波罗的海海岸的同时，从考纳斯地区向敌军苏瓦乌基（Suvalki）

集群的侧翼或后方施加一次强力打击，与西方面军合作将其歼灭，最迟在6月24日日终时占领苏瓦乌基地区。[11]

　　这一命令要求库兹涅佐夫以及位于他东南方的友邻西方面军合作，消灭相当于赫普纳的第4装甲集群、布施的第16集团军，还有中央集团军群辖下赫尔曼·霍特上将的第3装甲集群一部的德军。即使不算已经发生的损失，这样一件工作也将超出两个苏联方面军的能力。在失去制空权、兵力被重大损失削弱的情况下，这就是一道荒唐的命令。无论如何，德米特里·格里戈里耶维奇·巴甫洛夫大将西方面军的情形甚至比库兹涅佐夫的方面军更糟，它遭到两个德军装甲集群攻击，在混乱中向后退却。库兹涅佐夫是6月23日10时收到的命令，到这个阶段，他已经给麾下的两个机械化军下达了开始反击的命令。他的战前计划要求针对敌军主要集结地进行反击，但由于缺乏有关德军行动的明确情报，他只是命令两个军根据战前计划的前进方向，向前进入在德军看来取得最大进展的地区：机械化第12军将从希奥利艾出发，向东南方移动，同时机械化第3军将从凯代尼艾（Kėdainiai）向西北发起进攻。

　　机械化第12军军长尼古拉·米哈伊洛维奇·舍斯托帕洛夫少将（Nikolai Mikhailovich Shestopalov）是一名前骑兵军官，他向敌军派出辖下的坦克第23与第28师，但这次攻击的厄运从一开始就注定了。弹药与燃料缺乏，时间也不足以把分队凝结成一个井然有序的整体，再加上对德军部队位置一无所知，导致了一场各自为战的攻势。

　　坦克第23师部署在坦克第28师西面。在库塔利艾（Kutaliai）附近，坦克第23师遇到德军第11和第1步兵师的下辖单位，尽管该师取得一些初步进展，但经过一场耗时一天的混乱战斗之后，精疲力竭的苏联师被迫后退，且由于燃料耗尽而丢下许多坦克。稍往东去，苏联坦克第28师向南对德军第1和第21步兵师发起进攻；双方在6月23日黄昏初次相遇：

　　12—15辆坦克沿着从卡尔蒂内奈（Kaltinėnai）起始的东南向公路驶来。在同一时刻，来自第22步兵团第14连的二等兵哈瑟已经把他的炮推进布特凯奇艾居民区（Butkaičiai estate）以北1公里处的岔路口阵地。这名炮手不顾火炮几乎被轧毁，在近距离上打掉6辆快速行进的坦克。[12]

　　哈瑟也许是幸运的，因为他面对的坦克是T–26或BT7，他的37毫米炮对付更重的苏联坦克就没有效果了。

　　德军的进军朝向东北，而红军坦克兵正尝试向南面进攻。之后进行了三天的战斗，日益困惑的红军部队挣扎着应对敌军行动。战斗、机械故障和燃料短缺等因素综合作用，使得2个红军师最初拥有的749辆坦克只剩45辆，在混乱的撤退中被敌人向后驱赶。[13] 对于坦克第28师的师长伊万·达尼洛维奇·切尔尼亚霍夫斯基（Ivan Danilovich Cherniakhovsky）来说，这是一次给人以锻炼的战火洗礼。他从挫败中幸存下来，最终在1944—1945年升为方面军司令员。

　　库兹涅佐夫的另一支大型装甲兵团，即机械化第3军，被部署在考纳斯西北，该军也按照预先计划发动反击。军长阿列克谢·瓦西里耶维奇·库尔金（Alexei Vasileevich Kurkin）派坦克第5师和摩托化第84师去支援承受重压的第11集团军下辖部队，后者正努力抵挡向考纳斯前进的布施第16集团军。机械化第3军剩下的单位，也就是坦克第2师，则向西北方开入赫普纳第4装甲集群正在活动的区域。

　　同一时间，布兰登贝格尔正忙着准备第二天的作战。现在第8装甲师的大部分火力都被转移到克里索利战斗群，以便后者能最大限度利用其达成的显著突破。不过在6月23日的大部分时间里，该战斗群一直待在阿里奥加拉附近静止不动。这出于如下原因：首先，布兰登贝格尔希望把他师里的其他作战成分前移，以避免在下一个阶段因重组陷入停顿；其次，需要前运补给。国防军作战使用的恶劣道路网对这两个因素都有不利影响，舍勒的战斗群匆忙想要赶上克里索利，但被军级交通警察命令离开主要路段2个小时，因为第3摩托化步兵师被给予了优先权。另一个因素是，德军侦察活动发现苏联坦克第2师迫近的攻势，考虑到位于阿里奥加拉的克里索利战斗群是距此最近的德军单位，它可能就是苏联军队攻势意欲打击的目标。因此，快速前往凯代尼艾的命令被撤销，阿里奥加拉的德军——由于第8装甲师的后续部分到来而实力有所增强——采取防御态势。到下午3时许才完全弄明白，苏联装甲兵是朝拉塞尼艾（Raseiniai）前进，并且完全没有注意到第8装甲师的存在。事实上，苏联统帅部似乎完全不知道这个德国师在哪儿。

由于苏联军队的进攻方向变得清晰起来，赫普纳短暂想过是否该把第8装甲师转过来参与即将爆发的拉塞尼艾之战。一番考量后，他决定让这个师向其原本目标推进。不论这股苏联军队实力多么强大，朝道加瓦河快速前进、给他们造成愈发严重的混乱都更为重要。因此17时，他命令第8装甲师通过凯代尼艾向濑田（Šeta）进军。[14]拉塞尼艾周边的德军将独自对付苏联坦克第2师。

布兰登贝格尔立即向凯代尼艾派出他的侦察营，装甲师其余部分跟随在后。德军6月24日3时30分占领该镇，那里的重要桥梁也完好无损。下一个目标是东面6英里外的濑田。前一天的等待并没有导致苏联防线明显加强，得益于此，布兰登贝格尔向前推进。苏联步兵第5及第33师的余部努力想守住濑田，但没有效果。尽管最近的德军部队在27英里外，布兰登贝格尔却享有位于突进前沿之利：他可以亲眼看到自己快速推进造就的完全混乱。他认识到停顿很可能比继续突击更加危险，便向乌克梅尔盖（Ukmergė）前进，并在当天结束前抵达该镇，至此已经从阿里奥加拉行进30英里。尽管有报告称，苏联军队几乎正从指南针上的所有方向向他接近——甚至就在占领濑田时，克里索利战斗群还打退一次约15辆苏联坦克的进攻，其中包括该师首次遭遇的1辆KV1——并且第8装甲师的部分单位仍散布在最远达36英里的距离上，布兰登贝格尔依旧对前景持乐观态度，并且催促着克里索利又从乌克梅尔盖前进6英里，之后才命令停止当天的行动。

不过再往西北方去，拉塞尼艾周边的德军装甲兵就远没有这么轻松了。伊戈尔·尼古拉耶维奇·索利扬金（Igor Nikolaevich Soliankin）担任苏联坦克第2师师长已有一年。他有300辆坦克可供支配，包括50辆重型的KV1，还有少量KV2。他的师6月23日开始朝西南移动，但直到次日晚些时候都不曾遭遇敌军。与此同时，第41装甲军正向东北方拉塞尼艾城区移动。第6装甲师分出2个战斗群。泽肯多夫（Seckendorf）战斗群拥有1个摩托化步兵营[①]、1个摩托车营、1个坦克营，以及工兵、反坦克和防空支援，任务是沿着由南而来的主要

---

① 译注：原文是rifle battalion，应译自德语Schützen Bataillon，即装甲师中的摩托化步兵。

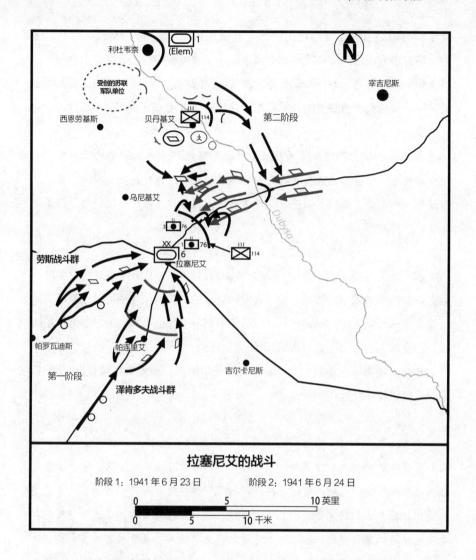

拉塞尼艾的战斗

阶段1：1941年6月23日　　　阶段2：1941年6月24日

道路朝拉塞尼艾推进，同时稍往西去的劳斯战斗群也在向同一目标前进，包括步兵与坦克各1个营。师侦察营一马当先，去占领拉塞尼艾东北方的杜比萨河渡口。尽管这是一条小河，但它那陡峭的河岸为撤退中的红军提供了一条潜在的防线，而第6装甲师师长弗朗茨·兰德格拉夫（Franz Landgraf）迫切想要尽快确保一处稳固的桥头堡。

起初，各战斗群面对分散又缺乏协调的抵抗进展顺利，迅速占领拉塞尼艾，同时侦察营开始渡过杜比萨河，着手在东岸建立外围防线。6月24日午后，泽肯多夫让他的部队往前，向侦察营守卫的桥梁移动，劳斯则出发向北，以确保卡陶斯基艾（Katauskiai）附近的其他渡河点。大约同一时间，索利扬金的装甲兵抵达德军侦察营的外围阵地，并且立刻以100来辆坦克发起进攻：

> 那些怪兽坦克70厘米宽的履带简直把所经之路上的一切都碾进地里——炮、摩托车，还有人，如果没有它们，侦察营或许还能守得更久。桥头堡内没有任何一种武器可以让它们停下。屠杀过后，这些坦克涉过杜比萨河，轻易爬上了45度的河岸。[15]

苏联坦克暴露着车腹爬上河谷西侧的斜坡时撞上了泽肯多夫的战斗群，后者正匆忙部署成一道防线。德国人发现沉重的KV1坦克几乎可以无视己方的反坦克炮火，这令他们感到恐惧。苏联装甲集群无情地轰鸣向前，突破德军防线，还突破至后方稍远处的第6装甲师炮兵阵地。

KV1，还有甚至更重的KV2看起来都无可阻挡。一位来自第1装甲师的通信兵目睹了战斗经过：

> 我军各连从700米开始射击。我们的距离越来越小，但这并没有扰乱敌人。很快我们的距离就只有50—100米了。一场离谱的战斗开始——德军没有任何进展。苏联坦克继续前进，而我们的穿甲弹直接被弹开。苏联坦克在直射距离上挡住了我们的50毫米和75毫米火炮。一辆KV2被击中70多次，一发炮弹也没有穿透。只有少数几辆苏联坦克被打得无法动弹并最终被击毁，我们设法打中了它们的履带，最后让炮兵上来在近距离上轰击它们。之后突击工兵徒步用炸药包攻击。

对索利扬金的这个师来说不幸的是，无线电缺乏、训练程度低下和过时教条所带来的局限性，让他们觉得战斗中的一切都发展得太快了。坦克分散开来各自为战，而非集中于单个目标。几乎不存在步兵支援，而且坦克很快就开始耗尽燃料和弹药。尽管如此，前面仍有艰难的时刻等着德国人，后者发觉自己几乎被赶回拉塞尼艾。1辆坦克——一些记录说是KV1，另一些说是KV2——成功突入德军阵地纵深，在此过程中击毁了一个纵队的德军卡车，然后停在一条跨越柔软地面的道路上。第6装甲师反坦克营的4门50毫米反坦克炮与之交火，几次将其命中；坦克进行还击，逐个敲掉每一门炮。一门来自师防空营的重型88毫米炮——那时最为强力的反坦克炮——被费尽力气移至苏联坦克后方。88炮在大约800米的距离上开火，但还未能命中一弹，KV1便干掉了它。

在夜色的掩护下，德国人的战斗工兵匍匐接近这辆坦克，他们携带的炸药包没能将其摧毁，不过可能损坏了它的履带。6月25日天开始发亮时，德军坦克从附近的林地中向这只苏联巨兽开火，同时第2门88毫米炮被运到周围，从后方攻击KV1。数发炮弹打出，但只有2发击穿坦克。德军步兵靠近时，被打坏的苏联坦克试图用机枪火力把他们赶走，但德军从坦克舱口扔进去的手榴弹终于结束了它的抵抗。在一些有关此次战斗的记述中，德国人以全套军事礼仪埋葬了坦克车组，以展示他们对这样一些勇敢敌人的尊敬，而另一些描述则声称，车组用光弹药以后趁夜逃脱了。[17]

筋疲力尽的苏联坦克最终在拉塞尼艾东面不远处停下来。与此同时，德国人快速恢复镇定。第6装甲师奉命沿苏联军队攻势的西侧与南侧将其挡住，泽肯多夫遭到严重打击的战斗群将予以阻挡，而劳斯的战斗群将沿杜比萨河谷向侦察营与索利扬金坦克最初战斗的地点移动；第1装甲师已在拉塞尼艾北面不远的利杜韦奈（Lyduvėnai）穿过杜比萨河，该师放弃继续北进的计划，向右急转。第36摩托化步兵师在其位于德军前进队形北端的位置展开，同时第1装甲师沿杜比萨河跟随劳斯战斗群，之后进一步往东南方推进，进入索利扬金坦克师的后方。苏联步兵第11师此前被第1装甲师重创，已经无力自主发起任何攻势行动，只能无助地看着德国人不受干扰地进行调动。本应支援苏联装甲兵的步兵第48师已经被德军空袭重创，但经过前一天德军激烈的空袭后，该师仍旧挣扎着组织起来。这个师的许多单位都遭到德军装甲兵冲击并溃退。战争开始还不到一天，这个师就损失了70%的人员以及所有重装备。师长帕维尔·瓦西里耶维奇·波格丹诺夫（Pavel Vasileevich Bogdanov）被俘。之后他看来是加入德国一方，成为党卫队第1俄罗斯民族旅的情报军官。然而，他1943年逃走并加入一支当地游击队，后者立即将他逮捕。波格丹诺夫被关押至

1950年，当年作为叛国者被判处死刑并处决。

根据第1装甲师的战争日志，其先锋在6月25日8时38分与第6装甲师下辖单位在索凯齐艾（Sokaiciai）取得联系，以此完成了对苏联坦克第2师的包围。战斗又持续了一天，但结果毫无疑问。索利扬金的坦克第2师几乎全部都在包围圈里，由于车辆耗尽燃料而无法撤退，只有1辆BT7坦克和400人逃脱。[18] 索利扬金与他的师同殉，德国人统计有200多辆苏联坦克被击毁或遗弃，自己的损失也颇为可观，但重要的是，他们在战斗结束时控制着交战地：德军维修组总归能让许多车辆返回战斗。

拉塞尼艾的战斗导致德军短暂停止推进，因为第1装甲师被迫抽调力量来完成包围。待包围圈了结之后，库兹涅佐夫的方面军已经不剩什么实质性的装甲力量，但这次行动的影响要广泛得多。如在漫长边境线上展开的其他此类交战所示，德国人关于其坦克优势的设想太过乐观。此役是刺激德国发展更大、更重型坦克的许多场战斗之一，不过要等近两年后，这些战车才会以值得一提的数量登场。

德军在别处的进展顺利得多。隶属于立陶宛积极分子阵线（Lithuanian Activist Front）一部的立陶宛民族主义者于战争第一天便在考纳斯着手起事。与苏联驻军之间发生零星战斗，导致约200名参与暴动者死亡，不过立陶宛人的第一次决定性胜利发生在6月23日，他们占据了一座广播站，并且在次日发送广播，呼吁德国人轰炸已经开始离开城市的苏联军队。同一时间，广播站还宣布建立一个临时立陶宛政府。一天以后，德军第123步兵师的侦察营抵达考纳斯，邻近第121步兵师的一些单位跟随其后。大批立陶宛人来到街道两旁欢迎德国军队，希望他们是作为解放者而非征服者来到这里。别的地方也发生了反对苏联军队的暴动，其中许多——但不是全部——由立陶宛积极分子阵线协同发起。一些情况下，之前被成单位编入苏联军队的立陶宛士兵整连整连地逃跑或转而对付苏联人。[19]

虽然入侵立陶宛的德军主要是北方集团军群之一部，但维尔纽斯地区却被划入中央集团军群范围内。第3装甲集群辖下的第7装甲师6月22日中午到达阿利图斯（Alytus）镇，在那里拿下两座涅曼河（Niemen）上的关键桥梁。该师的坦克试图扩展他们的两处桥头堡，却撞上在东面高地上严阵以待的苏联坦克，损失惨重。随后苏联军队多次发起反攻，但到黄昏时分，两处桥头堡已经连成一体，苏联军队也被赶走了。

对受损车辆的回收与修理用了一晚，翌日清晨，第7装甲师开始向维尔纽斯推进，起初，比起苏联军队抵抗，燃烧的林地和公路上倒下的树木给他们造成的阻碍更大。而在靠近维尔纽斯西面的地方，装甲师的侦察营遭遇顽强抵抗，但侦察营包抄苏联防线的侧翼，并成功夺取下一步推进所必需的重要桥梁。到当天夜里，侦察营的部分兵力经坦克加强后占据维尔纽斯东南方的高地，夜幕降临后，装甲纵队便向北进军，占领城市东部。[20]

次日一早，第7装甲师的摩托车营拿下了维尔纽斯城外的机场。师里的坦克占据城市东部后，步兵便于破晓时分进入市区：

城市里装饰着立陶宛国旗，行进中的队伍受到热烈欢迎。在火车站缴获大量资料和食品补给，另有约50架飞机在机场被德军缴获。跟随在装甲团之后的步兵旅在城市南面占领阵地。敌人的装甲战斗群从南面反复进攻维尔纽斯南部的师纵队与阵地，都被击退了。[21]

莱因哈特的第41装甲军被拉塞尼艾周边的战斗拖住了脚步，与此同时，该军的友邻兵团第56装甲军继续前进，这很大程度上得益于苏联战线愈演愈烈的位移：苏联第8集团军被德军沿着海岸线向北赶去，第11集团军发觉向北撤退的路线已被前出的德军装甲兵切断，遂向东退却。2个集团军之间仅有一些零散单位，而曼施泰因的军正处于理想位置，可以利用苏联军队战线上这个越来越宽的缺口。布兰登贝格尔6月24日短暂停顿，以便前运必要的燃料与弹药，然后再次组织师里的战斗群。克里索利将在右翼径直向陶格夫匹尔斯前进，舍勒的战斗群在左；舍勒依然落在后方一定距离，将会尽快加入进军，而克里索利则在6月25日天刚亮时出发。行进仅9英里后，特拉基尼艾（Trakiniai）附近的苏联军队便以顽强抵抗使克里索利停了下来。苏联军队牢牢守卫着沿另一条小河的防线，直到一队德国坦克通过近旁的一处浅滩包抄他们的侧翼才被赶走。午后不久，布兰登贝格尔与克里索利战斗群一起乘车进入乌特纳（Utena），至此又前进了33英里，刚过早晨出发线与目标陶格夫匹尔斯之间路程的一半。

苏联炮兵部署在俯视乌特纳的高地上，对德军战斗群实施了短暂却猛烈的炮击，之后轻型坦克在步兵的支援下从东面发起进攻。现在德军坦克源源不断地到来，于是布兰登贝格尔把他的装甲力量部署在乌特纳两侧的宽大战线上，在手头一切可用的步兵支援下发动攻势。他的师以1辆38(t)和1辆四号为代价，俘虏或击毁1辆苏联坦克、4辆装甲车，还有多种反坦克炮与野战炮。第8装甲师的坦克追逐着遭受重创的红军队伍，推进至德古奇艾（Degučiai）。[22]

道加瓦河位于陶格夫匹尔斯的重要桥梁——主公路桥，以及西面约1英里处的一座铁路桥——现在进入了打击范围。为夺取这两座桥，布兰登贝格尔加强克里索利的战斗群，使其兵力增加至师装甲团大部、4营步兵（其中1个来自第3摩托化步兵师）、1个摩托车营以及1个炮兵营。为尽可能完整地在6月26日占据两座大桥，勃兰登堡团第8连也被指派给克里索利。

勃兰登堡团是国防军的"特种部队"，起源于一个短命但成功的、由会说波兰语的德国士兵组成的营，该营对1939年的卓越胜利有所贡献，他们在国防军前头夺取并守住了重要的交通枢纽。在阿勃韦尔（Abwehr）——国防军下属军事情报机构——的领导下，波兰战役结束后组建了一支新部队。它完全不同于其他奉行种族选择政策的德国组织（如党卫队），而是专门搜寻那些长得像或确实是波兰人和斯拉夫人的士兵。除德语外，所有新兵都必须能流利使用至少一种语言，并且熟悉他国住民的风俗习惯与行为举止。克纳克（Knaak）中尉指挥的第8连由精通俄语的人组成。该连着苏联军服，乘坐2辆缴获的苏联卡车引导德军向那两座桥梁前进。

第8装甲师战争日志描述了向道加瓦河的进军：

第10装甲团清晨向陶格夫匹尔斯出发。经过一场短暂但艰难的战斗，该团成功以一次奇袭夺取位于扎拉赛（Zarasai）的桥梁，突破那里的俄军防御，并立即向两座道加瓦桥推进。

与他们一起的是第800团［即"勃兰登堡人"（Brandenburgers）］一支由克纳克中尉指挥的分遣队，他曾在凯代尼艾的一场同类行动中受过一次枪伤，但和自己的队伍待在一起。第800团的左路战斗群被派去负责铁路桥，他们开车经过5辆敌军装甲车并抵达桥梁，在那里遇到更多敌军装甲车，凭他们的机枪无法向其进攻。因此队伍撤回到南面的主干道上，并在公路桥附近占据了阵地。在那里，克吕克贝格上士（Krückeberg）得以切断一条缆线，他猜测这是为准备爆破桥梁而铺设的。

来自第800团的第二战斗群按部署将负责公路桥，克纳克中尉乘坐领头车辆与他们一起行动。桥西面的俄国守卫正在和平民聊天，他们完全措手不及，中枪倒地，第800团的队伍驾车驶过道加瓦桥来到了河对岸。与此同时，在那边侦察到一门反坦克炮，后者向领头车辆开火并将其击毁，令克纳克中尉负了致命伤。同一时间，重兵据守的道加瓦河岸以及大桥两侧的所有房屋内开始射出致命的火力。

辛亏弗龙赫费尔中校（Fronhöfer）有先见之明，第10装甲团的坦克紧紧跟随在第800团的几个战斗群之后。

尽管坦克未能成功冲过铁路桥抵达东岸，因为敌人的炮兵火力在桥上炸出一个大洞，还引爆了布置在那里的部分炸药，但坦克车队马不停蹄驶过公路桥，消灭河岸上的队伍，在积极的火力战中打击了从房屋里射击的俄国人，而且立即冲入城市内部，到处和从四面八方冲上来的俄国人战斗。文登堡少校（Wendenburg）派出一支分遣队沿道加瓦河东岸前往铁路桥后方，以从背后将其占领。

这批坦克同样成功突袭了铁路桥，如此一来，这座桥就被坦克占据了两端，落入德国人手中……

同一时间，弗洛托中尉（Flotow）指挥的装甲人员运输车连（第8摩托化团第1连）跟随在坦克之后，并伴随坦克继续前进，在激烈的战斗中一个排接一个排地进入了城市。[23]

道加瓦河东北岸的战斗非常激烈。苏联守军——其中许多被德国人认作"顽强的吉尔吉斯人"（Kirghizians）——尝试把手雷滚到德军坦克履带下使其瘫痪。与此同时，苏联战机也发起进攻，但没有成效。一个德国坦克营的主力在文登堡少校的指挥下突破并占据从陶格夫匹尔斯向东北方延伸的公路，并进入防御态势以抵御苏联军队任何反攻。到下午三时左右，随着第8装甲师的摩托化步兵开始抵达，局面稳步向布兰登贝格尔的部下倾斜。一些步兵被派去增援东北面的防线，刚好及时帮忙拦截苏联军队一次坚决的反击。屈尔上尉（Kühl）指挥下的1连德国坦克冲入进攻的苏联军队中，在一场短暂而激烈的战斗中宣称摧毁20辆轻型坦克、20门野战炮和17门反坦克炮，完全打断了苏联军队的攻势。一群苏联坦克成功穿透德军防御来到东面，并且在1连步兵的伴随下几乎到达公路桥，但在这时被刚刚过河的1个德军反坦克炮连挡住。到了晚上，苏联军队的攻势已经全部被击退。[24]

第8装甲师的后续单位（包括舍勒战斗群）夜间陆续赶到。6月27日，第3摩托化师的单位也抵达道加瓦河，于第8装甲师右侧占据阵位。跨过边境以来，曼施泰因的第56装甲军已经前进了惊人的185英里，并完全打乱库兹涅佐夫的防线。布兰登贝格尔、克里索利与弗龙赫费尔都因为他们那非凡的成就而被授予骑士铁十字勋章。同样的荣誉也追授给了克纳克和弗洛托，后者带领装甲人员运输车紧随坦克穿过公路桥，在夺取东北岸的战斗中战死。

最近组建的苏联统帅部大本营（STAVKA）试图恢复态势，命令仍担任预备队的别尔扎林第27集团军去填补库兹涅佐夫的2个集团军沿不同方向后撤导致苏联防线上出现的缺口。为给予其额外兵力，列柳申科的机械化第21军被加强给第27集团军，同时第22集团军也被派至这一区域，以部署在考纳斯周边，并防止第11集团军进一步撤退。别尔扎林应当沿道加瓦河建立一道防线，但如果第8装甲师能够利用它已经建立的桥头堡，这一举动就不会有多少意义。双方都在让军队迅速赶往该地区。 苏联军队投入列柳申科的机械化军，辅以相当规模的空军支援，在6月27日向桥头堡发起一次进攻，激烈的战斗爆发了。第54战斗机联队的德国战斗机刚部署到陶格夫匹尔斯的机场，便开始为保卫城市同苏联战机战斗。笼罩苏联军队体系的混乱通过这样一件事表露无遗，6月27日下午，3架苏联侦察机降落到上文提及的那座机场，结果迅速被德国人俘虏了。[25]

尽管苏联军队直到6月29日都在试图摧毁那处横跨道加瓦河的桥头堡，但最有力的进攻仅发生在首日，到6月28日，德军便集结起足够的力量继续前进，同时苏联军队攻势也被限制在了桥头堡东部。但与"巴巴罗萨"最初几天不同的是，布兰登贝格尔的直属上级——第56装甲军的曼施泰因和第4装甲集群的赫普纳——对另一次大胆的前冲并未表现出很大兴趣。突然出现的谨慎情绪似乎源于北方集团军群司令部。骑士威廉·冯·莱布元帅在从军43年后于1938年实际退出了现役，并且是一位不折不扣的保守人士。1938年，他出版一本题为《防御》（Die Abwehr）的书，描述德国军队如何在投入波兰作战的同时应对西方的攻击。与赫普纳以及曼施泰因不同，他不会访问手下装甲部队的前线指挥部，因此不曾接触到笼罩在那里的自信情绪；同样，他也没有亲自体验过苏联防御崩溃无疑的那种欢欣鼓舞。相反，他坚持让位于道加瓦河的军队守住阵地，直到第16集团军那些缓慢行进的步兵师抵达。他坚称，早早前进将过于冒险。尽管不情愿，赫普纳还是被迫把这些指示传达给麾下各军军长：

> 集团军群总司令受以下看法的强烈影响，即考虑到目前状况，装甲集群无法独自突破敌人在道加瓦河与列宁格勒之间的抵抗，并且正采取措施让各步兵集团军跟进至更靠近装甲集群的位置。[26]

这似乎无视了仅1个装甲师就完全打乱边境线至陶格夫匹尔斯之间红军抵抗的事实。6月29日，布兰登贝格尔把得到的守住并扩大桥头堡的指令解释为允许自己向前试探，于是让他的师又向北推进了20英里，期间只遭遇苏联军队轻微的抵抗。尽管如此，他还是接到命令停下，他的师在接下来两天按兵不动。

尽管第8装甲师执着于引导进军，迫切想要继续推进，但苏联军队对陶格夫匹尔斯的攻击给德军造成重大损失；从预备队中投入战斗的党卫队"髑髅"师失去了近三分之一的战斗力量，因此，该师被迫暂时解散了下辖的一个团。但苏联方面的损失更大。机械化第21军失去107辆坦克中的79辆，仍无法移除曼施泰因的桥头堡。[27] 慢慢地，即使在战况激烈胶着的桥头堡东部，优势也倾斜至德国人一方，他们稳步向后压迫苏联军队。曼施泰因军当面的苏联师——从西向东为步兵第163、第46、第185师以及坦克第42师，还有位于战线东端最接近克拉斯拉瓦（Krāslava）的步兵第112师——被迫认输，并向东北方撤去。

无论如何，现在已不可能沿道加瓦河一线长期防御。莱因哈特的第41装甲军移动到曼施泰因左翼，6月28日抵达这条河流，并于当天拿下叶卡布皮尔斯（Jēkabpils），但勃兰登堡团的另一次奇袭则未能成功夺取桥梁。不到10个小时内，德军战斗工兵筑起一座浮桥，同时步兵们搭乘橡皮艇渡过河流，确保了北岸。两天以后，第6装甲师在稍往东去的利瓦尼（Līvāni）渡过道加瓦河。苏联在这一地段的部队有步兵第202师，该师自从战争开始以来便持续处于作战之中，且在此前几天里失去了大部分重装备。这个师并不具备能挡住德军装甲兵的火力或是兵力。

就在莱因哈特的各个装甲师加紧跨越道加瓦河时，德军一个混成战斗群靠近了拉脱维亚的首都里加。奥托·拉施上校（Otto Lasch）率领的这股力量包括1个来自第1步兵师的步兵团，加强有1个营的突击炮和1连高射炮，他们6月27日晚些时候来到约尼什基斯（Joniškis）。拉施奉命由此向里加推进，尝试切断库尔兰的苏联军队。他6月28日3时出发，向前冲到包斯卡（Bauska），在那里打退苏联军队从西面发动的强力攻势。确保这座城镇附近的两条河流上的桥梁后，拉施持续击退苏联军队反击，并在随后的夜间朝里加市方向推进。

随着天色转亮，拉施发现自己正穿越撤退中的苏联军队向前进军。无论在何处遇到抵抗，他都展开部队并发起进攻，在此过程中碾过了2个摩托化炮兵连。他的行军路线需跨越一系列道加瓦河支流，因此，这些小河上的桥梁对快速进军而言至关重要。混乱之中，他的纵队迅速夺取叶尔加瓦（Iekava）与基叶尔加瓦（Ķekava）的渡河点。10时20分，拉施的前锋到达里加西缘，并迅速朝道加瓦河上的重要桥梁推进。他们接近公路桥时，德国人撞到了一支同样在向此桥前进的苏联军队徒步纵队。灼热的战斗随即在近距离上爆发，拉施坐在领头的车辆上，亲自射击并打哑了一座安装在苏联卡车上的四联装机枪。疯狂的行进继续进行，拉施派出5辆突击炮和支援步兵冲过公路桥，同时在东岸设立起一道防御前沿。他的战斗工兵向铁路桥移动，在那里发现爆破炸药已经准备就绪；他们找出并切断了一条控制线，但无法确定是否还有其他导线。

德军纵队已经成功占据跨越道加瓦河的公路桥，却突然迎来各个方向的攻击。除公路桥和铁路桥以外，河上还有一座浮桥，拉施的先锋抵达东岸的几分钟里，苏联军队便引爆浮桥和公路桥上的炸药，发生了两次巨大爆炸。前一座桥梁被完全摧毁，后一座损伤严重。里加主城区和东岸上的苏联军队现在开始组织兵力、进攻业已渡过河流的小规模分遣队，同时从西方撤往里加的大量苏联军队对拉施亲自指挥的德军主力发动一系列攻势。战火在近距离上肆虐了一整天，苏联军队反复——但协调差劲地——试图穿透拉施的防线抵达桥梁。除了希望消灭德军，苏联士兵也清楚德军占领桥梁阻止了他们自己向东逃跑。

拉施知道河东岸的小分遣队正承受巨大压力，于是派遣2支抽调自一个摩托车营的突击队徒步穿过铁路桥，增援东岸桥头堡。东岸的苏联军队侦察到他们的行动，于是向铁路桥倾泻炽烈的炮火，多数德国步兵战死或负伤，没有人到达东岸。同时在清晨，西面的桥头堡也迎来两次主要攻势。几辆坦克被摧毁在西侧的通路上，向战线西南发起一次坚决的反攻后才恢复防线。之后不久，东岸桥头堡的德军指挥官便和3名部下一起，穿过受损严重的铁路桥撤回。所有人都负了伤，他们向拉施报告说，自己是冲过桥梁的队伍里仅有的生还者。

随着夜幕降临，西岸的苏联军队继续发起进攻。拉施的部下在他们的防线周围数出了40多辆被击毁的坦克。黑暗使战斗暂时中断，但突然发生了更响的爆炸，苏联士兵成功炸掉部分铁路桥。对拉施和他那些精疲力竭的部下来说，糟糕的时刻结束了。援兵一整天都在匆忙赶路，想要追上他们，第61步兵师的首批单位在黄昏到来前抵达。苏联军队攻破拉施桥头堡的最终努力在破晓时被击退，里加之战实际上告一段落。次日，即7月1日早晨，德国步兵乘坐小艇渡过了道加瓦河，发现苏联军队已经放弃这座城市。[28]

拉施完全有理由为他部下的成就感到骄傲，并凭借他在战斗中的功绩被授予骑士铁十字勋章。他声称自己打退了苏联第8集团军的大部分兵力，虽然他的士兵无疑击败了几倍于自身的敌军，但第8集团军多数已从更上游的渡河点逃过道加瓦河。6月27日，面对发生在整条战线上的灾难，库兹涅佐夫已命令第8集团军向北撤到爱沙尼亚，同时让第11和第27集团军退往东北。第27集团军展开之前，曼施泰因第56装甲军的进击已经在苏联战线中部打开了一个大大的缺口，而现在，两个撤退方向之间敞开一个新的空隙，直接导向奥斯特洛夫（Ostrov）与普斯科夫（Pskov），及其之后的列宁格勒。希特勒热切想要利用这一状况，希望让第4装甲集群全部向奥斯特洛夫推进。然而，莱布继续坚称战地局势要求暂停前进。由于步兵师仍然在努力赶上装甲兵，他继续抵挡着来自上下两方面的压力。库兹涅佐夫庆幸于莱布的谨慎赋予他的这段短暂时间，但即便给他更多时间，能做到的事也有限。他的装甲兵力已衰减至150辆坦克，他的方面军也只有154架作战飞机可用。[29]

无论如何，斯大林已经无法再容忍库兹涅佐夫，后者被解除指挥权，由第8集团军司令员索边尼科夫取代。与德米特里·巴甫洛夫，也就是战争开始时的苏联西方面军司令员不同，库兹涅佐夫从降级中活了下来。[30]他继续指挥集团军与方面军，直到战争结束。为强化西北方面军的领率机关，斯大林派副总参谋长尼古拉·费奥多洛维奇·瓦图京（Nikolai Fedorovich Vatutin）去担任索边尼科夫的参谋长，并严厉指示不惜一切代价抵挡德军的前进。

7月1日，曼施泰因终于再次下令前进。他向布兰登贝格尔的第8装甲师发布命令，要求其在次日上午恢复进军，目标是抵达东北方约51英里外的卡尔萨瓦（Kārsava）。7月2日早上，战役发动以来一直持续着的灿烂阳光被大雨所代替。恶化的道路状况与苏联军队坚决的防御结合起来，使得前几天的快速前进难以轻易继续。第8装甲师右翼的突进主力努力想压迫苏联防线后退，布兰登贝格尔命令随师左翼前进的侦察营向东进攻，包抄阻挡突击主力苏联军队的翼侧后，战况才显著改善。7月3日，缓慢克服苏联防御的第8装甲师两个战斗群开辟出了前往雷泽克内（Rēzekne）的道路，在夜间拿下该城。

赫普纳的装甲集群曾受命向佩普西湖前进，并在确保该湖北岸与波罗的海之间的陆地走廊之后，以装甲集群主力从该湖南端朝向列宁格勒推进；后来对这一命令做了修正，要求他们停在普斯科夫，直到步兵赶上来。布施的第16集团军继续展开，掩护集团军群西侧翼时，屈希勒尔的第18集团军将进入爱沙尼亚。在泥泞中跋涉两天后，莱因哈特的装甲军7月4日抵达奥斯特洛夫。同一天上午，第8装甲师迅速从雷泽克内前进至卡尔萨瓦，并且从这里奉命转向更东面，掩护德军前进的右翼。后续进展受到恶劣道路与大量被遗弃的苏联军队车辆阻碍，并且在撤退中的苏联军队炸掉苏联旧边境戈利舍瓦（Golisevo）的桥梁后陷入停顿。退却中的苏联步兵第227师在此前数日的战斗中失去了过多人员与装备，因而无法做出多少抵抗。天气在随后几天内转好，但韦利卡亚（Velikaia）河谷周边泥沼化的地面形成了不小的障碍。尽管还有许多艰苦的战斗等候在2个装甲军前方，但他们现在毕竟已经踏上了俄罗斯的土地。

如果第8装甲师获准在占领陶格夫匹尔斯后立刻前进，结果可能会怎样？考虑到贯穿苏联军队指挥链的混乱与错位，看来不可能集中足够的力量挡住这个德国师。布兰登贝格尔留在道加瓦河东北岸发愁的几日里，天气持续晴朗，不像那与德军恢复行进几乎同时到来的雨天。至少，就组织混乱的敌军与天气来说，第8装甲师享受的条件比其向卡尔萨瓦推进期间更好。如果曼施泰因军的一部分兵力能在占领陶格夫匹尔斯后一到两天内抵达立陶宛北部，从里加和库尔兰逃走的苏联军队多数将被包围、消灭，这样就可以便利德军快速横穿爱沙尼亚。因此在陶格夫匹尔斯的等待很有可能导致了后来战役中更严重的迟滞。1940年，德军向英吉利海峡突进期间，由于柏林与指挥高层对德军装甲兵可能陷入孤立感到不安，各装甲师停顿了一整天，这一短暂拖延很可能给了英国人刚好足够的时间撤退至敦刻尔克。与此相似，陶格夫匹尔斯的短时间停滞允许苏联军队从里加及其周边区域逃脱，并浪费了数日来非常适于作战的天气。虽然此次停滞要归咎于莱布，但他不是唯一表现出这样谨慎态度的人——类似考虑在中央集团军群向莫斯科突进过程中导致了一次甚至更加浪费的停顿。战役最终结果是否可以改变还未有定论，一些人认为这次停滞实际上浪费掉了德国人在战役早期阶段夺取列宁格勒的最佳时机。[31]

再往西去，德军第18集团军迅速穿越拉脱维亚北部前进。现指挥苏联第8集团军的费奥多尔·谢尔盖耶维奇·伊万诺夫中将（Fedor Sergeevich Ivanov）没有再冒险进行一连串战斗，因为这将会使战线碎片化，他尝试协调一致地后撤战线。苏联步兵第10军距离海岸最近，拥有3个步兵师，而步兵第11军位置更靠内陆，另有3个步兵师，再加上那些曾经被投入战斗的各机械化军的余部。实际上，这些步兵师——战役开始时兵力严重不足——在很多地方都已削减至仅2000人。到7月9日，伊万诺夫已经撤入爱沙尼亚，并尝试防守派尔努（Pärnu）的海岸至沃尔茨湖（Võrtsjärv），再到佩普西湖的一线，沃尔茨湖两边各布置一个军。战役进行到这一阶段，几个有利于防御方的因素开始发挥作用。第一，增援开始到来，虽然其中的许多单位装备低劣，训练甚至更糟。第二，德军不断延长的补给线开始迫使他们减慢前进速度。第三，分散行进的德军不再能如此有效地彼此支援，无论直接还是间接——第4装甲集群在战役早期的突破打破了苏联军队整条战线的平衡，但现在德国装甲兵与波罗的海海岸的距离进一步拉大，并且佩普西湖的存在无论如何都使该集群的作战区域与第18集团军的分隔开来。此外，德国空军也在为如此巨大的战场提供足够的空中支援而竭尽全力。前进机场，无论是从撤退的苏联军队那里缴获，还是利用开阔场地临时改造，只要遇到下雨都容易化为泥沼，飞机和补给品的数量也完全不足以维持对国防军各处所需的支援。

结果，德国第18集团军穿越爱沙尼亚北部前进时，遇到整场战役到目前为止最为坚韧的抵抗。另一层障碍在于，北方集团军群为征服爱沙尼亚剩余地区设置的优先度相对较低，重点依然是向列宁格勒突击，起初是尝试占领该市，后来是将其孤立并与芬兰人取得联系。7月后半段，第6装甲师在佩普西湖以东向列宁格勒进发时，第58与第1步兵师正位于装甲师与该湖之间，奋力平行前进。抵抗稳步增强，同时德军发觉，他们正为掩护广阔的战线日益捉襟见肘。

在拉脱维亚和立陶宛，德国人利用了自发对抗对苏联军队的起事，虽然他们自己很少会唆使这样的暴动。爱沙尼亚人已经同芬兰人保持了多年的联系，可追溯至爱沙尼亚独立战争时期，那时芬兰志愿者赶来援助苦战中的爱沙尼亚军队。苏联向波罗的海诸国强加那些协定之后，此类接触转入地下继续进行。结果，苏联1940年吞并爱沙尼亚时，许多爱沙尼亚军官和士兵经短途路线逃到芬兰——部分人还去了瑞典——这些人现在便由德国人组织成一个志愿营。7月5日，该营一部曾尝试登陆爱沙尼亚北部海岸，但由于恶劣天气而失败。两天后，大约40人被送上岸；原计划登陆一支更大的队伍，但一些运输船遭到苏联战舰拦截，被迫折返。成功回到爱沙尼亚的这些人设立起临时降落跑道，于是从芬兰空运来了更多人员和补给。现在他们为德国人提供宝贵的情报，并伺机骚扰苏联的小股部队。[32]

在其他地方，爱沙尼亚游击队正针对苏联军队展开活动。爱沙尼亚自卫队（Omakaitse）初创于1917年沙皇军队撤离后到德军抵达前这段动荡时期，次年被更名为防卫联盟（Kaitseliit）并一直存在至1940年。虽然该组织在苏联占领期间被禁止，但许多成员组织了一个新的地下自卫队，后者为"巴巴罗萨"开始后几支大型反苏游击队伍的创立提供了核心成员。一支由弗里德里希·库尔格少校（Friedrich Kurg）领导的大型游击队占据了位于沃尔茨与派普斯两湖中途的塔尔图（Tartu）。这支队伍已经为这样一次行动策划了数周时间，甚至在德军入侵以前就开始了；早在6月份，他们便与塔尔图大学附属医院讨论过治疗伤员的事。

这个城镇中有三处跨越埃马约吉河（Emajõgi）的渡口，即位于城市西部的"自由桥"、一座古老的石桥以及一座浮桥。浮桥在7月6日被拆除，而两天后，苏联工兵开始准备炸掉石桥。7月9日，炸药将这座桥的北端摧毁。当天晚些时候，一支德军侦察队尝试从西北方进入城镇，但遭击退。游击队员们决定在次日进攻残留的一小群苏联守军。

7月10日，爱沙尼亚游击队员动手抢占关键建筑，战斗在城镇周围爆发了。另一支德军侦察队在库尔特·冯·格拉泽奈普上尉（Kurt von Glasenepp）的指挥下进入该城，德国装甲车为游击队提供了很受欢迎的火力支援。到当天结束，城镇西半部已处于爱沙尼亚人的控制下，但德国装甲车辆撤了回去，以补充燃料和弹药。爱沙尼亚人清楚己方兵力并不足以防止苏联军队经"自由桥"回到城市西部，便给城外的德国人送去了请求援助的紧急信息。

当天夜里，苏联工兵摧毁了"自由桥"，但苏联步兵第16师向城市开进时，战斗再度点燃。同一时间，一支由2个侦察营和1个步兵营组成的德军别动队，在卡尔·布尔达赫少将（Karl Burdach）的指挥下奉命确保这座城市，而更多的游击队，包括弗里德里希·库尔格和其他前爱沙尼亚陆军军官在内，同样进入了塔尔图。战斗持续数日，城市南部多数化作废墟。德军继续投入增援，这次战斗一直持续到本月月底。[33]

经过暂停重组之后，第18集团军于7月22日再度向爱沙尼亚挺进。得到加强的第61步兵师攻克沃尔茨湖北面的珀尔察马（Põltsamaa）。第二天，第217步兵师在蒂里（Türi）加入攻势，同时第61步兵师向约盖瓦（Jõgeva）进击，试图孤立塔尔图附近的苏联军队。为避免这一状况，苏联步兵第48与125师与来自塔尔图的步兵第16师余部一同，向北稍作退却，但他们的动作太过迟缓，第61步兵师7月25日在穆斯特韦（Mustvee）附近抵达佩普西湖，切断苏联军队的后路。战斗持续至7月下旬，苏联人反复试图突围，但均遭拦阻。最终，剩下的人——接近8800人——被迫于7月27日投降。

第18集团军以新近到来的第42军居左、第26军在右，于7月29日再度向北进发。第26军取得出色进展，打击了苏联步兵第10与第11军的结合部。德军第254步兵师8月4日抵达塔帕（Tapa），并于三天后到达波罗的海海岸线上的昆达（Kunda）。2个苏联步兵军被分割开来，步兵第11军被迫撤往纳尔瓦（Narva），同时第10军退回到塔林。德国军队迅速尾随向纳尔瓦前进，但为

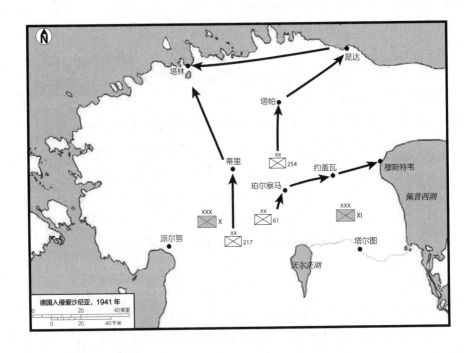

海岸附近的苏联驱逐舰炮火所阻。直到8月13日一个海岸重炮连部署上来，才把苏联驱逐舰赶走。第26军的3个师缓慢地围住纳尔瓦，并在8月16日最终拿下该市。德军第291步兵师在追击撤退苏联军队的时候占据了若干横跨纳尔瓦河的桥头堡：

> 已经抵达旧边境地带。从赫尔曼城堡（Hermann Castle，一座利沃尼亚骑士守卫了许多年的城堡）顶端看去，东方的地形平坦且树木丛生，那就像是另一个世界的开端。爱沙尼亚，与它那蓝黑白三色的旗帜以及友好的人民一同，落在了我们身后；俄国本土，充满异国风情而又未知的国度，展现在了士兵们面前。[34]

塔林市内及其周边，以及爱沙尼亚西海岸附近的大型岛屿上仍有苏联军队存在。塔林城外，第42军军长瓦尔特·孔策（Walter Kuntze）将军有3个步兵师可用。第254步兵师位于爱沙尼亚首都以东的波罗的海海岸，消灭穆斯特韦以南的苏联军队后刚赶来的第61步兵师在东南方，第217步兵师位于南面。德军包围圈的西部由"弗里德里希"战斗群构成，包括1个步兵团和几支炮兵与工兵分队。防御方是苏联第10军，拥有3个步兵师的剩余兵力，以及数个海军步兵营——陆战队与水手的混合单位。

塔林之战始于8月19日。通往塔林市的道路由爱沙尼亚人建于独立战争期间、随后又进行过加强的堡垒守护，德军通过7处主要据点时进展缓慢。在港内和近海活动的苏联战舰发扬火力支援防御，但德国人仍在不可逆转地前进。

雷瓦尔（Reval，即塔林）在燃烧。曳光弹在城市边缘来回飞舞。这座旧汉萨城镇的塔楼在闪亮的夜空下一片漆黑。随着8月27日晨雾散去，激烈的空军与炮兵活动继续展开。俄国巡洋舰与驱逐舰从港内加入陆上的战斗，大地在180毫米炮弹的冲击下颤抖起来。[35]

到进攻的第五天，突击矛头距离市中心不到6英里，一天后，战斗延伸到主城区。苏联军队已不可能沿海岸向东从陆路突围，于是开始安排从海上撤离。德国人意识到了这些准备活动，与芬兰军队联合在通往塔林的海路上敷设了广阔的雷场；苏联海军虽然在这一地区拥有相当规模的海上兵力，但（部分是由于天气原因）未能干涉。在可用空中支援许可的范围内，德国空军对塔林市港口区的空袭行动增加了。

8月28日，塔林的战斗达到高潮，德军推进至城市中心地带，苏联军队的海上撤离开始。苏联人制造了烟幕，试图掩盖自己的活动不让德军发现，但激烈的炮火杀死了可能有1000名正等待上船的人。波格丹诺夫海军上校领导下的第一支护航船队包括2艘驱逐舰、10艘扫雷舰与布雷舰、5艘运输船，还有一批小型船舶。临近正午时分，船队离开了港口。2小时后，两支规模较小的护航船队跟了上来，苏联军队海军主力，包括巡洋舰"基洛夫"号（Kirov）、3艘驱逐舰、4艘潜艇与1艘破冰舰则于午后三时左右驶离。德军等待着，一支有5艘鱼雷艇的小舰队尝试去拦截护航船队。德国鱼雷艇被苏联军队战舰的炮火赶开，但雷场与德国空军的反复袭击造成重大损失。第一艘触雷的船是汽船"叶拉"号（Ella）。苏联船队前往喀琅施塔得的2天里，6艘驱逐舰、2艘潜艇和4

艘布雷舰沉没，总共失去了12000多条生命。尽管如此，约有28000人逃到了安全地带。近12000人被留在塔林，被迫向德国人投降。虽然战斗非常激烈，但德军损失在3000—4000人之间，这个数字较防守方要小得多。[36]

为完成对波罗的海的控制，德国人还需要占领爱沙尼亚海岸边的那些大型岛屿，固守于此的苏联守军不在少数。代号为"贝奥武夫"（Beowulf）的德军行动于9月8日开始，得到加强的第61步兵师在沃尔姆西岛（Vormsi）、萨列马岛（Saaremaa）和穆胡岛（Muhu）登陆。战斗一直持续到10月5日。到10月12日，第61步兵师的部队登上了余下的最后一座岛——希乌马岛（Hiiumaa）。守军一直战斗到10月21日。德方损失略少于3000人，23000多人的苏联守军全部覆灭，其中有近5000人战死，其余被俘。

夺取波罗的海三国的战役结束了。除去那些爱沙尼亚岛屿，此次行动在塔林于8月底陷落时即已完成，距离战争开始仅有2个月。斯大林部分是为了保护列宁格勒而占领这三个国家，这一目标似乎并未达成。如若爱沙尼亚、拉脱维亚与立陶宛能继续作为独立国家存在，无论是通过外交压力还是武力夺取，国防军可能要花费至少同样长的时间来占领它们，而苏联军队便可利用这几周时间进行更充分的战备。与此相反，位于边境的各集团军遭到歼灭，饱受重创的残部将不得不在列宁格勒市区外围作战。而在波罗的海三国，随着战斗的烟尘散去，每一个人——爱沙尼亚人、拉脱维亚人、立陶宛人，还有他们的德国占领者——都期待着看到这三个国家将迎接怎样的未来。

注释

1. W. 豪普特，《北方集团军群》（阿特格伦：希弗出版社，1997年），第28页。

2. M. 琼斯，《围困中的列宁格勒》（伦敦：约翰默里出版社，2008年），第12页。

3. W. 孔策，《第291步兵师师史》（班德瑙海姆：波德聪出版社，1953年），第119页。

4. R. 斯托尔菲，《德军装甲部队在进攻》（阿特格伦：希弗出版社，2003年），第148页。

5. W. 豪普特，《第二次世界大战中的第8装甲师》（弗雷德贝格：波德聪出版社，1987年），第136—137页。

6. 斯托尔菲，第150页。

7. 第8装甲师作战日志1941年6月22日，（美国国家档案馆，T315，R483）。

8. 豪普特（1987年），第139页。

9. 琼斯，第19页。

10. S. 塞巴格·蒙蒂菲奥里，《斯大林——红色沙皇的宫廷》（伦敦：珍藏出版社，2004年），第369—370页。

11. V. 佐洛塔列夫，《伟大卫国战争史1941—1945，第一卷，严峻的考验》（莫斯科：科学出版社，1998年），第149页。

12. W. 里奇特，《来自东普鲁士的第1步兵师》（慕尼黑：马克斯·施密特出版社1975年），第40—41页。

13. V. 佐洛塔列夫，《西方向上的防御行动》，收入于《伟大卫国战争文献集》（军事出版社，1958年），第34页。

14. 豪普特（1987年），第145页。

15. 引自D. 格兰茨，《列宁格勒会战》（劳伦斯：堪萨斯大学出版社，2002年），第33页。

16. 引自http://www.axishistory.com/index.php?id=5281 插入访问日期。

17. 有关此战的记录，见E. 劳斯，《装甲行动：劳斯将军的东线回忆录1941—1945》（剑桥：达卡波出版社，2003年），第14—34页，以及C. 冯·卢蒂绍，《莫斯科之路：在俄国的战役》（华盛顿特区：军事历史中心，1985年），第26页。

18. D. 格兰茨，《泥足巨人：苏德战争前夕的苏联红军》（劳伦斯：堪萨斯大学出版社，1998年），第126页。

19. Z. 伊文希克斯，《战争中的立陶宛：抵抗苏联和纳粹》，收入于V. 瓦尔迪斯（主编）《苏联统治下的立陶宛》（纽约：普拉格尔出版社，1965年），第67—68页。

20. H. 冯·曼陀菲尔，《二战中的第7装甲师》（克雷菲尔德：沙贝格出版社），第137—138页。

21. 曼陀菲尔，第138—139页。

22. 豪普特（1987年），第145—146页。

23. 第8装甲师作战日志1941年6月26日（美国国家档案馆，T315，R484）。

24. 豪普特（1987年），第150—151页；斯托尔菲，第160—161页。

25. 斯托尔菲，第167页。

26. 第56摩托化军作战日志（美国国家档案馆，T315，R1389）。

27. 佐洛塔列夫（1998年），第153页。

28. 有关拉施本人对此战的记述，见《柯尼斯堡的陷落》（斯图加特：格莱夫和翁策出版社，2002年），第17—21页。

29. 格兰茨（2002年），第35页。

30. 巴甫洛夫遭到逮捕并被控叛国；几天之后就被处决了。

31. 斯托尔菲，第170页。

32. 里希特，第63页。

33. R. 隆格利普，《在1941年夏季战局中的塔尔图》，收入于Baltic Defence Review（《波罗的海防务评论》第1卷第9期）。

34. 孔策，第219页。

35. W. 胡巴赫，《第61步兵师》（班德瑙海姆：波德聪出版社，1961年），第168页。

36. T. 希洛，《爱沙尼亚，1940—1945：爱沙尼亚反人类罪调查国际委员会报告集》（塔林：克里斯特-利特索出版公司），第424—425页。

第四章
波罗的海大屠杀

卷入第二次世界大战的诸国加入冲突的时间点各不相同。几乎所有情况下，民众对于本国参战的主流情绪都是恐惧或惊骇。不过就波罗的海国家的许多人来说，他们最初的反应大有不同，就像一个立陶宛人记录得那样："那就像一束霹雳击中了立陶宛人：战争。多么喜悦，战争。人们聚在一起相互祝贺，眼中含着泪水。每个人都感到自由的时刻近了。"[1]

德国人进入立陶宛时，迎接他们的是欢呼雀跃的人群，数以千计的民众把一束束鲜花扔向他们眼中那些来拯救自己的士兵们。一位观察者注意到，花束中明显缺少红色花朵。[2] 但许多立陶宛人进行庆贺的同时，立陶宛犹太社区的反应就非常不同："尽管立陶宛人群用鲜花欢迎德国人，但毫不奇怪的是，我们关上百叶窗，放下窗帘，把自己锁在了家里。"[3]

考虑到此前发生在波罗的海诸国的事件，这两种反应都不会特别使人惊讶。类似的情绪在拉脱维亚，以及较小范围内——主要是当地犹太人口规模很小——于爱沙尼亚也非常明显。这些反应表明，犹太人与非犹太人社区之间对于德国入侵的反响存在根本性差异；但两类社区之间的差异在大大加深，德国人将无情地利用这一点。"巴巴罗萨"开始几周前，有人听到立陶宛城镇普伦盖（Plungė）的一位农夫评论道："德国人只要穿过边界，当天我们就能在普伦盖趟过犹太人的鲜血。"[4]

对犹太人的迫害历史悠久，至少可以追溯至亚历山大帝国。整个19世纪，欧洲大部分地区都在反复出现反犹袭击，而考虑到犹太人在波兰与俄罗斯帝国的大规模聚集，这些地区不可避免要见证数量最多的攻击性事件。值得注意的是，考虑到拉脱维亚与立陶宛犹太人口众多，与沙皇帝国的其余部分比较起来，波罗的海国家的反犹暴力事件相对较少。在立陶宛，各个层级间均存在一定程度的普遍敌对情绪，但这和其他天主教国家并无很大不同，针对人身或财产的暴力行径也不甚常见。因此，上文引用的那句话所例证的指向犹太人的敌意便格外令人惊讶。

就像前文讨论过的那样，立陶宛与拉脱维亚人普遍认为犹太人在积极支持苏联占领活动。而从犹太人的角度来说，这看上去并没有选择余地。许多犹太人——或许甚至是大多数，考虑到他们在商业阶层占据了很大比重——更希望能获准继续在立陶宛和拉脱维亚过他们的生活，就像他们在这个世纪的很长一段时间里所做的那样，然而，被德国和苏联划分势力范围的欧洲已经没有空间留给这样的梦想。如果波罗的海诸国要被迫在苏德双方的阵营中二选一，犹太人不得不去选择前者。尽管"最终解决"还没有设计出来或付诸实施，但犹太人在德国控制的土地遭受的待遇也是众所周知，即便对此还有什么疑问，1939年从波兰涌入立陶宛的犹太难民也已将其驱散。另一个导致许多犹太人在新当局手下寻求就业的因素是，苏联占领之前，大部分犹太人都在私人公司里工作。这些公司被国有化，使得其中许多人失了业，再考虑到别处也缺乏工作机会，他们就从新政府那里接受所有能找到的工作。尽管如此，为平衡起见也必须指出，甚至在苏联占领之前，立陶宛与拉脱维亚的犹太人口就已在亲苏组织中占据了不成比例的一大部分。

对于犹太人整体来说不幸的是，那些1939—1941年间为苏联工作的人里面有一部分占据着引人注目的位置。行政机构大部分由那些被看作是外国人的人组成——或是跟随占领军从苏联来的拉脱维亚和立陶宛共产党员，或是俄国人。而余下那部分里，尽管犹太人在新行政机构中只算是少数，但与从当地人口中招募的拉脱维亚人和立陶宛人相比，却构成了一个较大的部分。因此，许多立陶宛人和拉脱维亚人逐渐感到新政府偏爱犹太人胜过其他族群。民众们开始频繁地彼此相告："在这个新政权下，只有犹太人活得好"，并开始讨论"犹太人接管政权"的事。[5]

当局的某些声明同样激起了反犹情绪。立陶宛少数民族局（Lithuanian

Minorities Bureau）的头目亨里卡斯·扎明纳斯（Genrikas Zaminas）曾宣布，苏联军队的到来对反犹主义施加了致命一击。他坚称，苏联是世界上唯一没有反犹主义的国家。斯大林自己宣布过反犹主义是死罪，而共产党决不会考虑反犹主义，因为这等同于反革命思想。[6] 这似乎是夸大其词了，无论如何，许多立陶宛人都把那些话解释为犹太人"特权地位"的进一步证明。

正是在这样一个不稳定且逐渐极端化的环境中，德国人引入了他们的新秩序之梦，要求征服或消灭那些被认为不受欢迎的人。犹太人便位于那份特别名单之首。

入侵苏联之前，希特勒曾非常清楚地向其所有下属说明：新的战争不同以往。1941年3月30日，他就即将到来的斗争之性质对高级军官们发表讲话。陆军总参谋长弗朗茨·哈尔德在他后来的日记中记载道，此次冲突将是一场"两种意识形态之间的斗争"，希特勒谴责布尔什维克主义是一种"反社会罪行"，考虑到对于德国来说共产主义所象征的危险，这场战争必须导致"布尔什维克委员和共产主义知识分子的灭绝"。至于苏联的官员，希特勒陈述道："政治干部和格帕乌（Gosudarstvennoye Politicheskoye Upravlenie，国家政治保卫局，NKVD的一个组成部分）人员都是罪犯，而且必须照此对待。这次斗争将不同于在西方进行的那种。"[7] 所有单位都在6月初收到通知，必须将布尔什维克党人、煽动者、游击队员、破坏分子和犹太人作为潜在敌人处理。正是在这个时间点上，国防军部队收到通知说，他们有责任去汇编各自行动区域内所有犹太人的名单，并把这些名单交给跟随前线部队的特别行动队。虽然国防军内部有许多人试图装作与苏联军队作战是自己唯一的职能，努力把希特勒更为极端政策的执行，以及《东方总计划》所要求的那些任务留给其他机构，如党卫队，但毫无疑问的是，在入侵之后的暴行中，德国军事机器的几乎每个成分都发挥过一定作用。

犹太人在立陶宛和拉脱维亚被屠杀的速度与规模，使得德国军队之前在波兰的活动显得只不过是一场前奏。这些谋杀由许多部分组成，部分由国防军执行，其他一些是立陶宛人和拉脱维亚人下的手，还有许多是特别行动队负责。尽管从某些方面来说，对这些不同的执行机构依次加以考虑会较为实际，不过需要记住的是，所有这些群体都是在相互重叠的时段内活动的。

　　后方区域的治安工作由专门的保安师负责，随着战争继续，这种师也被迫承担前线任务。三个这样的单位——第207、第281与第285保安师——跟随在北方集团军群之后，第403保安师则在中央集团军群继续前进后接管了维尔纽斯地区。这些师由一位头衔为"后方陆军区司令"（Befehlshaber des Rückwärtigen Heeresgebietes）的军官全盘指挥，在北方集团军群辖区担任该职位的是弗朗茨·冯·罗克上将（Franz von Roques）。他的堂兄弟卡尔·冯·罗克（Karl von Roques）凑巧在中央集团军群后方占据着同一岗位。他的家族起源于逃离法国的于格诺派新教徒，作为这样一个家族的后代，他并不是希特勒野蛮种族战争设想的热情拥护者。尽管他命令自己辖区内的所有犹太人均需在右胸处佩戴黄色的六芒星，但他颁布的有关犹太人隔离区的法律规定，不应将此类活动作为优先事务考虑，只应在有足够资源可用时进行。[8]

　　对于展示希特勒所期望的残酷无情一事，保安师师长们也表现出某种程度的不情愿。罗克给各师的命令——可能是故意如此——并没有清楚表述要他们怎样采取行动。第207保安师师长卡尔·冯·提德曼中将（Karl von Tidemann）和第281保安师师长弗里德里希·拜尔中将（Friedrich Bayer）明确命令他们的人禁止"因隶属于共产党或其他群体，如犹太人，而射杀部分人口"。与之类似，尽管保安师应抓捕犹太人群体作为人质扣押，但为保证其余居民遵纪守法，并不一定要把这些犹太人交给党卫队，至少他们留在后方陆军区规定范围之内时是这样。[9]

　　有时候，前线的作战师对于执行希特勒有关政治干部与犹太人的命令也会表现得兴味索然。为努力改变这一局面，中央集团军群第3装甲集群——该集群包括占领了维尔纽斯的第7装甲师——司令赫尔曼·霍特上将早在6月28日，即"巴巴罗萨"开始后不到一周内，便发布过命令，规定任何允许政治官员逃脱的国防军成员都将面临军事法庭审判，命令警告士兵们留意"亚洲人众所周知的谋杀、背叛与不诚实行为"[10]。然而在其他许多案例中，国防军和党卫队之间似乎很少发生摩擦。1941年10月，A特别行动队的指挥官弗朗茨·瓦尔特·施塔勒克记录道：与陆军的合作"总体良好，在一些情况下，例如与赫普纳大将的第4装甲集群，双方的合作非常紧密，几乎可说是充满热忱"[11]。施塔勒克的报告详细描述其别动队在战争刚开始几个月内的状况，并且清楚地阐述了它是怎样运作的。因此值得细加关注。

　　A别动队在国防军入侵一天后进入立陶宛。起初打算让别动队在陆军于前进过程中移交过来的地区内运作，但施塔勒克记述道，这个计划由于两个因素被证明无法实现。首先，军队的快速前进导致后方区域移交过程延迟；其次，针对游击队的战斗以及对共产主义活动的镇压要在战区内进行才最为有效。这是因为，德国人广泛使用当地准军事组织来执行许多杀害犹太人及其他群体的任务，一旦战线前移，这些组织经常会被解除武装。因此，如果想用它们来加强别动队的工作，就要在其武器被没收前完成。此外还存在一种情绪，认为一旦在某种程度上恢复了常态，再想挑唆当地人"自发"开展攻击就要困难得多。在很多情况下，立陶宛人与拉脱维亚人群体会自发组成准军事组织，但为协助创建尽可能多的本地部队，别动队人员伴随德军先头部队进入了考纳斯、里加与塔林，并迅速建立起"源自所有三个波罗的海省份中可以信赖的本地人的志愿者分队"。这些分队是处置犹太人计划的必要部分：

　　……在占领后的最初几个小时里劝诱本地反犹力量开展反犹迫害活动，但事实证明这种劝诱非常困难。遵照我们的命令，保安警察①决意使用一切可能和最具决定性的手段解决犹太人问题。但至少在开始时，保安警察最好不要立即出面，因为所采取的措施格外严厉，在德国人中间也易于引起不安。必须向世界表明是本地人采取了最初的行动，那是犹太人这几十年间的压迫和共产主义者在之前那段时期制造的恐怖带来的自然反应。

　　……鉴于行动区域的扩展以及需要安全警察履行的职责数量之巨，最初曾计划争取可靠人群的合作来同寄生虫——主要是犹太人和共产党分子——作战。我们除指导初期的自我净化行动（这些将会在别处报告）以外，还要注意使可靠人群参与到清洁工作之中，他们将被任命为安全警察的辅助人员。[12]

　　该报告之后继续就"自我清洁行动"提供后续信息：

---

　　① 译注：保安警察（Security Police），对应德语应为Sicherheitspolizei，包括刑事警察与秘密警察（盖世太保）两部分，他们直接参与计划和实施对犹太人与吉普赛人的种族灭绝，也为别动队提供人手。

　　鉴于被并入苏联期间，波罗的海诸国的居民于布尔什维克主义与犹太人政府的统治下极为痛苦，可以期待他们（即这些居民自己）在从外国政府手下解放后，会使苏联军队撤退后留在后面的敌人大部无害化。保安警察的责任正是驱动这些自我清洁运动，并指导其进入正确的轨道，以便尽快完成清洁行动的意图。这项职责一样重要，因为今后要确立起以下不可动摇且可以证明的事实，即被解放的居民自己独立对布尔什维克分子和犹太敌人采取了最严厉的措施，如此就不会暴露德国当局所作的指导。在立陶宛，这通过考纳斯的游击队行动首次达成。让我们吃惊的是，驱动针对犹太人的大规模迫害起初并不是件简单的事。游击队的领导者克里马蒂斯（Klimatis）……首先被用于该目的，基于在考纳斯市内活动的一支小先遣队给出的建议，他成功引发了迫害行为，通过这种方式，外面就不会注意到德国人的命令或煽动。[13]

　　施塔勒克曾伴随先头部队进入考纳斯，去过立陶宛国家安全部（Lithuanian State Security Department）的办公室，这些建筑是立陶宛积极分子阵线的成员占领的。施塔勒克在这里做了一次呼吁对犹太人发起迫害的演讲，但因热心于此的人看来寥寥无几而感到失望。作为替代，他诉之于阿尔吉尔达斯·克里马蒂斯（Algirdas Klimatis），后者已经组织起一支约600人的准军事队伍，并参与过同撤退苏联军队的战斗。他不向立陶宛积极分子阵线或新近宣告成立的临时政府效忠，而被证明乐于成为德国人的帮凶。他的部下6月25日开始攻击维利亚姆波列郊区（Vilijampolė）的犹太人，并把他们的行为扩散至其他城区以及周边区域。有关此次攻击受害者的精确数字存在争议。施塔勒克声称在三天内有约5000名犹太人被杀，但有观点认为施塔勒克或许故意夸大了被害者的数字。[14]

　　在许多情况下，对犹太人的攻击确实是自发的，很少或不曾受到德国方面的鼓励——事实上，迫害似乎一旦开始就会快速传播到临近区域。多夫·莱文（Dov Levin）①描述过立陶宛人是如何抢劫犹太人的房屋、攻击犹太人并强

---

① 译注：立陶宛犹太人，大屠杀研究者。

暴妇女。一个立陶宛人向莱文挥舞几份染血的护照，作为他杀死犹太人的证明。[15] 立陶宛游击队员佩戴着白色臂章，于是以"白臂章"（baltaraiščiai）广为人知。甚至在游击队员之间也存在这样一种感觉，即不是所有戴白臂章的人都在积极同苏联军队战斗：

> 一些人得到了枪并加入到为祖国而战的行列中，其他人则破门进入商店、私人住宅和被弃房屋，在那里趁一切机会把东西偷走、拿走，或是把它们埋进地里。[16]

虽然不是所有游击队员都参与了对犹太人的攻击，但似乎大多数抢劫、殴打并杀害犹太人的人都佩戴着白臂章。[17] 一些游击队的领导者，比如考纳斯的于尔吉斯·波贝利斯（Jurgis Bobelis），尝试用自己的部下来制止这样的行为，他威胁要处决所有被发现涉及胡乱攻击的人。其他人就只是对此视而不见。许多领导者继续对犹太人和共产党员不加区分，并鼓励他们的部下围捕所有被划入这两个分类的人。

施塔勒克的别动队分成了数个别动指挥部，每个都有自己的行动区域。第3别动指挥部的指挥官是卡尔·耶格尔（Karl Jäger），1888年出生于瑞士城镇沙夫豪森（Schaffhausen）。他第一次世界大战中曾作为炮兵服役，之后成为所谓"黑色国防军"（Black Reichswehr）①的一员，这是一个准军事组织，其成立意图在于绕过《凡尔赛条约》强加于德国武装力量的规模限制。耶格尔是民族社会主义运动的早期追随者，1936年加入党卫队。耶格尔升职迅速，到1941年夏已经官居旗队长（对应陆军军衔为上校）。他在这一时期受命组建第3别动指挥部。该部120名人员在小城普雷奇（Pretzch）的训练基地完成集结后，耶格尔了解到除领导这支别动指挥部以外，他还将成为德国安全警察与党卫队保安处在立陶宛的指挥官。RSHA的长官莱因哈德·海德里希在普雷奇以

---

① 译注："Reichswehr"常被译为"魏玛国防军"，不过其德语字面意为"国家防卫"，通常被翻译成"国防军"的"Wehrmacht"字面意是"防卫力量"。

及柏林的一次会议上两次向耶格尔及其他级别类似的党卫队军官明言："如果和俄国开战,东方的所有犹太人都必须被枪毙。"[18]

克里马蒂斯及其手下完成对犹太人的第一波杀戮后,耶格尔和他的部队来到考纳斯。A别动队辖下第一个抵达考纳斯的单位是第1别动指挥部,现在该部将该地区移交给了耶格尔的人。耶格尔后来注意到,犹太人仍旧在城里面自由搬迁——这可能是在遵照罗克的指示,即犹太人隔离区的建立属于低优先级事项——他迅速采取措施建立起一个犹太人隔离区,并限制他们的动向与行为。先前的杀戮被用来为隔离区的建立提供正当性——耶格尔说明道,只有通过这种方式才能保护犹太人免受进一步迫害。这一说辞饱经实践,20世纪30年代在德国国内就使用过。

"在隔离区保护犹太人"的借口勉强持续了一天。抵达这座城市两天后,耶格尔便记录说有463名犹太人被"立陶宛游击队"杀害,这个数字在接下来的两天里攀升至2500人以上。[19] 到1941年12月,已经有约22000名犹太人被处死,剩下约15000人在隔离区里。受害者名单被录入到耶格尔当年年底写成的一份报告中,还详细列出了地点、日期和受害者的性质,将其分为男性、女性以及儿童。[20] 报告还列举了维尔纽斯和明斯克的谋杀事件,而如果把后面的数字加入到考纳斯的被害者之中,数目便超过133000人。报告以如下语句作结:"今天我可以确定,我们的目标,即为立陶宛解决犹太人问题,已经由第3别指部达成了。除犹太工人及其家属以外,立陶宛不再有犹太人。"[21]

这些耸人听闻的句子意味着6月22日到12月1日之间,就有超过12万名立陶宛犹太人被害。耶格尔自己下手射杀了一些人,并确保他手下所有军官也照办。对此表现出迟疑的人均受到威胁。[22] 耶格尔本人看来是受到这些经历的影响,他告诉接替施塔勒克成为其上级的海因茨·约斯特(Heinz Jost)说自己无法睡眠,并时常看到死去妇女和孩童的景象。[23] 这些感触似乎全然不曾影响他继续杀人的能力。耶格尔在立陶宛待了两年,之后被派回德国,担任多种管理职务。

立陶宛的大城市以外,为方便杀戮犹太人采取了特殊手段。一个案例是哈曼流动指挥部(Rollkommando Hammann),这是一个机动杀人小队,包括不到一打德国军官和大约100名立陶宛人,后者主要是布罗纽斯·诺尔库斯

（Bronius Norkus）"国家安全"（Tautinio Darbo Apsaugos，National Security）营的成员。1941年下半年，该部活跃于立陶宛和拉脱维亚南部的50多个地点，造成9000余名犹太人死亡。耶格尔报告详细描述了这个单位运作所需的准备：

> 此类行动的实施首先是一个组织问题。系统性地从每个地区消除犹太人的目标需要对每项任务进行周密准备，并彻底调查相关地区的普遍状况。犹太人必须被集中到一个或更多的地点。要以他们的人数为基础，认定所需墓穴的地点并挖掘。[24]

在维尔纽斯，德国当局迅速引入了一系列措施让犹太人佩戴辨识性标志，比如六角星和臂章。这些措施在占领初期频繁发生变动，在犹太人中间引发了恐慌，因为他们要竭力寻找颜色恰当的材料。犹太人从7月中旬开始被迁移到指定建筑物中，这是创建隔离区的第一个阶段，隔离区的正式建立是在9月份。第403保安师与第9别动指挥部均报告说它们合作顺利，第403师陈述说它在1941年8月和9月处决了45名军事政委和197名共产党民政官员；后一群体中许多都是犹太人。[25] 第9别动指挥部7月2日抵达，7月4日至8日间处决了321名犹太人，后来数量更达每天500例。到7月19日，该部已处理7600多人。[26] 第403保安师师长沃尔夫冈·迪特福尔特（Wolfgang Ditfurth）7月中旬报告说，他已将发给居民中犹太人部分的配给减少50%。他知道别动指挥部及其立陶宛辅助人员执行的枪杀活动，但要求这些行为在他的部下看不到的地方实施。[27]

就许多方面来说，小女孩玛丝恰·罗尔尼凯特（Mascha Orlnikaite）与她家人在维尔纽斯的经历是被德国接管的犹太人的典型案例，德国人到达维尔纽斯时她不到14岁。罗尔尼凯特是一对犹太人夫妇的女儿，父亲是替苏联当局工作的律师。苏联军队开始撤离维尔纽斯时，他离开家人为他们的撤离组织运输。家人们徒劳地等待着他的归来，并目睹了第一批德军抵达。第二天，他们了解到新当局已经命令商店和餐馆重新开业，但大小餐饮店需要陈列禁止犹太人入内的说明标识。罗尔尼凯特试图回到学校去收集那些她的母亲认为重要的文件，这时她被碰到的一个立陶宛男孩吓到了：

"你在这儿干吗？走，顺着你来的路回去！"

我请求他让我过去。但他从我头上抢走了我的帽子。

"滚开！别在我们的学校晃荡！"[28]

罗尔尼凯特害怕自己老师的反应，但令她安心的是，后者帮助她拿回了她的文件，甚至陪着她回家。

佩蕾拉·埃斯特罗维奇（Perella Rsterowicz）比玛丝恰·罗尔尼凯特稍小一些，是匈牙利通格什拉姆（Tungsram）公司以及西方国家电池与轮胎生产商当地代表的独生女。埃斯特罗维奇20世纪30年代成长于维尔纽斯，那时该市还受波兰控制，她记得在自己还是小孩子的时候就看到过反犹涂鸦。这座城市被苏联让渡给立陶宛之后，她父亲失去了与外国供应商的联系，但又建立了一家新公司。次年苏联吞并立陶宛，当局把这家公司收归国有，作为"小资产阶级"家庭，埃斯特罗维奇一家不得不交出他们奢侈公寓的大部分。她的父亲虽然失去工作，但设法避免了西伯利亚流放，不过她的婶婶和舅舅在NKVD前来逮捕时逃出自家才得以逃脱。悲剧的是，他们这次逃脱间接导向了自己的死亡，德国人在抵达几周后射杀了她的舅舅，婶婶则于1943年死在隔离区里。

德军接近维尔纽斯时，占有埃斯特罗维奇家公寓主体的官员逃往东方。佩蕾拉的父亲因为自己的公寓夜间灯火通明而被怀疑给苏联飞机打信号，并因此被捕，突然间就要面对一群充满敌意的德国官员。后者意识到他能出色地用德语交谈，并光顾过其中一个德国人工作过的柏林某家咖啡馆时，他被释放了。一位战前曾是埃斯特罗维奇顾客的波兰汽车修理厂厂主给他提供文件，证明他为这家波兰汽修厂工作，该厂正在帮助修理国防军的车辆，以此保护他不再受到逮捕。[29]

有关袭击和迫害的消息在犹太人社区里口口相传。很快就有人来搜查罗尔尼凯特家里的收音机和其他违禁物品。搜查反复进行，住宅中的所有物品都被记录在一份清单上——最好的家具除外，这些东西立即就被搬走了。犹太家庭被警告：如若他们企图卖掉自家的什么家具，将面临严厉惩罚，甚至是死刑。他们被要求交出所有超出30帝国马克的珠宝和现金。后来还要求所有犹太人支付额外的一大笔现金，否则就要立即被捕。这个要求对许多人来说都不可能办到，他们已经遭受过掠夺或是交出了自家贵重物品。向罗尔尼凯特一家伸出援手的是玛丝恰的老师亨德利卡斯·约奈蒂斯（Hendrikas Jonaitis），后者来到他们家里，交给她母亲足够的现金。约奈蒂斯像少数立陶宛人那样，准备冒生命危险帮助保护其他人。[30]

限制措施的数量和严重程度继续加强。罗尔尼凯特刚过14岁生日后不久，也就是入侵开始一个月以后，犹太人被禁止在人行道上行走。维尔纽斯犹太人隔离区建立的前一天，罗尔尼凯特冒险外出到街道上寻找她的老师约奈蒂斯，但没有按规定佩戴犹太人徽章。约奈蒂斯照顾她过了夜，但次日试图回家时，罗尔尼凯特发现隔离区已经建成，铁丝网横跨街道。实际上有一大一小两个隔离区，中间有一条道路隔开。罗尔尼凯特进了其中一个隔离区，却找不到自己的家人，然后她又成功来到另一个。她幸运地认出了守卫中的一个人就是那个曾试图让她离开学校的男孩，并且设法说服他让自己通过。几天以后，这个家庭又在拥挤的隔离区里团圆了。[31]

隔离区的生活艰难至极。玛丝恰·罗尔尼凯特、她的母亲还有她的三个兄弟姐妹不得不和其他几个人睡在一个房间，挤在两张床之间的空间里。床铺只是勉强够老人与孩童使用。埃斯特罗维奇家要幸运一些，他们在隔离区建立之初被赶出自家公寓，属于第一批来到这里的人，因此得以确保一个房间供他们的大家庭使用。随着越来越多的人被塞进隔离区里，这户人家被迫允许其他人加入进来，而他们那间6×24英尺的房间也变成了26个人的家。[32]

隔离区的日常运作主要由犹太人委员会（Judenrat）和隔离区警察负责，后者的领导人是前立陶宛陆军军官亚措布·根斯（Jacob Gens）。隔离区警察和犹太人委员会都要对党卫队旗队长弗朗茨·穆雷尔（Franz Murer）负责，此人已被指派为维尔纽斯犹太人事务专员（Vilnius Commissar for Jewish Matters）。很快，那些有工作的人被迁入一处隔离区，没有工作的人则被赶到一起，进入了那片较小的隔离区。这里多次发生"行动"，后者是一种委婉的说法，指强制将数量不等的犹太人集中起来，这些人之后会被带走并处决。被选中的分类各有不同——衰弱者、老人、没有工作的人。在其他一些场合，犹太人不论状态，直接被聚集到一起。当局的借口是体弱者和老人会被带到别处，以便接受更好的照顾，但留下来的人则可以确定，自己再也无法见到所爱的人。罗尔尼凯特描述了一次典型的"行动"：

又一次行动。规模不大，但那也是一次行动。

夜里，一队沉默的立陶宛士兵静悄悄地溜进隔离区。他们指示隔离区警察留在岗位上，同时自己找出每个人分到的预先确定的地址。

他们安静且礼貌地叫醒人们，然后命令他们带上暖和的衣物，等着他们穿好和打包东西。

等来到隔离区大门时，人们才意识到自己的处境，他们在这里被装进卡车……

原来是穆雷尔命令根斯拿出新的受害者。根斯于是准备了一份所谓下层世界成员的名单——那些在他看来不适应环境或惹怒过隔离区警察的人——然后把他们的地址交给刽子手。[33]

佩蕾拉的父亲萨穆埃尔·埃斯特罗维奇在汽车修理厂为他的波兰熟人工作，他目睹了一群隔离区住民被带走处决的情形：

我们工厂的窗前，立陶宛警察正开车载着一大批来自第二隔离区（小的那座）的犹太人——男人、女人和孩子——沿街驶向卢基什克斯监狱（Lukiškės Prison）。我在他们经过的时候认出了一些熟人。这些无辜的人们，我的犹太同胞，正在被运往他们的死地，这幅场景直击我的灵魂的深处——我意识到厂里的波兰工人毫不悲哀，而是发出愉悦和满意的叫喊观看这种不义时，那震撼甚至变得更加辛辣。"看啊"，他们开心地跳了起来，"犹太人被带去杀掉了"。

反犹主义表现并不特别令我惊讶。但我注视这些欣喜的波兰工人时，让我害怕的是他们对我们的仇恨之深——这种仇恨使周围所有的民族和社会阶级的成员联合起来。波兰游击队员，即波兰国家军（Armia Krajowa，西方国家支持的波兰人抵抗军）的成员，也在以符合这种周边居民情绪的方式行动。尽管组织国家军的目的是进行地下反德斗争，但其大多数成员都会猎捕躲藏在森林里的犹太人。波兰游击队因其组成人员大多是当地人口，故此熟知他们活动位置的方位，因而对那些试图在茂密森林中寻求掩护的犹太人来说比德国人更危险，后者毕竟不敢太过深入森林。立陶宛人在消灭我们的事情上异常活跃。[34]

有关AK卷入杀戮犹太人行径的说法存在争议。这支抵抗军与所有被它看作波兰占领者的组织做斗争，有时包括亲苏游击队。考虑到许多亲苏的游击队员是犹太人，可能是有一些犹太人被国家军所杀，但同样可能的是，导致这种结果的行动本身并没有反犹目的。埃斯特罗维奇评论道，反犹主义虽然在当地人群中传播广泛，但无论如何都说不上普遍，有许多当地人通过力所能及地提供食物来悄悄地帮助犹太人。也不是所有的德国人都反犹：

一个……名叫贝格尔的德国士兵被指派到我们汽车维修厂，我和他成了朋友。贝格尔看着犹太人被运往死地的场景叫喊出声："这渣滓在这儿以德意志民族的名义在干些什么——即便用几个世纪也洗脱不掉我们身上的罪孽！"结束返乡假期回来以后，贝格尔讲述了一件事，这证明纳粹政府向他们的广大群众隐瞒了真相。贝格尔的妻子听说她的德国同胞于立陶宛犯下的恐怖行径后，起初认定贝格尔一定是疯了——这些故事听起来是那么可怕而荒谬。[35]

那些经历每一次"行动"后留在隔离区里的人竭力为生存寻找足够的食物。罗尔尼凯特的家庭很幸运。她的母亲与姐姐做了裁缝，挣到的钱虽然微薄，但足够补贴她们那少得令人绝望的口粮，亨德利卡斯·约奈蒂斯也继续冒着生命危险，或是通过铁丝网，或是碰到往返于工作场所的家庭成员时，尽可能给她们送去食物。

维尔纽斯的犹太人很多是在市中心西南约6英里处的帕奈利艾（Paneriai）镇被射杀。德国人遵循他们在波兰的策略，首先对犹太社会采取斩首行动，这很大程度上是因为他们相信这些领导人物可能会成为抵抗运动的中心。于是在7月9日，第9别动指挥部指示其下属的立陶宛警察单位开列了一份维尔纽斯最显要犹太人的名单，特别是知识分子、参政者以及富人。[36] 三天以后，卡齐米日·萨科维奇（Kazimierz Sakowicz），一个记录了许多发生在帕内利艾事件的波兰人，看见约300名穿着体面的犹太男性被带到了杀戮场，并认出其中一些人是显要的犹太商界人士。[37] 起初被杀害的主要是犹太人男性。直到8月份，受害者的范围才扩展至妇女儿童。

一名在运输纵队工作的德国士兵目击了一些谋杀情形：

我在距离坑洞入口6—8米的地方。一个武装平民站在入口的另一边。看守人员把人小群小群地带进采砾坑。坑的边缘是一处墓穴，那就是犹太人必须要去的地方。坟墓呈十字形……由于这是个干燥的沙质地区，墓穴用木板进行过加固。犹太人被成群地带进坑里。我们可以清楚看见坑洞边缘的看守成员用鞭子抽下……一个10人的射击班站在坑外6—8米外……射击按齐射进行，这样人就一起倒进了他们身后的墓穴。[38]

19岁的伊塔·斯特拉日（Ita Straż）是被带至帕奈利艾处决的人之一。她被拖到一处已经满是尸体的坑洞，一次齐射鸣响时，她向前倒入尸体当中，虽然她并未被哪颗子弹击中。随着处刑继续进行，更多的尸体倒在她身上，之后枪弹向坑内射击，以杀死那些幸存的人。一发射向坑内的子弹穿过了她的手，但她努力没有发出声音。她一直等到天黑，然后逃跑了，赤着脚走过了一片无尽的尸体之海。[39]

涉及帕奈利艾射杀行动的立陶宛人主要来自从当地志愿者中征募的"特别班"（Ypatingasis būrys, special squads）。他们受党卫队一级小队长（相当于陆军军士长或参谋军士衔）马丁·魏斯（Martin Weiss）指挥，此人是德国安全警察的一名军官。他以残忍著称，监督帕奈利艾的处刑时，他经常会让受害者在那些先于他们被处决者的尸体上面躺几个小时——有时会超过一天——再射杀他们。他经常在隔离区大门殴打那些没有按照被认可的方式展示六角星的犹太人，并且亲自殴打被抓到试图往隔离区内偷运额外食物的任何人。有一次，他当场射杀了一名未遂的偷运食物者——这个人带着几个马铃薯和一小条鱼。甚至以党卫队的标准来看，他的名声也很坏。有一起事件是一名犹太人被关押在维尔纽斯的卢基什克斯监狱，并且应当被释放回隔离区，他的看守人员一直等到魏斯离开才放了这个人，因为他们知道魏斯会直接把这个囚犯射杀。监狱看守还警告此人要确保自己别再碰到魏斯。[40]

第3别动指挥部的人员1942年1月份报告称，枪毙以几乎没人察觉的方式进行，一般人，包括余下的犹太人，都相信那些被带去帕奈利艾的人是被重新安置了。[41]当地人，尤其是来自帕奈利艾的证言，则表示他们都十分清楚这些谋杀，只是注意不说出去。在维尔纽斯隔离区内部，犹太人到1941年年底才因当地抵抗运动的活动，意识到帕奈利艾的真实性质。在维尔纽斯隔离区，抵抗集团使用一间位于所谓的医院下方的地下室。犹太人委员会并未参与抵抗运动——其成员相信通过与德国人合作和提供劳工，他们便能拯救隔离区里至少一部分人。主动的抵抗主要来自犹太人社区中的年轻成员，尤其是那些在德国人到来以前就是犹太复国主义者的人。其中一些人通过手中掩盖自身犹太背景的文件成功避免被收容进隔离区，他们起初处于孤立状态，然后开始发展网络。一位名叫塔玛拉·卡茨（Tamara Katz）的犹太女孩在帕奈利艾的枪毙中幸免于难，她从一处大墓穴中扒开填土逃出，然后到达维尔纽斯，在那里被地下组织掩护起来。她向后者告知了帕奈利艾发生的事情，不久以后该组织就得以将一条消息带进隔离区：

> 盖世太保的大道条条通向帕奈利艾。帕奈利艾就是死亡。那些怀疑的人，摆脱你们的幻觉！你们的孩子、丈夫和妻子已经不在人世。帕奈利艾不是一个营地。已经有15000人在那里被打死……我们确实弱小又无助，但给敌人的唯一答复就是：抵抗！兄弟们！作为自由战士而死好过靠谋杀者的慈悲而活！抵抗！抵抗到你最后一口气！[42]

德国人尽其所能摧毁任何抵抗企图。如果一个工作场所里有人员出逃，该场所的其他工人就要被扣作人质，如果逃跑者没有返回，他们就要被处死。尽管如此，年轻的犹太人仍持续从隔离区流向附近的森林，在那里加入急速成长的游击队群体。

1941年10月，一批数量有限的"黄色证明书"（yellow certificates）被分发给维尔纽斯隔离区里的犹太人。只有那些最能胜任体力工作的人收到了证书，而所有未获证书的人都被集中起来带至帕奈利艾处决。埃斯特罗维奇得以从他的波兰雇主那儿得到一份宝贵的证书，但他家中的许多成员就没有那么幸运了。佩蕾拉·埃斯特罗维奇与她的父母在"行动"期间离开了隔离区，并被一个非犹太人家庭接纳。她父母返回隔离区，安慰自己说她现在至少还算相对安全。佩蕾拉拿定主意，她希望和家人待在一起，并在几天后跟随一支走回去过夜的工作队伍回到了隔离区，那时她的父母一定怀着非常复杂的感情。[43]

有时候，抵抗与帮助会来自那些最令人吃惊的人。安东·施密特（Anton Schmid）是个奥地利人，1938年就曾帮助少数犹太人邻居逃跑。他1939年被征召入伍，但因为时年39岁而被派到后方单位。在维尔纽斯，施密特上士接到的任务是帮助那些掉队士兵返回其原部队归建。他是一个落落寡合的人，就像一位朋友后来描述的那样：

> 他是个坦率、真诚的人，思考和做事方面都是个寡言笨拙的男人，并不笃信宗教①，他不具备哲学气质，不读报纸，也不看任何书，他不是一个伟大的思想家，他杰出的特质是他的人性。[44]

施密特发现他的军事职责允许他向维尔纽斯的犹太人发放工作许可，而他也开始这么做了。犹太人把工作许可看作是"死亡假日通行证"，因为持有这种许可证的人沦为"行动"受害者的可能要小得多。结果，许多人被从处决的命运中救出。但施密特并未止步于此。他定期为隔离区内的犹太人提供食物，并给一个犹太女孩安排制作了出生证明，说明她实际上是雅利安人。还有几次，他安排了允许少量犹太人横穿立陶宛的文件。这些人中大多数抓住机会消失了。他颁发了工作许可证的犹太人有时被捕，他便前往卢基什克斯监狱，让人放了他们。他最重要的贡献可能是开着卡车比较频繁地从维尔纽斯前往白俄罗斯，通常是运着木材。大多数行程里，他会带上20到30名犹太人同行，把他们藏在木材后头。当时白俄罗斯那边对犹太人的压迫远比立陶宛轻，因此他从迫近的死亡面前可能救下了有300人。一些人利用白俄罗斯不那么严厉的统治制度，逃跑并加入了游击队。

部分是由于这些行程，部分是由于其他犹太人的地下活动，犹太人武装抵抗的理念——发源于维尔纽斯——传播到了其他的中心城市，如华沙、比亚韦斯托克（Białystok）和格罗德诺（Grodno）。地下运动的成员在出行期间经常在施密特的住处暂留，有时他也会专门开车帮助他们到达目的地。

---

① 译注：原文如此，这一说法与下文矛盾。

施密特是个孤独的人，出于明显的原因，他也无法向德国同胞吐露自己的行为。因此只能推测他为什么会做这些事。这位虔敬的基督徒似乎纯粹是按照他的良心行事。1942年1月底，一处隔离区在白俄罗斯的利达（Lida）建成，这时他被捕了。新隔离区里的一些犹太人来自维尔纽斯，其中有几个告诉了盖世太保他们是怎么来到利达的。在军事法庭上，他的辩护律师陈述说施密特尝试拯救犹太人是因为他们可以为国防军充当劳动力，但施密特自己否决了这个理由，他清楚说明自己曾把犹太人从维尔纽斯运走，为的是拯救他们的生命。他被宣告有罪，并于1942年4月13日被行刑队处决。死前不久，他给妻子和女儿写了最后的一封信，他将此信交给了在他最后一天照顾自己的天主教神父。这封信对他的动机给出了最佳阐释：

今天，我可以告诉你们有关那压倒我命运的一切……我不幸被维尔纽斯的一个军事法庭判决死刑……他们没能给我争取赦免，并且认为这〔赦免的请求〕会被拒绝，因为迄今为止，这类请求都被拒绝了。因此，我亲爱的妻女，你们要高昂起头。我已把自己交给了命运……我们在天堂的上帝已经决定这不能更改。我今天心境平和……我们亲爱的主意愿如此并让我变得强大。我希望他会把你们变得像我一样强大。

我想告诉你们这一切是怎样发生的。这里有很多犹太人，他们被立陶宛军队聚集到一起，然后在城外的一片场地被打死，多达两三千人。他们沿路把孩童猛撞到树上。你们能想象吗？我必须接管"掉队士兵办公室"，我不想做这个，有140个犹太人在那里工作。他们问我是否能把他们从这里带走。我接受了他们的劝说。你们知道我是怎样的人，我的心很软。除了帮助他们，我想不到有什么事可做，但法庭说这样做是错的。

我亲爱的施特菲和格尔塔，你们认为这对我们是一次沉重的打击，但请原谅我。我只是作为一个人类来行事，并不想伤害任何人。

你们收到这封信时，我亲爱的，我将不在这个世上。你们无法写信给我，但要相信我们会在一个和我们亲爱的主在一起的更好的世界相见。[45]

施密特被定罪和处决的消息传到他家的邻居那儿后，许多人在与他家人的对话中公开称他是"叛国者"。有一次，这户人家的住宅遭到攻击，被人打破了窗户。

1941年6月考纳斯的4万名犹太人中，只有一小批设法在德国人到来前逃离。国防军到来后随即发生的第一次屠杀浪潮过后，大多数枪毙行动发生在七号堡（Fort Ⅶ）——该市周围19世纪堡垒环上的一座。从8月中旬起，幸存的犹太人被限制到维利亚姆波列的隔离区，这是一片贫民区，之前约有15000人挤在这里。德国人到来时约赫维德·因丘利恩内（Joheved Inčiūrienė）17岁，她尝试随家人一起逃走，但他们只走了30英里就被国防军赶上，然后被迫掉头。

我觉得这难以置信，攻击［德军抵达考纳斯］过后仅仅一天，我们的立陶宛人邻居对犹太人的态度就变了。

……我们的家庭几乎是第一个被重新安置到犹太人隔离区的。犹太人自己必须用铁丝网把隔离区围起来。这从7月15号进行到了8月15号……8月15号那天，他们在隔离区的门口设立了武装的监视岗位，前往或离开隔离区的自由活动被禁止。

……8月17号，隔离区大门关闭后的第三天，盖世太保命令500人集中起来为档案工作做准备。8月18号，这些被选中的人被用卡车从隔离区大门带走了，再也没有人见过他们。[46]

这似乎是消灭隔离区中受过高等教育者的第一步。

就像在维尔纽斯那样，这里最初有一处大隔离区和一处小隔离区，不过这两区之间有一座木桥连接。这里同样安排了一个犹太人委员会和隔离区警察，由党卫队一级突击队中队长弗里茨·约尔丹（Fritz Jordan）监管。口粮完全不够，隔离区住民们于是尽力种植一切他们能种的蔬菜。为减少这里的人口反复采取了"行动"；1941年9月26日，大约1500名老人、妇女和儿童——那些没有工作的人——被带到城市外围的四号堡并遭射杀。10月4日，较小的隔离区被清空。有工作许可证的人及其家人被分隔到一个地方，剩下的人则被汽车运走处决。隔离区里有一家小医院——这里并没有医药供应，其作用也仅仅是将病人聚集到一起——这家医院连同住在里面的人一起被烧掉了。[47]

　　10月28日，大隔离区的住户们被按照类似的方式分类。那些被认为"不需要"的人被转移至小隔离区，又从那里被带到九号堡，并于次日枪毙。[48] 许多一起存活下来的家庭到这时被强制分离，成员被送到负责给他们分类的小组两边，不过在一些情况下也存在缓刑期：

　　我们组几乎排了一整天才站到劳卡（Rauca，党卫队一级小队长赫尔穆特·劳卡）面前……蕾娜抱着我的胳膊，她的姐妹拉赫尔在另一边。右边不好，这是早就清楚的事。我们组大多数人都被送到右边。我们走到那里时，劳卡简单向右挥了挥他的手杖。我们的死亡判决。我想叫喊这是个错误，我们年轻而且可以工作。但实际上我仅在脑海中喊了出来。然后劳卡看到了蕾娜。他让我们这排停下，把她叫出列，并命令她到左边去。"你这么漂亮不应该死"，他说。但蕾娜只是骄傲地摇头，回答说她想和家人共命运。[49]

　　幸存下来的人——据估计，此时约有17000人留在隔离区——持续面临着危险。许多人被要求在城市边缘新建的德国空军机场工作，德国空军的人也经常来隔离区收集人手去工作。表现出不情愿的人有很多挨了打，其他的则被当场杀害。约赫韦德·因丘利恩内（Joheved Inčiūrienė）有一次从机场返回隔离区时抓住机会逃掉了，在一位同校的朋友那里求得庇护，后者曾冒相当的风险给隔离区带进食物。她不可能无限期得到保护，因此便跟上了另一支返回隔离区的工作队伍，但她继续时不时地逃出来一整夜，再带着宝贵的食物回去。有一次她受到一位立陶宛守卫的盘问，但非常幸运，这个人发现她曾与自己的姐姐一起上学。守卫伸出援手，他的家人帮她躲藏了几晚。另有一次，一位立陶宛妇女把她的事泄露给守卫，她被毒打一顿。最终她永久性地逃走，在乡下生活了几年，一直等到苏联军队到来。她的家人没有那么走运。她的母亲和姐妹被转移到爱沙尼亚的一处营地并死在那里，她的父亲则丧生于考纳斯隔离区。[50]

　　虽然考纳斯隔离区的"行动"在1942年停止，但依旧有犹太人在九号堡被枪决。这些犹太人来自德意志帝国境内，最初是计划收容到里加建立的隔离区内。可里加的隔离区已经满员，他们就被转送至考纳斯，并在那里处死。到当年年底，已有约6000名来自维也纳、美茵河畔法兰克福和慕尼黑的犹太人于该堡遇害。[51]

隔离区从1942持续运作至1943年，期间居住人口稳步下降——尽管"行动"的威胁在减小，但疾病和营养不良也在造成损失。1943年中期，维尔纽斯隔离区里许多被认为最适合工作的人被转移到爱沙尼亚的瓦伊瓦拉（Vaivara）集中营。到1943年年底，维尔纽斯隔离区完成"清理"。玛丝恰·罗尔尼凯特的大姐已经离开隔离区，她自己还在，公告宣布说隔离区将被疏散，余下的居民会转移到瓦伊瓦拉或希奥利艾附近的一处劳动营。后者并不存在，属于这一群体的人实际上被预定送进一处灭绝营。一天后，她的家庭加入了一支犹太人的队伍，随队前往一座会堂，在那里少数剩余的男人被分离出来并带走了。妇女和儿童留在那里过夜。次日早晨，他们被带了出去，突然一名士兵把罗尔尼凯特和她的家人分开：

士兵们组成了一道横跨整个路宽的链条。这条链后面——以及另一侧的另外一道锁链之外——是一大群人。妈妈就在那里面。我跑向那个士兵，请求他让我过去。我解释说自己因为疏忽被和母亲分开了。她正站在那边。那是我的家人，我必须得到她那里去。

我对他说话，哀求他，但那个士兵怎么都不理我。他看着那些正穿过门的女性。时不时地把其中一个拉到我们这边。剩下的就被推进了妈妈所在的那个人群。

突然间，我听到了妈妈的声音。她大叫说我不应该到她那里。她还请求士兵们不要让我过去，因为我还很年轻并且可以努力工作……

"妈妈！"我尽力大声喊道，"来我这边！"她只是摇头，并用一种奇怪的嘶哑嗓音对我叫道："活下去我的孩子！至少你要活着！给小家伙们报仇！"她把他们拉近自己，说了些什么，然后费力地把他们挨个举起来，好让我能看见他们。鲁韦莱（Ruwele）古怪地看着我……他挥舞着小手……

他们被推到了另一侧。我再也没有见到他们。[52]

佩蕾拉·埃斯特罗维奇回忆，清理维尔纽斯隔离区期间有许多守卫是爱沙尼亚人。她和父母因为一个了不起的人出手相助，在那些给隔离区收尾的驱逐和处决行动中幸存下来。

陆军少校卡尔·普拉格（Karl Plagge）负责维尔纽斯附近的一处车辆维修场。尽管身为国社党一员，他相信那是唯一一个能使德国恢复其正当地位的政党，却因在开战之前拒绝接受纳粹种族理论而饱受批判。他被维尔纽斯犹太人的苦境深深震撼，并决心采取任何力所能及的措施来阻止杀戮。他像施密特那样，自隔离区形成以来向犹太人发出了许多工作许可，现在又带着大约1300名离开隔离区的犹太人，包括埃斯特罗维奇一家，来到他在自己管辖的维修场近旁设立的一处特别劳工营。

普拉格花费大量心思建立这座"奴隶劳工"营，该营地利用战前一位犹太企业家建造的建筑物作为住房。他确保工人们能收到口粮，尽管仍非常少，但至少足够支撑他们的生命。他禁止手下的工作人员虐待犹太人，却无法阻止所有针对营地居民的袭击。1943年年底，党卫队利用普拉格不在的机会来到这座营地，以向住民们证明，不要以为他们能理所当然地继续生存下去，如佩蕾拉·埃斯特罗维奇回忆的那样：

> 我不记得确切日期……所有工人集中到外面一个有犹太人警察（按照德国人的命令）[如同隔离区内的情况，一些犹太人被选拔出来组成一支警察力量，在营地内贯彻"秩序"]建立的一座绞架的院子里以后，大门突然打开，三个盖世太保的人在隔离区清理负责人布鲁诺·基特尔（Bruno Kittle）的带领下乘坐一辆敞篷车开了进来。他们带着两个被他们抓到的从我们营地逃亡的人——一个女人，她属于一个绰号"波扎尔"（Pozhar，意为"火"）的社会渣滓家庭，还有她的非正式丈夫。盖世太保们带着死刑犯走向绞架时，死一般的沉默开始笼罩，但那被一声尖锐的叫喊"妈妈！"打破了，声音突然从一座建筑二楼的一扇窗户里传出，我们在那里看见了一个小孩的脑袋。一分钟都还没有过去，一个可能八到十岁的小女孩从那幢房子里跑出来，并且高兴地叫着"妈妈！"冲过去拥抱她的母亲。我们在此目睹了一副可怕、悲惨的场景——认为自己找到了所想念母亲的孩子的欢喜，以及被痛苦扭曲的、热情地拥抱着骨肉的母亲的脸庞，她知道自己正走向死亡。全体人员到达行刑场地后，基特尔用手势示意营地里的铁匠格里夏·施耐德（Grisha Schneider）……

从我们的行列向前走，并命令他担任行刑人。然而，那男人（他们先绞死他）因套索断裂两次掉下以后，基特尔命令他跪下来，从脑袋后面一枪打死了他。之后在他打死那女人的同时，其他盖世太保中的一个人打死了那个孩子。可盖世太保们并未满足于此。他们决定在第二天早晨男人们开始工作以后枪毙36个女人作为惩罚，以吓阻任何逃离营地的行为，然后命令犹太人警察将所有妇女和儿童从房屋里赶到邻近建筑物的巨大院落之中。

一个我父母认识的警察米甘茨（Miganz）把我们从楼上赶到院子里，这时我们立刻就被挥舞着步枪的立陶宛警察包围了。基特尔让我们集合成列，然后交叉双臂站在我们面前。我的母亲和我就在第一列，基特尔正好站在我们前面……然后基特尔面露微笑，我猜他发出了一个信号，立陶宛警察便开始击打我们，把我们赶到建筑物周围，他们把妇女向那边拉去，拖进停在两座建筑之间的黑色卡车。[53]

对于佩蕾拉和她的母亲来说，幸运的是她的父亲设法从被赶进卡车的妇女和儿童当中把她们领了出来。次年3月，党卫队再次趁普拉格离开维尔纽斯的时候回来了：

一大早，男人们出发前往工作场地之后，营地的大门突然被打开，卡车运着一支盖世太保官员和立陶宛警察的大部队开进我们营地的院子里，领头的是马丁·魏斯……

新来者迅速分散到住宅之间，开始从里面拉出小孩和最大到15岁的少年，甚至还有那几个想方设法进入我们营地的年长者。他们把抓到的人带到卡车旁并把猎物推搡进去。令人心碎的情景发生在我们的营地之中，啜泣的孩童徒劳地看向他们的父母寻求保护。茹科夫斯基小姐（Mrs Zhukowski）……被马丁·魏斯用他的左轮手枪一枪打死了，因为她叫他"杀人犯"……在一些情况下，母亲们不想在这种可怕的时刻抛弃自己的孩子，就自愿和她们的孩子共担命运。被抓儿童的命运实在恐怖。按照我们在战争结束后了解到的……由于"瓦斯室"无法跟上任务进度，运送孩子的车辆被直接送到炉子那边。我藏了起来才躲过这可怕的命运……

这次"孩童行动"（children's action）从根本上冲击了营地。空气中充满了悲伤母亲们的呻吟，人们像影子一样绕着营地移动。[54]

最终在1944年，随着苏联军队的逼近，余下的住民意识到党卫队很有可能要杀掉他们。他们准备了躲藏之处，但不得不在采取逃跑或躲避的尝试以前等待着最后一刻。他们等待着那一刻已经到来的信号，普拉格没有让他们失望：

1944年7月1日星期六，普拉格少校……来对我们讲话。我们聚集在他周围，急切想听到他告诉我们是什么等待着我们。普拉格少校提醒我们说，德国军队正离开维尔纽斯，随着俄国人的靠近，我们的营地也将向西疏散。为强调这番提醒，普拉格少校在讲话中告诉我们说，我们将不再作为HKP［Heeres Kraftfahr Park，即陆军运载车辆储备池（Army Freight Vehicle Pool）］的工作营，并将完全由党卫队的掌控——之后他仔细地说明道："而你们都完全明白党卫队会多么关照他们的犹太囚徒。"[55]

基于这次清楚的警告，营地里的许多居民进入他们的藏身地点，并在因通风不畅而尤其恶化的拥挤环境下忍耐了几日。一些犹太人变得精神失常，甚至去攻击其他住民。一群年轻男子主动担起了维持秩序的工作，并杀死了一些较为暴力的精神失常者，以免冒被德国人发现的风险。那些没有尝试躲藏的人被运送到了帕奈利艾，在那里被射杀。党卫队对营内建筑物的搜查找出了200多人，他们就在营地里被处决了。德国人放弃营地之后，余下的250名犹太人谨慎地离开他们的藏身处。一个立陶宛人为佩蕾拉·埃斯特罗维奇和她的父母提供了庇护，他们由此活过了苏联军队接管以前维尔纽斯的最后一战。[56]

普拉格从战争中幸存下来，并且因为一些被他救下的人提供证词免于起诉。他本人并未努力为自己辩护，但一些被他救下的犹太人听说他遭受审讯，便派出一名代表参与诉讼程序。普拉格死于1957年，死时仍旧为他不能救下更多犹太人的愧疚饱受痛苦。[57]

考纳斯的隔离区也在1944年走向终结。一年前，它被党卫队接管并转为一座集中营，随后在1943年9月，近3000人被转移出去——最健康的人送到瓦伊瓦拉，剩下的人送往各处灭绝营。1944年3月底，这里发生了一次特别残忍的"行动"，隔离区内的所有孩童都被带走。和其他隔离区一样，怀孕是禁止的，但在隔离区存在期间，少数婴儿被偷运出去，并由富有同情心的立陶宛妇女照料。就像维尔纽斯隔离区的住民那样，许多犹太人参与了一场积极抵抗运动，其中一些人武装起来，这些年间有约300人逃跑并加入游击队。德国人清楚犹太委员会以及隔离区警察至少是对抵抗运动抱有同情，他们因未能发现抵抗战士的藏身之所处决了34名警察。7月份，营地在苏联军队到来三周前被关闭，剩余的住民被送到慕尼黑附近的达豪，或是但泽附近的施图特霍夫（Stutthof）。营地里的建筑被纵火，许多犹太人试图逃出火海时死亡。约500人通过躲藏在一座精心修筑的掩体内，或是逃到附近的乡下得以幸存。[58]

国防军越过边境进入拉脱维亚时，施塔勒克和他的特遣队紧随在后。在里加，施塔勒克再次发现挑起"自我清洁"反犹屠杀的难度大得惊人。他将此归咎于苏联方面消灭立陶宛非共产主义领导人物的成功，尽管如此，他也在报告中写道：

不过还可以通过对拉脱维亚辅助单位施加的类似影响，在里加驱动一场反犹太人的大规模杀戮。此次屠杀期间，所有的犹太教会堂均被摧毁，大约400名犹太人被杀。由于里加的人口快速平静下来，进一步屠杀行动不再便利。

在可能的限度内，在科夫诺及里加都通过胶片和照片建立起证据，以显示首先自发行动处死犹太人和共产党人的是立陶宛人和拉脱维亚人。[59]

德国方面的其他报告也谈到当地人大规模杀害犹太人，例如在叶尔加瓦镇，有1550名犹太人据称被拉脱维亚人杀死；而真相是，此次执行屠杀的是A特遣队。[60]利耶帕亚面对国防军组织了激烈抵抗，部分是因为港内有一个重要的亲共产主义社团。这表明很难建立起亲德国的当地警察力量，或甚至是一个能帮助实施处决的适合民兵组织。因此，由第2特遣指挥部执行了6月29日以及7月3日在该镇枪决犹太人和共产党人的行动。[61]

施塔勒克在他的报告中说，可以预见，甚至是在可能挑起当地行动的地方，仅靠这些初期屠杀也不足以消灭波罗的海三国所有的犹太人。他的报告以令人悚然的细节详述了1941年秋的事件：

　　然而，按照所收到的基本命令，保安警察的净化活动必须以完全灭绝犹太人为目标。因此受甄选单位加强的别动队——在立陶宛是游击队的分遣队，在拉脱维亚是拉脱维亚辅助警察单位——于城镇及乡村地区执行了广泛的处决行动。

　　处刑分遣队的活动顺利进行。在给行刑班附属立陶宛和拉脱维亚分遣队的时候，挑选了那些有亲属被俄国人杀害或开除的人。

　　立陶宛的情况要求特别严厉且广泛的措施。在一些地方——特别是考纳斯——犹太人已经把自己武装起来，积极参与"自由射手"（franctireur）①战争并实施纵火。除这些活动外，立陶宛的犹太人还极其积极地与苏联人密切合作。

　　在立陶宛清除的犹太人总计为71105人。

　　在考纳斯的屠杀中有3800名、在较小的城镇中有约1200名犹太人被消灭。

　　在拉脱维亚，犹太人同样于德国武装力量入侵后参与破坏及纵火活动。在陶格夫匹尔斯，犹太人点起的火灾之多，甚至使城镇损失了一大部分。发电站被烧成了一具空壳。主要居住犹太人的各条街道完好无损。

　　到目前为止，在拉脱维亚总共处决了30000名犹太人。500人通过里加的屠杀实现了无害化。

　　生活在爱沙尼亚的4500名犹太人大多在东方战役开始时和撤退的苏联军队一同逃走。大约200人留在后面。单在塔林就生活着约1000名犹太人。对所有16岁以上犹太男性的逮捕工作已接近完成，除特别指挥部指定的犹太人医生和长者外，都被1a特别行动队控制的自卫组织处决了。派尔努和塔林16—60岁年龄段的女犹太人中适合工作的被逮捕起来并投入泥煤开凿或其他劳动。

　　目前正于哈尔库（Harku）建造一座营地，所有爱沙尼亚犹太人都将被集中到那里，爱沙尼亚将以此在短期内摆脱犹太人。

　　在立陶宛及拉脱维亚实施第一批次较大规模的处决后，很快就发现无法不留任何痕迹地消灭犹太人，至少眼下不行。由于立陶宛和拉脱维亚的商业有

————————

　①译注：泛指游击队与抵抗运动。

一大部分掌握在犹太人手中，其他的也近乎由犹太人垄断经营（特别是上釉工、水管工、制炉匠、修鞋匠），目前，就修复对城镇复原而言至关重要的设施以及执行具有军事意义的工作来说，许多犹太人还不可或缺。雇主方面虽然打算以立陶宛或拉脱维亚劳工替代犹太人，但还无法替换所有犹太雇员，尤其是在较大城镇。不过在与劳工介绍办公室的合作下，正逮捕所有不再适合工作的犹太人，并将其分成小批处决。

关于这方面，或许应当提及，民政部门的一些官员对于较大规模处决的执行有所抵触，有时甚至力度很大。对于这种抵触，或许应该让他们注意这样一个事实，即这件事是在贯彻基本命令。

除组织与执行处决措施以外，行动发起数日内即于大城镇开始创立隔离区。此事在考纳斯尤其紧迫，因为该处152400名总人口中有30000名犹太人。

……里加所谓的"莫斯科郊区"被指定作为一座隔离区。这是里加最糟糕的居住区，居民现已几乎全部为犹太人。转移犹太人至隔离区被证明相当困难，因为居住在该区内的拉脱维亚人需要撤出，而里加的居住空间非常拥挤，目前为止生活在里加的28000名犹太人中已有24000人被转移进隔离区。创立隔离区时，保安警察将自己的职责局限于治安工作；隔离区的建立与管理，以及对隔离区住民食物供应的控制被留给民政部门；劳工办公室负责犹太人劳工。

其他拥有较多犹太人口的城镇同样将建立隔离区。[62]

1941年11月，希特勒发布命令，要求德国以及西欧、中欧的隔离区及营地内的犹太人应被转移到东方。起初他们被送到明斯克，这座城市的拥挤程度已不能接受时，列车又转向里加。部分是为了回应这一需求而逐步扩大了里加的屠杀行动，但就如前文讨论过的那样，从别处带到波罗的海诸国的人中有一些在抵达时就被射杀，因为已经没有地方可以让他们去。里加隔离区有30000名居民在1941年11月30日到12月8日间被杀害，地点主要是里加附近的伦布拉森林（Rumbula Forest）。[63]此轮枪决中被害的人有小部分是德国犹太人，刚刚被从西方运来。少数幸存的拉脱维亚犹太人被限制在隔离区中被称为"小隔离区"（small ghetto）的一个部分，该片区中余下的部分则填满了来自欧洲其他地方的犹太人，并被叫作"德国隔离区"（German ghetto）。

党卫队小队长爱德华·洛施曼（Eduard Roschmann）是土生土长的维也纳人，从德国占领开始便成为驻里加保安处队伍的一员，并深入参与城内外的屠杀活动。1942年3月，他参与挑选了约3700名隔离区住民转移至里加城外道加瓦河口的一座工作营。那里并没有这样的工作营，所有被选上的人都在附近的林地里被射杀了。1943年1月，他接替库尔特·克劳泽（Kurt Krause）担任里加隔离区的指挥官。克劳泽在礼貌的交谈与突然的暴力之间无警告地切换，挣得了一个难以预料的虐待狂的名声。他本人因为琐碎的或想象中的违规行为射杀了许多住民，有时在父母面前处死他们的孩子。[64] 克劳泽被调去接管萨拉斯皮尔斯（Salaspils）的集中营，那里距离里加约12英里。洛施曼不那么反复无常，尽管他也涉及一些杀戮行动，许多住民仍对他的接管松了口气。

1943年夏，一座新集中营在里加边缘的梅扎帕尔克斯（Mežaparks）建立起来，德国人称其为凯泽瓦尔德（Kaiserwald）。里加隔离区住民中适于工作的人大部分被转移至此，同时隔离区本身逐渐缩减。留下的人大多被转移到奥斯维辛（Auschwitz），在那里死去。凯泽瓦尔德的住民被用作强制劳工，之后在苏联军队到来前或被处决，或是转移至施图特霍夫。

与立陶宛和拉脱维亚相比，爱沙尼亚只有很少的犹太人口，不到4000人。这些人还利用了德国人到达爱沙尼亚比其余两个波罗的海国家晚得多的机会，因此大约75%的人得以在国防军到来前逃到苏联。1A行动指挥部到来后立刻开始射杀留下的人。那些活过了逮捕的人大多被带到塔尔图附近一座新建立的集中营，在那里被处死。据估计，活过这场战争的爱沙尼亚犹太人不到一打。在爱沙尼亚创建了一套22座营地的综合设施，瓦伊瓦拉集中营是当中最大的一座，主要用于在战争早期建立的隔离区完成"清理"后，处理来自其他国家，尤其是拉脱维亚与立陶宛的犹太人。这些营地住民的一处主要工作场所是IG-法本（IG-Farben）的油页岩相关工厂。据估计，营地职员仅15人左右是德国人，剩下的都是爱沙尼亚人或俄国志愿者。

通过这些根绝波罗的海犹太人的尝试，德国首次获得基于大规模屠杀的"最终解决"的真实经验，纳粹称之为"犹太人问题"。虽然德国和其余地区的犹太人也要面临迫害，甚至是无规律的杀害，但还从没有过大规模处死的尝试。实际上在波兰，许多德国人对待犹太人的严酷程度不如对波兰人。

对于已经在德国展开的关于永久解决犹太问题的讨论，大规模枪毙的经验起了进一步推动作用。甚至按纯粹的财政考量，枪毙欧洲所有犹太人也是不可承受的，特别是因为苏联的一大部分正处于德国控制之下，使得德国人手中的犹太人数量大为增长。虽然党卫队人员在杀害东欧犹太人时并没有表现出多少节制，但党卫队内的许多军官都表达了一种关切，称他们会远不情愿以同样的方式去处决德国犹太人。[65] 此前犹太问题的三种解决方案——建立某种东欧犹太人"保留地"，在一个像马达加斯加那样的岛屿上创立一个遥远的犹太人殖民地，或是将欧洲的犹太人口转移至苏联——全都未能落实。寻找决定性答案的努力导致了1942年1月的万湖会议，会上采纳了使用毒瓦斯的灭绝营方案。保安处与保安警察在立陶宛的头目鲁道夫·朗格（Rudolf Lange）便参加了此次会议。德国对于波罗的海犹太人的经验可以被看作是导向这一决定过程的一部分。

德国人热心确保东方被征服国家的原住民——拉脱维亚人、立陶宛人、白俄罗斯人和乌克兰人——在纳粹种族政策的执行中扮演重要角色。这有几个原因。首先，如果能将最初的屠杀行动表现为当地人的行动，被征服国家的动荡风险就会极大减小。其次，如同已描述的那样，这样便可以把隔离区的煽动伪装成一种保护犹太人免于继续遭受袭击的措施。这两步合在一起便建立了一副图景，即那些加诸其身的攻击在某种程度上是犹太人应得的，并由此使得强制劳动或甚至是处决等形式的进一步处罚更为正当化。每一个能将犹太人表现为立陶宛及拉脱维亚公民之敌的机会都被充分利用，举例来说，一份来自A特遣队的报告描述一个苏联"毁灭营"（Istrebitelnye Batalony, "annihilation battalion"，常用于在苏联军队撤退时执行"焦土"政策）里包括了"典型性的大量犹太人"，该报告在拉脱维亚被公之于众。[66] 但德国人使当地民众参与杀戮的政策中还有另外一个因素。希特勒1942年年初的说法解释了这一因素："那么我们就有了犯过这么多罪的人民，他们会在任何情况下紧跟我们。"[67]

该政策被扩展，遍及整个灭绝机器。军官们确保所有部下均参与屠杀，以降低任何个人预备作证对他人不利的风险。这一时期的史料对于理解不同国家针对德国占领事件的态度有相当程度的帮助。有一种说法称，立陶宛和拉脱维亚所面对的困难之一是从沙皇到斯大林时代，它们长期受到那个东方邻居的压迫，给许多人造成了一种受害者意识。因此，许多立陶宛和拉脱维亚历史学者竭力接受他们的同胞作为压迫者而非被压迫者的角色。[68] 战后数十年来，西方的立陶宛团体主张是立陶宛犹太人社区通过与苏联占领者合作背叛了立陶宛，而且几乎没有犹太人会流放政策的影响。尽管已接受的情况是一些犹太人在国防军到来后便立即被立陶宛人杀死，但人们认为这个数字非常小，立陶宛人并未涉及1941年对犹太人的大规模灭绝。显示立陶宛警察射杀犹太人的照片或是被当作伪造而否决，或是通过声称枪手实际上是身着立陶宛制服的德国人（或者也可能是波兰人和俄国人）来解释。无论如何，人们主张，许多立陶宛人冒着生命的危险去救助犹太人，由此为任何针对犹太人的罪行赎罪。那些社区最后还声称，在西方起诉立陶宛人的尝试系由冷战政治引起，犹太人在西方新闻媒体界的影响力保证了立陶宛人无法得到公正的审问。

到1975年，这种专断的观点才开始改变。立陶宛异见人士托马斯·文茨洛瓦（Tomas Venclova）第一个写到立陶宛人实质性地参与了屠杀行为，且有关事件的主流观点是误导性的。尽管自那以来，有关1941年事件的早期看法大多得到转变，但在立陶宛内部仍然存在一种意见，认为犹太人对立陶宛的犯罪最少也和那些针对犹太人的犯罪同样严重。

在拉脱维亚，对1941年历史的描述向"平衡"观点的转变要更早。这部分是由于一个将在下文触及的事实，即拉脱维亚人在为德国战争努力提供人力的事业中扮演的角色要比立陶宛人大得多，因此，对拉脱维亚在战争中角色的进一步调查也更早。战后最初一二十年里，拉脱维亚历史学者集中精力将1941年的全部犯罪罪责归咎于德国人和拉脱维亚的民族主义政治家。身处拉脱维亚本地的拉脱维亚人历史学者谴责那些党卫队服役者的同时，流亡的拉脱维亚人却努力将这些人描绘成爱国者，称他们首先是为自己的祖国而战，不是为德国人。与立陶宛一样，波罗的海国家重新独立提供了一个重新评价"德国时期"（拉脱维亚对德国占领时期的叫法）的机会，并且"德国人是大规模杀害犹太人以及在党卫队中使用拉脱维亚人的煽动者，但参与其中的拉脱维亚人也必须分担罪责"的观点现在也被广泛接受。

对爱沙尼亚来说，事情则大有不同。那里只有一小群犹太人口，其中大多数选择支持苏联占领行动，并且许多人在德军到来前逃走，因此当地人没有那么多机会参与屠杀。但许多爱沙尼亚人在德国人设立的劳工营中工作，并且如同在其余波罗的海国家那样，人们曾经不愿承认他们为那些营地中发生的事情担有罪责，这在一定程度上是由于同一批人中，有许多在1945年后的抵抗运动中扮演了重要角色。

注释

1. 引自J. 陶贝尔，《六月的十四天》，收入于V. 巴图斯文西斯（主编），《立陶宛的大屠杀》（科隆：伯劳出版社，2003年），第40页。

2. 陶贝尔，第41页。

3. D. 列文，《科夫诺犹太人隔离区被掩盖的历史》（波士顿：犹太人大屠杀纪念馆，1997年），第222页。

4. A. 帕卡尔尼斯基斯，《普伦盖》（芝加哥：莫库诺出版社，1980年），第45页。

5. N. 马斯劳斯内，《立陶宛少数民族参加立陶宛社会主义共和国的管理及官僚机构1940—1941》，收入于《大屠杀和抵抗运动》，第38页。

6. D. 列文，《两恶魔中略好的：1939—1941年苏联统治下的东欧犹太人》（费城：犹太人出版联合会，1995年），第60页。

7. A. 希尔格鲁伯，《东线战争及对犹太人的屠杀》，收入于马卢斯（主编），《纳粹大屠杀第三部分，"最后解决方案"：大屠杀的实施》（慕尼黑，绍尔出版社，1989年），第95—96页。

8. 北方集团军群后方地区指挥官命令，1941年8月28日（德国联邦档案馆军事分馆，RH22/6）。

9. 《关于执行保安任务的规定》，1941年7月5日，1941年7月9日（德国联邦档案馆军事分馆，RH26-20/19）。

10. 第3装甲集群指挥官命令，1941年6月28日（德国联邦档案馆军事分馆，RH26-20/19）。

11. 美国首席顾问办公室起诉轴心国罪行材料集（红皮书系列），第7卷，第978—95页 [华盛顿特区：美国政府官方1946年出版（施塔勒克报告）]，下文引作"施塔勒克报告"。

12. 施塔勒克报告。

13. 施塔勒克报告。

14. A. 博德里克斯，《立陶宛民族革命》（波士顿：立陶宛百科全书出版社，1968年），第62—63页。

15. 列文（1995年），第222页。

16. V. 布兰德绍斯卡，《重新恢复立陶宛国家的愿景》（维尔纽斯：国家出版中心，1996年），第90页。

17. S. 格里奈特，《回忆录》（维尔纽斯：花环出版社，1999年），第41页。

18. 1959年为审判卡尔·耶格尔准备的证据，随后于H. H. 威廉《种族政治和战争指导：1939-1942年治安警察和国防军在波兰及苏联》（帕绍：罗瑟科学出版社，1991年）中出版，第18号文件，第186—189页。

19. 1941年12月1日耶格尔报告（由犹太人网络联合会翻译并提供于http://fcit.usf.edu/holocaust/resource/document/DocJager.htm），以下简称"耶格尔报告"。

20. 耶格尔报告。

21. 耶格尔报告。

22. W. 维特，《党卫队旗队长卡尔·耶格尔》，收入于V. 巴图斯文西斯（主编），《立陶宛的大屠杀》（科隆：伯劳出版社，2003年），第85页。

23. 海因茨·约斯特的证据，引自W. 维特，收入于巴图斯文西斯等，第85页。

24. 耶格尔报告。

25. 德国联邦档案馆军事分馆，RH26-403/4a。

26. Y. 阿拉德等（主编），《特别行动队报告：摘录自纳粹刽子手的报告——对苏联被占领区犹太人的行动，1941年7月—1943年1月》（纽约：大屠杀图书馆，1989年），第44页。

27. 德国联邦档案馆军事分馆，RH26-403/4a。

28. M. 罗尔尼凯特，《我必须说出来》（汉堡：卢沃尔特出版社，2002年），第40—41页。

29. P. 古德，《普雷拉·艾斯特洛维茨回忆录》（可见 http://web.me.com/michaeldg/Site/Plagge_Documents_files/Memoirsp.rtf），第2页。

30. 罗尔尼凯特，第52—54页。

31. 罗尔尼凯特，第59—64页。

32. 古德，第29页。

33. 罗尔尼凯特，第97页。

34. 古德，第33—34页。

35. 古德，第35页。

36. C. 埃克特，《维尔纽斯附近的帕奈利艾屠杀场》（2003年），收入于巴图斯文西斯等，第133页。

37. K. 萨科罗维茨《日常》（比得哥什，1999年），第46页。

38. E. 克里（主编），《美丽时代：从肇事者和旁观者角度看犹太人大屠杀》（美茵河畔法兰克福：费歇尔出版公司，1988年），第48页。

39. W. 托姆科维茨，《在波纳拉奇的屠杀1941—1944》（华沙：IPN出版社，2008年），第203页。

40. H. 朗格伯恩，《希特勒的行刑队：大屠杀的逻辑》（德克萨斯农工大学，2004年），第67—68页。

41. 引自埃克特，第137页。

42. V. 格罗斯曼，I. 爱伦堡，《黑书：对苏联犹太人的大屠杀》（林贝克：罗沃特出版社，2003年），第187页。

43. 古德，《普雷拉》，第40—42页。

44. 引自A. 鲁斯梯格，《安东·施密德军士》，收入于巴图斯文西斯等（2003年），第187页。

45. 有关对施密特活动的记述，见鲁斯梯格，第185—197页。

46. J. 因秋林，《考纳斯的抵抗和救援》，收入于巴尔图赛维纽斯等（2003年），第202—203页。

47. A. 纽曼，《考纳斯犹太人区的生与死》，收入于巴尔图赛维纽斯等（2003年），第150页。

48. C. 迪克曼，《考纳斯的犹太人隔离区和集中营1941—1944》（哥廷根：沃尔施泰因出版社，1998年），第448页。

49. S. 加诺，《另一种人生》（美茵河畔法兰克福：费歇尔出版社，1997年），第114页。

50. 因秋林，第203—217页。

51. A. 纽曼，第152页。

52. 罗尔尼凯特，第172页。

53. 古德，《普雷拉》，第63—65页。

54. 古德，《普雷拉》，第70—71页。

55. 古德，《普雷拉》，第75页。

56. 古德，《普雷拉》，第77—89页，

57. 见M. 古德，《寻找普拉格少校：那个拯救犹太人的纳粹》（纽约：福德汉姆大学出版社，2005年）。

58. 有关对考纳斯隔离区的记录，见W. 米舍尔，《科夫诺的祈祷：在一座立陶宛集中营中的生与死1941—1945》（芝加哥：芝加哥评论出版社，1988年）。

59. 施塔勒克报告。

60. 第40号事件报告，1941年8月1日（联邦档案馆军事档案馆R58/215,129）；亦见B. 费德尔，《二战中的立陶宛》（帕德博恩：斐迪南·绍宁出版社，2009年），第212页。

61. A. 艾泽盖利斯，《在拉脱维亚的大屠杀1941—1944》（里加：拉脱维亚史研究中心，1996年），第290页。

62. 施塔勒克报告。

63. A. 安格里克，P. 克莱因，《在里加的"最终解决"——从开展到消灭1941—1944》（纽约：博格哈恩出版社，2009年），第133—150页。

64. M. 迈克尔森，《生命之城，死亡之城：里加回忆录》（科罗拉多：大学出版社，2004年），第112页。

65. R. 布雷特曼，《种族灭绝的设计师，希姆莱和最后解决方案》（伦敦：博德利海德出版社1991年），第220页。

66. 第51号报告，1941年8月13日（德国联邦档案馆B分馆，R58/216，4）。

67. 引自费德尔（2009年），第211页。

68. L. 图斯卡，《关于犹太人大屠杀的立陶宛历史学著作》，收入于巴图斯文西斯等，第263页。

经过苏联的占领，三个波罗的海国家一致将德国人的到来看作是回复独立的机会。然而有广泛流传的谣言称，希特勒根据《莫洛托夫-里宾特洛甫协定》条款，平静地默许了苏联的吞并，德国人对于阻止苏联占领一事的拒绝态度——实际上在许多情况下，德国积极阻碍波罗的海国家维护它们独立的努力——本应令三国政治家警醒，使他们意识到德国未必会支持它们重返独立地位。尽管如此，三个国家还是尝试恢复自治。

从德国人的角度来说，新领土的管理方案明显是不完整的。几个因素妨碍了一个连贯、详细的计划的创建。首先，与接收波罗的海三国之前的斯大林不同，希特勒没有接触支持他政权的那些立陶宛人、拉脱维亚人和爱沙尼亚人重要流亡群体，他们可以为未来的政府做准备。而斯大林除流亡苏联的共产主义者以外，还拥有当地人口中重要少数民族的支持，从而确保他有一个可靠的波罗的海公民来源，这些人能够流利使用俄语及其母语；德国人不具备这样的资源。其次，国社党权力结构中不同派系之间无秩序的混战决定了，每一个机构都在谋求其自身的目标，这与策划镇压和杀害犹太人时不同，那时合作是普遍存在的。最后，甚至在个别德国组织，例如罗森贝格的"混乱部"（Chaos-Ministerium）里，也存在着多种多样的派别，其中许多显然轻视他们那位名义上领导者的愿望与指示。[1]

作为1941年第一个看到苏联军队被驱逐的国家，立陶宛抓紧时间试图重新主张自身的独立。国防军进入考纳斯时，立陶宛临时政府完全控制着这座城市，并积极尝试重建先前的所有职务和机关。临时政府意图让立陶宛积极分子阵线的创立者兼前遣柏林特使卡济斯·什基尔帕（Kazys Škirpa）成为其新首脑，但德国人阻止他前往立陶宛。什基尔帕留在了德国，并于1944年被送到巴特戈德斯贝格（Bad Godesberg）附近的一座集中营。他运气很好，该地区几乎未经战斗便被丢给前进中的西方盟军，但他再也没有见到自己的故国。什基尔帕1979年死于美国，遗骨最终在1995年回归立陶宛。

在什基尔帕缺席的情况下，过渡政府任命尤奥扎斯·安布拉泽维奇乌斯（Juozas Ambrazevičius）担任代理总理。起初，他同德国的考纳斯司令罗伯特·冯·波尔上将（Robert von Pohl）关系融洽。然而，尽管没有公然反对安布拉泽维奇乌斯的政府，德国人却竭力阻碍其发展成为正当的政府。与广播站以及考纳斯新闻界的接触受到阻挠，因此，尽管临时政府通过100多部法律，但执行它们，甚至是通知他人这些变化时遭遇极大困难。苏联占领时期设立的一套信使系统尚存，安布拉泽维奇乌斯和他的部长们借此才得以在地方报纸上发表一些公告。

德国人迅速在立陶宛建立起他们自己的管理机构。该国被赋予"立陶宛总区"（Generalbezirk Litauen，"General District Lithuania"）的名称，是东部地区帝国专员的四个组成部分之一，并受阿德里安·冯·伦特恩（Adrian von Renteln）控制。和冯·波尔将军一样，他表面上对临时政府①态度友好，却积极实施暗中破坏。盖世太保与他协作，试图动摇安布拉泽维奇乌斯的政府，鼓动一群右翼极端主义者离开立陶宛积极分子阵线，由此使临时政府分裂。尽管这一尝试并未成功，但它进一步激化了立陶宛领导层内部关于应在何种范围内与德国人合作的分歧，有一些人赞同完全合作，其他人则希望采取一条更为公开独立的路线。现实是，德国用军队牢固控制着这个国家，可以用一种立陶宛人无力抵抗的方式强行落实它的意志。最终，临时政府仅存六周便被解散。

在拉脱维亚，民族主义者试图效法考纳斯的事态，并于6月28日短暂确保了里加广播站的控制权，宣布建立一个新的拉脱维亚政府。苏联军队次日赶来

---

① 译注：原文为地方政府（Provincial Government），疑为笔误。

并恢复了控制，但国防军三天后夺取里加，再次给拉脱维亚民族主义者提供了一个机会。一位名叫马尔马尼斯（Malmanis）的拉脱维亚医生号召志愿者协助成立一支新的拉脱维亚警察部队。数千名男子响应，但创建一支对拉脱维亚政府负责的拉脱维亚军队的一切尝试都被德国人阻拦下来。

在"巴巴罗萨"的准备期间，阿勃韦尔（德国情报机构）于东普鲁士建立了一个称作"拉脱维亚战士国民联邦"（Latviju Kareivju Nacionālā Savienība，"National Federation of Latvian Fighters"或LKNS）的团体，囊括了前军人和其他被认为具有潜在军事助益的人。这一团体，以及其他被各种相互竞争的德国机构创建起来的类似组织，都是拉脱维亚"雷霆十字"（Pērkonkrusts，"Thunder Cross"）运动的成员，这是个被多方描述为极端民族主义者或法西斯主义者的团体。在所有于德国接收前或接收时活跃于里加和德国的拉脱维亚人团体中，"雷霆十字"是意识形态最为连贯的一个，因此也最为统一。乍看上去，该运动可能是国社党人的理想伙伴，与欧洲其他地区的法西斯组织非常相像。然而自建立起，"雷霆十字"反德就像反俄一样强烈。尽管如此，许多运动成员都在苏联占领期间于德国寻求避难，并且同帝国保安总局建立起了坚固的联系。一旦德国开始入侵，这些联系就继续运作，同时"雷霆十字"成员和施塔勒克及其在A特遣队的下属们关系密切。"雷霆十字"的一项鲜明政策是未来的拉脱维亚没有犹太人的位置，尽管"雷霆十字"成员参与在拉脱维亚杀害犹太人和"共产主义者"的程度尚不明确，但这些屠杀行为必定与"雷霆十字"的意识形态一致。毫无疑问，A特遣队抵达里加后的几天里，"雷霆十字"的成员协助创立了A特别指挥部（Sonderkommando A），其指挥者为维克托尔斯·阿拉伊斯（Viktors Arājs）。他的单位通常被称为"阿拉伊斯指挥部"，如下文所示，德国人迅速将其投入工作。

尽管LKNS的成员获准随同国防军进入拉脱维亚，但他们的活动被严格缩减。"雷霆十字"的领导人古斯塔夫斯·采尔米尼什（Gustavs Celmiņš）与占领利耶帕亚的德国军队同行，并在前线紧后方行动。他在座车辆通过一枚地雷时负伤，直到7月10号才到达里加。尽管所有回国的拉脱维亚人都面临着障碍，但在国内显然存在一个寻求自治以及独立的强大运动，正如施塔勒克报告得那样：

不同的拉脱维亚群体在尝试建立中央组织。到目前为止，有如下几个：
1. 被解放拉脱维亚中央组织委员会［Central Organisation Committee for Liberated
Latvia，领导者：克雷什马尼斯上校（Kreišmanis）］；2. 临时拉脱维亚指导
理事会［Interim Board of Direction of Latvia，领导者：前贸易部长温贝尔格斯
（Winbergs）］。至于国防军，已拒绝建立官方接触。[2]

与上述那些团体争夺在里加的权威时，相互竞争的德国团体——国防军、
阿勃韦尔、戈林的"东方地区经济监察机构"（Wirtschaftsinspektion Ostland，
是作为帝国元帅经济岗位的一部分创建的，负责监督工业发展四年计划），
还有党卫队保安处——都在努力提拔自己的党羽。7月中旬暂时成立了一个
包括前经济部长阿尔弗雷德·瓦尔德马尼斯（Alfred Valdmanis）、阿莱克桑
德尔斯·普伦斯奈斯（Aleksandrs Plensners）、奥斯卡斯·丹克斯（Oskars
Dankers）将军，以及古斯塔夫斯·切尔米尼斯在内的顾问会议，但该会议几天
内便破裂了。为打破这种日益加剧的混乱状态，罗森贝格7月份亲自干预，希
望指派奥斯卡斯·丹克斯作为未来拉脱维亚行政机构的领导人。8月20日，丹
克斯最终在里加得到任命。

与此同时，"雷霆十字"的成员正在发现新安排的种种限制。该组织帮助
德国人的主要目的是获得影响力，希望能构成未来政府的核心。但事实并非如
此，"雷霆十字"发现诸如阿拉伊斯指挥部一类单位的设立，以及大批"雷霆
十字"人员被征入特别行动指挥部部门的情况，使得"雷霆十字"领导层的力
量减少而非增加了：新的武装编组完全受德国人而非"雷霆十字"的控制。尽
管如此，切尔米尼斯继续公开宣扬该组织并取得一定成功，获得来自全国范围
内拉脱维亚人的有力支持——约20万人署名了一份"雷霆十字"发起的请愿，
号召美国的拉脱维亚人社区承认苏联在该国所犯的罪行并团结一致。[3] "雷霆
十字"无疑是里加最突出的拉脱维亚人政治运动，在全国上下也同样活跃，并
在一些小城镇开设分支机构。在许多此类乡村地区，"雷霆十字"领导人控制
了当地游击队，有时还运用他们同德国当局的密切关系逮捕政治对手。[4]

虽然很难清楚地确定"雷霆十字"与屠杀犹太人的关联，但该运动的兴
起确实与反犹宣传的增加发生在同一时期。该运动控制着几家报纸，其他报纸

也同情其事业。这些资源全都被用来宣扬该运动强烈的民族主义、反犹和反苏信息。"雷霆十字"甚至设立了一系列学校，在里面大力宣扬其意识形态。或许是为确保自己和立陶宛在希特勒的新秩序中有一席之地，这些学校教授说拉脱维亚人是雅利安种族的一部分。[5]

切尔马尼斯还热衷于在国防军内创立两个拉脱维亚师，并与冯·罗克将军就此进行过讨论。他甚至为追求这一理念前往柏林，但进展遭到阻碍，尤其是因为希姆莱。他1941年10月返回拉脱维亚的时候，发现德国人已经禁止了"雷霆十字"。禁令最初于8月25日公布，利用了切尔米尼斯人在柏林的时机，并且似乎是由几个因素促成。对于德国人，逐渐明了的是"雷霆十字"将继续吁请一个独立的——即使是作为联盟的——拉脱维亚，而这有违《东方总计划》和德国波罗的海殖民地的愿景。鉴于德国人计划大规模驱逐该民族人口，"拉脱维亚人是雅利安人"的表达在他们看来显得尤为恼人。德国行政机构内似乎有多个派系渴望制服该团体，它被认为与保安处和帝国保安总局关联紧密。但决定性的因素是，"雷霆十字"那毫不妥协的民族主义意识形态致使其反德与反俄同样强烈，而且东方部与国防军的各类拉脱维亚党羽都在竭力让他们的德国朋友意识到这一点。[6] 不过，党卫队保安处继续保护、培养其下辖的"雷霆十字"成员，这是德国内部不同团体竞争不时导致的典型混乱。切尔米尼斯仍然积极鼓动拉脱维亚人加入援助德国的战争努力，并被任命为"组织拉脱维亚人志愿者委员会"（Latviešu Brīvprātīgo Organizācijas Komiteja，'Committee for Organising Latvian Volunteers'）主席，该委员会协助建立起了几个拉脱维亚人警察营。而这些单位未能如他所愿转变为正式的军事编组时，切尔米尼斯被撤了职，最终因路线逐渐倾向反德于1944年被捕，并被弄到巴伐利亚的弗洛森比格（Flossenbürg）集中营。

1941及1942年，德国人迅速战胜苏联的预期仍然较强，因此并没有兴趣允许波罗的海诸国出现任何形式的民族主义。随着战争形势转向不利，他们对于波罗的海国家的态度又变为允许同盟国的出现，但为时已晚。《东方总计划》不容许在波罗的海国家（以及白俄罗斯和乌克兰）有任何程度的自治，导致无法充分利用这些国家中大部分人口的强烈反苏态度。可以说这一失败（特别是除波罗的海诸国外，在更大范围内还包括白俄罗斯与乌克兰）是决定东线战争，因此也是整个世界大战结果一大——可能是决定性的——因素。

德国夺取爱沙尼亚的短暂战役中，爱沙尼亚自卫队的成员曾协助扰乱苏联军队的行动，但多数情况下都被德国人解除了武装。尽管如此，他们的数量持续膨胀，到当年年底已有约40000名爱沙尼亚人志愿加入。[7] 其中许多人在战前的爱沙尼亚军队中服役过，其所属单位在斯大林吞并爱沙尼亚后被吸收进苏联军队——某项估计认为，苏联军队中15000人的爱沙尼亚成分有三分之二逃跑，后来志愿加入自卫队或警察。[8] 这些人中有少数——少于2000人——在爱沙尼亚以及俄国占领区参与了大规模杀戮，对象主要是犹太人和吉普赛人。更多人可能参与枪决共产主义嫌疑者，包括所谓的"毁灭营"——苏联人撤退时组织的在爱沙尼亚境内实施"焦土"政策的单位——成员。德国当局在耶加拉（Jägala）建立了一座劳工营，其指挥官是爱沙尼亚人阿莱克桑德·拉克（Aleksander Laak）。火车运来的犹太人抵达营地时，那些健康程度被认为不适于工作的就被射杀了。这座营地1943年被"清空"，剩余的住民遭到杀害。许多爱沙尼亚志愿者被混入警察营，其中一部在俄罗斯及白俄罗斯占领区服役。第一批此类单位1941年8月创立于塔尔图时，被命名为"第181爱沙尼亚保安营"（Estnische Sicherungsabteilung 181）。这些营参与在白俄罗斯城镇新格鲁多克（Navahrudak）进行的犹太人屠杀。他们还在爱沙尼亚以及其他占领区境内的劳工营、战俘营和集中营承担警卫工作。这些警察中的一支由艾因–埃尔温·梅雷（Ain-Ervin Mere）和尤利乌斯·恩诺克（Julius Ennock）领导的单位，后来被认为将那些由于多种原因，被看作对德国事业抱有潜在敌意的个人集中了起来。爱沙尼亚官员发布死刑执行令，致使这些人中有许多遭处决。[9]

于利·乌卢奥茨（Jüri Uluots）是苏联占领爱沙尼亚前的最后一位总理，他成立了一个国民大会，但谨慎地避免称其为新政府。他关注过德国人对立陶宛过渡政府的反应，并希望能避免走上同一条道路。乌卢奥茨尝试说服德国人允许他建立一个新的、独立的爱沙尼亚，但他的努力被推到了一边。德国人竭力寻找可以派去运作一个傀儡管理机构的爱沙尼亚知名人士，他们转向战前曾因亲法西斯密谋活动入狱赫亚尔马·梅埃（Hjalmar Mäe）。他现在要运行一个理事会，负责实施德国人的决定和政策。奥斯卡斯·丹克斯和佩特拉斯·库比柳纳斯（Petras Kubiliūnas）分别在拉脱维亚和立陶宛被委以类似角色。

三个波罗的海国家对于德国战争努力的贡献程度大有不同。为尝试利用苏联西部地区广泛的反苏情绪，党卫队地区总队长、党卫队行政部长（SS Head Office）戈特洛布·贝格尔（Gottlob Berger）1941年10月建议：

> 或许——使用"军团"（Legion）这个表述（它半点也不会促进这些国家的民族主义热情）——我们可以创建拉脱维亚人、立陶宛人和乌克兰人的辅助警察（Hilfspolizei）营。[10]

爱沙尼亚人第一个被囊括进德国军队，这在一定程度上是因为他们被看作是三个民族之中最"雅利安"的。许多爱沙尼亚人曾在德国入侵后加入准军事的警察营，但事态表明，由于各种损失以及最初的志愿者们仅签约一年服役期这一事实，很难令这些营维持完整兵力。1942年8月，爱沙尼亚人被征求加入新近创立的爱沙尼亚军团。约500人应招，10月被送往登比察（Dębica）的前波兰骑兵兵营开始训练。该军团计划成为首个由波罗的海公民组成的作战兵团，德国方面还有意确保尽可能多的人像使用爱沙尼亚语那样流利地使用德语。

到1942年11月，登比察的这支队伍已经大到足以组建6个步兵连、1个重武器连和1个反坦克连。党卫队一级突击队中队长格奥尔格·艾伯哈特（Georg Eberhardt）被任命为这个新营的营长，党卫队二级突击队中队长弗朗茨·奥格斯贝格尔（Franz Augsberger）成为爱沙尼亚军团的指挥官。和其他许多分配到党卫队中非德意志族单位的人一样，奥格斯贝格尔是个奥地利人，拥有在奥匈帝国多民族军队中服役的经验。在德国人看来，这样的军官更适于指挥来自其他文化族群的部队。

第一批人员数量缓步增长，直到人力足够成立三个营。他们被统称为"党卫队第1爱沙尼亚志愿掷弹兵团"（1. Estnischen SSFreiwilligen-Grenadier Regiment），1943年3月，来自该团的人员被用来组建"纳尔瓦营"（Battailon Narwa）。这个营被送到东线，取代一个被本国政府召回的芬兰人营，成为党卫队"维京"装甲掷弹兵师一部。

"维京"师最初叫党卫队第5"诺德兰"师，然后是党卫队"日耳曼尼亚"摩托化师，进而于1941年年初成为党卫队"维京"摩托化师，大致由1个德意志族团、1个荷兰和弗兰德斯志愿者团、1个斯堪的纳维亚人团构成。该师1942年年底变成装甲掷弹兵师，在东线南段表现出色。该师以态度独立而闻名，首任师长菲利克斯·施泰纳（Felix Steiner）拒绝了立即枪毙所有政委嫌疑的苏联军队战俘的命令，并说"没有哪个理性的部队指挥官能遵从这样一道命令"。[11] 尽管如此，许多芬兰士兵在给家人的信件中描述过苏联战俘是怎样频繁地被立刻处死。取代施泰纳担任师长的赫尔伯特·奥托·吉勒（Herbert Otto Gille）遇到一位师炮兵团的政治教导军官，并要求此人脱掉身上的纳粹褐衫。这名军官表示拒绝时，吉勒威胁要在众目睽睽之下给他强制脱掉。

纳尔瓦营于1943年4月抵达，这支新部队被指定为师预备队，并被置于后方一定距离之外。德军放弃对库尔斯克突出部的突击之后，"维京"师被派去加强伊久姆附近的战线，此地位于哈尔科夫东南约40英里，德军第46步兵师正在那里面临被击垮的危险。爱沙尼亚人7月16日晚首次被部署到前线，次日早晨便遭到猛烈炮击。苏联军队的装甲进攻跟随而至，爱沙尼亚步兵起初向后退却，但他们的反坦克炮连成功挡住苏联坦克，令其回复信心并发起一次有力反击，在近距离战斗中摧毁数辆坦克。战斗持续至第二天，该营再一次设法守住阵地，但到第三天却开始瓦解。各连被削弱至孤立的设防据点，为维持一条连贯的战线，需要用最后的营预备队进行坚定的反击，营长艾伯哈特指挥这样一次反击时战死。战斗导致该营约三分之二的人战死或负伤，官兵们声称击毁74辆苏联坦克，其中27辆是在近战中摧毁的，还打死了几千名苏联军队。[12]

到8月中旬，来自登比察的增援使该营的战斗力量得以恢复并再次站上前线。经过数日激烈战斗，纳尔瓦营只有157名战斗人员没有受伤。与艾伯哈特不同，新营长似乎没有赢得部下的信任，他对部下的一些批评——似乎因1个步兵连允许苏联坦克绕过他们的阵地表达过不快——尤其让人不服。[13]

这个爱沙尼亚营继续在乌克兰参与激烈战斗。1944年年初，作为科尔松—舍甫琴科夫斯基战役的结果，"维京"师成了6个被苏联军队包围在切尔卡瑟以西的德军师之一。爱沙尼亚人在由此而来的口袋中协助防御南翼，阻挡苏联近卫骑兵第5军的前进步伐。该营从苏联军队对手那里挣得了不情不愿的尊重，但它在"维京"师成功突破口袋时失去了许多人员和几乎所有装备。[14]该营余部1944年3月返回爱沙尼亚，在那里被组建为一个新营，成为新成立的党卫队第20（爱沙尼亚第1）掷弹兵师一部。

　　国防军到达拉脱维亚时，发现许多区域都有反苏游击队活动。其中一些规模小且无用，而另外一些，尤其是那些因吸收苏联军队逃兵扩大的队伍，则值得重视。卡利斯·阿佩拉茨（Karlis Aperats）指挥的队伍是最大且最具战斗力的游击群体之一，内含苏联步兵第24军通信营的多数官兵，该营是一个以拉脱维亚人为主的单位。这支游击队活动于拉脱维亚东北部的阿卢克斯内（Alūksne）地区及其周边，并反复对撤退中的苏联军队发动攻击，不过它的活动多数集中于保护当地人口。一些游击队伍利用混乱局面去袭击那些被视作亲苏同情者的人，但阿佩拉茨似乎在他的队伍中维持着较好的纪律。

　　和立陶宛的情况一样，德国人致力于在他们灭绝犹太人的政策中使用拉脱维亚单位。参与其中的拉脱维亚单位里最为声名狼藉的或许就是阿拉伊斯特别指挥部，通常被称为"阿拉伊斯指挥部"。党卫队保安处来到里加后便开始寻找有经验的领导人，此人要愿意组织并领导一支可被用来攻击犹太人和共产党人的拉脱维亚人单位。他们接近的第一个人选是莱奥尼德斯·布隆贝格斯（Leonīds Brombergs），但他拒绝这一邀请；于是维克托斯·阿拉伊斯接到了这个的职位。阿拉伊斯是一位拉脱维亚铁匠和波罗的海德意志女性的儿子，他在里加部分修完法律学位后就加入拉脱维亚警察。阿拉伊斯的新单位完全由志愿者构成，从德国军队到达拉脱维亚的最初几天便开始活动。施塔勒克最初挑起当地"自发"反犹屠杀的尝试失败后，"雷霆十字"控制下的阿拉伊斯指挥部便在里加对犹太人的商店和住宅发动袭击。7月4日，阿拉伊斯指挥部攻击里加的大合唱犹太会堂（Great Choral Synagogue），对该建筑纵火并向里面投掷手榴弹，据估计有300名犹太人死于火灾。其余犹太会堂同样遭到攻击，许多人丧生。战前作为飞行家扬名的赫伯茨·楚库尔斯（Herberts Cukurs）是这些杀戮行为的一位著名参与者："目击者们听到被锁在里面的人尖叫着求救，并看见他们从里面打碎会堂的窗户，像活的火炬那样试图到外面去。楚库尔斯用他的左轮手枪射杀他们。" [15]

　　更糟的还在后面。阿拉伊斯指挥部在随后数月中广泛参与了对犹太人的大规模枪决，尤其是在犹太人被从里加隔离区带去处决的时候。阿拉伊斯和他的部下还牵涉到11月30日与12月8日在伦布拉杀害数千名德国犹太人的行为。

据估计，这个从未超过500人的指挥部杀死了至少26000名犹太人、吉卜赛人和其他被断定为"不受欢迎"的人。

前拉脱维亚军人中，拉脱维亚人那种普遍对德国人的反感可能不像在当地社会的其他部分那样明显。苏联军队在第一次世界大战后的拉脱维亚独立战争期间，以及在最近占领期间的行为，都让几乎整个民族深深反感俄国，也有许多拉脱维亚军官把与德国的军事合作当作走向独立的垫脚石。然而就像"雷霆十字"领导人古斯塔夫斯·切尔米尼什在柏林拜访期间发现的那样，希姆莱不支持建立一支大规模的拉脱维亚军队。尽管如此，借用贝格尔提出的关于在"军团"中设立警察营的形式，一些在苏联军队撤退后建立的单位被命名为辅助警察（Hilfspolizei）、防卫队（Schutzmannschaft），最后是警察营。第一批单位中的一个是第16营，该营1941年10月22日被从里加派遣至旧鲁萨（Staraya Russa）。第21营1942年4月被派往列宁格勒战区，在那里执行了广泛的前线勤务，这将在下文述及。可能是苏联占领所致，事实证明这些营的人员在俄罗斯占领区热心参与枪毙共产主义嫌疑者。应当提及的是，在俄罗斯北部的这些乡村地区，反犹情绪已经存在几代人之久，许多居民乐意帮助立陶宛人进行屠杀。[16] 其他营也与大屠杀有牵连，它们守卫华沙隔离区，或护送运载犹太人的列车前往特雷布林卡（Treblinka）的灭绝营。[17]

在波罗的海人与德国人的合作行动中，事实上也是在整个战争中，最为奇怪的插曲之一与伊利亚·加尔佩林（Ilya Galperin）[①]有关，他当时是白俄罗斯捷尔任斯克村（Dzerzhinsk）的一名五岁儿童。拉脱维亚警察的库尔泽梅营（Kurzeme Battalion）在卡尔利斯·洛贝（Kārlis Lobe）的领导下于1941年年底被派至该地，10月21日，一支由安塔纳斯·格采维秋斯（Antanas Gecevicius）带领的立陶宛人单位进入这座村庄，杀死大量犹太人。加尔佩林的母亲在昨天晚上告诉他要逃跑，于是他就在附近的森林中徘徊，直到撞见了洛贝的营。在即将遭到处决的时候，他突然要求给一些吃的。士兵们改变了主意，把他作为吉祥物收养。只有很少人知道他的犹太背景，并确保他对此保密。加尔佩林曾

---

① 译注：他自称的大屠杀幸存经历颇受质疑，无法确证，可搜索"Alex Kurzem"进一步了解。

穿着迷你的国防军制服出现在德国宣传照片中，后被一个拉脱维亚家庭收养。他更名为阿莱克斯·库尔泽姆（Alex Kurzem）度过成年时期，直到战争结束许多年后，他的儿子发现了他真正的故事。[18]

拉脱维亚人与德国人之间存在着相当程度的摩擦，这是由于几个原因。第一，德国人向所有拉脱维亚人的营指派联络军官。尽管按计划，这些军官只充当顾问并协助进行沟通，许多人却自认处于监督职位，而且也照此行事。这就无可避免地被拉脱维亚人解读为讨厌的干涉。第二，全权负责波罗的海国家警察单位的德国军官弗里德里希·耶克恩（Friedrich Jeckeln）与警察营营长古斯塔夫斯·普劳金什（Gustavs Praudinš）分歧严重。耶克恩逮捕了普劳金什并指控他有背叛罪，称其对德国表露敌意。尽管后者被宣告有罪并判处死刑，拉脱维亚民政机构却成功制止了对他的行刑。普劳金什被降至列兵军衔，不过他后来爬升至党卫队二级突击队大队长，还赢得了几块奖章；此事的主要后果是拉脱维亚人与德国人之间关系的进一步恶化。第三个摩擦与猜疑的起因，是1942年5月拉脱维亚上校鲁多尔夫斯·坎迪斯（Rudolfs Kandis）在红谢洛（Krasnoye Selo）的死。德国官方报告声称坎迪斯在与一名德国军官发生争吵后自杀身亡，但许多拉脱维亚人怀疑是德国军官在争执中射杀了他。[19]

东线第一个进入前线的拉脱维亚人警察营1942年6月被部署于红谢洛附近。该营在随后的一个月里卷入激烈战斗，尽管装备的是俘获自捷克、苏联和法国军队五花八门的武器，该营的表现却堪称良好。但很不幸，德国与拉脱维亚的关系并未因此有多大改善。到当年年末，那时人们已经知道德国人在创建一个爱沙尼亚人军团，拉脱维亚人的幻想进一步破灭，并感到自己被当作劣等人对待。拉脱维亚人仍决心尝试组建可以由他们自己控制的作战兵团，这样如果苏联军队返回，他们就可以保卫拉脱维亚。为达目的，民政部门的司法主管（Director of Justice）阿尔弗雷德斯·瓦尔德马尼斯（Alfreds Valdmanis）1942年11月提交了一份备忘录。他描述了拉脱维亚和德国的历史关系、拉脱维亚争取独立的成功，以及拉脱维亚人对于德国将在他们赶走苏联人之后帮助恢复独立的希望的破灭。他继续称如果拉脱维亚全心全意加入德国人的战争对抗苏联，它便需要有一个政治目的，而唯一一个可以达到这个目的的方法就是给予拉脱维亚独立，即便其本质上是有限的。斯洛伐克的地位可作为先例。作为回报，拉脱维亚将建立一支10万人的陆军，虽然他们只会被用于保卫拉脱维亚。这份备忘几天内就被德国当局还了回来。他们告诉瓦尔德马尼斯，这份备忘录不能以其现有的形式提交给高层，于是拉脱维亚人适当修改并再次呈递。

之后备忘录被交给党卫队指挥总局（Führungshauptamt）局长、党卫队高级地区总队长戈特洛布·贝格尔，该局是位于柏林的党卫队非战斗成分的指挥部。贝格尔向希姆莱进言说这份备忘录代表着拉脱维亚人的政治伎俩，但希姆莱决定亲自去列宁格勒战线参观，评估已经身处前线的拉脱维亚人的反布尔什维克战斗精神。他发现，拉脱维亚营持续参与繁重的战事，在官方报告中多次赢得嘉奖，遂于1943年1月——在希特勒的同意下——宣布创建一个拉脱维亚军团，这样就免除了拉脱维亚人因为待遇不如爱沙尼亚人而产生的愤懑之情。他还与罗森贝格讨论了授予波罗的海国家至少某种程度自治权的事，尽管两人联手起草了一份推荐此种安排的文件，但被希特勒拒绝了。[20]

德国人实际上在1942年12月制定过征召拉脱维亚人的计划，大致需要9万人，这些人将分别充当国防军的辅助人员、拉脱维亚军团中的士兵、警察营的加强人员和战时生产的劳工。这样征发一个被占领国的国民不合法，因此就下了一番功夫以表明这些人事实上都是志愿者。民政机构强烈抗议任何看起来像是强制服役的行为，并要求拉脱维亚军团的指挥官必须是拉脱维亚人。该军团要在拉脱维亚进行训练，并且只部署在东线的北部。军团成员的食物、薪饷和所有其他条件应和国防军中的德国人相同。东方地区的帝国专员欣利希·洛泽（Hinrich Rohse）拒绝了这些要求，但面对拉脱维亚人将拒绝就创立军团一事进行合作的威胁，他不得不采取让步。主要的争议点依旧是指挥问题。起初，德国人似乎同意让该军团接受鲁多尔夫斯·班格尔斯基斯将军（Rūdolfs Bangerskis）的指挥，但后来又宣布这是一个误会。军团内的那个新拉脱维亚人师的师长将是德国人，但他的副手会是拉脱维亚人。班格尔斯基斯则会成为拉脱维亚军团总监（Inspector General）。有关他职权的确切性质从未有过明确规定，他得以按照对自己有利的方式予以运用。[21]

列宁格勒附近的2个拉脱维亚警察营作为党卫队第2摩托化步兵旅的一部分，与荷兰、弗莱芒士兵并肩作战。该旅在苏联"火花"战役（Operation Iskra，"Spark"，此次战役成功建立了一条进入列宁格勒的陆地走廊）以及那些

《莫洛托夫－里宾特洛甫协定》1939 年 9 月 28 日在莫斯科签署。里宾特洛甫正在文件上签字；莫洛托夫正站在他的身后、斯大林旁边

"巴巴罗萨"行动之初的第 18 集团军司令格奥尔格·冯·屈希勒尔（右起第二）和北方集团军群司令莱布（左），摄于 1941 年 9 月

罗森贝格协助制订了德国对东线占领领土的政策。他的政策无法落实，部分要归因于其本身不实际，部分则是因为纳粹党内部的争斗

恩斯特·布施，第16集团军司令，此处摄于"巴巴罗萨"之初，1941 年夏（译者注：原文误写为 1944 年）

莱布（中间）与他集团军群下辖装甲力量的指挥官埃里希·赫普纳（右起第二）正讨论，摄于"巴巴罗萨"
开始后不久

第41装甲军军长（左起第二）正在听取瓦尔特·克吕格尔（右起第二）的简报，1941年7月，后者接
手指挥第1装甲师后不久

第 56 装甲军的两位领导人物：埃里希·布兰登布格尔（左侧前景）向他的军长埃里希·冯·曼施泰因（右前景）作简报，1941 年 7 月

1944 年年初的"装甲伯爵"

顶尖的虎式"王牌"之一，卡里乌斯在战后成了药剂师

前拉脱维亚陆军军官魏斯早期热心于利用德国占领的机会，将亲苏者赶出拉脱维亚

1944 年年初执掌纳尔瓦集团军群之后，弗里斯纳于夏季接手北方集团军群

旨在从前线关键部分引走德军的进攻中表现优秀。拉脱维亚人在锡尼亚维诺（Siniavino）周边参与了格外激烈的战斗。为将该旅转变成一个完全的拉脱维亚人兵团，希姆莱命令将荷兰与弗莱芒营转调至别处，最终在1943年5月，该部队被更名为党卫队第2拉脱维亚志愿旅。早些时候，2个拉脱维亚警察营在与荷兰以及弗莱芒部队转出的同一时期被撤出前线，与此相关，第三个拉脱维亚营也作为拉脱维亚军团的首支正规部队，于党卫队旅队长弗里茨·冯·肖尔茨（Fritz von Scholtz）的全权指挥下开始训练。它们1943年3月于列宁格勒西南、靠近上科伊洛沃（Verkneye-Koirovo）的地方投入行动，这是其作为军团一部的初战，尽管之后不久它们就再次被撤出前线并发给了新的制服和军衔，以反映其作为一个党卫队团的新番号。一大股增援新兵从拉脱维亚赶来，以使其恢复战斗力；与罗泽和拉脱维亚民政部门之间的协定相反，这些人在被送去前线之前只接受了最低限度的训练，该旅于5月份回到沿沃尔霍夫河的战线时，基本没有为战斗做好准备。幸运的是——可能是因为无路可走的沼泽地（当地由此赢得了"世界尽头"的昵称），这一地段整个夏天都没有多少战斗。到9月，该旅投入了其防区南端争夺一座山丘的战斗并最终获胜，但遭受重大损失。[22]

沃尔德玛尔斯·魏斯（Voldemars Veiss）间战时期就是拉脱维亚陆军军官，他是该旅事实上的二把手，1943年9月获颁铁十字勋章，并在1944年1月成为第一位赢得骑士铁十字勋章的拉脱维亚人，当时他成功在苏联军队反复攻击之下守住了涅科霍沃（Nekokhovo）。魏斯1944年4月死于手榴弹爆炸造成的伤势。

德国人与拉脱维亚人之间的摩擦继续存在。除党卫队第2旅之外，人们还在1943年3月着力将拉脱维亚军团改组成一个新兵团，即党卫队第15（拉脱维亚第1）掷弹兵师。拉脱维亚人抱怨说没有足够的士官和军官可以供应这个新师，为其补满兵力的尝试也不断因为兵员被转给党卫队第2旅而遭到破坏。该师还因为装备缺乏受限，有时候，士兵们拿到的武器与他们在通常不充分的训练中使用过的并不一样。1943年11月，尽管该师在其军官看来还没有准备好战斗，但还是被投入到列宁格勒附近的战线，并在防御战中表现良好。按照国防军通行的做法，师里的一些营被分派给临时组建的战斗群，在许多场合下，战斗群里的德国单位会夺走拉脱维亚人的新机枪和其他装备，这进一步激化了双方之间的紧张情绪。

临近1943年年底，据研究决定将党卫队第2旅升格为师。该师被命名为党卫队第19（拉脱维亚第2）掷弹兵师，于1944年1月创建。下文将要提到，它很快就将卷入列宁格勒南方的激战中。

三个国家中，立陶宛为德国事业提供的分遣队规模最小。起初，该国的分类是三国之中最没有"价值"的——其人口大部分信仰天主教，并且被国社党领导层认为受到了波兰与斯拉夫血统的严重污染——意味着不太可能会要求立陶宛人在帝国的武装力量中服役。战争形势开始恶化、德国急需人力时，这一问题才得到重新审视。到那时，立陶宛人为德国而战的意愿甚至更小了。

德国占领期间，立陶宛警察总共组建了25个营。这些单位应当与乡镇和城市中的常规警察力量区分开来；他们只用于内部安全，如保卫军事设施和对付暴徒、游击队。第一批营的人员来自曾在考纳斯与撤退苏联军队战斗过的立陶宛活跃分子阵线的志愿者，以及从苏联军队中逃走的立陶宛人；这些人主要来自于苏联第29军，以瓦雷纳（Varėna）城内及周边为根据地。一开始，立陶宛人的想法是把这些人组织成一支新军队，但德国人拒绝批准，于是在1941年7月9日，这些被授予临时军队番号的单位大多数都更名为自卫单位（Selbstschutzeinheiten）。接下来的几年中，各营有过各种各样的番号，直到最终被给予"警察营"的名称。

第一批组建的单位包括考纳斯的国民劳役营（Tautos Darbo Apsauga，"National Labour Service Battalion"，简称TDA）。曾被自称的立陶宛临时政府任命的尤尔吉斯·波贝利斯上校（Jurgis Bobelis）1941年6月28日号召志愿者响应，到7月4日便有了700人可供支配。2个连立即被指派给七号堡的3A特别行动指挥部。1个连负责警卫被持续运来的犹太人，另1个连在德国人的监督下实施处刑。随着杀戮在考纳斯以及哈曼流动指挥部继续开展，几乎所有TDA人员都直接牵涉其中。[23]

立陶宛士兵对于这些可怕任务的反应各有不同。尤奥扎斯·巴尔兹达（Juozas Barzda）是营里的一位低级军官，苏联占领前曾在立陶宛军队服役。他指挥着TDA第3连，涉及1941年间对犹太人的几起主要屠杀行动。巴尔兹达还在白俄罗斯参与杀害犹太人和苏联战俘，1944年，他加入立陶宛自由军（Lietuvos Laisvės Armija，"Lithuanian Freedom Army"，简称LLA）与重返立陶宛的苏联军队战斗。巴尔兹达在1944年12月战死，当时他参加一次伞降，结果溺死在一个湖里。前空军军官布罗纽斯·诺尔丘斯（Bronius Norkius）也是TDA少尉，因于1941年6月23日在考纳斯大教堂（Kaunas Cathedral）上方升起立陶宛国旗而成名，但和巴尔兹达一样，他也牵连进了当年的许多屠杀。诺尔丘斯1943年在苏联死于事故。第三个少尉阿纳托利尤斯·达吉斯（Anatolijus Dagys）同属于第3连，并且像另两人一样以在大规模处决犹太人中表现突出而著称。[24] 由于诺尔丘斯1941年6月有过挑战苏联的行为，许多立陶宛人对这些人的过去抱着模棱两可的看法，曾有提议将他的墓地作为一处国家纪念建筑，尽管他在当年晚些时候参与过屠杀。

TDA的其他成员则为他们被要求去做的事感到震惊和沮丧。许多人申请离开该营，到1941年7月11日为止（那时TDA建立还不到两周），已有117个人被解任。1连连长布罗纽斯·基尔基拉上尉（Bronius Kirkila）在7月12日自杀，而且不断有人直接开小差。[25] 这些事件丝毫未影响屠杀的步伐。

第2立陶宛警察营（后来令人混乱地更名为第12营）利用来自TDA的一批骨干组建于1941年8月7日，营长为安塔纳斯·因佩利维奇乌斯少校（Antanas Impelivičius）。起初，该营驻扎在考纳斯的尚齐亚伊兵营（Šančiai Barracks），并负责警卫任务，但到10月，它在德国少校莱希塔勒（Lechthaler）的监督下移驻到明斯克。在这里，该营与第707步兵师合作负责镇压行动。第707步兵师的师长，男爵古斯塔夫·冯·贝希托尔斯海姆少将（Gustav Freiherr von Bechtolsheim）后来报告称，立陶宛人协助他的部下在10月的第二周处死了630名"可疑分子"——主要是那些被视作共产党人或犹太人的人——还涉及在临近的城镇克里尼基（Kliniki）与斯米洛维奇（Smilovichi）杀死约1300人。[26] 到当月底，立陶宛第2警察营在第3特别行动指挥部分队，以及从考纳斯伴随其部署至此的德国人员的帮助下，已经杀害14000多人。[27]

在斯卢茨克（Sluck）城，对犹太人的屠杀甚至震动了当地的德国军队。当地指挥官写信给明斯克抗议道：

鉴于该行动的执行方式，我不得不遗憾地将其与虐待狂画等号。城镇本身在行动期间看起来很恐怖，残忍得难以描述的德国警察军官，以及，特别是立陶宛游击队员，强迫犹太人，包括白俄罗斯人，离开他们的住房并推搡他们进入一个地点。全城都听见了枪声，在一些街道上出现了成堆的犹太人受害者……不要让我再看到这个警察营！[28]

屠杀的步伐在继续。11月9日和10日，该营在鲍里索夫（Borissov）杀死了8000人，主要是犹太人。三天后，另有3000人在克烈茨克（Kleck）被害。到当年底，该营回到警卫职责上时，已经杀死或协助杀害了46000人，其中绝大多数是犹太人。[29]

一些立陶宛营在乌克兰渡过了一段时期，并在那里频繁参与大规模杀戮。1941年8月25日创建于考纳斯的第4警察营（后来被更名为第7营），1942年中被派往乌克兰。该营人员在这里参与了文尼察（Vinica）与涅米罗沃（Nemirovo）地区对犹太人的屠杀。日渐绝望的国防军尝试加固防御，在乌克兰的一些营因此被派去前线，并在战斗中遭受惨重伤亡。

据估计，25个立陶宛警察营当中有10个涉及了大规模杀害犹太人的行为。它们的人据认为杀死了约78000人。[30]

1943年1月，部分是为了抵消德国在斯大林格勒遭受的损失，党卫队指挥总局要求创建新的党卫队师以帮助应对普遍性的人力短缺。按计划，立陶宛与拉脱维亚将各自贡献1个师。立陶宛的高级党卫队及警察指挥官（Höhere SS- und Polizeiführer, "senior SS and police commander"，简称HSSPf），旅队长维索茨基（Wysocki）得到指示，要募集一批志愿者以组建一个新单位。他与两位前立陶宛上校阿纳塔纳斯·雷克莱蒂斯（Anatanas Reklaitis）与奥斯卡拉斯·乌尔波纳斯（Oskaras Urbonas）接洽，并邀请他们担任新师下面2个团的团长。两人拒绝参加，报名的志愿者数量总是少得凄凉，刚刚200人，这一定程度上是由于立陶宛行政机构成功阻碍了这项工作。维索茨基丢掉职位，被旅队长哈姆（Harm）接替，但后者同样没取得多少成功，计划中的师也一直没能建立起来。德国人为这一失败感到丢脸，他们宣布立陶宛人不适合穿着党卫队制服，并威胁要强迫所有身体健全的立陶宛人男性去劳工营工作，但立陶宛人继续拒绝合作。他们不反对创建1个立陶宛人师，只是坚持该师要完全受立陶宛人控制。而且他们还坚持，这个师不应在立陶宛境外服役。

谈判拖到了1944年年初，那时德国人力的需求更加迫切。2月份，德国人同意了立陶宛人的要求，于是有了进一步的志愿者征募活动。结果令立陶宛和德国人双方都有些惊讶，大约19000人应征。德国人利用这些人——远远超出了他们的期望——充当现存国防军部队的补充兵员，这直接违背了与立陶宛民政机构达成的协定，但经过进一步谈判，志愿者们全部被组织成13个警察营以及1个预备单位。

到1944年3月底，北方集团军群司令瓦尔特·莫德尔元帅宣布15支立陶宛部队要在立陶宛境内的机场充当警卫。在立陶宛人之间存在着惊骇的情绪，他们害怕这些单位将不会再由立陶宛人来控制。5月份，德国人宣布对人力进行总动员，明确声称新的单位将受德国人指挥。于2月份创建的单位之中弥漫着普遍的骚乱，为防范如此众多的武装人员脱离德国控制，德国当局解散了全部14个单位。其人员有3000人左右继续服役，并被分配给了高射炮部队。

1944年晚夏，因苏联军队抵达立陶宛东部，人们最后一次尝试募集军队为德国艰难的事业而战斗。赫尔穆特·迈德尔少将（Helmuth Mäde）是北方集团军群武器学校（Waffenschule）的指挥官（这是一座为补救新兵受训不足而创建的训练设施），他使用这所学校的人员来防卫希奥利艾。迈德尔和两名立陶宛上尉，伊季多柳斯·雅图利斯（Izidorius Jatulis）和约纳斯·采斯纳（Jonas Cesna）一起，尝试用警察营和新组建的"祖国防卫力量"（Tevynes Apsaugas Rinktine，"Fatherland Defence Force"，简称TAR，类似于德国的本土防卫军或称人民突击队，Volkssturm）的余部组织成2个步兵团和1个炮兵团。新单位辖下的各营缺乏训练、装备低劣，参加了立陶宛的土地上最后的战斗。

波罗的海诸国在国防军到来之初的安乐感于几周之内便蒸发了，因为事态向每一个人足够清楚地表明：德国人是作为占领者而非解放者到来。在占领当局的控制下，各家报纸持续产出文章，鼓励每一个人对德国表示更多的感激，因为它赶走了讨厌的苏联人，但收效甚少。三国的地下报纸强调德国在1939年和1940年对苏联占领的默许，一位在1942年6月份访问该地区的荷兰人发现，几乎没有任何人可以被看作真正的亲德人士。[31] 立陶宛地下报纸《独立立陶宛》（Nepriklausoma Lietuva）直接将德国与苏联作了对照，推测哪一方应为谋杀最为无辜的人负责。[32]

随着讽刺性的听天由命代替了苏联军队被逐的欢乐，民众开始考虑该如何抗拒德国人的占领。武装抵抗运动看来不在考虑范围之内——没有谁愿意帮助苏联军队战胜国防军并恢复苏联统治。然而，有小群的亲苏游击队从一开始就在活动。安塔纳斯·斯尼埃奇库斯（Antanas Sniečkus）曾经是苏联占领期间立陶宛共产党第一书记，也是国家安全部部长。他在1941年大规模流放的组织工作中扮演了领导角色，甚至把自己的兄弟及其家人也流放了。1942年11月，立陶宛游击队运动（Lietuvos Partizaninio Judėjimo Štabas）于莫斯科成立，以协调立陶宛境内的活动，斯尼埃奇库斯担任其首长。事实证明，这在很大程度上是个装饰性的组织，尽管确实有数千名立陶宛人参加了针对德国目标的游击队袭击，但许多游击队员是混乱撤退时掉队的红军官兵，或者是战争期间渗透到这一区域的苏联人。此外，有数量较小但意义重大的犹太人游击小队在维尔纽斯周边的森林中活跃，包括阿巴·科夫内（Abba Kovner）领导的一支，他试图在维尔纽斯隔离区组织武装起义。他的"联合游击队员组织"（Fareynikte Partizaner Organizatsye，'United Partisans Organisation'，简称FPO）采用了口号"我们不会让他们把自己像家畜一样领去屠宰"。处于德国人持续压力下的犹太委员会反对该组织——犹太委员会的领袖雅克布·根斯（Jacob Gens）被告知说，除非他能终结该组织，否则整个隔离区都要被清理掉。在来自隔离区其余人口的压力下，FPO解除了武装。一些成员被逮捕，其他人则逃往森林地带。伊茨哈克·维滕贝格（Yitzhak Wittenberg）曾一度被捕，而后为FPO所救，他向盖世太保自首了，但被发现死在自己的单人牢房里。据信他死于中毒，可能是利用了他向德国人自首之前根斯所给的毒药。[33]

曾于德国入侵之初组建了立陶宛临时政府的立陶宛活跃分子阵线，继续提出迫切的要求：如果不能获得完整的独立，那么至少也要有一定程度的自治。德国人拒绝了所有此类提议，1941年9月，阵线领导人莱奥纳斯·普拉普奥莱尼斯（Leonas Prapuolenis）被送到达豪。那之后有两个由反对德国统治的人组成的群体在立陶宛成立起来：立陶宛人阵线（Lietuvių Frontas，"Lithuanian Front"）和自由斗士联盟（Laisvės Kovotojų Sąjunga，"Union of Freedom Fighters"）。这两个团体临近1943年年底时走到一起，组成立陶宛解放最高委员会（Vyriausiasis Lietuvos Išlaisvinimo Komitetas，"Supreme Committee for the

Liberation of Lithuania"），该委员会设法与瑞典和西方保持着接触。委员会的意图是等待一个适当的时刻重新主张立陶宛独立，他们希望像1918年时那样，战争的结束可能会提供有利时机。对委员会来说不幸的是，盖世太保察觉到爱沙尼亚境内的类似动向，并在1944年采取行动截住了一位受怀疑的爱沙尼亚信使。被抓住的人是这个立陶宛团体的成员卡齐米埃拉斯·阿姆拉奇艾尤斯上校（Kazimieras Amraziejus），之后八名委员会成员暴露并被逮捕。[34]

在拉脱维亚，反德游击活动起初差不多只限于该国东部，那里有一大批俄罗斯族人口。这些游击队员中的许多人先是在苏联受训，之后渗透进入到拉脱维亚。苏联占领在拉脱维亚大部造成了强烈的反苏情绪，少数拉脱维亚共产党人基本上随苏联军队一起离开了；留在后面的人大多数遭到控告并交给了德国人，然后被枪决。渗透回拉脱维亚的人有一部分是曾被征召入苏联军队的拉脱维亚族士兵，他们跟随上级团撤退进入了苏联。许多人现在作为游击队员自愿返回拉脱维亚，一些人可能是为与德国人战斗的愿望所驱动，大多数人则单纯把这当作一种回家的手段来利用，并且在伞降到拉脱维亚的几天内就消失了。一支250人的拉脱维亚游击队单位试图开辟出一条返回伊尔门湖南方前线的道路，之后便穿越乡村地区来到拉脱维亚，但却遭到德国人的拦截并被轻易歼灭了，后者评论道：

> 显然大部分拉脱维亚人只是希望以这种方式回到他们的家乡，或者其指挥者糟糕透顶，失去了理智，并且让手下部队脱离了控制。[35]

就像占领区常见的情况那样，事实表明正是德国人的活动触发了不断壮大的游击队活动。拉脱维亚东部省份拉特加莱（Latgale）的人口是德国人1942年一次主要驱逐行动的目标，这是为了收集人力以进行帝国内部的强制劳动。一次这样的行动发生在1943年年初，代号为"冬季魔法"（Winterzauber），导致拉特加莱的99座村庄被烧成平地，6000多名居民被运走参与强制劳动；另有3600人因为据称支持游击队员被枪杀。[36] 除杀害被怀疑是游击队员及其支持者的人和获取劳动力供应以外，这些行动还旨在创造出一片荒凉的地区，身在其中的游击队员生存条件会恶劣得多。对于当地人口来说，这是一种几乎无法解决的困境。如果他们帮助游击队员，就要冒被德国人杀死的风险；如果他们拒绝帮助游击队员，他们的危险就是被游击队杀死，后者认为未能支援他们就是背叛。事实上，到1943年秋，拉脱维亚境内几乎所有的游击活动都是针对平民人口的，目的有榨取食物、衣物和隐蔽场所，几乎没有针对德国军事目标的攻击。[37] 有时当地人会被强迫加入游击队，其他人则因为有德国间谍嫌疑而被处决。游击队的一些活动足够有刺激性，导致了德国人的报复。在一次袭击之后，德国保安警察在1944年6月将皮尔丘皮斯村（Pirčiupis）的119名农民烧死。[38] 但和他们的德国敌人一样，游击队也实施不讲道理的报复袭击。1944年，俄罗斯族拉脱维亚人瓦西里·科诺诺夫（Vasili Kononov）指挥的一群游击队员于马济埃·巴蒂村（Mazie Bati）附近遭到射击。两天以后，他们回到这一地区，打死了这个村子里的9名居民。[39]

拉脱维亚的游击队员向他们那些身在苏联的指挥官报告德国人与拉脱维亚人之间的紧张关系，为尝试增加募兵，苏联开展一场宣传运动，旨在将德国统治表现为波罗的海德意志人贵族旧统治的继续，并声称游击运动是由拉脱维亚爱国者组成的。尽管如此，拉脱维亚游击队员主要还是来自苏联境内，或者拉特加莱的俄罗斯族人——举例来说，1944年于库尔兰北部活动的游击旅"红箭"（Sarkanā Bulta）的235人中，只有68个拉脱维亚人。[40]

战争趋向结束、德国注定的战败愈加明显时，拉脱维亚人参加游击队的数目才有了显著增加。甚至在这一阶段，碰到德国控制的警察或拉脱维亚人党卫队员试图逃跑的时候，游击队中的俄罗斯人和他们那些更加民族主义的拉脱维亚同志之间也会关系紧张。俄罗斯人倾向于将其作为法西斯敌人对待，拉脱维亚人则比较欢迎他们。一些人发现他们无法逃避自己的过去。阿尔维兹·什特劳斯（Arvīds Štrauss）1944年躲藏起来，以免被德国人强征服役。他临近当年年底时听说在组建一支国民军队，遂重新露面，但这个新单位显然没有未来，于是他又开了小差。之后什特劳斯加入"红箭"游击旅，但在战争的最后几天里被一支德国巡逻队抓获，并被关押在塔尔西〔Talsi，德语塔尔森（Talsen）〕。苏联军队几星期后到来，他被迅速运往苏联远东的一座古拉格。[41]

许多游击队宣称战果时会有所夸大，考虑到游击战争对于宣传工作的重要性，它们的宣称常常未经确认就被接受。一个由维利斯·萨姆松斯（Vilis

Samsons）指挥的单位后来宣称摧毁了约130辆德国列车，但在德方记录中却没有可以作证的列车损失，这一宣称即使不是完全捏造，也很有可能是夸大了的。苏方记述称存在有24支大型游击队伍，这些单位1944年3月被组织成4个旅，每旅有500到3000人。战后，苏方关于立陶宛游击活动的记录声称摧毁364辆德国列车、2000多辆汽车/卡车以及18支当地德国驻军，这些声称未能得到德方损失报告的印证。[42]游击活动随着战争的继续与日俱增，这一定程度上是由于拉脱维亚作为占领区持续遭到剥削，1945年1月，一名党卫队军官以阴沉的听天由命感记述道："对拉脱维亚人来说，德国民政当局显然是他们人民的头号敌人。它从未对他们做过任何好事，也从来不愿这么做。"[43]

第一批反德传单1941年10月份出现在里加，那时德国人对于"种族上劣等的"拉脱维亚人的态度已经是广为人知。里加的街道经受了毫无掩饰的更名，"阿道夫·希特勒大街"（Adolf-Hitler-Strasse）、"戈林环路"（Goering Ring）和"吕迪格尔·冯·德·戈茨环路"（Rüdiger von der Goltz Ring）的出现，加上教育系统的日耳曼化，让许多拉脱维亚人回想起当年他们被波罗的海德意志人贵族统治的日子，德国高级官员那些贪得无厌的行为进一步疏远了当地民众。帝国专员罗泽在靠近里加的波罗的海海岸占据了一座大宅子，并且让人烧掉了邻近的几座房屋，以改善他这座新居所的视野。给拉脱维亚人的食物配给大约是给德国境内公民或那些回归的波罗的海德意志人的一半，后者是作为"返乡帝国"政策的一部分离开的。奥斯卡斯·丹克尔斯曾经几次抗议过食物配给的不足，但几无效果。强征拉脱维亚人去德国工作进一步疏远了曾经用鲜花和礼物迎接过德国士兵的民众。

在拉脱维亚，许多公开抵抗的姿态遭到了非难与压制。1942年5月15日，卡尔利斯·乌尔马尼斯夺取权力一周年之际，一些年轻的民族主义者在里加的自由纪念碑（Freedom Memorial）处聚集起来，并被迅速逮捕。曾有计划让大学生在1942年11月的拉脱维亚国庆日进行游行，并以宣布独立作为高潮，但德国人察觉到这些计划并阻止了示威行动的发生。

与此同时，拉脱维亚官员继续要求获得某种程度的独立。一些德国人，像奥托·德雷克斯勒（Otto Drechsler），支持一定限度的当地自治，可能是仿照摩拉维亚（Moravia）或斯洛伐克（Slovakia）的政府，但其他人仍旧坚决反对。1943年1月，阿尔弗雷德·罗森贝格向希特勒提交了一份包含多个部分的提案，规划要恢复所有私人财产，创建自治政府，并动员国民军队同国防军并肩作战。希特勒坚持将波罗的海国家作为附属国而非同盟国的政策，拒绝了这一提案，不过他允许在一定程度上恢复私人财产。完全恢复是不可能的，德国人接替苏联人时夺取了许多前私人公司以供自用，因此并不情愿把这些交还给拉脱维亚人。

地下运动在拉脱维亚发展的同时，拉脱维亚人1943年8月建立了拉脱维亚中央会议（Latvijas Centrālā Padome，"Latvian Central Council"，简称LCP），寻求像立陶宛人那样建立一个可以利用战争结束时的状况趁机宣布独立的团体。该团体在1944年1月于里加同想法类似的立陶宛人碰了面，四个月以后，来自所有三国的代表在拉脱维亚的首都会面。德国人成功在临近1944年年底时找出了LCP的成员，并且逮捕了大多数领导人物，其首脑康斯坦京斯·恰克斯特（Konstantins Čakste）不久后死于监禁。

拉脱维亚军团的士兵很清楚他们的国家如何陷入孤立。其中一人写道："我们在东方和西方都没有朋友。他们都只想实施统治和变成领主，这就是为什么我们现在想——以后甚至可能会更想——为独立而战。"[44]

与拉脱维亚和立陶宛的情况不同，爱沙尼亚人能够利用周边国家来逃离德国的统治。许多爱沙尼亚人逃往芬兰，在那里他们于芬兰军队中组成了一个爱沙尼亚人团，这就使他们得以与苏联军队作战，又不必受德国人的指挥。该国只有少量的亲苏游击队员活动，他们几乎全部是被遗留在或伞降到这一地区的苏联士兵。由于德国人抓住了一名游击队员，卡尔·塞拉（Karl Sära），他在拷问下交代出其他许多游击队员的名字和所在地，这些游击队的活动之后便进一步缩减了。

在要求独立这件事上，赫亚尔马·梅埃领导的爱沙尼亚理事会比拉脱维亚和立陶宛的波罗的海人政治家更为消极，不过这个问题也以各种形式被反复提起。总专员（Generalkommissar）卡尔·里茨曼（Karl Litzmann）感到，专制在显著摧毁爱沙尼亚人对于支持德国事业的热情，但希特勒继续驳回任何此类建议。最终爱沙尼亚政治家聚集到一起，于1944年年初组建了爱沙尼亚共和国民委员会（Eesti Vabariigi Rahvuskomitee，"Estonian Republic National Committee"，简称

EVR）。盖世太保迅速尝试将该委员会镇压下去，虽然就如下文将要述及的那样，1944年9月苏联军队穿过爱沙尼亚推进时，该团体并没有发挥什么作用。

不是只有德国人在波罗的海人公民中募集兵团。1942年5月，苏联军队创立了第16拉脱维亚步兵师，该师1943年年初被分派给布良斯克方面军第48集团军。大约在同一时期，第8爱沙尼亚步兵军建立起来，并被部署到北方战区。尽管这两个单位都包含大量波罗的海国公民，但大部分是在1941年的德国征服期间跟随苏联军队逃离的那些人，其高级军官的大部，还有低级士官中大量人员，都和波罗的海国家关联甚少或没有关联。一部分人是前波罗的海诸国国民的后代，其父祖移居到了苏联，但许多人就是被分配到新单位的苏联新兵。尽管如此，这些单位有很重要的宣传价值，尤其是在战后，它们被用来表现波罗的海公民是怎样为协助苏联军队将德国人赶出波罗的海地区而战。

随着战争的潮流转为对德国人不利，战线再一次靠近波罗的海诸国。三国人民对德国统治的幻想已然破灭，又害怕苏联人回来，但他们很少能做些什么，只有无助地注视着他们那强大的邻居判决自己的命运。

注释

1. S. 迈林涅米，《波罗的海的新秩序1941—1944》（赫尔辛基：芬兰历史学会，1973年），第63页。

2. 第13号报告，1941年7月5日（德国联邦档案馆B分馆，R58/214，75）。

3. 立陶宛军事总督区IIIB处致军事总督信，1942年3月11日（德国联邦档案馆B分馆，R92/6，121）。

4. 驻里加军事总督备忘录，1941年8月27日（德国联邦档案馆B分馆，R92/6，158）。

5. B. 费德尔，《二战中的立陶宛》（帕德博恩：斐迪南·绍宁出版社，2009年），第244页。

6. 费德尔（2009年），第246—247页。

7. K. 库西里克，《爱沙尼亚国民卫队1941—1944》收入于T. 希洛，《爱沙尼亚，1940—1945：爱沙尼亚反人类罪调查国际委员会报告集》（塔林：克里斯特-利特索出版公司），第797—806页。

8. R. 兰德维尔，《爱沙尼亚维京人》（哈利法克斯：书架出版社，1999年），第5页。

9. 爱沙尼亚反人类罪调查国际委员会报告集，第二部，见于http://www.historycommission.ee/temp/conclusions.htm。

10. 党卫队地区总队长柏格尔致希姆莱的信件（美国国家档案馆，RG242，T175,R22，F2527942）。

11. M. 尤克彼，《仓储营》（赫尔辛基：韦林古斯出版社，1969年），第115—116页。

12. 兰德维尔，第31—33页。

13. 兰德维尔，第39—42页。

14. D. 纳什，《地狱之门》（南伯里：RZM出版社），第110页。

15. B. 普瑞斯，《拉脱维亚犹太人大屠杀》（埃文斯顿：西北大学出版社，2000年），第46页。

16. 费德尔（2009年），第270—271页。

17. 第22步兵营内部通讯记录（胡佛战争，和平，革命档案馆，第1箱，第9卷宗夹）。

18. 见M. 库尔泽姆，《马斯考特》（伦敦：艾伯里出版社，2007年）。

19. A. 西加利斯，《拉脱维亚军团》（圣何塞：本德尔出版公司，1986年），第17页。

20. 西加利斯，第19—20页。

21. 西加利斯，第24—26页。

22. 西加利斯，第30—39页。

23. S. 科内齐斯，《大屠杀和抵抗》（维尔纽斯：立陶宛抵抗运动和大屠杀研究中心），第133页。

24. A. 布尼斯，立陶宛警察营和大屠杀，可见http://www.komisija.lt/Files/www.komisija.lt/File/Tyrimu_baze/Naciu%20okupacija/Instituciju,%20asmenu%20vaidmuo/Bubnys.%20Batalionai/ENG/Research%20by%20A.Bubnys%20(english).pdf。

25. 科内齐斯，第133—134页。

26. C. 布朗宁，《最终解决方案的起源——纳粹对犹太人政策的变迁1939.9—1942.3》（林肯：内布拉斯加），第289页。

27. C. 格拉赫，《计算下的谋杀》（汉堡：HIS出版社，2000年），第612—613页。

28. 《立陶宛大屠杀凶手》，第314—317页，引自布尼斯，第16页。

29. 审判因佩里奇乌斯所呈证据（LYA, F. K-1, aP. 58, file 47386/3, VoL. 9）。

30. 布尼斯，第32页。

31. R. 米苏纳斯，R. 塔奇佩加，《波罗的海三国：失去独立的岁月1940—1990》（伦敦：霍尔斯特出版社，1993年），第65页。

32. 独立的立陶宛（1943年），第11—12页。

33. D. 勒斯特，R. 斯托克顿，《自杀和大屠杀》（诺瓦，2005年），第7页。

34. A. 博德里克斯，《1940年—1952年的立陶宛抵抗运动》，收入于A. 格鲁提斯（主编）《立陶宛700年》（纽约：马尼兰出版社，1984年），第347—348页。

35. 德国国防军情报局驻奥斯特兰行署分局态势报告，1942年7月1日至9月30日（里加，拉脱维亚国家档案馆，P70/5/37），第75页。

36. 向奥斯特兰行署国防军高级指挥部关于"冬季魔术"行动的报告（里加，拉脱维亚国家档案馆，P70/5/36），第66—69页。

37. 费德尔（2009年），第331页。

38. 迈林涅米（1979年），第141页。

39. G. 斯万，《在希特勒和斯大林之间》（伦敦：劳特里奇出版社，2004年），第140页。

40. 费德尔（2009年），第325页。

41. A. 斯特劳斯，《自传》（拉脱维亚科学院中央档案馆，P-40/5/22）。

42. A. 巴拉索夫，《伟大卫国战争史1941—1945》（圣彼得堡：彼得出版社，2006年），第464页。

43. 党卫队东线猎兵队报告（拉脱维亚科学院中央档案馆，PO40/5/2），第61页。

44. 胡佛拉脱维亚军团，第11箱，第2卷宗夹。

第六章
纳尔瓦

除了零星的空袭和游击队的袭击，波罗的海诸国1942到1943年间未受他们那巨人邻居间冲突的影响，但战火1944年烧回他们的领土时，整体形势相较1941年已发生天翻地覆的变化。

之前气势汹汹地跨过立陶宛、拉脱维亚、爱沙尼亚三国，锋芒直逼列宁格勒的北方集团军群，此时尚有第16、第18集团军两个集团军。已更名为第4装甲集团军的第4装甲集群1941年秋冬脱离北方集团军群，前去参加夺取莫斯科的大型战役，之后前往乌克兰①。没有了装甲力量的北方集团军群则对列宁格勒展开长年累月的围城战，从南部将整座城市孤立起来，只有一条跨越拉多加湖冰面的公路在冬季为守军和平民输送物资。城中的军队与平民伤亡极其惨重，百万余名苏联军队官兵战死，近250万人负伤、染病或失踪。城市平民人口减少100多万，其中40万人被紧急撤离，余下的人要么葬身于德军的轰炸炮击，要么死于疾病或饥饿。

1944年1月被最终打破的这场漫长围困，其详情已有多本著作详述。[1]在德军看来，围困列宁格勒的重要性略小于乌克兰战区，因此无论是在人员补给方面，还是在增援方面，优先权都比较低。这段时期，苏联军队多次设法尝试解围，同时——在初期阶段——国防军发起的旨在完成包围的攻势，令双方都

---

① 译注：第4装甲集群1941年9月22日脱离北方集团军群加入中央集团军群，1942年1月1日改称为第4装甲集团军。

付出巨大伤亡。然而，持续不断的增援使得战争的天平逐渐向苏联军队倾斜，德国空军失去整个东线的制空权，苏联军队的军工生产体系也让德国人相形见绌。战线后方，与日俱增的游击队活动干扰了德军补给线，消耗着后方资源。1943年年底，德军在东线的军力为250万人，另外得到约50万芬兰军队、罗马尼亚军队和匈牙利军队支援。苏联方面，据德军估计人数已达600万以上。[2]

北方集团军群的规模保持在两个步兵集团军的同时，指挥层发生了变化。原本负责第18集团军的冯·屈希勒尔已经统领整个北方集团军群，接替他担任第18集团军司令的是林德曼大将。林德曼1940年在法国指挥过一个步兵师，在"巴巴罗萨"行动初期时指挥第50军。该集团军由5个国防军步兵军和党卫队第3装甲军组成，被部署在芬兰湾至伊尔门湖长达200英里的战线上。

林德曼指挥的第18集团军南邻第16集团军，该集团军前任司令恩斯特·布施此时接过中央集团军群的指挥权，克里斯蒂安·汉森将军继任他的职位。汉森在北方集团军群任职已久，从德军入侵苏联的第一天起就指挥当时的第10军，除老部队第10军外，他麾下另有三个军。

尽管如此，从纸面上看，北方集团军群还是一支令人生畏的军事力量，举例来说，1943—1944年冬季从一个集团军转至另一个集团军的第1军[①]序列中至少有16个步兵师和保安师。整个集团军群包括44个步兵师和1个装甲掷弹兵师，但无一满员，仍以第1军为例，其真正实力可能更接近于三到四个师。另一个致命弱点是缺乏装甲车辆，屈希勒尔仅有的装甲资产是党卫队第3装甲军第4"警察"装甲掷弹兵师和第11"诺德兰"装甲掷弹兵师组成的一个战役集群。更糟糕的是，党卫队第3装甲军装备的豹式坦克都是些初期型号，存在不少机械问题，修理连的后勤官兵竭尽全力也无法让其行动起来。此外还有一些不足额的突击炮营和虎式坦克营，但数量不足以改变局面。整个北方集团军群只有146辆坦克，德军估计苏联军队有650辆。[3]从原爱沙尼亚边境至列宁格勒，整片地区的地形都对防御战有利。尽管如此，苏联装甲坦克兵的任何大规模突破均可能带来决定性的失败，因为德方没有机动力量来阻挡这样的突破。

---

① 译注：为应对苏联军队在北方、中央两集团军结合部涅韦尔地区发起的进攻，第1军1943年9月底从北方集团军群第18团军地段的楚多沃地区调动到涅韦尔地区，并在10月初改隶属于第16集团军。

事实上，整个集团军群都没有什么预备队可用了。

德军的组织结构和装备都有所变化，尽管很多地方还是照旧。步兵师从战争伊始就缺乏机动性与反坦克火力，到现在也没有多少改善。相比之下，苏联军队的机械化水平却在成倍增长——部分归功于他们能够获得英美盟友源源不断的装备供应，这也意味着德军要在相当不利的情况下与之战斗。装甲师编制也发生很大变化（虽然北方集团军群1944年年初没有这种师），现在它们只有1个2营制装甲团，其中一个营仍装备四号坦克，另一个营的情况稍好些，装备更为结实的豹式坦克。可在1944年年初，许多师都没有接收到这种车辆，只能以各种老旧的坦克作为替代。突击炮旅仍列装可靠的三号突击炮。该型战车基于旧式的三号坦克底盘开发设计，此时多已换装身管更长、穿甲能力更强的75毫米炮。同这些突击炮旅并肩作战的还有重装甲营的虎式坦克，这些57吨重的车辆装备著名的Kwk 36型88毫米炮，1942年在列宁格勒附近首次参战，能有效打击出现在其视野内的任何敌人。可是，虎Ⅰ整个战争期间只生产了1347辆，相比之下T–34多达36000辆，这意味着尽管它们实用，但对全局影响有限。

屈希勒尔那些衰竭的兵团对面是数个苏联方面军。德国第18集团军面对的分别是由列昂尼德·亚历山德罗维奇·戈沃罗夫（Leonid Alexandrovich Govorov）指挥的列宁格勒方面军与基里尔·阿法纳谢维奇·梅列茨科夫（Kirill Afanasevich Meretskov）指挥的沃尔霍夫方面军。戈沃罗夫是炮兵出身，1942年4月接过列宁格勒方面军的指挥权。当年年底，他发起多次破坏性进攻，意图阻止曼施坦因对列宁格勒发起的、可能是决定性的突击攻势，并策划了"火花"行动，最终成功建立起一条脆弱的陆上交通线，将城市与外界连通。他的列宁格勒方面军下辖4个集团军，其中，罗曼诺夫斯基的突击第2集团军下辖2个步兵军被孤立在奥拉宁鲍姆桥头堡，该桥头堡挺过了之前两年中德军多次消灭它的尝试。切列帕诺夫的第23集团军与芬兰军队在列宁格勒北面对峙。城市南部则部署着尼古拉耶夫辖有3个步兵军的第42集团军和斯维里多夫辖有2个步兵军的第67集团军。此外，方面军还拥有包括两个完整步兵军在内的庞大预备队。

沃尔霍夫方面军负责锡尼亚维诺与伊尔门湖之间的战线，由斯塔里科夫只辖有1个步兵军的第8集团军、罗金斯基辖有2个步兵军的第54集团军和科罗夫尼科夫辖有3个步兵军的第59集团军组成。这两个强大的方面军将发起决定性的一击，攻破北方集团军群。最初的战斗发生在原爱沙尼亚东部边境，但发生在爱沙尼亚的会战由早先更靠近列宁格勒的战局直接发展而来，因此先前那些战役的细节对接下来的战役而言十分重要。

尽管德国人不太可能再度尝试攻取列宁格勒，但这座城市仍处在德军火炮射程内，狭窄的陆上走廊也容易被德国人阻断。因此，苏联军队需要先发起一次击退北方集团军群的行动。德军意识到可能会遭遇一场攻势，于是充分利用他们前线后方的地形，在纵深构筑了广泛的防御体系。为改善自己的防御态势，屈希勒尔希望后撤至更西面一道更短的防线上，以解放部分兵力充当预备队。他声称，如果没有这些预备队，那么苏联军队任何攻势最终都将不可避免地突破他的战线，但希特勒一如既往地拒绝接受任何撤退。

临近原爱沙尼亚边境的"黑豹"防线与"沃坦"防线相连，计划跨越整个东线。德军去年夏天便开始起草这一筑垒计划，意图建立一条令苏联军队流尽鲜血的防线。尽管许多防御支撑点都按计划完成修筑，但防线上依旧存在大量缺口，屈希勒尔对其毫无信心。到目前为止，他甚至避免直呼其名，和司令部里的其他人一样，屈希勒尔认为在前线军队后方存在一条防线，将鼓励他们撤回更为安全的后方防线，而不是在现有的防线上坚守到底。同时，该防线在南方已经被打开了一个大口子，即使屈希勒尔允许撤向该线，也会发现他的南翼裸露，给敌军的包围以可乘之机。

德军评估即将到来的敌军攻势时，认为苏联军队缺乏足够的资源来完成一场持久的攻势，尽管屈希勒尔注意到奥拉宁包姆地区突击第2集团军的实力增强，但他认为这些增援来自列宁格勒本身。鉴于苏联军队正在维捷布斯克附近展开进攻，战线北段似乎并不太可能会有大规模攻势，这使得屈希勒尔得出了尽管缺乏预备队，但靠手头兵力仍足以守住现有阵地的结论。[4]

戈沃罗夫的看法截然不同，1943年年底，他提出用自己的兵力向红谢洛发动一次大规模攻势，以便联结奥拉宁鲍姆桥头堡与列宁格勒南部战线。该目标一旦达成，他将把第67集团军投入进攻并夺回克拉斯诺格瓦尔杰伊斯克，同时拿下红谢洛的军队将向金吉谢普推进。梅列茨科夫同样乐观地认为可以展开新攻势，并提议他从诺夫哥罗德附近攻向卢加，以便阻止德国第18集团军向西撤退。大本营修改了这些方案，在梅列茨科夫的各集团军南面加入了波罗的海沿岸第2方面军的攻势，这将牵制德军第18集团军南翼，阻止德军调往北面。

主攻由奥拉宁鲍姆的突击第2集团军和列宁格勒南郊的第42集团军承担，红旗波罗的海舰队的舰炮提供额外支援。进攻将得到650多架飞机的支援，相比之下，林德曼的第18集团军可用的飞机不足150架。另外，梅列茨科夫方面军近600架飞机面对的只有保护德国第16集团军的约100架飞机。对于德国人来说糟糕的还不止这些，由于德军处于被动防御状态，苏联军队可以将他们的突击兵团集中在关键位置上，戈沃罗夫在两个主要突击军团（突击第2集团军和第42集团军）中部署了70%以上的步兵、所有坦克，以及近70%的火炮①。

尽管前线与原爱沙尼亚边境之间的地区游击活动相当频繁，经常牵制德军那微薄的预备队，但后者并没有将这与苏联军队计划中的进攻联系起来。列宁格勒州游击运动司令部这次下达一系列特别指令，要求在特定地区开展起义。当地游击队被组织为四个旅，分配了从侦察到截断道路铁路，再到暴动（以建立保护平民的游击队控制区）等各种任务。5

在北方集团军群防区的南端，波罗的海沿岸第2方面军1943年12月将德国第16集团军赶出涅韦尔，并于1944年1月12日向德军防线发起新一轮攻势。苏联军队在这场激烈的战斗中收获甚微，但第16集团军被牢牢牵制在防线上，北面的第18集团军因而无法从南面得到任何增援。事实上，屈希勒尔已被迫将他所剩无几的预备队派去支撑第16集团军，一段列宁格勒—涅韦尔铁路线的失守也严重干扰了德军接下来的调动。

1944年1月13日—14日夜间，列宁格勒附近前线的军队报告有强降雪。尽管如此，苏联军队的轰炸机仍发起广泛的夜间轰炸，随着第一道曙光照亮天际，戈沃罗夫所部展开一个小时多一点的炮击。据估计，此次炮击打出50多万发炮弹与火箭弹。6随后晨雾取代了降雪，使观测变得极其困难，苏联步兵仍于10时按计划发起首轮攻势。三个步兵师在一个坦克旅外加两个坦克团的支援下，冲入党卫队第3装甲军第9、第10空军野战师据守的防线。这些空军野战师最初组建于1942年年底，当时希特勒要求将德国空军过剩的人员重新分配给陆

---

① 译注：即红谢洛—罗普沙进攻战役。

军，戈林却并没有放出这些人，而是从头新建了几个师，他们当年冬季被投入战场后被证明一无是处。由于少有人经历过残酷艰难的东线地面战，这些师根本无法与复苏的苏联军队匹敌，随后几个月里尽管略有改善，但仍劣于常规步兵师。这些师只有两个步兵团，却往往被部署到一个满编步兵师才能守住的战线上。1943年秋，这些空军野战师被划给陆军，改善了它们的指挥机构和凝聚力，但战斗力仍然很弱。

苏联军队发起的首轮攻势进展甚微。日终时，突击第2集团军的先头部队仅突入德军战线2英里，位于奥拉宁鲍姆桥头堡前线中心的戈斯季利齐（Gostilitsy）战斗尤为激烈，但考虑到地形和德军防线的强度，却有理由持谨慎乐观态度——情报显示尽管德军阵地坚固，但突击第2集团军当面的德军防御纵深却不如其他地方。倘若苏联军队突破此地防线，冻土会阻碍德军建立新的防御阵地。

夜晚未能带给党卫队第3装甲军喘息之机。苏联军队突击力量继续推进，第二天早上，第42集团军也加入攻势，第10空军野战师的实力迅速消耗殆尽，为设法稳定防线，德军投入总计四个营的战术预备队。尽管如此，突击第2集团军仍旧稳步保持推进，更东面的第42集团军则在战线中央突入5千米以上：

> 火炮和迫击炮的冲击在炸弹的爆炸、"斯大林管风琴"的噪音，以及来自喀琅施塔得船只的炮火中已经难以分辨。8时20分，炮火开始向我军后方延伸，成连成营的俄军穿过被炮火轰平的战壕。第391步兵团〔属于第170步兵师，部署在罗普沙（Ropsha）东面〕现在由阿恩特上校指挥，营长莫勒尔上尉和迈尔上尉在战斗中阵亡……少量仍有战斗力的士兵在主防线上竭尽全力。新一波敌军冲过来时，他们坚守着阵地……哪怕是友方重武器火力落在主防线及其后的反坦克壕内。[7]

尽管第170步兵师中央被击退，但苏联军队进攻的两翼在与密集防御工事中的德军激战时止步不前。

南面，沃尔霍夫方面军展开重夺诺夫哥罗德的攻势。猛烈的炮火准备后，伊万·捷连捷维奇·科罗夫尼科夫（Ivan Terentevich Korovnikov）指挥的第

59集团军开始强攻德军第18集团军右翼地段的防御①。德军的防御准备十分充足，而复杂的地形则阻碍了苏联军队充分发挥他们的数量优势。首日进展缓慢但稳定，最大的收获来自南面，一个由特奥多尔–韦尔纳·安德烈耶维奇·斯维克林（Teodor-Verner Andreevich Sviklin）指挥的战役集群在此渡过冰封的伊尔门湖，将德军打了个措手不及。诺夫哥罗德以北约20千米处，苏联军队1月16日夺取涅霍科沃（Nekhokovo）村的一个重要路口，孤立了德军两个团。拉脱维亚旅派了一个战斗群恢复形势，并于1月16日夺回涅霍科沃。翌日激烈战斗继续在该地区展开，拉脱维亚人掩护被困的两个德军团撤退后也撤退了一小段距离。凭借在战斗中的出色领导，指挥拉脱维亚战斗群的党卫队旗队长福尔德马斯·法伊斯（Voldemars Veiss）获得骑士铁十字勋章。[8]

　　这正是在东线一次又一次上演的战斗模式：德军的防御阵地起初顶住苏联军队的攻势，但在手中预备队极少的情况下，苏联军队在防线上打开的任何较大缺口都会变得一发不可收拾。1月16日，突击第2集团军突破当面德军的整个防线，但第42集团军进展仍旧缓慢。虽然德国守军继续在任何可能的地方实施反击，并给苏联军队造成严重损失，但红军攻势的两支铁钳一寸寸合拢。到1月17日日终，相距已不到20千米。南面，德军第38军把仅有的预备队——第290步兵师的一个团和党卫队"诺德兰"师的一个团——投入支撑防线，然而科罗夫尼科夫又投入2个步兵师、1个装甲汽车营、2个坦克旅和1个自行火炮团。德军第28猎兵师竭力抵抗，却被逐步赶向后方，到1月16日日终时，苏联军队已经在德军防线上打开一个近20千米的缺口。

　　尽管德军部队在北面遭到夹击，面临被包围的危险，林德曼仍有信心，他投入第61步兵师来支撑第10空军野战师的防御，几乎没有其他预备队可用了，不过报告称苏方也已投入所有预备队。第二天，林德曼的估计被证明乐观的过了头。突击第2集团军投入其预备队，立刻撕开德军防线。步兵第168师一部同第42集团军会师后，若干德军兵团被包围在列宁格勒城郊的一个小口袋里。1月19日，红谢洛落入推进中的苏联军队之手，被围的德军则决定尽早突围：

　　①译注：即诺夫哥罗德—卢加进攻战役。

20时从科采洛沃（Kotselovo）看到红谢洛—基片（Kipen）公路上升起战斗的火光。一些坦克向西疾驰而去，发出低沉单调的巨响，同时猛烈开火。曳光弹照亮了飞行的轨迹……显然，他们（苏联军队）已经完成了包围……指挥第126步兵师的费希尔上校决定迅速重组他的师并展开突围……所有准备向捷列西（Telesi）突围的人都在午夜时分集结到科采洛沃以南，第42步兵团作为全师的先锋，两端进攻矛头均得到突击炮支援……曳光弹和捷列西的火光照亮战场，经历此事的人绝不会忘记这一幕。[9]

约有一千人被留在后面，连同被包围部队的几乎所有重武器。

南面，科罗夫尼科夫拓宽进攻正面，以阻止第27军、第28军腾出力量派往北面的危急地段。他的进攻在诺夫哥罗德合拢，林德曼这才请求撤退。屈希勒尔批准撤退，但希特勒没有，林德曼命令他的人无论如何也要放弃诺夫哥罗德，虽然城市已经被包围了。

1月19日夜间，第28猎兵师被包围在诺夫哥罗德的部队接到突围命令，重伤员连同志愿留下陪同他们的医疗人员不得不留在城市的废墟中。所有可以携带武器的人，包括那些可以行走的伤员，均试图在夜幕的掩护下撤退……德军各个部队混在一起，变得混乱不堪，所有人都忍受着潮湿、食物和睡眠缺乏的折磨。补给纵队的指挥官只有采取最积极的行动来保持联系，部队才能得到补给。空军野战师解体了，在一些步兵师，几乎所有团营级指挥官都非死即伤，各师步兵兵力降至仅500人。[10]

尽管最初的突围成功，但苏联步兵第6军和步兵第372师的第二轮钳形攻势合拢，第28猎兵师、第1空军野战师和党卫队"诺德兰"①师各一部在诺夫哥罗德西郊落入第二个包围圈，逃脱者寥寥。苏联人夺回1941年8月落入德军手中的诺夫哥罗德城。尽管城市本身已经所剩无几——几乎所有建筑物都化为废

---

① 译注：原书中的党卫队"诺德兰"师有时也会被写作"北方"师（SS-Nord），为防止与党卫队第6山地师混淆，翻译时不作特别区分。

墟，仅50名市民在德军占领中幸免——其他人都作为强制劳工被送往德国了。

强制疏散平民以用作劳工的行为招致极大愤怒，毫无疑问，这刺激了不少人加入游击运动。屈希勒尔决定尽可能多地将平民迁到"黑豹"防线以东，但正如1943年秋第18集团军的一份情报报告所述，这一政策遭遇可观的阻力：

> 大批当地居民声称他们宁可就地等死也不肯参加这次撤退，即使是亲德的居民也正确地猜到这一后撤将造成惊人的痛苦及无数死亡。考虑到民众的衣着状况、食物及交通工具的匮乏，可预料的坏天气，参加这一迁移的民众——尤其是妇女和儿童——将陷入难以言状的境地。[11]

列宁格勒城外，仍在离城市最近处据守的德军面临着极大危险。希特勒终于在1月20日让步，允许德军后撤。在一些地段，德军的后撤很快变成溃退。苏联军队的攻势在1月20日继续，主攻方向直指克拉斯诺格瓦尔杰伊斯克和卢加。屈希勒尔恳求让他撤向"黑豹"防线，但希特勒坚持边打边撤的方针——他指出若非如此，苏联军队抵达这一防线时将有足够的实力直接突破。[12]屈希勒尔徒劳地指出他的手下同样将在这一边打边撤的消耗战中损失惨重，从而丧失守住"黑豹"防线所需的实力。虽然，北方集团军群收到了一些深受欢迎的装甲增援，例如来自中央集团军群的第12装甲师和第502重装甲营的70辆虎式坦克①。

在北面的重压下，第9空军野战师1月22日失去了指挥官恩施特·米夏埃尔（Ernst Michael）上校，该师第17猎兵团团长海因里希·格尔肯斯（Heinrich Geerkens）上校接替了他，格尔肯斯上校亦于两天后阵亡，两人均被追晋为少将。自己的军队被赶出密布的防御阵地后，林德曼通知德国陆军总司令部（OKH）说他打算进一步后撤，并声称OKH要么批准这一决定，要么直接把他换掉。[13]尽管苏联军队前锋不断赶在撤退的德军之前抵达预定防线，但德军战线基本保持完整。德军后卫主要由第227步兵师的保罗·文格勒上校指挥的

---

① 译注：第502重装甲营在苏联军队攻势开始前一直属于北方集团军群，1944年1月21日收到14辆补充的虎式坦克后数量达到了41辆，而非70辆。

步兵①组成，并得到第502重装甲营数辆坦克支援。快速移动的苏联军队不时切断他们的退路，但虎式坦克对这些部队所能携带的种种轻型武器几乎免疫，因此可以重新打开后撤道路。虎式坦克车长奥托·卡里乌斯——战争中最出色的德国坦克王牌之一——回忆了在一个漫长、寒冷的夜晚守卫某村庄的经历：

很快，村庄遭到极为猛烈的炮火覆盖，俄国佬已经注意到这里被我军占据，计划进一步向西推进前将其扫荡干净，但他们的战术表明，他们一定没有料到村里有一整连的虎式坦克！

我看到了林际线上的炮口焰，它们一个接一个向右移动——那应该是沿着林际线移动的坦克在开火。他们想推进到村庄另一头的公路上，茨维蒂军士长正在那里严阵以待。

他后面是冯·席勒的坦克，我通过无线电通知茨维蒂，在照明弹协助下，我可以确定出一辆T-34在茨维蒂不到50米开外，但由于炮声连天，我们听不到发动机的声响，因此敌军已经冲入村里。茨维蒂将他临近的目标打成火球，但我们惊讶地发现另一辆T-34在村庄路中央，就在冯·席勒旁边！

事实证明，俄国佬紧闭坦克舱门的做法相当致命，正因如此，他们几乎什么都观察不到，尤其是到夜间。他们也选择将步兵搭乘在坦克上，但即使如此，他们认识到情况时也为时已晚。

冯·席勒想转动炮塔开火，炮管却撞上了俄国坦克，因此不得不先倒车，然后再开火敲掉对手。我可不敢在如此近的距离开火，这是我见过最为疯狂的战斗场景之一！

待茨维蒂解决掉另外三辆坦克后，俄国人开始撤退，他们受到的损失显然已经够多了，我们在后半夜保持着无线电联络，同一个频道里还能清晰地听见苏联军队的对话，这意味着他们就在我们附近。

黎明时分，我军步兵心不在焉地接近那辆T-34的残骸，它仍在冯·席勒座车的旁边，除车体上有个洞以外没有其他损伤。令人意外的是，他们前去完

---

① 译注：即第227步兵师第366掷弹兵团。

全打开炮塔舱盖时，舱盖又被人从里面关上了。紧接着坦克里飞出一颗手榴弹，三名步兵被炸成重伤。

冯·席勒再次向敌车开火，但直到第三发炮弹击中敌车，俄国坦克车长才从坦克里冒出来，由于伤势过重，他随即瘫倒在地，其他的俄国佬此时都已经死掉了。我们把这名苏联中尉送到师里，却没能够审问他——他在半路上因伤死亡。

……我还记得我们当时如何咒骂这名顽固的苏联中尉，但现在，我对他这一行为有了不同的看法。[14]

卡里乌斯对苏联坦克及其车长的看法，部分折射出数量上处于劣势的德军是如何在战争中坚持如此之久的：

我们原则上"先敌开火，即使做不到这一点也得先敌命中"。当然前提是各坦克间、每辆坦克的车组间充分沟通，此外还要有快速、精准的炮瞄系统，多数情况下，这两样先决条件俄国人都没有。正因如此，这群装甲、武器、机动性都不落后我们的家伙在较量中经常处于下风。

……车长观察战场时充分发挥主观能动性，正是击败数量优势之敌的关键所在，俄国佬在观察战场上的无能，经常导致他们的大部队被击败。那些在战斗伊始便关闭舱盖，直到战斗结束都不冒头的车长一般都是废物，至少也是二流货。自然，每个车长指挥塔上都有6—8个环形排列的观察口，但由于观察口的视角限制，透过它们可以观测的范围极为有限……

不幸的是，不等听到敌军火炮的报告，就会感受到炮弹的命中……因此车长的眼睛比耳朵更重要。由于炮弹在附近爆炸，在坦克里根本听不到敌军火炮的报告。但坦克车长时常将头探出坦克、观察地形时情况就会完全不同，即使是右侧的敌反坦克炮在车长向左侧观察时开火，车长的眼睛也会下意识地捕捉到右侧的黄色炮口焰。

……不可否认，把头探出车外造成许多车长及军官伤亡，但他们的牺牲不会白费。如果他们紧闭舱盖行驶，将会有更多的人在坦克内负重伤或死亡，俄国坦克的大量损失便是明证。[15]

戈沃罗夫催促他的集团军司令们前进，命令突击第2集团军冲向金吉谢普和原爱沙尼亚边境，第67集团军向卢加推进。梅列茨科夫则确保科罗夫尼科夫指挥的第59集团军从东面冲向卢加，以设法通过钳形攻势包围德军。林德曼从北面撤向爱沙尼亚的军队成功挡住了突击第2集团军，这很大程度上是由于费久宁斯基进攻德军后卫时几乎没有什么想象力，经常将手下将士的生命徒劳无用地浪费在代价惨重的、对既设阵地的正面强攻上。1月23日，戈沃罗夫开始表现出了对下属的不耐烦：

> 你并没有完成今日的任务……尽管我下达了相关命令，但集团军的兵团却继续在遭到重创的敌军面前磨蹭，既没有遭到什么损失，也未取得任何决定性成功。和之前一样，军长们反应迟钝，无法有效指挥作战，更没有率领全军展开机动或决定性推进。敌军利用我方的迟缓，以小股部队掩护主力从克拉斯诺格瓦尔杰伊斯克和叶利扎维季诺（Elizavetino）撤向南方和东南方。[16]

威廉·文格纳（Wilhelm Wegener）将军第50军据守的克拉斯诺格瓦尔杰伊斯克一带发生激战，除第11、第170两个步兵师，文格纳将军手里还有其他四个师的残部，以及位于普希金、斯卢茨克（Slutsk）[①]的第215步兵师、第24步兵师一部。苏联步兵第123、第117军向克拉斯诺格瓦尔杰伊斯克发起突击，而步兵第110军试图包抄此时仍坚守普希金的德军。1月23日，克拉斯诺格瓦尔杰伊斯克被三面包围，但德军仍在坚守。尽管如此，对林德曼来说局势在不断恶化——到1月24日日终，他与南面的第16集团军失去联系，费久宁斯基的突击第2集团军仍在缓慢推进，1月26日切断克拉斯诺格瓦尔杰伊斯克和金吉谢普之间的铁路。尽管前线不断告急，但希特勒仍旧拒绝将这些饱受重压的兵团后撤。党卫队第3装甲军的侦察营——刚获得"赫尔曼·冯·扎尔察"（Hermann von Salza）[②]称号的党卫队第11装甲侦察营——试图利用自己的机动

---

① 译注：指列宁格勒附近的巴甫洛夫斯克，并非白俄罗斯的同名城市。巴甫洛夫斯克1918年至1944年间一度改称斯卢茨克。

② 译注：条顿骑士团第4任大团长，有译名为冯·萨尔扎，但该译法不合德语译名规范。

性和火力来迟滞苏联军队的攻势：

清晨的鱼肚白中，俄国坦克成宽广正面冲破灰色朝霞，嘎拉嘎拉地向古巴尼齐（Gubanitsy）驶去，起初只有7辆坦克，不久便出现了一大群。除了T-34，各种可能出现的坦克都出现了，哪怕是旧型号。党卫队第11装甲侦察营第5连的炮手将这些敌军坦克套入望远式瞄准具，第一轮齐射便敲掉7辆坦克中的6辆，接下来轮到第二波坦克，很快展开了一场我从未见过的坦克大战，天空中回荡着炮声，炮手们则狂热地躲在炮盾后面开火。我数出了61辆坦克，许多此时在我们右前方。随着战斗愈演愈烈，党卫队分队长斯波克开着加农炮车（一种背部安装一门75毫米短管炮的半履带车）径直向苏联人冲去，在近距离一辆接一辆击毁敌军坦克。我已经完全失去时间感，甚至不打算猜测这一战斗会持续多久。幸存的俄国坦克调头跑，他们的突破企图失败了。[17]

苏联军队在古巴尼齐的战斗中损失48辆坦克，其中11辆被卡斯佩尔·斯波克（Casper Spork）击毁。南面不远，来自第227步兵师的"文格勒"战斗群在一小批虎式坦克的支援下死守沃洛索沃镇（Volosovo）若干天，使得被打散部队的掉队者得以后撤。为纪念他们的指挥官，文格勒的手下将这座小镇称为"文格勒沃"。

1月27日，屈希勒尔受命参加在东普鲁士柯尼斯堡召开的一次国社党会议。会上他不得不忍受希特勒要求自己下属对最终胜利永葆信念的演说。屈希勒尔向与会者指出：冬季战事已给第18集团军造成40000例伤亡，他的手下不负众望地顽强战斗。但希特勒当众驳斥这一说法，并声称陆军应当更为坚定。

希特勒的斥责仍萦绕耳，屈希勒尔返回前线，要求自己的手下更为坚定，他的参谋长艾伯哈德·金策尔却建议林德曼撤退。1月27日晚，第18集团军所部后撤，炸毁途径所有桥梁。围绕克拉斯诺格瓦尔杰伊斯克展开的争夺也于1月25日接近尾声，得到一个坦克旅加强的苏联步兵第108军从西面冲进城，同时步兵第117军从北面推进，1月26日该城失守，德军第11步兵师在战斗中损失惨重，但与苏联人的宣称相反，该师未被歼灭，而是设法逃了回去。尽管如此，苏联军队不断的追击持续威胁后撤中的德军。党卫队第3装甲军机动单位不得不反复战斗，以确保主要后撤路线保持畅通。德军沿若干条道路向金吉谢普汇聚并渡过卢加河。德军高层打算守住卢加河防线，但苏联军队已经在金吉谢普以南渡河，在该城附近守卫卢加河并非不是长久之计。

再向东南，从东面杀来的苏联军队不紧不慢地追击着德军，使得林德曼可以秩序井然地完成后撤。斯维多夫第67集团军从北面包抄德军第27、第28军的企图被德军第12装甲师挫败。不过戈沃罗夫仍从北面压向卢加。对苏联人来说不幸的是，本应从东面向卢加推进并拖住德军两个军的沃尔霍夫方面军进展缓慢。屈希勒尔投入他能搜刮到的所有力量，勉强维系着两个集团军的联系，并拼凑起一道稀疏脆弱的防线。其中"舒尔特"战斗群由党卫队第2旅一部、第28猎兵师残部和其他三个师各一部组成，同由第1空军野战师和党卫队"诺德兰"师一部组成的"施佩特"战斗群，第290步兵师和党卫队"诺德兰"师余部组成的"菲尔古斯"战斗群相连接。这些战斗群挡在科罗夫尼科夫指挥的第59集团军前面，尽管这一防线如此薄弱，但得到一个坦克旅加强的苏联步兵第6军却在1月24日被打得几乎停滞不前。这至少部分是因为苏联人前一夜将德军赶出密集的防御工事时损失惨重——那个坦克旅仅剩8辆坦克。[18] 科罗夫尼科夫手头还有一个步兵军，但他没有拿来进攻薄弱的德军防线，而是扔到更南面，结果该军一头栽进了复杂地形，进展同样缓慢。第12装甲师的战斗群在战线上来回穿梭救火，尽管沃尔霍夫方面军的南翼进展不错，但第59集团军得到可观增援后推进依然缓慢。更南面的波罗的海沿岸第2方面军也无力阻挡德军秩序井然的撤退，从而使得第16集团军撤到新的阵地并腾出大批军队（第8猎兵师、第58步兵师、第302突击炮营及第21空军野战师、第32、第132步兵师各一部）增援林德曼的第18集团军。[19]

尽管得到这些增援，北面的压力并未消失。第10空军野战师师长赫尔曼·冯·瓦德尔中将1月29日身负重伤，他被送往爱沙尼亚的一座军医院，一周后在那里去世。冯·瓦尔德彻底丧失了凝聚力的师被解散，余部并入第170步兵师。到月底时，第18集团军的态势已经岌岌可危。年初便数量不足的步兵此时又减少了三分之二。苏联军队在德军防线上打入多个突出部，而希特勒仍旧要求坚守地盘，不可避免地令防线出现缺口，此外与南面的第16集团军之间也有缺口。1月30日，屈希勒尔设法获准撤向卢加河，但前提是他必须在那里重建防线。苏联军队已经在卢加河和金吉谢普之间渡过卢加河，因此屈希勒尔的司令部抗议说该命令不可能执行，结果屈希勒尔被解职，莫德尔元帅接任。

莫德尔一战期间获得过较高荣誉，两次世界大战之间在魏玛国防军任职，颇受弗里茨·冯·罗森堡中将（Fritz von Lossberg）那套防御理论的影响。1939和1940年的战役中，他作为参谋军官跟随第16集团军穿过卢森堡和法国北部，"巴巴罗萨"行动开始时指挥第3装甲师。莫德尔在莫斯科会战期间指挥第41装甲军，之后在1942—1943年间指挥第9集团军时展现了卓越的防御技巧，现在被派来稳定北方的局势。

莫德尔53岁那年成为德国国防军最年轻的元帅（他接管北方集团军群两个月后升为元帅）。海茵茨·古德里安曾这样评价他："一名精力充沛，勇敢的战士……是执行重建东线中段战线这一极为艰巨任务的最佳人选。"[20] 各种资料均称莫德尔是个心急口快，以至于显得粗鲁笨拙的人，陆军中的不少保守派军官都怀疑他亲纳粹。那咄咄逼人的态度使他获得了手下士兵的尊重，但多数司令部的军官发现很难和莫德尔打交道：他被调到第41装甲军时，整个军部的人都请求调职。[21] 莫德尔甚至对希特勒也直言不讳：元首1942年质疑他对第9集团军一部的部署时，莫德尔盯着德国领导人说"谁负责指挥第9集团军，我的元首，你还是我？"[22]

急躁易怒、精力充沛的莫德尔很快便向北方集团军群的司令部展现了他的个性。莫德尔清楚无论希特勒的命令如何，第18集团军坚守现在的阵地无异于自杀。他意识到希特勒抵触撤退，因此提出"盾与剑"的防御方针，北方集团军群将撤往卢加附近的突出部——作为"盾牌"，同时腾出来的兵力将如剑一般向西反击冲往原爱沙尼亚边境的苏联军队，但这些措施同样需要时间来执行。费久宁斯基的突击第2集团军此时已突破德军在奥拉宁包姆桥头堡附近的防御，受命突破卢加防线，抵达并强渡纳尔瓦河。第42集团军将在费久宁斯基的南翼冲向佩普西湖，第67集团军和整个沃尔霍夫方面军则试图拿下卢加城。

在重新征服波罗的海三国的第一阶段，苏联人继续发展那轮将德军从列宁格勒城下驱离的攻势，突击第2集团军的步兵第43、第122军1月30日—31日强攻金吉谢普，重创分别主要由挪威和丹麦志愿者组成党卫队第23"挪威"装甲掷弹兵团和第24"丹麦"装甲掷弹兵团。随着苏联军队绕过城镇，从南北两面渡过冰封的河流，党卫队放弃了金吉谢普，撤退时炸毁桥梁。党卫队第3装甲军和第54军各一部，在东面约16千米处的纳尔瓦河展开顽强的迟滞行动，他们用炸药炸开冰块，企图阻止苏联军队迅速渡过纳尔瓦河。尽管如此，攻克金吉谢普后第二天，来自步兵第43军的步兵第4团设法在纳尔瓦城北渡过纳尔瓦河并建立桥头堡，同时步兵第122军在南面约10千米处冰封的克里瓦索（Krivasoo）沼泽渡过该河。

在爱沙尼亚，战线逼近的消息给德国人任命的领导层带来不小的心理冲击。当局现在仍反对动员爱沙尼亚人民参战，但苏联军队打到门口时，代理总理于利·乌卢奥茨宣布了截然不同的政策。在2月7日的广播中，他支持展开动员，指出爱沙尼亚军队不仅可以同苏联军队作战，同时——乌卢奥茨知道德国人在监听他的演说——他们能做的"比他能在这里透露的多得多"[23]。乌卢奥茨和其他的波罗的海三国政治家一样，希望出现1918年那样的机会，使得爱沙尼亚设法独立。同时，纳尔瓦的平民已经疏散，这座城市准备迎接一场大战。

莫德尔此刻正设法重组他手里那点可怜的资源。林德曼受命在更靠近卢加的地方展开防线，从而显著缩减战线长度。第12装甲师将发起反击，与南面的第16集团军恢复联系，随后配合第58步兵师沿卢加河谷而下，同费久宁斯基当面的德军取得联系。考虑到双方的实力对比，这一行动可能超出了所部署军队的能力。但当务之急还是撑起纳尔瓦附近的防线。如果这里被突破，结果对于第18集团军、北方集团军群乃至整个东线德军而言可能是灾难性的。夺取纳尔瓦后，苏联军队沿波罗的海推进到塔林的道路将被打开，使得红旗波罗的海舰队可以深入波罗的海，爱沙尼亚的油页岩工厂是德国手里少有的石油资源，也会在这一过程中丢掉。苏联军队穿过爱沙尼亚，在佩普西湖的西岸推进，将有可能席卷整个防线。政治上的后果同样严重：希特勒已经注意到芬兰正设法同苏联展开停战谈判，控制爱沙尼亚海岸对阻止这一谈判至为重要。

纳尔瓦现在成为战事的焦点，这座城市13世纪成为定居点，当时丹麦人在纳尔瓦河西岸建立起壮观的赫尔曼堡要塞，城市下游，纳尔瓦河东岸陡峭，同西岸相对平坦的土地形成鲜明对比。从东面接近的苏联军队可一览德军阵地布防，观测到军队调动，并在目标暴露时召唤炮火覆盖。

2月2日，莫德尔前往纳尔瓦防线视察。第54军军长奥托·施蓬海默（Otto

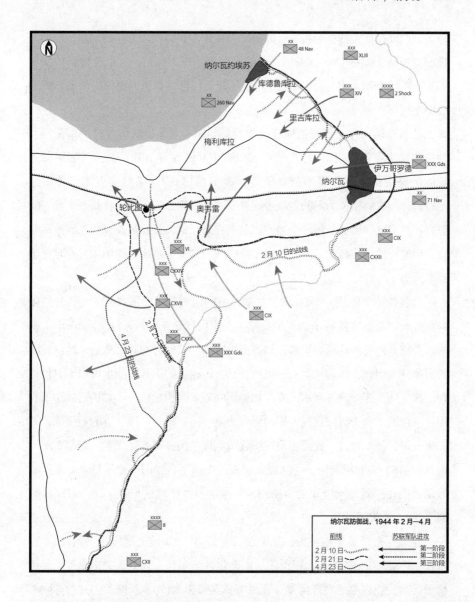

Sponheimer）受命指挥沿河布防的所有军队组成的、由北方集团军群直属的
"施蓬海默"集群。施蓬海默2月23日由约翰内斯·弗里斯纳接替后，该集群
随后改名为"纳尔瓦"集团军级支队。援兵源源不断赶来协助防御，使得在2
月的最后一星期，"纳尔瓦"集团军级支队可以支配的力量令人印象深刻。被
派至该地域的新部队中，有一支是来自中央集团军群的"统帅堂"装甲掷弹兵

师，最初以在斯大林格勒被歼灭的第60摩托化步兵师残部为基础组建，包括大批前冲锋队（简称SA，战前国社党的准军事组织）成员，并以希特勒1923年那次失败政变而命名[1]，该师现在为纳尔瓦地区饱受重压的德军提供了急需的装甲支援。

苏联军队同样在加强该地区，步兵第43军将更多的队伍渡过纳尔瓦河，并设法推进了两公里多一点，但在第227步兵师和党卫队"荷兰"装甲掷弹兵旅的坚决抵抗下止步不前。随后，德军2月初的一场反击在库德鲁库拉（Kudrukula）将精疲力竭的苏联步兵赶下了河。第二天，德军收获一个意外的惊喜：党卫队"挪威"团一个连的30名幸存者经14天长途跋涉成功返回德军防线，但他们的挪威籍党卫队三级突击队中队长却在穿越冰封的纳尔瓦河时死于德军火力。[24]

为包抄德军防线，2月13日，红旗波罗的海舰队试图用26艘大小各异的船只组成的区舰队登陆两个海军步兵旅。[25]他们打算在梅利库拉（Merikula）镇附近登陆，但爱沙尼亚的军事计划者至少在1939年便考虑到了从这一地点登陆的可能性，因此，作为"黑豹"防线一部分而建设的炮兵阵地也可用于对付这样一次登陆。第一波苏联军队发觉他们面临着顽强的抵抗，不过仍旧抵达梅利库拉，包围了负责防守这段海岸的混合力量——"柏林"战斗群的指挥部，第二天一早，德军通过一轮反击与被围在梅利库拉的德军恢复联系。在德军海岸炮兵和第502重装甲营的一小队虎式坦克的支援下，德国—爱沙尼亚联军挫败登陆企图（尽管德国空军的"斯图卡"空袭误炸了虎式坦克），苏联军队约750人阵亡或被俘。[26]

克里瓦索桥头堡也获得一批增援，步兵第109军前来增援步兵第122军，两军向西北推进了7英里，以设法从南面包抄纳尔瓦，党卫队"诺德兰"装甲掷弹兵师、新赶来的"统帅堂"装甲掷弹兵师和第170步兵师重创这股苏联军队并挫败该企图。但靠西南方一些的近卫步兵第30军获得更大进展。奥韦雷（Auvere）的火车站几度易手，苏联军队直到2月17日才设法在此稳住阵脚，

---

① 译注：即啤酒馆政变，希特勒的政变队伍在慕尼黑的统帅堂前面遭遇惨败。

但"统帅堂"师的一次反击令其推进猝然停止。类似在波罗的海沿岸尝试的那次海军行动，苏联人这次也试图通过穿越佩普西湖，从南面绕过德军防御。步兵第90师2月12日夺取皮利萨尔岛（Piirissaar），两天后在湖西岸的约佩拉（Joepera）建立一个小桥头堡。然而由一个德国团和一个爱沙尼亚团发起的迅速反击消灭了桥头堡，歼灭皮利萨尔岛上的苏联军队。

苏联军队指挥层明显感到沮丧：佩普西湖北岸和波罗的海海岸间相对狭窄的走廊多为沼泽地形，几乎没有机动的空间，使得苏联军队只能正面强攻德军阵地。戈沃罗夫抱怨费久宁斯基的突击第2集团军侦察不利，作战计划（尤其是攻势开始后的炮兵支援）制定不佳，步兵、坦克和其他兵种的相互配合得也不好。[27] 考虑到这一地区战事对与芬兰谈判的影响，2月14日，斯大林命令大本营下达一道直率的训令：

> 我军必须在2月17日结束前拿下纳尔瓦，这不仅是出于军事考量，也有政治需求，是当务之急。
>
> 我要求你们采取所有必要措施，在规定日期前解放纳尔瓦。[28]

费久宁斯基也收到了额外的增援，包括步兵第124军和一些小型坦克部队。这些军队被填进南部的桥头堡，并与步兵第122军一同发起进攻，然而进展依旧不佳。近卫步兵第30军又损失惨重，几乎完全丧失战斗力。在第61步兵师和第502重装甲营的配合下，"统帅堂"装甲掷弹兵师成功把步兵第124军赶回其出发阵地。尽管苏联红军仍坚守着纳尔瓦防线后方一个向北的、危险的突出部，但各师已经无法继续发挥优势，包抄德国守军。对苏联人来说，或许仅有的安慰是一个旅的爱沙尼亚队伍前往前线时溃散，在混乱中后撤，许多人借机跑回了家。[29]

莫德尔计划在纳尔瓦河谷以东展开主要战斗，但他的"盾与剑"方针此时却难以执行。苏联军队仍旧从北面压向卢加，莫德尔准备作为"剑"的机动力量——第126步兵师、第12装甲师和第12空军野战师——一头撞进在佩普西湖以东推进的第42集团军。一片混乱的苦战中，德军也无从向前推进，在战线其他各处受到重压的情况下，莫德尔被迫放弃自己的计划。卢加在2月12日被放弃，林德曼的第18集团军撤向"黑豹"防线，抵达这一地区后就不断作战的第12装甲师展开一系列迟滞行动，以拖住试图切断德军撤出卢加道路的苏联第42集团军。更南面，苏联第8集团军的推进比临近的第59集团军快不少，他们从东南方冲向卢加时遇到一些麻烦：一次突如其来的德军反击令其暂时被围，使得沃尔霍夫方面军不得不派出第59集团军一部前去解围，这给了林德曼集团军撤退中的士兵一丝喘息之机，尽管再三尝试，但包围苏联第8集团军大部的德军部队无力削弱并歼灭被围苏联军队兵团。

伊尔门湖南面的德军同样遭遇更多困难。苏联军队突击第1集团军2月初在旧鲁萨南郊发起进攻，该军团实力严重不足，近100千米的战线上只有4个步兵师——和苏联军队其他攻势中的军团不同，该军团几乎没有尝试在一处地点集中兵力——攻势几乎没有进展。波罗的海沿岸第2方面军的第22集团军和近卫第10集团军在更南面向德军第16集团军发起进攻，但德军的顽强抵抗及恶劣天气使得他们进展甚微。然而，由于北面第18集团军正在后撤，第16集团军面临着北翼暴露的危险，其南端也面临着更多威胁——那里的苏联军队似乎正在接收可观的增援。在这一地段，冬季的大部分时间都在苏联军队的攻势中度过，他们徒劳地试图从中央集团军群第3装甲集团军手中夺取维捷布斯克，停下这些攻势后，苏联军队得以腾出手来对付第16集团军。莫德尔命令汉森指挥的第16集团军向西撤去。苏联军队未能及时注意并阻止德军的后撤，恶劣的天气，德军出色的防御，拉长的苏联补给线，苏联空军无力支援推进……这一系列因素相结合，使得第16集团军得以安全撤退。

回到纳尔瓦防线，新组建的党卫队第20（"爱沙尼亚第1"）掷弹兵师已抵达前线，这个师以来自第16集团军的党卫队第3"爱沙尼亚"旅为核心组建，加入了纳尔瓦营残部。新的师被部署到纳尔瓦城北、苏联军队桥头堡对面，以代替极度虚弱的第9、第10两个空军野战师。许多爱沙尼亚人熟悉这里的地形，战前那些年，爱沙尼亚陆军经常在这一地区组织抗击苏联进攻的演习。2月20日，该师的两个团发起进攻，成功将苏联军队的桥头堡斩为两段。第二天，消灭里吉库拉（Riigikula）附近苏联桥头堡的尝试在苏联军队不间断的炮火压制下进展甚微。经过一番准备，2月24日，战前的爱沙尼亚独立日当天，德军再次进攻这个小小的苏联军队口袋。爱沙尼亚师的一个营仔细准备正面强攻的同时，一小队士兵渗透入苏联军队战壕，使得苏联军队的炮兵无法在不误伤友军的情况下提供近距离支援，这个口袋当晚被肃清。

纳尔瓦以北苏联桥头堡的另一半略大一些，由步兵第378师坚守，得到约20门自行火炮的支援，2月29日，爱沙尼亚师的两个团进攻这一工事密布的阵地。战斗打响后一个小时，党卫队第46掷弹兵团的一个营便损失几乎所有军官，但在党卫队三级小队副哈拉德·努吉塞克斯（Nugiseks）灵活多变地指挥下，进攻继续进行。苏联军队一直顽强抵抗到3月6日，桥头堡才被消灭。在战斗中负伤的努吉塞克斯获得骑士铁十字勋章。

尽管莫斯科下达了不耐烦的命令，戈沃罗夫却发现他的方面军有丢掉纳尔瓦地区战事主动权的危险。除去费久宁斯基筋疲力尽的突击第2集团军，他手头还有科罗夫尼科夫的第59集团军和斯塔里科夫的第8集团军。2月22日，戈沃罗夫下达新的指令，这轮攻势的目的是扩大纳尔瓦以南的桥头堡——突击第2集团军从这里出发，向东北方的纳尔瓦城杀去，第59集团军则向西推进，而正结束之前向普斯科夫的推进，变更部署赶来的第8集团军将用于扩大第59集团军的战果。[30] 3月1日，德军正忙着对付纳尔瓦北面桥头堡的残部时，戈沃罗夫的军团展开攻势。尽管已休息些许时日，费久宁斯基的各师仍旧进展不佳，左翼，来自第59集团军步兵第43军、第109军于一轮猛烈、但显然收效甚微的炮火准备后，向德军第214步兵师发起进攻。这个德国师在之前战争中的绝大多数时间里都在挪威执行占领军任务，尚未习惯东线的作战环境，历经三天苦战后被逐退，部分单位陷入包围。更多德军——第11步兵师和第58步兵师各一部——抵达后，苏联人的攻势慢慢停了下来。战斗又持续了好几天，直到第11步兵师发起进攻突破苏联防线、救出一些先前被包围的友军部队。

3月18日，费久宁斯基的集团军再次以步兵第109军和近卫步兵第30军残部发起进攻。苏联军队希望以猛烈的炮火准备克服德军顽强的防御，奥托·卡里乌斯在他座车附近的掩体里目睹了这一幕：

> 突然间，常人难以想象的炮弹便倾盆而下，把我们桥头堡附近的整个战线浇了个遍……只有俄国佬才能搞出这样的炮火。
>
> 我后来在西线所领略到的美军炮火都无法与他们相提并论，俄国佬用手头

所有的武器开火，从轻型迫击炮到重炮……

  对第61步兵师的炮轰是如此猛烈，以至于我们感到地狱之门都被打开了！我们正好处在炮击的中心地带，根本无法从掩体跑到坦克停放的位置上。[31]

  起初，苏联人的攻势看上去进展顺利，成功切断塔林—纳尔瓦铁路线，卡里乌斯和其他两名虎式坦克车长设法在支援步兵被驱离的情况下守住他们负责的战线。卡里乌斯花了大半天说服支援炮兵开火——炮手们误以为德军步兵仍坚守着他们的阵地，会被卡里乌斯所请求的炮火支援误伤。苏联第三轮进攻即将来临时，卡里乌斯绝望地要求炮火支援，德军炮兵才终于开火并严重打乱了苏联军队的准备，不久后，苏联军队以营级兵力发起最后一轮攻势，卡里乌斯击退他们并又击毁3辆T-34。

  第二天早上，卡里乌斯带领三辆坦克和一些步兵发起反击，以夺取两座作为德军战线支撑点的房屋废墟。尽管步兵轻松拿下西侧的房屋废墟，但他们发现东面的废墟防御更为坚固，部署了若干反坦克炮和重机枪：

  这正是典型的俄军，无论身处何处，哪怕只有几个小时——特别是晚上——他们都会像蚂蚁一样把物资拖来，同时像地鼠一样掘地三尺。尽管我们经常遇到这一情况，但却从未搞明白他们是如何做到这一切的，大家倾尽全力却仍无法夺回第二座支撑点。双方交火时，俄国佬以两辆T-34和一小队步兵展开反击。

  我们将其打退，并击毁了他们的坦克，但不久后大口径迫击炮和超重型火炮却向我们发威，造成我方两死两伤，剩下四个人显然已经无力拿下这个防御支撑点，更别说守住它了。[32]

  苏方最后的反击被击退后，战斗逐渐平息。卡里乌斯和他的战友们对他们的连长冯·席勒感到失望和愤怒：连长战斗全程都没有赶到前线来。几天后国防军战时公报提到这个连在席勒的领导下表现出色时，大家更是怒不可遏。[33]

  德军坚守着一块深入苏联人战线的狭窄突出部，突出部底端是轮比图村（Lembitu）。苏联军队则继续尝试消灭该突出部，轮比图村也几度易手。德军步兵被打得所剩无几，但在卡里乌斯指挥的虎式坦克支援下，他们仍旧坚守着阵地。3月22日战斗沉寂下来时，战线相比苏联军队进攻开始时几乎没有怎么移动。据卡里乌斯计算，他的一小群坦克击毁38辆坦克、4辆自行火炮和17门火炮。尽管支援他的步兵损失不小，但卡里乌斯的排只有一人受伤——一发重迫击炮弹击中一辆坦克，击穿舱盖，炸断了一名新到营里的年轻士兵的脚。苏联步兵的损失不得而知，但远高于德军。[34]

战役的最后一个阶段，是德军发起一次坚决的突击以摧毁苏联人的桥头堡。卡里乌斯坚守的德军突出部因其形状被德军称为"靴子"，这一突出部将苏联人的桥头堡分为两部分——"东部口袋"和"西部口袋"。

3月26日，第11、第227步兵师发起进攻。前者由海津特·冯·施特拉维茨指挥的一支特别坦克兵团支援。施特拉维茨是一个经历丰富的人，曾在法国战役和"巴巴罗萨"行动中指挥过一个坦克营，在1942年的斯大林格勒战役中受伤。10月份受伤的施特拉维茨坐运输机飞离那里，是少数逃出包围圈的人之一。第二年，他被任命为"大德意志"装甲掷弹兵师装甲团的团长。同在早期岗位上时一样，施特拉维茨那富有活力的领导使得他获得了下属的爱戴及同时代人的表扬。尽管他是第一个师长以下拿到骑士铁十字勋章橡叶饰的人，也是国社党人，却是反希特勒军官群体中的其中一员。战后，他宣称主要是第6集团军在斯大林格勒的命运，尤其是他的军长古斯塔夫·冯·维斯特海姆因为莫须有的失败主义和无能的罪名被解职，使得他相信必须阻止希特勒。他同格奥尔格·弗赖赫尔·冯·伯泽拉格尔（Georg Freiherr von Boeselager）、费边·冯·施拉布伦多夫（Fabian von Schlabrendorff）卷入了1943年年初的一次密谋。计划要么在希特勒视察东线时予以逮捕，要么在他的专机上安放定时炸弹炸死他。但希特勒在这些密谋者预料之外的地方降落，炸弹也因为寒冷而失效。[35] 没有密谋者被逮捕。1944年年初，被手下称为"装甲伯爵"的他重返前线，指挥着一支混合的坦克力量，其中包括来自第502重装甲营的虎式坦克。

施特拉维茨以对"西部口袋"的攻势展开了他消灭苏联军队桥头堡的第一次尝试，卡里乌斯和他的虎式坦克坚守"靴子"及其周边阵地，主攻将从西面发起，为这次进攻选择的道路太过于狭窄，虎式坦克无法通过，施特拉维茨乘坐打头阵的四号坦克亲自带队进攻。比起苏联军队的抵抗，地形给德军制造的麻烦更多——狭窄道路两边的沼泽地在白天软化，使得装甲车辆无法越野行驶。尽管如此，这一攻势取得成功，西部口袋被消灭了。

4月6日的第二次行动针对"东部口袋"，这一次，卡里乌斯和他的虎式坦克将在进攻中一马当先。道路向东经过两座房屋废墟（卡里乌斯之前在此苦战、设法挡住苏联军队的进攻），随后转向南去，穿过纳尔瓦通向西面的铁路一段距离后进入树林。一番炮火准备后，卡里乌斯和其他三辆虎式坦克穿过铁路线向前涌去，显然将苏联守军打得措手不及。苏联守军召唤的炮火支援姗姗来迟，虎式坦克及伴随步兵已经进一步向南推进了。尽管他们设法在漫漫长夜中挡住苏联人的反击，守住了阵地，但继续向南推进已不复可能。不论如何，苏联步兵第109军一个师的大部被歼灭，一个坦克旅的大批坦克被击毁或遗弃。苏联人似乎认为，德军成功消灭"西部口袋"后，施特拉维茨的坦克将会采取同样的方式来对付"东部口袋"的底部，并按照这一想定布置防御，结果被从北面发起的攻势打得措手不及。[36]

国防军最高统帅部3月31日的报告中记述了德军的这些成功，虽然或多或少有些夸大：

> 在炮兵、火箭炮、坦克和战斗轰炸机的有效支援下，数个俄国师的主力在这些天的进攻行动中被包围并歼灭于纳尔瓦西南难以通行的森林和沼泽中。敌军多次解围尝试均遭失败。在这次进攻中，敌军死亡6000多人，留下成百上千的俘虏、59门大炮及无数其他武器、各种军火。[37]

4月19日，春季融雪使得所有机动都变得困难时，德军试图消灭苏联桥头堡余部，并投入虎式坦克营、施特拉维茨的坦克和第61、第122、第170步兵师各一部，"统帅堂"师一部。混乱的战斗持续数天，双方都一度被围。德军4月24日取消了进展十分有限的攻势。施特拉维茨因战斗中的表现获得骑士铁十字勋章钻石饰，随后派往新的岗位；卡里乌斯则获得了骑士铁十字勋章。

对此次战斗，苏方的说法与OKW的报告截然相反：

> 希特勒分子的指挥部决定重新打通铁路线，并于3月26日发起反击，敌军

在两个星期中发起一轮接一轮进攻，付出惨重损失后设法于苏联防线中打入一个楔子，但他们的部分军队被包围歼灭，剩下的撤回出发阵地。[38]

这是该地区冬季战斗的终曲，戈沃罗夫手下的各集团军几乎连续不断地进攻了三个月，在一个月内将德军从列宁格勒赶回爱沙尼亚。尽管在得到不断增援的情况下发起一系列攻势，苏联军队仍未能突破纳尔瓦防线。对德军来说，挡住苏联军队推进所获的满足也更多被己方遭受的惨重损失抵消了。直到夏天那些戏剧性的重大事件发生后，战事才会重启。

更南面，拉脱维亚人正与从佩普西湖南面发起攻势、试图直接攻入拉脱维亚境内的苏联军队展开苦战。党卫队第2"拉脱维亚"旅已扩编为新的党卫队第19"拉脱维亚第2"掷弹兵师。为新建一个野战指挥部指挥两个拉脱维亚师并肩作战，党卫队1943年10月组建党卫队第6军。该军由两个拉脱维亚师组成，任务是占据沿韦利卡亚河的这段"黑豹"防线。第一任军长是党卫队全国副总指挥（党卫队上将）卡尔·冯·普菲尔－维登布鲁赫（Karl von Pfeffer-Wildenbruch），一个十分受拉脱维亚高级军官尊重的人。

这一地段的防线选址不佳，韦利卡亚河东岸的地形由一连串丘陵组成，使得苏联军队可以俯瞰拉脱维亚阵地，党卫队旗队长魏斯设法率部将战线向前推进，以控制丘陵，改善阵地，但这些行动只取得有限成功。拉脱维亚人连日撤退，经常同追击的苏联军队展开令人精疲力竭的、代价惨重的交战，他们不愿意离开"黑豹"防线掩体的庇护。

3月1日，苏联军队跨过冰封的韦利卡亚河，从而为该地区持续近一个月的一系列战斗拉开帷幕。3月16日，拉脱维亚人被逐出萨普罗沃诺（Sapronovo）附近的93.4高地，这是西岸为数不多的几座高地之一，经过翌日一番血腥的拉锯，他们成功在3月18日夺回阵地。一星期后，经过一番猛烈的炮火轰炸，苏联军队再次展开进攻，迫使两个拉脱维亚师中较为靠南的那个——党卫队第15掷弹兵师后撤。坚决的反击也没能摧毁苏联军队桥头堡，4月初，这个受创的拉脱维亚师被撤离前线。

党卫队第19掷弹兵师地段的苦战持续到4月初，党卫队旗队长魏斯4月7日被一枚手榴弹炸伤，几天后不治身亡。4月中旬春季融雪前，苏联军队一直设法突破这里的防线，拉脱维亚人估计他们至少挡住11个苏联步兵师，但自己也损失不轻。为纪念战斗最激烈的那天，拉脱维亚人宣布3月16日为"拉脱维亚军团日"，此役也是两个拉脱维亚师唯一一次在拉脱维亚指挥官的指挥下并肩作战。[39]

注释

1. 如见D. 格兰茨，《列宁格勒会战》（劳伦斯：堪萨斯大学出版社，2002年）；M. 琼斯，《围困中的列宁格勒》（伦敦：约翰默里出版社，2008年）。

2. 格兰茨（2002年），第327页。

3. 格兰茨（2002年），第329页。

4. E. 齐姆克，《斯大林格勒到柏林：德国在东方的失败》（火奴鲁鲁：太平洋大学出版社，2003年），第248—251页。

5. S. 普拉托诺夫，《列宁格勒会战》（莫斯科：军事出版社，1964年），第304页。

6. 琼斯，第284页。

7. H. 卡德尔，《第170步兵师师史》（班德瑙海姆：波德聪出版社，1953年），第88页。

8. A. 西加利斯，《拉脱维亚军团》（圣何塞：本德尔出版公司，1986年），第39—40页。

9. G. 洛施，《莱茵-威德特法仑第126步兵师师史1940—1945》（班德瑙海姆：波德聪出版社，1961年），第223页。

10. A. 西顿，《苏德战争1941—1945》（纽约：普拉格尔出版社，1971年），第411页。

11. 琼斯，第283页。

12. 齐姆克，第256页。

13. 齐姆克，第256页。

14. O. 卡里乌斯，《泥泞中的老虎》（梅岑尼克堡：斯塔克波尔出版社2003年），第46—47页。

15. 卡里乌斯，第117—119页。

16. 普拉托诺夫，第359页，引自格兰茨（2002年）第353页。

17. W. 铁克，《忠诚的悲剧：党卫队第3（日耳曼）装甲军军史》（J. J. 温尼伯：J. J. 费多罗维奇出版社，2001年），第41页。

18. 普拉托诺夫，第373页。

19. 格兰茨（2002年），第364页。

20. H. 古德里安，《装甲先锋》（伦敦：企鹅出版社），第336页。

21. C. 德艾斯特，《莫德尔》，收入于C. 班内特，《希特勒的将军》（纽约：韦登菲尔德和尼科尔森出版社，1989年），第323页。

22. F. 冯·梅伦廷，《二战德军将领》（诺曼：俄克拉荷马大学出版社，1977 年），第149页。

23. R. 米苏纳斯，R. 塔奇佩加，《波罗的海三国：失去独立的岁月1940—1990》（伦敦：霍尔斯特出版社，1993年），第70页。

24. 铁克，第55页。

25. E. 克里沃舍耶夫，《漫长的半年》（塔林：书籍出版社，1984年），第87页。

26. 伤亡数据：铁克，第64页。

27. 普拉托诺夫，第385页。

28. V. 佐洛塔列夫，《最高统帅部大本营1944—1945》（莫斯科：特拉出版社，1999年），第44页。

29. 齐姆克，第262页。

30. 佐罗塔耶夫（1999年），第267—268页。

31. 卡里乌斯，第84页。

32. 卡里乌斯，第89—90页。

33. 卡里乌斯，第91页。

34. 卡里乌斯，第94—95页。

35. T. 伯恩内特，《密谋百科全书》（伦敦：柯林斯和布朗出版社，2005年），第48页。

36. 卡里乌斯，第103—110、114页。

37. W. 豪普特，《北方集团军群》（阿特格伦：希弗出版社，1997年），第212—213页。

38. K. 奥尔洛夫，《伟大卫国战争中苏联波罗的海地区的战事1941—1945》（莫斯科：列斯马出版社），第120页。

39. 关于拉脱维亚人防卫韦利卡亚的记述，见西加利斯，第72—83页。

第七章

打破僵局——1944 年夏

　　纳尔瓦附近的战斗随着春季解冻逐渐停歇，北方集团军群及其对面的苏联各方面军迎来相对的平静。红军取得大量值得庆祝的战果，同时也有种错失良机的感觉。现在列宁格勒已经完全不用担心德军的进攻，前线也已经抵达1939年的苏联旧国境线，在纳尔瓦桥头堡甚至越过了该线。不过，尽管遭到重创，北方集团军群还是幸存下来，它在纳尔瓦的防御战表明，德国国防军不仅能组织起顽强的抵抗，还能给苏联军队造成严重伤亡。

　　东线其他地段也出现了类似情况。在东线中段，两军冬季于维捷布斯克以北展开极为激烈的战斗。波罗的海沿岸第1方面军成功拿下涅韦尔（Nevel）和戈罗多克（Gorodok）。随后却花费数周对维捷布斯克城本身展开徒劳的冲击。这座城市陷入一个危险的突出部，北、东、西三面都是苏联军队。尽管它显而易见是苏联军队突击的目标，但希特勒拒绝从此处撤退，反而宣布此地为要塞，守军将战至最后一人。再向南面，苏联军队追击着他们在库尔斯克会战中未能突破的德军，成功突破德军第聂伯河防线。乌克兰第1、第2方面军在切尔卡瑟附近包围数量可观的德军。尽管德军成功突围，至少包围圈中有一批军队得以逃出，但在苏联人看来，新的胜利就在眼前。基于这一点，斯大林督促指挥员们在整个东线对德军施加压力，认为这些无休止的攻势终究可以将战线的一部分击垮，从这里扩大战果，可以打破整个德军战线。然而在北方地段，春季解冻让军队无法机动，加之进攻兵团已精疲力竭，令苏联军队无法取得决定性突破。

随着天气转暖，德军忧虑地为苏联军队攻势的恢复做准备。在苏联战役欺骗措施的作用下，希特勒和陆军总司令部均得出苏联红军的主攻将落在乌克兰的结论，该地区白天经常可以看到空的货运列车离开，德军认为这些列车将人员和装备运到了科韦利（Kovel）附近的前线。这些列车在夜间的确进入了该地区，但德军不知道的是，它们和德军侦察机在白天看到的一样，都是空车。苏联军队其实是在中央集团军群当面集结。

中央集团军群的三个集团军并非没有发现对面大批苏联军队正在集结。虽然或许低估了苏联军队的总实力，但是第3装甲集团军、第4和第9集团军的官兵很清楚他们要面对一场大规模进攻。尽管这些证据毋庸置疑，但德国陆军总司令部仍相信主攻将在更南面发起。可到6月10日，这一坚定的观点也开始动摇了：

尽管我们仍认为在苏联军队总的进攻战役框架下，对中央集团军群的进攻不过是一个次要行动，但必须考虑到敌军同样有实力在中央集团军群当面集结，考虑到双方的力量对比，其突破能力不容低估。[1]

中央集团军群那些暴露的德军不被允许撤退，只能观察和等待，焦急地听着西方盟军诺曼底登陆的消息。6月22日，德国入侵苏联的三周年纪念日，苏联人的打击到来了——为"巴格拉季昂"行动集结的苏联军队展开行动。维捷布斯克在三天内被包围，并于6月27日陷落，德军第53军就歼。随后德军又在莫吉廖夫和博布鲁伊斯克被围，接着是明斯克包围圈。到这一阶段，德军全线败退，只有少数几个装甲师仍旧在这不可阻挡的洪流前进行着零星抵抗。

中央集团军群的覆灭带来两个迫在眉睫的问题：首先，必须尽快设法调集军队来填补这50多万人损失所产生的巨大缺口。由于在法国的德军也迫切需要军队对付诺曼底的盟军，中央集团军群的增援要么来自在挪威这类地方驻防的几个师，要么来自东线北段和南段的集团军群。这样调动军队将削弱上述地段，从而使得他们无力应对苏联军队接下来的进攻。

第二个问题是苏联军队在"巴格拉季昂"行动中快速推进，穿过白俄罗斯，一直推进到波兰边境后，南北两侧紧邻的集团军群侧翼也暴露了。就北方集团军群来说，这为苏联军队提供了一个绕过德军坚固防御的良好机会，德军在此的顽强防御在冬季攻势最后几周内挡住了苏联军队的推进。北方集团军群派出的军队试图在中央地段重建防线时，被削弱的德军第16、第18两个集团军群变得更容易遭到攻击。

中央集团军群灾难般的境况迫使德军高层考虑激进的选项，陆军总司令部提出应放弃爱沙尼亚和一部分拉脱维亚，将军队撤到道加瓦河一线。取代林德曼的北方集团军群新任司令约翰内斯·弗里斯纳（Johannes Friessner）7月12日向希特勒提出了这一意见。希特勒的回应并不出人意料，他命令北方集团军群要么坚守纳尔瓦，要么全军覆灭。[2]

接下来几周内，整个东线出现迅速而又戏剧性的发展。这些战斗经常同时发生，行文连贯起见，我们将先叙述南面，在那里，"巴格拉季昂"行动北翼的苏联各集团军冲向立陶宛和拉脱维亚；然后叙述北面，波罗的海沿岸是俄国入侵爱沙尼亚的传统路线，这里仍有激烈的战斗和无数的流血。

驻波罗的海三国德军的第一次危机发生在"巴格拉季昂"行动尾声，当时伊万·赫里斯托罗维奇·巴格拉米扬将军的波罗的海沿岸第1方面军和伊万·丹尼洛维奇·切尔尼亚霍夫斯基的波罗的海沿岸第3方面军在苏联军队大推进的北翼推进。尽管在"巴格拉季昂"行动的开始阶段损失不小，但波罗的海沿岸第1方面军仍是一支强有力的军队，随着它不断推进，巴格拉米扬多次对悬在他右翼的德军北方集团军群表示担忧。他感到这支德军构成潜在威胁，但也提供了一个机遇：向他们进攻可以孤立并最终歼灭北方集团军群。换句话说，同斯大林在冬季攻势期间的信条一致，他希望利用当面德军崩溃，并在其他地段引发类似的崩溃。

巴格拉米扬是一名亚美尼亚铁路工人的儿子，也是第一名非斯拉夫族的苏联方面军司令员。他在俄国革命后的内战期间曾经是亚美尼亚民族主义集团的一员，也因此事被发现在1934年被伏龙芝军事学院短暂开除，幸运的是，他的这次被捕因政治局的一名亚美尼亚成员阿纳斯塔斯·米高扬而改变。[3]"巴巴罗萨"行动开始时，他是西南方面军的副参谋长，也是该方面军在西乌克兰崩溃时少数幸免于难的军官之一。参加莫斯科会战中苏联反击计划的制定后，巴格拉米扬卷入铁木辛哥1942年那场灾难性的哈尔科夫攻势，事后被降职，尽管他曾设法说服斯大林和铁木辛哥这次战役形势不妙[4]①，缓过口气后，他接过第16集团军，随后是第11集团军②，并在库尔斯克会战的准备阶段给斯大林留下深刻印象。随后巴格拉米扬接过波罗的海沿岸第1方面军，领导该方面军参加"巴格拉季昂"行动前，他在1943—1944年冬引领对维捷布斯克的突击。

切尔尼亚霍夫斯基同样是铁路工人之子，不过他来自乌克兰。切尔尼亚霍夫斯基比同期的多数将军都要年轻，他在第二次世界大战中的早期经验，是在立陶宛早期战斗中，带领他的坦克第28师对霍普纳的第4装甲集群发起注定失败的反击。1943年年初，他指挥第60集团军解放库尔斯克时声名鹊起，创造了后来成为夏季战斗中心的这个突出部。切尔尼亚霍夫斯基是方面军司令员中最年轻的一位，并在"巴格拉季昂"行动中展现出改变方面军进攻方向的才能，他将在战争末期的东普鲁士之战中再次展示这一点。

巴格拉米扬麾下各军团7月4日抵达白俄罗斯西北部的纳拉奇湖，随后受命冲向考纳斯和维尔纽斯。除了这些城市的纪念意义，拿下这些目标中的任一个都能为冲向波罗的海从而包围北方集团军群打开道路。波罗的海沿岸第1方面军当面的德军防线由第3装甲集团军残部中的第26军组成，军长为格尔哈德·马茨基（Gerhard Matzky）。他担任驻东京武官到1940年，并在1943年接过第21步兵师的指挥权，1944年年初指挥第28军。接管第26军之前，马茨基在普斯科夫以南的防御战中拿到骑士铁十字勋章。

第7装甲师是第3装甲集团军少有的状态良好的兵团之一，这个师刚从北乌克兰集团军群赶来，在白俄罗斯西北部的利达市区以北下火车。他们7月5日抵达时被派往北面，以便在维尔纽斯东南约30英里处建立起一道防御正面。该师的不少人应该会记得三年前他们穿过这一地区，引领着胜利的国防军似乎势不可挡地冲入苏联。现在，新作战区域的态势给这些装甲兵带来不小震撼：

前线乱作一团，一些撤退中的部队已经完全瓦解为单个士兵。指挥部收

---

① 译注：实际上，巴格拉米扬对哈尔科夫战役的失败负有责任，且事后极力将责任推脱给南方面军的马利诺夫斯基等人，斯大林看穿后将他打发到了第28集团军，在朱可夫等人的求情下改担任第61集团军副司令员。

② 译注：他后面指挥的近卫第11集团军实际上是由第16集团军改编而来。

不到任何来自"前线"的汇报，也无法提供任何关于敌军的情报，更不用说关于他们之前交手的那些兵团的情报，凝聚力已经荡然无存。[5]

在一系列边打边跑的战斗中，第7装甲师稳步向西撤去。同大多数摩托化的德军兵团一样，这个师也为燃料不足所困。7月10日，师长卡尔·毛斯少将不得不下令炸毁那些拖拽中的、丧失机动能力的坦克。7月10日穿过立陶宛边境后，巴格拉米扬的前锋绕过第7装甲师北翼，抵达德军防线西面40多英里外的阿利图斯（Alytus）城郊。装甲师的主力仍旧面朝东面，防御刚刚进入立陶宛国境之内瓦雷纳的渡口，同时以一个战斗群克服苏联军队强大的反坦克防御冲向阿利图斯。在持续的压力下，第7装甲师撤向西南方，并于7月13日在莫尔基宁（Merkine）撤过涅曼河。为回应手中无兵可用的阿利图斯城防司令的迫切恳求，毛斯向城里派出一个战斗群，尽管得到过相反的保证，但这个战斗群立即分散成小分队。无论怎样，城市本身是守不住了。苏联军队7月15日发起的猛攻迫使德军后退，德军在阿利图斯西北留下第7装甲师战斗群一部，余部继续向西撤退。事实证明，有可能在这里的高地上挡住苏联军队：

> 这一天，我师通过展开所有可用力量迎击持续进攻的敌军，取得了一场防御战的胜利。兵力为10—12个团的敌军在最重型的火炮、反坦克炮、迫击炮和航空兵支援下，试图达成突破，重点在阿利图斯以西。不过，敌军的主攻显然被打乱了，我军炮兵发挥了尤其重要的作用。[6]

第7装甲师有一个装甲营在法国换装新式的豹式坦克，该营的回归提供了全师上下最为欢迎的增援。鏖战继续进行，7月27日，第7装甲师受命前往考纳斯以北，以处理一个可能撕开整个德军防线的危险进程。

巴格拉米扬南翼则是切尔尼亚霍夫斯基的白俄罗斯第3方面军，当面是大杂烩一样的德军部队，其中最为突出的是德军第5装甲师。这个师参加了从莫吉廖夫到明斯克边打边撤的战斗，又从那里撤向立陶宛和东普鲁士边境，尽管有一定损失，仍旧是一支强有力的军队。艰苦的战斗给参战士兵们留下深刻印象，正如第5装甲师一个装甲掷弹兵团团长所记录的那样：

这些是我经历过的最为艰难的战斗，基本上符合以下格言：诱敌深入，当头一棒，脱离战斗，发起进攻，再次消失。这意味着上到指挥官，下到一线士兵，都需要最为艰辛的努力，这里绝对没有睡觉的想法，这些日子里需要的勇气、行动力和耐力难以用言语形容。不应当单独表扬某些个人和部队，所有人都在竭尽全力。[7]

第5装甲师与少量临时部队组成了刚重建的第39装甲军——之前那个在别列津纳河以东被歼灭，两天内损失了两名军长。现任军长迪特里希·冯·邵肯将军是一名普鲁士地主的儿子，拥有长期而卓越的军旅生涯。他1941年12月起担任第4装甲师师长，1942年年初获得骑士铁十字勋章后不久便受重伤，随后前往克兰普尼茨（Krampnitiz）的德军装甲兵学院担任院长，之后返回第4装甲师，1943年8月获得骑士铁十字勋章橡叶饰，并在随后的冬天里获得双剑饰。

若干装甲师，例如第4、第5、第7装甲师，在"巴格拉季昂"行动的余波中作为救火队员奋战，设法截击推进中的苏联军队前锋。扮演这一角色时，无论在何地遭遇苏联红军，它们表现都十分出色。但装甲师数量较少，加之不断受到燃料缺乏的困扰，使得苏联军队的推进尚可为继，尽管此时多支部队也已达到补给线的末端，机械磨损造成的困扰不比德军抵抗少。这些东奔西跑的装甲师都无力阻止切尔尼亚霍夫斯基的发展胜利力量逼近维尔纽斯，不论如何，第5装甲师还是成功引开切尔尼亚霍夫斯基方面军很大一部分。

总之，立陶宛"具有历史意义的都城"已经展开战斗。德国守军包括第14、第299步兵师残部，第170步兵师的步兵和炮兵各一个营以及其他一些小部队。虽然没有一个前线装甲师可以赶来，但第16伞兵团的一个营作为援兵已经上路。伞兵们还在乘坐不断飞来的Ju-52运输机抵达城市机场时，波兰人、德国人、立陶宛人、亲苏游击队间错综复杂的矛盾就爆发了。

亚历山大·克日扎诺夫斯基（Aleksander Krzyżanowski）将军是当地波兰国家军的指挥官，他1939年时是一名炮兵军官，也是坚定的波兰民族主义者。克日扎诺夫斯基起初设法建立对德统一战线，但同立陶宛人、白俄罗斯人、亲苏抵抗分子展开的一系列谈判没有什么成果。1943年年底，应白俄罗斯共产党第一书记潘捷列伊蒙·波罗马连科（Panteleimon Ponomarenko）的请求，斯大林签署了亲苏游击队解除波兰国家军武装的命令。根据命令，"如果这些波兰游击队员展开任何抵抗，他们将被就地枪毙"。这实际上终结了波兰国家军与亲苏游击队之间任何合作的可能。正因如此，和其他的国家军指挥官一样，克日扎诺夫斯基将苏联视为同德国一样的敌人，以他的军队应对苏联的进攻。[8] 同亲苏游击队的敌意越来越成问题时，克日扎诺夫斯基同德国官员展开了一系列会商，其中包括1944年1月份同当地保安处军官赛德勒·冯·罗森菲尔德（Seidler von Rosenfeld）的协商以及2月份同当地阿勃韦尔（Abwehr，德国军事情报部门）领导尤利安·克里斯蒂安森（Julian Christiansen）的会谈。克里斯蒂安森提出一个详细的草案，称德军愿意提供包括轻型火炮在内的武器来武装克日扎诺夫斯基的手下。作为交换，波兰国家军和德军间终止敌对状态，同时在经济生产上协助德国占领当局。尽管克日扎诺夫斯基拒绝了该草案，但他同克里斯蒂安森达成一项协定，德国人将把武器和补给留在戒备不严的地方，这样它们就容易被波兰国家军夺得，用于对付亲苏游击队。[9]

1944年5月，波兰国家军和波维拉斯·普莱恰维丘斯（Povilas Plechavicius）指挥的立陶宛军队在维尔纽斯附近和城内爆发武装冲突，并在姆罗瓦纳-奥什米杨卡镇（Murowana Oszmianka）附近爆发激战。战斗以波兰人毋庸置疑的胜利告终，随之而来的是一系列报复，先是立陶宛部队攻击波兰平民，随后则是波兰人攻击立陶宛人。

苏联军队接近维尔纽斯时，德国当局联系了克日扎诺夫斯基的手下卢博茨瓦夫·克热绍夫斯基（Lubosław Krzeszowski）上校，建议德军和波兰国家军合力抵抗苏联红军，作为回报，维尔纽斯的民事管理将交给波兰人，同时释放一批德军手中的波兰战俘。克热绍夫斯基拒绝了德国人的提议，这多少是因为波兰人有自己的计划：波兰国家军试图利用苏联红军抵达的机会，通过在各个城市间组织配合良好，代号为"风暴"的起义，从德国人手中抢回波兰部分的控制权。在维尔纽斯，这一行动以旧市中心东南角一处著名的地标命名为"黎明之门"。7月6日晚，波兰国家军试图在苏联红军之前拿下维尔纽斯。前些天，波兰军队已经夺取城外许多乡村，然而，苏联军队出人意料的快速推进——比波兰人预期的早一天——令克日扎诺夫斯基不得不将他的时间表提前，导致他手中的兵力比预期中少，只拿下了城市东北部。波兰第77步兵团的主力推进到距离维尔纽斯东郊近在咫尺的地方时，被一列德军装甲列车挡住。波兰第85步兵团一部占据西面维利亚河（Vilnia）河对岸的阵地，威胁到德军的退路。令人惊讶的是，尽管经历德国和苏联多年占领，以及成千上万人的被捕，波兰国家军仍然在沿用战前波兰陆军的番号编组自己的部队。

苏联军队抵达维尔纽斯城郊时，正好赶上波兰人发起进攻。罗特米斯特罗夫将军麾下近卫坦克第5集团军的近卫坦克第35旅同德军伞兵在机场展开激战，战斗又从那里逐渐扩展到市区。7月8日，克雷洛夫的第5集团军抵达城郊，而苏联装甲兵逐渐包围了守军。

克日扎诺夫斯基原打算在苏联红军抵达前为波兰拿下这座城市，但"风暴"计划的制定者们一直打算在战术层面同苏联军队合作，尽管他们将尝试在苏联人建立起亲苏政权前建立波兰民政部门。与很多希特勒要求坚守到最后一人的"要塞"不同，维尔纽斯的守军展开坚决抵抗，并给对手造成严重损失。罗特米斯特罗夫在明斯克已损失不少坦克，现在发现他们卷入了同坚定对手的近距离战斗中，而敌军装备的"铁拳"这类反坦克武器在这种环境下最有效。不过，德军无疑撑不了太久。

救兵已经上路。7月9日，第16伞兵团其余部分乘火车抵达维尔纽斯附近，几乎立刻被分配给了临时组建的"托尔斯多夫"战斗群，并在城市西郊展开行动。另一个被派来试图挡住苏联军队大潮的兵团是第6装甲师，该师年初蒙受惨重损失后在德国的索尔陶（Soltau）恢复实力。装甲师的官兵抵达后被匆忙组织成两个战斗群："珀斯尔"战斗群由大德意志师的一营坦克、第6装甲师的一营装甲掷弹兵和支援炮兵组成，受命推进并同维尔纽斯城郊的"托尔斯多夫"战斗群取得联系，随后同城内守军会合；"施塔尔"战斗群则由两个装甲掷弹兵营和支援炮兵组成，负责掩护撤退路线。

7月13日进攻开始，第6装甲师师长瓦尔登费尔斯中将和第3装甲集团军司令汉斯-格奥尔格·莱因哈特大将伴随着"珀斯尔"战斗群。维尔纽斯西郊稀薄的苏、波军队无力阻挡进攻，德军成功抵达城西面约8英里处里堪泰（Rikantai），并在这里同"托尔斯多夫"战斗群取得联系，而"托尔斯多夫"战斗群和维尔纽斯守军则保持着摇摇欲坠的联系。当天下午，维尔纽斯的德军伤员被沿着道路撤向西去。

苏联军队对德军突围的反应比较缓慢。7月13日下午，苏联军队沿德军狭窄撤退道路发起的不协调的攻势被打退，然而苏联军队翌日的钳形攻势多次切断道路，给德军造成若干次危机。最后，7月14日的夜幕降临时，德军开始撤向西去，维尔纽斯守军中约5000人得以逃脱，但损失超过10000人。

苏联7月13日宣布维尔纽斯解放，然而此时如何处理波兰国家军仍旧是一个问题。波兰国家军和城内守军、城西的"托尔斯多夫"战斗群都交过火。克日扎诺夫斯基和属下的军官计划用他们的人重建战前的波兰第19步兵师，这本身就是一支备受争议的部队，因为它是波兰夺取维尔纽斯地区后于当地组建的。7月16日，克日扎诺夫斯基和他手下的军官受邀与白俄罗斯第3方面军领导会面，正如内务人民委员部的报告所记录的那样：

昨天（7月17日）上午8时，假托让他们接受方面军司令员检阅，国家军旅和团的指挥官在博古舍（Bogusze）被聚集起来，合计26人，包括9名旅长、12名部队指挥官和5名波兰陆军的参谋。

被要求交出武器时，这些波兰军官拒绝了。只能用武力将他们缴械。

……今天黎明我们在森林中展开搜查行动，根据我们的情报，波兰人藏身在这里……可以确定他们在夜间逃往南面去了，由于他们留下足迹，我们追上了他们并将其缴械。

根据16时的态势报告，共有3500人被缴械，其中有200名军官和士官。

解除武装的过程中缴获了3000支枪、300挺机枪、50挺重机枪、15门迫击炮、7门轻型火炮、12辆车、大量手榴弹和弹药。[10]

卢波斯拉夫·克日扎诺夫斯基一直被关押到1947年10月，获释后又被波兰国家安全机关逮捕，1951年死于肺结核。[11]

另一名参加了维尔纽斯城内和周边战斗的波兰军官是马切伊·卡伦凯威奇（Maciej Kalenkiewicz），德国入侵波兰时他是一名战斗工兵，在战争的第一个冬天逃到法国，并从那里前往英国。卡伦凯威奇1941年12月跳伞回到波兰，尽管他所属的部队被德军发现，自己也在短暂的交火中受伤，但他和手下设法找回武器，干掉了所有追捕者并获得自由。卡伦凯威奇是夺取维尔纽斯作战计划的制定者之一，但他1944年6月再度受伤，伤口坏死后手需要截肢，因而未能参加维尔纽斯之战。苏联人开始逮捕波兰国家军成员时，他带领着自己的人——波兰第77步兵团的一个营——逃进卢德尼卡（Rudnicka）森林，并在那里同其他波兰战士重组，直到收拢了2000人左右。波兰人注意到自己已经被苏联飞机发现，决定化整为零，卡伦凯威奇带领约100人的分队行动。他察觉到苏联人正在逮捕任何被怀疑是国家军支持者的人，于是向上级发出信号，警告他们说他和他的手下"身处绝境"，除非西方盟军干涉，例如在波兰东部设立空军基地，否则将失去一切。8月19日，在白俄罗斯边境附近的苏尔蒙特利（Surmontry）村附近，一队内务人民委员部士兵向卡伦凯威奇和他的小队杀来。波兰人打退了第一轮进攻，但NKVD分队得到增援后很快再次发起进攻，迅速消灭了波兰国家军的这些人马，卡伦凯威奇和他的36名手下被击毙。

毫不留情消灭在波兰各地，尤其是在维尔纽斯地区的波兰国家军，是将维尔纽斯地区重新划给立陶宛这一斯大林认可方案的前提。波兰人比立陶宛民族主义游击队装备更好，组织更出色，数量也更多。他们会反抗立陶宛对这一地区的主权。同时该区域的波兰人也被强制迁移到西部很远的地方。考虑到波兰国家军同西方盟军及战前波兰政府的紧密联系，苏联夺取波兰控制权后绝不会容忍他们。

攻克维尔纽斯后的一些天里，战线似乎在城市西面稳定了下来。尽管成功拿下维尔纽斯，但切尔尼亚霍夫斯基对部下的表现非常失望，近卫坦克第5集团军司令员帕夫尔·阿列克谢耶维奇·罗特米斯特罗夫让自己的装甲兵卷入明斯克和维尔纽斯代价惨重的战斗，为此受到严厉批评并被撤职。切尔尼亚霍夫斯基和巴格拉米扬都不得不暂停推进，等待补给送到，从而让在那些在"巴格拉季昂"行动中几乎被歼灭的德军师的残部迎来喘息之机。7月28日，切尔尼亚霍夫斯基再次发起攻势，向考纳斯冲去。这轮新攻势的第二天，苏联军队就已经在一些地段推进了近一半的距离，距离考纳斯只有48千米。7月30日，第33集团军的前锋突破稀薄的德军防线，抵达考纳斯东南的涅曼河谷，用于这次战役的苏联装甲预备队——近卫坦克第2军——被立刻投入该地段，苏联坦克绕过正撤向考纳斯的德军，冲向远在该城西南方的维尔卡维什基斯（Vilkaviskis）。该坦克军在这里接近东普鲁士边境，但也可以选择冲向北面以孤立考纳斯。8月1日，德军西撤，考纳斯几乎未经战斗便被放弃了。

在切尔尼亚霍夫斯基的北翼，巴格拉米扬从纳拉奇湖地区冲入立陶宛，攻向什文乔尼斯（Svencionys）。大本营开始分配给他的任务是帕涅韦日斯（Panevezys）、考纳斯和希奥利艾。尽管巴格拉米扬得到近卫第2集团军和第51集团军的增援，但这两个集团军直到7月中旬才能就位。起初他只能依靠第43集团军和近卫第6集团军，这两个集团军均在"巴格拉季昂"行动中遭到严重削弱，增援他们的是同样不满员的坦克第1军，对巴格拉米扬来说，幸运的是当面德军的情况更糟。

起初巴格拉米扬进展良好，但施特拉维茨和他的小群坦克到来并撑住了德军的防御，而巴格拉米扬方面军的各集团军在前线很大一块地段展开——估计至少有120英里——以致他只有竭尽全力，才能取得足够的进展。随后考纳斯被划给切尔尼亚霍夫斯基的方面军，使得巴格拉米扬可以集中兵力冲向西面的希奥利艾。此时近卫第2集团军和第51集团军也已抵达，立刻取得良好进展，7月22日拿下帕涅韦日斯并完全包抄陶格夫匹尔斯德国守军的南翼。巴格拉米扬将近卫机械化第3军划给第51集团军，随后强大的摩托化兵团迅速向希奥利艾冲去，7月25日抵达城市东郊。赫尔穆特·马德尔（Hellmuth Mäder）上校在纳尔瓦前线负重伤后接过了北方集团军群的武器学校，他将自己的人——武器学校的学员和教员，以及其他一些利用后方部队和溃兵拼凑出来的临时连队——部署在市区，在希奥利艾成功坚守两天，给苏联军队造成可观的伤亡，并为其他向西后撤的德军争取到极为宝贵的时间。

对巴格拉米扬来说，这是收拾北方集团军群的一个好机会，自从"巴格拉季昂"行动初战告捷以来他就一直希望这么做。第51集团军受命从希奥利艾向北发起进攻，在随后三天里一路势如破竹。近卫第3机械化军一部在步兵第279、第347师的支援下，于7月31日将德军第1军一堆杂牌部队轰出叶尔加瓦，同日，近卫第3机械化军的近卫机械化第35旅拿下多贝莱（Dobele）。图库姆斯当天也易手了，不久之后，步兵第347和第416师的苏联士兵抵达数公里外的里加湾。北方集团军群与德国的联系被切断了。

巴格拉米扬北翼是安德烈·伊万诺维奇·叶廖缅科的波罗的海沿岸第2方面军，该方面军没有参加"巴格拉季昂"行动。尽管如此，叶廖缅科的方面军给德军防线带来可观的压力，阻止他们抽调兵力到战线其他地段。党卫队第6军自6月22日起便遭到频繁进攻，随着中央集团军群灾难性的崩溃持续发展，上级下达了后撤整条战线以免被从南面包抄的命令。

7月9日，德军补给部队和弹药被撤向后方，为第二天的总撤退做准备。但7月10日早上，叶廖缅科各集团军发起突然进攻，德军前一天的撤退导致弹药不足，严重制约了拉脱维亚师的防御能力。计划中秩序井然的后撤未能实现，战线几乎在同苏联军队保持不断接触的情况下向后撤去，因此很多新的防御阵地未能准备就绪便被追击的苏联军队在行进间突破。7月13日，战火蔓延到了奥波奇卡城（Opochka），韦利卡亚河显然守不住了，德军只能继续后撤，党卫队第15掷弹兵师第32掷弹兵团在师南翼被围，试图向西撤退，在密林里的苏联游击队中杀出一条通路。7月16日，经过两天令人精疲力竭的行军，幸存者们抵达拉脱维亚边境附近的伊萨河（Isa），从这里转向北面，遭遇并歼灭一小股苏联军队。剩下的人坐上他们从苏联人那里缴获来的车辆，在党卫队一级突击队大队长阿佩拉茨（Aperats）的带领下设法夺取吉济佩河（Zilupe）上的桥梁。尽管他们成功建立一座小桥头堡，但很快便遭到包括大量坦克在内的苏联军队的猛烈进攻，这个拉脱维亚团被彻底摧毁，阿佩拉茨身负重伤后拒绝投降，选择了自杀。二级突击队大队长哈兹纳斯（Hazners）和四人设法逃回德军第93步兵师的防线。[12]

拉脱维亚师在拉脱维亚境内的卡尔萨瓦（Kārsava）附近重组，两个师的作战兵力都因伤亡大幅削弱，较弱的党卫队第15掷弹兵师将火炮和大部分人力交给党卫队第19掷弹兵师。这或许是夹在苏德之间的波罗的海三国人民的典型写照：战火烧回波罗的海三国土地上时，一部分拿起武器保卫祖国的人却要被送到别的地方，以迎合强大占领者的需要。党卫队第15掷弹兵师被撤出前线，送往后方重建，最终在8月份被送往西普鲁士。

近卫第10集团军穿过边境进入拉脱维亚，7月17日夺取济卢佩，7月23日冲向卢扎（Ludza）。更南面的第22集团军和突击第3集团军冲向关键渡口陶格夫匹尔斯。德军负责掩护陶格夫匹尔斯通向东北方雷泽克内（Rezekne）道路的第290步兵师遭到重压时，德国人不得不做出反应：奥托·卡里乌斯及他第502重装甲营的虎式坦克们自纳尔瓦附近的战斗后便被投入一些较小的行动，7月

20日，他们受命前往前线，阻止苏联军队一次可以同时威胁陶格夫匹尔斯和雷泽克内的突破。率领自己的连沿陶格夫匹尔斯到雷泽克内的公路推进时，卡里乌斯遭遇正逃离苏联军队攻势的德军部队：

> 我们眼前的景象难以言状，这不再是撤退，而是一次弥漫着疯狂气氛的溃逃。
>
> 一切人与物都在向杜纳堡（陶格夫匹尔斯）狂奔，卡车、轮式车辆、摩托车。每辆车都被塞得满满的，无法劝阻任何人停下，就如同一条河流，暴雨后必因支流汇入而上涨。[13]

卡里乌斯在马里纳瓦村附近遇到一名低级军官①，后者告诉他这村子被苏联坦克占领。简单的侦察表明村子里没有多少苏联步兵。很快，卡里乌斯便拿出一个夺取马里纳瓦村的计划：他和另一名车长将全速冲入村庄，迎击那里出现的任何敌军坦克，同时该连的另外6辆坦克在南面高地上的就位，迎击任何准备撤退的苏联坦克。

这轮进攻持续不到15分钟，德军便迅速夺回村庄。其中一些苏联坦克只有1—2名成员在车内，剩下的显然都忙着搜集战利品去了。卡里乌斯和他们连没有损失任何坦克，宣称击毁17辆IS-2和5辆T-34，从马里纳瓦村出去后，他们设法伏击了苏联坦克旅的残部，给苏联军队造成更多伤亡。[14]然而这一地区的苏联军队（即坦克第5军）给出了不同的损失数字：坦克第41旅——10辆T-34，近卫重坦克第48团——5辆JS-2，正如重坦克团的报告中指出的那样：

> 12时，敌军从马里纳瓦附近以坦克和自行火炮展开攻击，我团利用这一地区的崎岖地形作为掩护，同敌军展开交火。敌军飞机活跃地在天空中执行任务。我团因敌军轰炸和炮火遭受损失——5辆坦克被打着火。我团撤出战斗，并在马里纳瓦村东南的森林设下埋伏。[15]

---

① 译注：卡里乌斯的回忆录中称此人是一名中士。

　　让事情更加混淆的是，第502重装甲营的官方战后报告记录了卡里乌斯和他的连7月22日当天在马里纳瓦村击毁17辆坦克，但没有提到卡里乌斯所描述的最初战斗后的伏击。[16] 考虑到卡里乌斯的记述写于事后很多年，同时期的其他描述似乎更为准确。

　　这次战斗中，卡里乌斯宣称自己发现一张苏联军官的地图，指出苏联军队计划从北面绕过陶格夫匹尔斯，然后从北面和西北面进攻市区。第290步兵师师长鲁道夫·戈尔奇（Rudolf Goltzsch）少将拒绝相信这张地图的信息，认为这是苏联军队的假情报，并坚持将重武器布置在陶格夫匹尔斯城东。无论这一记述可靠性如何，来自近卫第6集团军和突击第4集团军的苏联军队从东面和北面逼近了市区，7月24日，卡里乌斯奉命率领4辆虎式坦克保护陶格夫匹尔斯西北的道路。他乘坐挎斗摩托侦察时，卡里乌斯发现自己陷入敌军火力下。

　　我们跳出摩托车，洛基（摩托车驾驶员）毫发无损地落入沟中，但我左大腿被一发子弹打碎。我们试图爬回村子，但我很快就没有力气了。我命令洛基快逃回去通知艾希霍恩中尉，但这个忠实的伙伴不肯在这种情况下离开我……

　　与此同时，俄国佬已经穿过公路，跑到我们藏身的沟里。我们每次试图移动都遭到他们的射击。子弹呼啸着从我身边飞过，却没有射中洛基——他被我的身子挡住了，最后只挨了一处皮肉伤，其他的子弹都打到了我身上。我上臂被一发子弹贯穿，背后中了4枪。由于多处受伤，尤其是背上的伤口，我血流如注，很快就完全筋疲力尽，动弹不得。突然，我快速消散的求生欲望又恢复了过来，我方坦克引擎带来的噪声听得一清二楚——这是得救的声音！艾希霍恩和戈林听到了枪声，把坦克开来一看究竟。除了喜悦，我又感到有了活下去的希望。

　　可这时候死神出现在我面前！三名俄国佬从后面摸了上来，并在我身后三米处突然出现！当时的一幕永生难忘，我浑身的伤口不停地流血，再也没有力气，听着我方虎式坦克的引擎声，它们或许终究来得太晚了。

　　……一名苏联军官站在中间，高呼"举起手来"，他左右两侧的士兵则用冲锋枪指着我们……

　　……我方坦克冲了过来，一边行驶一边用机枪乱射，没有击中任何东西。

虎式坦克的突然出现自然把俄国人吓了一跳。两名士兵拔腿就跑，但苏联军官举起手枪准备干掉我。我自然不想直面死亡，于是将头转向坦克开来的方向，那是我最后的希望和救星！

俄国人三次扣动扳机，但由于过度激动，两发子弹打偏了，只有一发击中。中弹处离我颈部的脊椎很近，但奇迹般地，没有打中动脉或肌腱……如果我没有最后面向虎式坦克，子弹将会穿过喉部，自然就写不出这本书了！[17]

受重伤的卡里乌斯被拖到坦克的炮塔后面撤离。他完全康复并获得骑士铁十字勋章橡叶饰，该勋章由希姆莱本人在卡里乌斯康复时亲自颁发。

与此同时，为恢复陶格夫匹尔斯以北的形势，第290步兵师受命向北发起进攻。不幸的是，德军战斗工兵先前后撤时炸毁进攻路线上大量公路涵洞，使得第502重装甲营剩下的虎式坦克行动大大受限。卡里乌斯之前击毁过数量有争议的苏联坦克的马里纳瓦村被夺回。陶格夫匹尔斯城西北面，曾经帮助救出卡里乌斯的艾希霍恩中尉迎击推进中的苏联坦克时取得可观的成绩，7月25日宣称击毁16辆重型坦克。第二天。他在第290步兵师一个步兵团的支援下试图继续向北方和西北方向推进时，一头撞上得到反坦克炮及坦克支援的苏联步兵第239和第311师，很快便先后损失两辆虎式坦克，德军不得不撤向道加瓦河。步兵团乘船渡河到达河左岸，艾希霍恩则开回陶格夫匹尔斯。前一天进攻时他们所使用的道路此时落入敌手，剩下的两辆虎式坦克遭遇猛烈火力，尽管设法开回了陶格夫匹尔斯，但均受到严重损伤，以至于失去作战能力。[18]

另外三个苏联步兵师从东北方向陶格夫匹尔斯施压，还有两个则在道加瓦河左岸向西推进。步兵第360师师长伊万·伊万诺维奇·奇诺夫（Ivan Ivanovich Chinnov）随师先遣队推进，但立刻被向其队伍开火的一名狙击手击毙，他的副官也在这次进攻中受伤，不久后死去；该师经再次催促继续向前。不过，德军在陶格夫匹尔斯的军队得以在7月27日设法渡过道加瓦河后撤，几乎没有受到苏联红军的干扰。更北面，苏联近卫第10集团军抵达并拿下卡尔萨瓦和雷泽克内。瓦拉克利亚尼（Varaklani）爆发苦战，德军第263步兵师设法挡住近卫步兵第7军若干天，但突击第4集团军扩大南面不远处的战果，并于8月1日成功在利瓦尼（Līvāni）进抵道加瓦河。党卫队第19掷弹兵师的拉脱维亚人在北面不远处坚决抵抗，但也在逐步后撤。不过，他们同第83步兵师一起在采斯瓦伊内（Cesvaine）组织的迟滞行动成功给其他德军部队赢得撤退时间。随后，叶廖缅科北翼各集团军不得不暂停下来等待补给前送，深感庆幸的拉脱维亚人趁机为武装党卫队第19掷弹兵师送来新的补充兵。[19]往南一点，苏联第22集团军也在持续施压。近卫第10集团军试图在8月12日冲向马多纳（Madonna），包抄顽强抵抗的党卫队第6军。但在这里，拉长的苏联补给线同样迫使战斗暂停下来。

在纳尔瓦前线，弗里斯纳响应希特勒不惜一切代价守住现有防线的命令，利用一些不太起眼的高地，在纳尔瓦以西约15千米处构筑一系列阵地。7月21日，他请求撤到现在被称为"坦能堡防线"的这些阵地上。这里离海岸只有数英里远，南面地形崎岖，构成了一道坚固的防线。列宁格勒方面军显然将恢复攻势，在手中没有什么像样预备队的情况下，弗里斯纳认为在纳尔瓦久战下去有可能造成灾难性后果。

德军成功击退苏联军队拿下纳尔瓦的第一次尝试，协助挫败了1944年4月芬兰和苏联的停火谈判。为将芬兰人逼回谈判桌前，斯大林下令向赫尔辛基发起空袭，尽管苏联军队在2月份组织了三次大空袭，但面对芬兰人组织良好的防空体系，只有很少炸弹击中目标。不过在6月份的一次攻势中，苏联军队将芬兰人从他们1941年夺取的领土上赶了出去。德国用军队和补给说服芬兰政府继续坚持，但这场战争几乎让芬兰人筋疲力尽，他们继续寻求退出战争的方法。时任芬兰总统曼纳海姆将军[①]警告德国人，如果爱沙尼亚落入苏联人手中，芬兰不可能把战争继续下去，因为拥有爱沙尼亚海岸将使得苏联军队可以在几乎不受损失的情况下袭扰芬兰海岸。这种情况下，他的国家将不得不屈从于斯大林提出的任何条件。[20]正因如此，希特勒对任何可能削弱芬兰人战斗决心的措施都十分敏感。不过，曼纳海姆向希特勒保证，撤向"坦能堡"防线不会给芬兰人造成什么问题，因此希特勒允许弗里斯纳从纳尔瓦撤退，让后者松了一口气。

---

①译注：曼纳海姆当时的军衔是芬兰元帅。

　　戈沃罗夫的列宁格勒方面军正准备重启之前的攻势，在纳尔瓦以南的桥头堡里稳步加强部队兵力。第8集团军的两个步兵军将从桥头堡顶端发起进攻，以夺取奥韦雷处的铁路交汇口，并在两个第二梯队步兵军的支援下，从这里冲向波罗的海海岸。与此同时，突击第2集团军将从纳尔瓦以北发起进攻，试图突破党卫队第3装甲军的防线，完成这一任务后和第8集团军会师，包围纳尔瓦城内及周围的德军。

　　除之前编成下的兵团，突击第2集团军现在还包括爱沙尼亚步兵第8军。该军最初由1941年应征入伍的爱沙尼亚人组成，军中爱沙尼亚人的比例很少超过50%。大量爱沙尼亚裔苏联士兵被编入其中，而军内的一些兵团，例如近卫步兵第19师，全部由俄罗斯人组成。现在，这个军投入到纳尔瓦河沿岸的战事中，进攻那些为德国人战斗的爱沙尼亚军队。

　　就在弗里斯纳要求撤向坦能堡防线前一天，苏联军队展开炮火准备。此时他们尚不知道德军已经准备后撤。经过四天的零星炮击，7月24日，德军防线遭到持续两小时的大规模炮击。在不间断的炮火支援下，苏联步兵第122军在一个坦克旅的支援下进攻并突破德军第11步兵师的防线，友邻的步兵第117军同样发起进攻并包围了爱沙尼亚第45步兵团。

　　德军几乎是立刻发起反击，来自党卫队"诺德兰"师的一个坦克营在步兵和炮火支援下上前迎击步兵第117军，随即展开一场混战。德军战斗群指挥官、党卫队一级突击队大队长保罗–阿尔伯特·考施（Paul–Albert Kausch）发现自己和一小群手下陷入孤立。他们打退了苏联军队的接连攻击，最后求诸召唤炮火，覆盖自己的阵地。其他地段的苏联军队进攻同样被打退。苏联军队损失约有3000人，相比之下德军只损失800人。凭借防御战中的坚定表现，考施一个月后获得骑士铁十字勋章。

　　与此同时，按照撤向"坦能堡"防线的计划，德军开始从纳尔瓦河东岸德军小桥头堡顶端的伊万哥罗德后撤。官兵悄悄地渡过纳尔瓦河时，苏联军队发现了他们的后撤并设法夺下桥梁。尽管桥上已经装好炸药，但未及引爆——桥梁落入苏联人手中。不过他们的这一成功是暂时的。"诺德兰"师的战斗工兵在党卫队一级突击队中队长万霍费尔的带领下发起坚决反击，夺回并炸毁了桥梁。

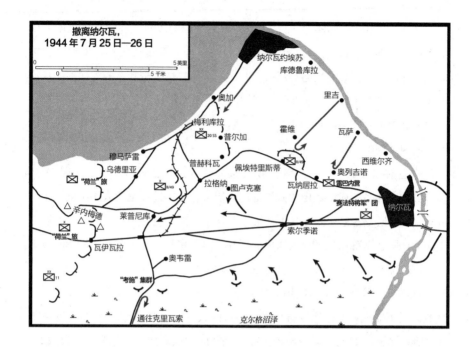

撤离纳尔瓦，
1944 年 7 月 25 日—26 日

　　7月25日，突击第2集团军在纳尔瓦河畔发起进攻。又一轮猛烈炮击后，苏联步兵第131师和第191师顶着西岸爱沙尼亚军的猛烈抵抗展开渡河突击。随着时间推移，爱沙尼亚人的弹药逐渐见底，使得防御火力变弱；在纳尔瓦城郊，步兵第191师撞上了党卫队一级突击队大队长阿尔方斯·雷巴内（Alfons Rebane）带领的爱沙尼亚第3步兵团的一个营。雷巴内以其良好的战术素养著称，他在苏联炮火准备前将自己的手下撤到第二道堑壕线。他们在这里实施坚决防御，其他德国—爱沙尼亚军队开始撤向"坦能堡"防线时，他富有技巧地将自己的手下撤向西面，设法同友军恢复接触。在奥利吉诺（Olgino）的乡间庄园中重新集结后，他的营继续给追击的苏联军队制造严重损失。

　　苏联军队渡过纳尔瓦河下游后，城内的德军也加紧后撤。德军后卫由党卫队"荷兰"旅"赛法特将军"装甲掷弹兵团[1]的荷兰党卫队组成，并得到了

---

　　① 译注：即党卫队第48装甲掷弹兵团，以同纳粹合作的前荷兰陆军中将亨德里克·赛法特（Hendrik Seyffardt）命名，此人协助组建了党卫队中的荷兰志愿者部队，1943年被荷兰抵抗组织击毙。

来自党卫队"德·勒伊特"装甲掷弹兵团一个营及若干突击炮的支援，而党卫队"挪威"装甲掷弹兵团的一个营和雷巴内的爱沙尼亚人分别掩护南北两翼。"赛法特将军"团团长、党卫队一级突击队大队长本纳刚上任不久，对战场情况相对陌生。7月25日下午该部同上级的联系被苏联炮火搅乱后，情况变得更糟了。21时30分，一名爱沙尼亚传令兵抵达本纳位于纳尔瓦的团部，传达了苏联军队已在奥利吉诺切断道路这一坏消息。本纳立刻派出了"德·勒伊特"团的一个营及两门突击炮来帮助雷巴内的爱沙尼亚营打通道路。一轮夜袭成功将苏联军队赶了回去，同时苏联军队在西面近1英里外佩埃特里斯蒂村（Peeterristi）的另一处突破也被肃清。

苏联军队仍然压迫着纳尔瓦西南的德军防御，撤退现在迫在眉睫，但本纳通知说他无法在原定时间撤离纳尔瓦。由于不确定通过奥利吉诺和佩埃特里斯蒂的公路是否安全，他命令自己的手下沿公路南面的铁路线后撤。雷巴内的爱沙尼亚人及"德·勒伊特"团的那个营沿公路安全撤退，而"赛法特将军"团沿铁路线缓慢后撤，午夜时分离开纳尔瓦，7月26日凌晨5时抵达距离此地不到5千米的索尔季诺（Soldino）。铁路线再向西便进入林中，因此本纳决定改变路线，转向西北，设法抵达公路。但在沼泽地区缓慢行进的他们被苏联飞机发现，遭到几乎不间断的炮击和空袭。

到早上8点，这个荷兰团距离拉格纳（Laagna）只有1英里远了，德军突击炮徒劳地试图向这支被围的后卫突破。无法取得任何进展的本纳决定转向南面，就在下令摧毁通讯车前，他获悉莱普尼库（Repniku）仍在德军手中，因此决定尝试向该地突围。17时30分，赛法特团发起了它最后的进攻，并不知道德军此时已被驱离莱普尼库。进攻伊始本纳便被击毙，他的团30分钟内被彻底打散。不少士兵阵亡，剩下的被俘。只有党卫队三级突击队中队长尼乌文代克–胡克（Nieuwendijk-Hoek）带领一小队人逃出，一周后抵达"坦能堡"防线。[21]

7月26日，苏联军队进入德军放弃的纳尔瓦城。在苏联的炮击、轰炸以及德军撤退时的一番爆破后，该城已经沦为废墟，据估计，城内仍旧矗立的建筑物只有2%。[22] 尽管苏联红军已经渡过纳尔瓦河并在爱沙尼亚站稳脚跟，还歼灭了"赛法特"团，但这次战役在苏联方面看来并非一次大捷："纳尔瓦"集团军级支队大部得以逃回"坦能堡"防线，与德军总计2500人的损失相比，苏联军队23000人的损失可谓惨重。[23]

党卫队将军菲利克斯·施泰纳的党卫队第3装甲军开始沿"坦能堡"防线布防。党卫队"荷兰"师在北面，党卫队拉脱维亚第1掷弹兵师居中，党卫队"诺德兰"师在南。第11步兵师则在党卫队第3装甲军以南，仍挡着苏联第8集团军。"坦能堡"防线的主阵地基本处在大致东西向分布的三座辛内梅德（Sinnemaed）高地上，守军可以在此俯瞰延伸到纳尔瓦的平原，费久宁斯基的突击第2集团军推进路线也因此被德国人一览无遗。戈沃罗夫向费久宁斯基的集团军送去增援，试图填补它之前强攻纳尔瓦遭受的损失，使它可以继续推进。现在，费久宁斯基手中拥有步兵第109、第122、第124军和另外两个独立步兵师，他南面的苏联第8集团军则拥有步兵第112、第117军和两个独立步兵师，以及一队全新的"约瑟夫·斯大林"Ⅱ重型坦克，这些重型坦克前一年在库尔斯克附近首次投入战斗[①]，46吨的全重要比普通的T-34坦克重不少，但这型坦克的122毫米炮初速相对较低，削弱了其穿甲能力。该炮采用分装式弹药，炮弹和发射药分别装填，因此射速较低；且由于坦克中只有28发炮弹，持续作战的能力有限。两个苏联集团军总计有54000人，德军只有22000人。"纳尔瓦"集团军级支队指挥官，党卫队全国副总指挥安东·格拉瑟尔（Anton Grasser）[②]向上级提出：若得不到增援，他无力长时间守住现有防线。

同时，北方集团军群的人事也有进一步变动。弗里斯纳和他的参谋长艾伯哈德·金策尔中将被双双换下。北方集团军群新司令是斐迪南·舍尔纳将军。舍尔纳在一战期间作为低级军官曾因多次表现英勇获得高级勋章[③]。两次世界大战之间，他留在魏玛国防军服役，战争爆发后在波兰战役和法国战役中指挥一个步兵团，"巴巴罗萨"行动开始时指挥一个师在芬兰前线参战，随后升为第19山地军军长，1943年调往乌克兰，担任第40装甲军军长。在任期间，舍尔纳对手下执行铁一般的纪律，因此被认为是一名坚韧不拔的指挥官。他的军在

---

① 译注：原文如此，实际上JS-2重型坦克的初战是1944年春在乌克兰。
② 译注：原文有误，安东·格拉瑟尔实际上是国防军的步兵上将。
③ 译注：此处指的是作为低级军官参加卡普雷托会战的舍尔纳在此战中获得蓝色马克斯勋章。

尼科波尔附近的战斗中表现出色。1944年年初于克里米亚指挥了一段时间第17集团军后，舍尔纳很快接连担任了南乌克兰集团军群和北方集团军群司令。

舍尔纳很受希特勒欢迎，他可以以钢铁般的意志坚守阵地，而希特勒经常指责很多将军缺乏这种精神。尽管看上去令人畏惧，但舍尔纳有时在将军队战斗力发挥到极致这一点上展现出可观的想象力。1944年的塞瓦斯托波尔战役中，他下令在近距离摧毁一辆苏联坦克的德军第17集团军士兵均可回国休假。由于德军当时在克里米亚前景无望，这是少数可以活着离开那里的方法，因此不少德军步兵受此鼓舞，冒着极大危险前去迎击苏联坦克。战争后期，舍尔纳无情地使用军事法庭来逮捕、审判、处决"逃兵"，导致不少完全无辜的人毫无必要地被杀。一次一名高级军士从指挥官那里受命从前线回到师修理厂，取走修好的车辆回到前线。不幸的是这名高级军士得到的是口头命令，尽管再三抗议，他还是被军事法庭抓住处决了。[24]

同莫德尔类似，舍尔纳可以利用希特勒对他的信任来展开后撤。而其他指挥官若是执行同样的后撤，必将引来希特勒的怒火。舍尔纳为格拉瑟尔提出的"纳尔瓦"集团军级支队处在危险中的观点背书，却无力为格拉瑟尔提供任何增援：希特勒命令舍尔纳集结力量，以便北方集团军群向南发起反击，稳定中央集团军群的局势，格拉瑟尔只能靠自己手中现有的兵力来自谋出路。

苏联的司令员们不打算给德军以准备新防线的喘息之机，他们催促部下向前，试图利用"赛法特将军"团被歼灭后德军防线上出现的任何薄弱环节。在可观的空中支援和炮火支援下，苏联先头兵团7月26日发起进攻。德军新来的党卫队第6弗莱芒"兰德马克"志愿兵突击旅正好在苏联军队攻势的风口浪尖上，抵达该地区首日便损失不少军官。苏联第8集团军步兵第117军一部则充分扩大战果，向党卫队"诺德兰"师暴露的侧翼发起进攻。日终时，辛内梅德高地东端落入苏联军队手中。

入夜后，德军以党卫队第24"丹麦"装甲掷弹兵团反坦克连为前锋发起一轮反击，摧毁苏联坦克第98团的若干坦克，并夺回几乎所有德军阵地。第二天，苏联军队展开新一轮炮击，"丹麦"团和"兰德马克"旅防御的阵地又一次陷入危机。"兰德马克"旅的幸存者被逐出三座高地当中那座上的阵地，但该旅的一员，党卫队三级小队副雷米·斯赫雷南（Remi Schrijnen）尽管在战斗中受伤，却留下来操作一门75毫米反坦克炮坚持向苏联坦克开火。他和"丹麦"团的步兵们合计击毁或打瘫约20辆苏联坦克。不论如何，尽管"诺德兰"师师长、党卫队地区总队长弗里茨·冯·肖尔茨（Fritz von Scholtz）指挥该师几辆突击炮发起反击，但到午夜时分，东部高地仍大部在苏联军队手中。

7月27日晚，舍尔纳将军抵达"纳尔瓦"集团军级支队的司令部，强调守住当前阵地的重要性，东部高地必须立刻重新夺回并坚守住。但肖尔茨师长动身前去向部下传达命令时，被苏联军队炮击打成重伤，向西撤向位于拉克韦雷（Rakvere）的军医院途中不治身亡。当日夜间，"诺德兰"师侦察营在一个营的爱沙尼亚步兵支援下发起反击。战斗持续到第二天，爱沙尼亚营伤亡很大，进攻却未能取得什么进展，德军只得撤回中央高地。

7月28日，费久宁斯基派出数量可观的炮兵增援，并向德军防线北段发起进攻，党卫队三级小队副斯赫雷南继续在他孤零零的炮位上击毁坦克，苏联军队的进攻再次被击退。下午时分，又一次毁灭性炮击落到德军阵地上，但预料到这轮炮击的"兰德马克"旅幸存者已经从阵地前出，因此炮击大半落入空堑壕中。突击第2集团军发起的进攻再次被赶了回去。但"兰德马克"旅实力也几乎消耗殆尽。傍晚时分，德军再次试图夺回东部高地，但遭到惨重损失后后撤。施泰纳命令他的军放弃东部高地上的立足点，在夜间撤回中央高地。

尽管损失惨重，但德军防线仍旧完整。他们知道苏联军队的损失要大得多，但考虑到苏联军队巨大的数量优势，这似乎不会造成什么影响。7月29日，中央高地又受到猛烈的炮击和空袭，随后几辆JS-2重型坦克支援步兵进攻。第8集团军的两个军从东面和南面向第11步兵师展开进攻时，突击第2集团军的步兵第109军向党卫队"荷兰"团和爱沙尼亚第3步兵团发起攻势。尽管在前一天晚上已经接到后撤的命令，但在东部高地仍旧有零星的丹麦党卫队守军，步兵第117军的步兵在将这些丹麦人赶出阵地的过程中损失惨重。尽管如此，苏联红军仍旧稳步取得进展。中央高地被从三面夹击，但山脊上大量的反坦克炮和高射炮阻止了苏联坦克完全消灭这一阵地的企图。北面的突击第2集团军设法绕过削弱的德军防线，攻到西部高地，一小股苏联军队冲入瓦伊瓦拉。眼看德军防线即将分崩离析，施泰纳投入他最后的预备队：扣在手里关键时刻才用的一小队坦克。在党卫队一级突击队大队长卡拉斯的带领下，这批坦克分成三队前进，将高地两侧的苏联军队赶了回去，JS-2型坦克的缺点此时突然变得很致命：这些坦克弹药即将耗尽，不得不后撤，失去支援的苏联步兵也撤走了。德军反击结束时，只剩一辆豹式坦克尚且可用，但苏联军队的一次突破已被暂时挡住。爱沙尼亚党卫队二级突击队大队长保罗·迈塔拉（Paul Maitla）设法把一些部队的余部和战地急救站中志愿加入的伤兵组织起来，与这辆仅存的豹式坦克，以及自己那个属于第45步兵团的营一起发起反击。到日终时，中央高地再次被德军控制，迈塔拉也借此获得骑士铁十字勋章。

第二天激战继续进行，苏联第8集团军在德军阵地南面取得一定进展，但突入德军防线后又被德军紧急发起的反击赶了出来。7月31日，防守中央高地的爱沙尼亚人发现自己的弹药几乎耗尽，却遭到苏联军队又一大波进攻。所幸"丹麦"团的援军在最后关头抵达，救出了他们。

丹麦团的一名会计，党卫队三级小队副朔勒斯为前线前送弹药，他这样回忆道：

我们从69.9高地北坡（最靠西的高地）冲向掷弹兵高地（中央高地）的西坡，中间暂停休息了一下。我试图寻找一条通向掷弹兵高地的合适道路。交通壕被炮火犁了个底朝天，四处都是尸体。在中午阳光的炙烤下，展现出一副令人毛骨悚然的恐怖图景。69.9高地东北坡阵地上的通路上四散着俄国佬和德国人的尸体。尽管选择了有利的地点构筑，69.9高地北坡的所有碉堡还是被粉碎烧毁，上面挂着支离破碎的尸体。一轮炮击迫使我们寻找掩蔽。

敌方炮击结束后，我们飞快冲过掷弹兵高地西面250米的开阔地，艰难地爬上坡。我前往巴赫迈尔设在漏斗形峡谷的指挥部，在一处坑道里找到了指挥中央高地上各色党卫队部队的一级突击队中队长巴赫迈尔。他对战况保持着乐观态度。

苏联炮兵突然开火，20分钟后改为步兵火力。一名上气不接下气的传令兵向巴赫迈尔报告了苏联军队突入的情况。巴赫迈尔毫不犹豫地向前线派出了一个战斗力较强的预备队班，立刻发起反击肃清了突破。[25]

双方打得精疲力竭后停了下来。苏联军队损失仍旧触目惊心，尤其是同他们所取得的那微不足道的战果相比。不过党卫队第3装甲军同样被严重削弱，各个营被打得只剩连级规模。8月1日，费久宁斯基又把两个步兵师拉到一线填补他受创的集团军，并在8月2日继续进攻。每次进攻均以一轮猛烈的炮击开场，尽管苏联军队多次攀上中央高地的山坡，在当面德军的反击下还是无法守住高地。8月10日，戈沃罗夫命令费久宁斯基停止进攻。

苏联方面损失十分惨重，一些师被打得只剩几百人，德军宣称击毁160辆苏联坦克。据估计苏联红军大约阵亡35000人，受伤135000人，相比之下德军损失只有10000人。费久宁斯基和斯塔里科夫几乎没什么空间可以展开机动：高地和海岸间只有狭窄的一段开阔地，南面是几乎无法通行的沼泽，苏联军队只得发起一系列代价惨重的正面强攻。因此，即使在兵力比上占有11：1的可观优势，苏联军队也无力突破德军防线，德军成功的另一原因是十分有效地利用了炮兵。之前用于炮轰列宁格勒的一些炮兵撤回爱沙尼亚，施泰纳制定了杰出的炮火计划，可令所有炮兵火力发挥到一处。除了德国人，保卫"坦能堡"防线的党卫队还包括爱沙尼亚人、丹麦人、比利时人、荷兰人和挪威人，因此这一战也被称为"欧洲党卫队之战"。不过这些党卫队的大部分人员（尤其军官）仍旧是德国人。[26]

北方集团军群现在被孤立在爱沙尼亚和拉脱维亚北部，立陶宛大部已经落入苏联军队手中。接下来的几周将见证德国国防军与北方集团军群重建陆地联系的坚定努力，以及苏联军队在波罗的海三国的后续攻势。

注释

1. G. 尼波德，《东线中部，1944年6月》（汉堡：米特勒出版社，1985年），第22页。

2. S. 纽顿，《从列宁格勒后撤：北方集团军群1944/1945》（费城：希弗出版社，1995年）。

3. P. 格里格连科，《回忆录》（纽约：诺顿出版公司，1984年），第90页。

4. J. 埃里克森，《通往斯大林格勒之路》（纽黑文：耶鲁大学出版社，1999年），第359页。

5. H. 冯·曼陀菲尔，《二战中的第7装甲师》（克雷菲尔德：沙贝格出版社，1965年），第416页。

6. 报告来自于曼陀菲尔《第7装甲师》，第418页。

7. 冯·普拉图，《第5装甲师师史》（雷根斯堡：瓦尔哈拉及普拉多利亚出版社，1978年），第353页。

8. T. 彼得罗夫斯基，《波兰的大屠杀》（杰弗逊：麦克法兰出版公司，1997年），第88页。

9. 彼得罗夫斯基，第88—89页。

10. 1944年7月18日贝利亚给斯大林、莫洛托夫和安托诺夫的报告，见于http：//www.doomed-soldiers.com/armia-krajowa-in-NKVD-NKGB-documents-pt-2.html。

11. 有关对"黎明之门"行动及其后果的波方记述，见J. 艾德曼，《通向黎明之门》（华沙：PWN出版社，1990年）。

12. A. 西加利斯，《拉脱维亚军团》（圣何塞：本德尔出版公司，1986年），第98—100页。

13. O. 卡里乌斯，《泥泞中的老虎》（梅岑尼克堡：斯塔克波尔出版社2003年），第46—47页和第164页。

14. 卡里乌斯，第166—171页。

15. 俄罗斯国防部中央档案馆，F. 3404, oP. 1, D. 102, IL. 55—56。

16. 第502重装甲营1944年7月4日—27日战后报告，引自卡里乌斯第295—296页。

17. 卡里乌斯，第183—184页。

18. 第502重装甲营1944年7月4日—27日战后报告，引自卡里乌斯第300—302页。

19. 西加利斯，第108—115页。

20. H. 格瑞尔，《希特勒，邓尼茨和波罗的海》（安纳波利斯：海军学院出版社，2007年），第121页。

21. W. 铁克，《忠诚的悲剧：党卫队第3（日耳曼）装甲军军史》（J. J. 温尼伯：J. J. 费多罗维奇出版社，2001年），第88—94页。

22. S. 卡特安格，《纪念解放和占领：通往纳尔瓦之路的胜利纪念碑》《波罗的海研究》第39卷（2008年）第4期，第431—449页。

23. 有关伤亡数字，见M. 拉尔，《蓝夜1944：二战期间爱沙尼亚东北部的战事》（塔林：瓦拉克出版社，2006年）。

24. H. 冯·卢克，《装甲指挥官》（伦敦：卡塞尔出版社，2002年），第249页。

25. 铁克，第124页。

26. 见拉尔（2006年）。对此战的记述，见铁克第111—135页。

第八章
从"双头"到"恺撒"

    巴格拉米扬波罗的海沿岸第1方面军的坦克抵达里加湾时，1944年夏季苏联军队撕裂整个东线的庞大攻势也达到高潮。接下来几天里，德国在拉脱维亚的军事和民政当局都等着苏联军队的后续攻势。在苏联第51集团军进抵里加湾所建立的走廊两侧，德军防线十分稀薄：向西的正面大多只有一些用拉脱维亚地主和农民匆忙编成的地方志愿军；库尔兰北部，海岸附近有一小群名为"格罗斯"装甲旅的党卫队部队，约有10辆坦克和两个连的步兵，由文茨皮尔斯（Ventspils）的党卫队训练部队组成；这支部队南面40多千米处则是"希尔瑟斯"集群，由得到高射炮部队加强的两个拉脱维亚营组成；再往南相似的距离是"马德尔"集群的余部，由两个步兵营、一个炮兵营、一小队伞兵和一些拉脱维亚警察和准军事部队组成，同样得到高射炮支援。[1] 在这些部队之间，以及马德尔上校的南翼与第3装甲集团军第9军之间，则是大片无人防守的地段。

    如果此时苏联红军手头有两三个相对实力完整的步兵军，他们将会获得极大战果——可以拿下库尔兰大部，或从西面拿下里加。但冲到波罗的海的苏联军队也在取得极大成功后精疲力竭。自6月22日起，战线已经移动近600千米，补给线也已经拉长到难以为继的程度。德国一侧的伤亡极为惨重：近五十万人阵亡、受伤或被俘，几乎足以导致德国的最终战败，但和先前东线的历次大型会战一样，苏联军队的损失比德军更为惨重，达到了770000人。单是巴格拉米扬的方面军便有41000多人阵亡。[2] 苏联的装甲车辆损失同样惨重，2900多辆坦克和自行火炮被击毁。[3] 尽管其中不少坦克将在相对较短的时间内修复，但摆在维修部门和后勤部队面前的任务非常艰巨，后者试图在跟上前者的同时前送补给。

苏联军队前线的其他地段也面临着类似问题。苏联军队抵达华沙东郊，引发了城内波兰抵抗战士的起义。尽管对斯大林来说，坐山观虎斗，看着德国人消灭这些反苏的国家军是最佳选项，但现实是华沙城外的苏联军队和巴格拉米扬的军队一样筋疲力尽。除了一路上的损失和过度伸长的补给线，他们还遭到德军第39装甲军的痛击，该军的主要打击力量来自第4装甲师。德军利用苏联军队前锋日益变差的协同作战，以其惯有的灵活性和速度在华沙东部发起反攻，粉碎了坦克第3军，并严重削弱了近卫坦克第8军的力量。[4]

国防军遭遇空前惨败的这个夏季即将结束时，北方集团军群又被孤立，这是一记重击，之前德军的集团军曾经被围并陷入孤立——最著名的就是第6集团军在斯大林格勒被围歼，但整个集团军群被割离德国本土可是头一次。恢复同北方集团军群的联系自然得到了很高的优先级。国防军开始拼凑一支能突向舍尔纳的集团军群的打击力量。

德军战线逐渐稳定下来，拿下考纳斯后，切尔尼亚霍夫斯基的白俄罗斯第3方面军继续向东普鲁士边境推进。一股苏联坦克在8月5日—6日被大德意志师一部赶走前，打到了德国的席文特镇（Schirwindt）。不过，接下来的三天里，切尔尼亚霍夫斯基催促他的第33集团军向席文特再次发起进攻，再往北一点，第39集团军和近卫坦克第5集团军沿涅曼河北岸向蒂尔西特发起进攻。然而，德军的反击进展良好，大德意志师击败了向东普鲁士边境的所有进攻。与此同时，撤退到立陶宛西南部的第7装甲师被第252步兵师从前线换下，该师随后同近卫坦克第5集团军的两个坦克军在拉塞尼艾展开苦战，这座1941年爆发过坦克大战的城镇化为废墟。第7装甲师的机动力量得以投往北面，同"马德尔"战斗群建立了稳固的联系。德军甚至腾出手来开始将大德意志师抽出前线。

与此同时，战线北段，党卫队旗队长格罗斯开始试探性的进攻。他的坦克推进到距离图库姆斯（Tukums）不足2英里处，但放弃了进攻该镇的计划。侦察部队得以向前渗透，在图库姆斯以东同北方集团军群取得了十分稀薄的联系。第4装甲师也自8月11日起从波兰北上，火车载着全师官兵穿过东普鲁士。对师里不少士兵来说，这是他们几年来第一次见到祖国，不禁百感交集。一方面，他们为再次见到德国感到喜悦，另一方面，他们这次旅途也进一步显示出战线距离东普鲁士已经近到了何种程度。

与1941年年底以来的情况一样，北方集团军群此时仍旧由第16、第18两个集团军组成。为便于协调德国边境以北的德军，劳斯指挥的第3装甲集团军被暂时划给北方集团军群。很快，重建第3装甲集团军和第16集团军联系的作战计划便被制定出来，8月8日上报给希特勒。这一方案中，大德意志师将被调往拉塞尼艾当面的前线，以制造德军将夺回拉塞尼艾和希奥利艾的假象。更北面会有两处进攻：一处是1—2个装甲师和一个步兵师向希奥利艾，另一处是3—4个装甲师向叶尔加瓦。第二天傍晚，该计划被赋予代号"双头"，这是一种当时德军士兵很喜欢玩的扑克游戏。或许是受希特勒的影响，计划变得更为宏大：同第16集团军建立联系后，发起进攻的各装甲师将向南冲向考纳斯，冲入第3装甲集团军当面苏联军队的后方。这一附加内容一开始便被参战各师、军指挥官认为完全不现实，直接忽视了。[5]

北调之前，大德意志师于8月9日在现地段发起进一步攻势，以一次突袭收复了维尔卡维什基斯城区（Vilkaviškis）。德军在拂晓前发动进攻，以晨雾为掩护，绕过苏联军队城南的防线后掉头北去，没等苏联军队发觉便从西、南、东三面包围城区。德军部队攻入城区时爆发激战，到日终时分，苏联军队只剩几个被孤立的口袋，他们在夜间溜走了。[6]

第三装甲集团军收到的情报说红军在远距离的攻势后已经精疲力竭，或许已经过度伸展。战俘审讯也表明，编制超过500辆坦克的近卫坦克第5集团军此时只有40辆坦克可用。[7]因此，眼下似乎是向希奥利艾反击的好时机，"双头"计划遂加速制定。第39装甲军将以第4、第5、第12装甲师组成"利鲍"集群，在泰尔夏伊（Telšiai）西北处分两路向叶尔加瓦推进。与此同时，以第18装甲掷弹兵师残部组成的第101装甲旅将在冯·劳切特上校的指挥下，走海路增援库尔兰半岛的"格罗斯"集群。两军合兵一处后，将在富有活力的海津特·冯·施特拉维茨统一指挥下，经图库姆斯杀向里加。更南面的第40装甲军由第14装甲师和大德意志师组成，将从西南方向希奥利艾推进。第7装甲师不久也会用于加强攻势。

德军指挥官们从一开始就出现摩擦。第3装甲集团军认为进攻应当在8月

17日发起，因为各部赶来集结至少需要这么久。相反，由于第16、第18两个集团军被突破至海岸的苏联军队孤立在北边，情况危急，因此北方集团军群希望进攻早日发起。在等待足够军队抵达以尽最大努力和尽快突向被围集团军这对矛盾中间，必须达成令人不快的妥协。

与此同时，红军重组队队。第51集团军近卫步兵第1军是苏联军队从叶尔加瓦延伸到里加湾的走廊中的主力，南面的坦克第5集团军则收到了急需的增援——100辆新的T-34坦克，并奉命准备从现在位于凯尔梅（Kelmė）附近的阵地向西北进攻。突击第4集团军被调往波罗的海沿岸第1方面军，它的近卫机械化第3军被部署在叶尔加瓦南面，之前夏季战事中被削弱的坦克第1军则在希奥利艾东面作为预备队。德军的反攻将会受到强大的抵抗。

红军也发现了德国装甲兵向北调动。他们多少高估了德军实力，北方集团军群总兵力据报有700000人、1200多辆坦克和自行火炮、约7000辆火炮迫击炮、400架作战飞机，相应的，列宁格勒方面军和三个波罗的海方面军有900000人、3000多辆火炮自行火炮、约17500门火炮迫击炮和2650架作战飞机，并由副国防人民委员华西列夫斯基统一指挥。[8] 即使德军实力真的能达到苏联军队估计的那么强，他们也会面临一场苦战。

8月13日，华西列夫斯基向斯大林报告"敌军有可能计划从两边发起进攻，切断我们伸向里加湾的突出部"。为避免这种情况，波罗的海沿岸第1方面军奉命以突击第4、近卫第6两个集团军向里加发起进攻，牵制德军第16集团军所部。由叶尔加瓦向南坚守面朝里加的阵地，并在攻势取得进展后转入进攻。第51集团军将在伸向波罗的海的走廊中构筑坚固的防御阵地，近卫第2集团军在其南面。

巴格拉米扬严肃对待德军的进攻准备：

我们最担心的是突出部的顶部，它已经挺进到里加以西，宽度达40—60千米。近卫步兵第1和步兵第63军的四个师防守着这里。我们知道要固守这一正面，靠这四个在战斗中已经受到很大消耗的师是不够的，但我们也拨不出其他兵力了。毫无疑问，敌人将极力在根部附近切断打进去的突出部，正因如此，我们向里加湾投入的兵力越多，敌人就越容易实现自己的企图。总而言之，希特勒分子随后必然会实施突击，这是毫无疑问的。遗憾的是，我们直到进攻开始也不知道其方向和力量。[9]

推进过程中，巴格拉米扬的军队遇到少量亲苏的拉脱维亚游击队，他们提供了关于德军部署的情报。报告显示，里加西面和南面接近地的德军正在集结准备突围；而事实上，第16集团军缺乏足够的装甲力量进行此类尝试。为阻止突围，巴格拉米扬决定让第51集团军在预期中德军从西面展开的进攻的当面占据防御阵地，突击第4集团军和第43集团军准备向里加进攻，这样至少可以干扰德军的突围计划。

8月14日，德军第9军以第252步兵师在第7装甲师一部的支援下，于拉塞尼艾北郊发起进攻。这一代号"狮鹫"的行动可以看作"双头"行动的预备性攻势，德军成功拿下城区大部并宣称击毁60多辆苏联坦克。第7装甲师随后撤离前线，为主要行动做准备。8月15日晚，担负主攻的该师开始从集结地开向前线。该师沿着狭窄的道路行军时，从西线传来的坏消息在官兵中口耳相传：西方盟军在法国地中海沿岸登陆，几乎没有遭遇抵抗。还未抵达前线，官兵们就意识到了摆在他们面前的任务何等艰巨：

什么都小，小树林，小高地，狭窄的道路，狭小的桥梁，纵横交错的排水渠和溪流。总而言之，我们行军若干千米后便发现此地不适合装甲作战。毕竟这些曲折的小路和桥梁无法承受我们的"装甲战熊"，给我们制造了巨大困难。当然了，我军的战斗工兵不断工作，付出了超人的努力，还是到处出现问题：这里的浅滩靠不住，那里的桥梁被沉重的坦克压断。行军路线必须优先侦察好，行军纵队不断在新障碍前停下。有些地段坦克可以通行，但运输燃料的卡车却无法跟上，我们在连续行军中急需这些燃料。最后，到我们出发线这100千米的路程总算是走完了，但夜色里发生了多少英雄主义的小行动永远也无法统计清楚。[10]

"双头"始于8月16日，比第3装甲集团军的计划行动日期提前了一天。尽管德国人投入5个装甲师和1个装甲掷弹兵师，但坦克数量却少得令人失望：

第39装甲军只有133辆，第40装甲军只有148辆。天气干燥晴朗，非常适于装甲作战。北面，从图库姆斯近郊撤回的"格罗斯"集群在苏联军队的坚决抵抗下止步不前。得到了第101装甲旅（此时还在海上）和指挥、通讯单位后，这个集群被夸张地称为"施特拉维茨"装甲师。更南面的第39装甲军早上8时越过出发线，第4、第5两个装甲师得以部署可观的力量并取得良好进展，但第12装甲师仍等着全师到齐。第5装甲师以两个战斗群发起进攻，南面的战斗群必须在帕皮莱（Papilė）强渡文塔（Venta）河，但遭到顽强阻击后被迫变更主攻方向，试图绕过镇子向南。正如一个装甲掷弹兵营营长阿尔弗雷德·耶特克（Alfred Jaedtke）回忆的那样：

> 装甲战斗群在战斗中只克服了多数俄国前方单位的抵抗，尚未突入敌军防线足够的纵深，因此转向南面意味着经过镇子时，将遭受来自苏联军队向西阵地以及河左岸可观的反坦克火力，这是来自俄国炮兵的准确直瞄火力……
>
> 在帕皮莱东北约6千米处的林地中，部署良好的俄国反坦克炮仍给我们造成些许烦恼，但我们迅速克服俄军抵抗。我们在附近的森林中（约8千米深）突袭了一个营的俄国炮兵，迅速将其俘获。敌军在马祖奈夏伊（Mažūnaičiai）的微弱抵抗也被我军迅速克服。我们一路杀向克鲁奥皮艾（Kruopiai），随处可见俄国人，但没有遭到什么像样的抵抗。看上去他们来自被打散的部队或后方地区的兵团。我们的人士气高昂，在无数次边打边撤的战斗后，我们至少像往日一样前进了。[11]

更南面的第40装甲军以大德意志师向前推进。由于路况不佳，该师向库尔谢奈（Kuršėnai）缓慢推进，在那里拿下一座横跨文塔河的完整铁路桥。南面不远处，第14装甲师同样夺取了一座位于希奥克奈（Šaukėnai）附近的文塔河桥，但第7装甲师却在凯尔梅东北遭遇顽强抵抗。

由于装甲力量集中在相对狭小的地区，第3装甲集团军战线的其他地段暴露在敌军的攻击下。集团军南翼的第26军以薄弱的第549、第561国民掷弹兵师防守着相当长的一段防线。这两个新组建的师包括大量之前因为年龄或素质被认为不适合在前线服役的人员，缺乏老兵和作战经验。即便"双头"行动开始

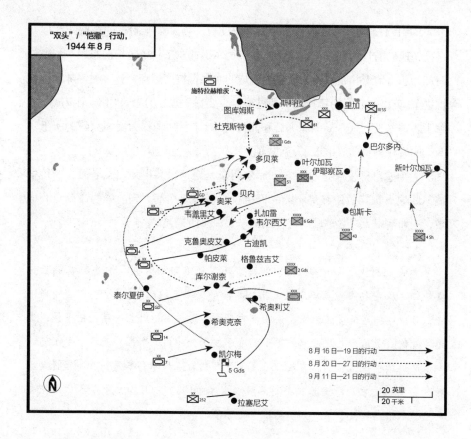

"双头"/"恺撒"行动,
1944年8月

施特拉赫维茨
斯科拉
图库姆斯
里加
杜克斯特
巴尔多内
叶尔加瓦
新叶尔加瓦
多贝莱
伊耶察瓦
奥采
贝内
韦盖里艾
包斯卡
韦尔西艾
扎加雷
克鲁奥皮艾
古迪凯
帕皮莱
格鲁兹吉艾
库尔谢奈
泰尔夏伊
希奥利艾
希奥克奈
凯尔梅
8月16日—19日的行动
8月20日—27日的行动
9月11日—21日的行动
拉塞尼艾

20英里
20千米

后,苏联近卫第11集团军、第33集团军、第5集团军仍然在进攻这一地段。第6装甲师遂行了有力抵抗,但仍被击退,对装甲师侧翼两个国民掷弹兵师地段的进攻达成显著突破。这些推进直接威胁到东普鲁士,必须予以回应。因此原先准备投入"双头"作战的第1步兵师被调来加强第26军。

巴格拉米扬收到了严重程度不一的报告。一方面,第40装甲军当面的防线相当牢固,尽管苏联军队宣称他们遭到250辆德军坦克的攻击——相当于德军进攻方向上所有坦克的总和。但另一方面,关于第39装甲军的报告没有给出敌人的兵力与番号。日终时,他确认步兵第126师在大德意志师和第7装甲师一部的进攻下已被迫后撤。华西列夫斯基建议他让近卫坦克第5集团军加快向希奥利艾变更部署,巴格拉米扬命令第51集团军和近卫第2集团军司令员辨认进攻部队时多下点功夫,并把所有炮兵调往前线,以提供最大程度的支援。[12]

8月17日黎明，第4装甲师向韦盖里艾村（Vegeriai）附近的苏联防线展开进攻，他们前日的推进在这里被挡住。德军迅速拿下村子，但向东进一步推进时却为恶劣地形和布置良好的反坦克炮的顽强抵抗所迟滞，日终时该师只向前推进了3英里。北面的第12装甲师进展多少要好一些，但第5装甲师南翼战斗群拿下古迪基艾村（Gaudikiai）后和北面的第4装甲师一样为反坦克防御所阻。两天的战斗只将前线推进了9英里。

大德意志师发起进攻并拿下库尔谢奈，但第14装甲师在文塔河上的桥梁被苏联炮火损坏后便裹足不前。巴格拉米扬将炮兵部署到前线的命令卓有成效，正如他以大多数苏联时代作品的一贯风格所描述的：

帕夫连科夫上校的炮兵第187团经历了最艰难的时刻。炮手打完最后一发炮弹。仅由共产党员库斯托夫指挥的一个反坦克炮班便击毁了5辆法西斯坦克，其中包括两辆虎式坦克。法西斯自动枪手逼近火炮时，士兵们用手榴弹击退了他们。最后，火炮旁只剩下了瞄准手波德戈尔内一个人。他尽管受了伤，却依然继续射击，直到打完最后一发炮弹。然后他和牵引车驾驶员一起将火炮拉到安全的地方。根据苏联最高苏维埃主席团1945年3月24日命令，库斯托夫和波德尔格内被授予了"苏联英雄"的称号。[13]

第7装甲师试图拿下凯尔梅时也严重受挫，正如一名该师军官在日记中写的那样：

进攻已全面展开，战斗群下午集结在一大块洼地中，四周一片寂静。装甲部队的军官刚在团长的半履带车中展开讨论，一发似乎是打偏了的炮弹就在洼地中炸开。紧接着是第二发炮弹——这发炮弹在团长的半履带车里爆炸。车里的所有人：团长、副官、通讯官、司机和无线操作电员都被炸死。师的先锋战斗群指挥部就这样被一锅端了。[14]

第6装甲掷弹兵团团长魏策尔中校、他的副官和该师豹式坦克营的副官阵亡。第7装甲师这次被上了血淋淋的一课：敞篷的半履带车在便于装甲掷弹兵下车的同时，也非常容易被炮火毁伤。

战斗持续时，德军指挥层又出现一番变动：莫德尔被派去指挥西线，汉斯·格奥尔格·莱因哈特接任中央集团军群司令，劳斯接过第3装甲集团军。

在苏联军队看来，第40装甲军的进攻似乎最具威胁。第51集团军报告当面进攻德军——主要是第4、第5装甲师，尽管苏联军队还没有认出他们——由"约200辆坦克和大群步兵组成"[15]。坦克第1军和步兵第103军被从波罗的海沿岸第1方面军的预备队调出，派往希奥利艾。尽管近卫坦克第5集团军已经调入这一地区，但巴格拉米扬失望地发现这个集团军只有17辆可投入战斗的坦克，而不是他所希望的500辆。对此，方面军坦克兵和机械化兵副司令员康斯坦丁·斯科尔尼亚科夫（Konstantin Skorniakov）将军引用坦克第5集团军参谋长彼得·卡利尼琴科（Petr Kalinichenko）少将的报告：

> 我们已经战斗了近两个月，参加了维捷布斯克[①]进攻战役和考纳斯进攻战役，不仅由于敌军火力，也因为车辆磨损和零件缺乏损失坦克。集团军把不少坦克都丢在了通往希奥利艾的道路上。莫斯科给我们派来很多技术装备，我们希望会有时间进行补充，整顿部队。运送［补充］坦克的列车已经在路上。[16]

与此同时，收到德军于里加附近集结的后续报告后，巴格拉米扬将两个步兵师和一个机械化师[②]派往里加附近的前线，另有一个坦克兵团留作预备队。从切尔尼亚霍夫斯基的白俄罗斯第3方面军给巴格拉米扬调来一个反坦克歼击炮兵旅，并从战略预备队中调来另外三个。考虑到这一地区的地形、有限的视野、相对较差的道路，这些反坦克炮正是挡住德军推进的所需武器。[17]

第39装甲军8月18日继续缓慢推进，第12装甲师拿下奥采（Auce）南郊的高地，夜间重组后，第4装甲师以两个战斗群发起进攻，向前推进两三英里后又遭到苏联军队以40辆坦克发起的反击。战俘审讯表明这些坦克来自近卫机械

[①]译注：应当为维尔纽斯，参见巴格拉米扬元帅回忆录，下册，第355页。
[②]译注：苏联军队当时没有机械化师，另根据巴格拉米扬的回忆录，当时巴格拉米扬认为德军将两个步兵师和一个摩托化师开来加强里加集团。

化第3军。缓慢的进攻步伐给苏联军队充分时间组织防御，正如第5装甲师的耶特克所发现的那样：

我们早上动身前往韦尔西艾（Veršiai），半路上又在古迪基艾村东北3千米处遭遇苏联军队的反坦克炮阵，向我们投送了猛烈的火力。苏联人的反坦克炮在树林旁的道路两边隐蔽良好，而我们不得不夺取约6千米长的林间路。我方炮兵向森林边缘猛烈开火——根据我们的要求，最后一轮齐射中包括了一些烟雾弹——然后我们发起进攻。我们在烟雾弹的掩护下冲入森林中，俄国人四散而逃，扔下了10—12门反坦克炮。

继续推进时，我们发现林中的道路不过是一条清理出的小径，约有60—80米宽，还有一些新砍过的树桩。俄国佬在关键地段部署了更多反坦克炮，这些反坦克炮难以发现且得到步兵掩护。我们别无他法，只能让下车作战的装甲掷弹兵在路两边开路，消灭这些反坦克炮，同时我们的坦克蛙跳式前进。这相当消耗时间，我们只得缓慢前进，因为路两边的森林里满是俄军步兵，我们必须加以防备，防止他们对我军坦克和坦克中间那些只有驾驶和副驾驶的半履带车不利。道路上布满让人恶心的地雷，不过由于埋设时间不长，这些地雷相对较快地被皮尔希上尉的战斗工兵发现并排除。两三个小时后我们抵达林地边缘。第一批坦克和半履带车攻入一千米外的韦尔西艾，报告此地没有敌军。我们在林地边缘重新集合起来，连长们重组在林子里被打乱的队伍。我们可以看见北面约5千米外的扎加雷（Žagarė）。赫尔佐中校出现并命令继续向北侦察，并保卫南北向主要公路，直到第14装甲掷弹兵团2营抵达。此时又有一阵"火魔术"落在了林子边缘和洼地中——显然是来自一大群"喀秋莎"火箭炮。我们到达预期的阻击阵地时，又从团里收到无线电命令："立刻撤回古迪基艾村。"这不对头！我使用中校的电台同团通讯班取得了联系。命令没问题，右翼出事了。快赶回去！

于是乎，我们顺着那条讨厌的林间路返回。一个装甲掷弹兵连开路，随后是三个排的坦克和营主力，一个有装甲掷弹兵加强的坦克排殿后。那个得到装甲掷弹兵加强的坦克排负责守住文尼艾附近的林际线，直到确保我们已经回到树林西面。我们在回去的路上便听到古迪凯方向传来枪炮声。在前面开路的第2连连长埃尔默斯上尉用无线电报告称"敌军坦克正在与我军炮兵交火"。我军一营炮兵部署在古迪凯北面的高地上，现在正在与15—20辆"谢尔曼"坦克近距离交火，一些火炮直瞄射击。对我们那两个在林子边缘的坦克排来说，这些谢尔曼坦克像靶子一样——它们多数背对着我们。获得过骑士铁十字勋章且身经百战的艾塞尔上尉，很快便指挥自己的手下把这些敌军坦克消灭了。两三辆敌军坦克跑进林子里，但我们随后发现它们已被乘员遗弃并爆破。[18]

这些苏联坦克来自那些负责干扰德军推进的集群。它们充分利用地形和推进中的德军部队间的空隙，试图包围并消灭德军的先锋，正如第5装甲师的内克尔上尉记载的那样：

夜间（8月17日/18日），敌军三支坦克部队与我师推进中的右翼擦肩而过，它们各有25—30辆，多为谢尔曼和斯大林1型坦克。早上，伴随着猛烈炮火支援，敌军坦克在古迪凯和克鲁奥皮艾之间进攻我方深远右翼，他们意图歼灭我军前锋，挡住我们的突击。这次进攻以敌军损失惨重而告失败。古迪凯东面，第31装甲团第2营的后卫坦克击毁9辆敌军坦克。在古迪凯附近，炮兵以直瞄火力与第31装甲团第3连合计击毁25辆敌军坦克。在克鲁奥皮艾，师装甲歼击营（"冯·拉明"营）击毁25辆行进中的敌军坦克。本师因击毁56辆坦克被国防军通报表扬。敌军坦克在没有步兵支援的情况下进攻古迪凯，将我们打了个措手不及。火力全开的他们越过我和赫尔佐克在古迪凯以东森林边缘的指挥部，直奔第116装甲炮兵团第2营部署在开阔地上的一个炮兵连，被火炮在近距离击毁，这个炮兵连也损失惨重。[19]

再往南，大德意志师在第14装甲师的支援下继续向希奥利艾推进。德军当面是苏联坦克第1军和一个师的拉脱维亚步兵。与苏联红军的爱沙尼亚师类似，该师只有一小撮拉脱维亚本地人，其余的是来自苏联的拉脱维亚裔和根本没有拉脱维亚血统的俄罗斯人，不论如何，巴格拉米扬在他的回忆录中记录了拉脱维亚道耶塔斯父子的英雄事迹，他们无畏地以反坦克步枪和手榴弹迎击德军坦克，击毁坦克和斐迪南自行火炮各一辆。考虑到这一战中德军根本没有投入斐迪南，苏联军队有可能错认了目标——这并不稀奇，他们经常把各种德军突击炮和坦克歼击车认成斐迪南，这种全重达65吨的坦克歼击车被红军士兵视为极其可怕的对手。同样，各条战线的红军士兵经常称他们遭遇的德军坦克是虎式坦克。拉脱维亚师的其他士兵也被提出来单独表扬，他们显然参加了激烈的战斗并证明了自己。事实上，德军缓慢的推进本身就是拉脱维亚师坚守阵地决心的证明。[20]

第39装甲军军长绍肯和第3装甲集团军参谋长见了一面，尽管进攻行动此时仍按原定方案进行，但他表达了自己对进攻各师相距过远、难以获得最大效果的担忧。绍肯得到保证，一旦第40装甲军拿下希奥利艾，两个军将会靠得更近，第39装甲军的侧翼威胁将被大大减弱。[21] 在战场的另一边，巴格拉米扬收到了一系列防线仍然稳固的报告。他对自己的防御的确有足够的自信，以至于命令近卫机械化第3军撤出前线，将其收作预备队。

"施特拉维茨"集群则直到8月19日早上才设法聚集起足够的力量发起进攻。以大约60辆坦克发起进攻的"装甲伯爵"进展良好，迫使红军缩入近卫步兵第1军的两个步兵师在图库姆斯附近把守的环形防线。第4装甲师计划发起进攻拿下扎加雷，但当天大部分时候都忙着打退苏联军队的进攻。与此同时，师里的两个战斗群一度面临被围的危险，不过坚定的局部反击恢复了局势。

第4装甲师地段的反击影响了南面的第5装甲师。没等来西北面不远处的第4装甲师赶上，第5装甲师的"弗里德里希"战斗群和"赫尔佐克"战斗群受命继续推进。他们进展良好，打到了扎加雷，但苏联军队的一次反攻深入该师与第4装甲师的结合部，切断两个师之前脆弱的联系，随后他们遭到苏联军队反复攻击。在一个斯图卡中队的支援下，他们成功击退这些进攻，但发现自己的处境愈发孤立。类似的，大德意志师也一度攻到希奥利艾近郊，却由于两翼暴露被迫放弃继续进攻的计划。作为当面苏联军队的主力，近卫第2集团军现在得到坦克第1军和近卫坦克第5集团军所部进一步加强。正如巴格拉米扬描述的那样，激战经常在近距离爆发：

此日，掩护希奥利艾西南接近地的近卫步兵第11军各师再次引起我们的特别关注。尽管军长罗日杰斯特文斯基将军负伤，但我的老朋友，代军长阿鲁沙尼扬少将却对军队展开了周密的指挥。他粉碎了敌军利用两个步兵团和几十辆坦克在萨库连科夫少将近卫步兵第32师的近卫步兵第85团防御地段打开缺口的企图。虽然敌人的很多坦克已经被炮兵击毁，但仍旧有几辆冲进了该团的战斗队形，于是，步兵战士拿起了反坦克手雷和燃烧瓶。在步兵第4连，格里别纽克中士为救出几个战友，把反坦克手雷投到快要压到他们的法西斯坦克履带下，炸毁了它。他牺牲后被追授了"苏联英雄"的称号。[22]

对各装甲师的士兵来说，这是一段与先前战斗不同的经历，正如第4装甲师的一名通讯兵军官汉斯·肖夫勒（Hans Schäufler）所描述的那样：

> 对我们而言这是完全不同的战争：在狭窄的地形中展开一系列恶战，为每一米土地展开激战。我们必须一步步撬敌军防线。没有令人印象深刻的向前冲刺，只有狭窄空间内的艰苦战斗。从俄国原野上过来的我们只能慢慢适应这种打法。
>
> 很快，第一批"约瑟夫·斯大林"坦克便出现在我们面前，8辆坦克被我们的火力在短时间内炸上天后，这轮攻势同样被打退了。这些坦克身形庞大，炮塔骇人，炮管像树干一样。
>
> ……夜间我们会后撤一点，早上再推进，防御体系一道接着一道，根本无法达成突破。[23]

攻势发起时状态相对较好的第14装甲师，此时又得到另外20辆属于第510重装甲营的虎式坦克支援。但三天的作战也严重削弱该师的战斗力。8月19日，该师在文图斯运河同苏联坦克展开激战，尽管宣称击毁了15辆苏联坦克，但自身也损失不菲。该师的第106装甲掷弹兵团在数小时内损失了团长、团副官和一个营的两任营长。维修部门报告称，除敌军造成的伤亡外，该师还有数量可观的豹式坦克因发动机和传动故障抛锚，四号坦克和突击炮则出现了转向机构和刹车装置故障。零部件难以找到，很多情况下不得不从一些坦克上拆零件以维持其他坦克的运作。[24]

德军更高级指挥机构进一步讨论后续战役进程，中央集团军群参谋长和第3装甲集团军参谋长讨论后，认为拿下叶尔加瓦的可能性不大，但北面的"施特拉维茨装甲师"同第16集团军取得联系还是很有希望的。巴格拉米扬和他的集团军司令员们也讨论了战局，认为他们已经粉碎德军到目前为止的所有突破尝试，并有信心继续挡住两个德军装甲军。不论如何，在手中预备队不断减少的情况下，巴格拉米扬收到了令他宽心的情报，推翻了早先德军装甲兵在里加附近集结以便第16集团军遂行突围的报告。这使得巴格拉米扬得以抽调更多军队来应对来自西面的威胁：具体来说，他得以将伊万·米哈伊洛维奇·奇斯佳科夫的近卫第6集团军从它现在位于里加东南的阵地中撤出，插入第51集团军和近卫第2集团军之间。

8月20日，大德意志师奉命将主攻方转移到向北一点的格鲁兹吉艾（Gruzdžiai），以同被挡在扎加雷前面的第39装甲军建立联系，消除德军侧翼受到的部分威胁。巴格拉米扬注意到德军主攻地段不断北移，于是命令近卫机械化第3军在扎加雷附近展开，并下令第43集团军交出第19坦克军作为战役预备队。然而当天最为重要的发展发生在北面，施特拉维茨总算是集结好他的军队，向杜克斯特（Dzukste）发起进攻并拿下该地，随后向图库姆斯攻去，镇中有数量可观的苏联坦克，然而海岸边的"欧根亲王"号重巡洋舰帮了他的忙。这艘战舰用它的203毫米主炮向图库姆斯发射250多发炮弹，摧毁40多辆苏联坦克。随后施特拉维茨迅速击破苏联防线，拿下了这里。接下来他转向东面，冲破了苏联军队在斯科拉（Sloka）[①]附近的薄弱防御，并与第16集团军一部取得联系。尽管因苏联炮火损失的坦克不多，但日终时施特拉维茨只有9辆可用的豹式坦克，其余的大部分都在路上抛锚了。现在这些坦克正遭到红军的反击，后者试图封闭施特拉维茨打通的这条狭窄走廊。

或许是为自己未能挡住施特拉维茨的进攻辩护，苏联第51集团军的部队报告称图库姆斯遭到至少300辆德军坦克的进攻。[25] 巴格拉米扬派出坦克第19军和步兵第60军增援第51集团军，同时抢回苏联军队通向波罗的海的走廊。但当天下午又传来了进一步的坏消息：第51集团军司令雅科夫·克赖泽尔（Iakov

①译注：是尤尔马拉的一个区。

Kreizer）报告说德军在一次有35艘船只参加的两栖行动中沿海岸登陆。克列伊泽尔补充到，强大的德军步兵和装甲兵正在从东面威胁图库姆斯。这些报告均不属实：德军登陆的报告反映的更有可能是"欧根亲王"号和一群护航的驱逐舰参加了对图库姆斯之战的火力支援。尽管德国第16集团军准备了一小股军队同施特拉维茨协作，但其本身构不成什么严重威胁。不过，这些报告使得巴格拉米扬认为此时仍在图库姆斯附近坚守的近卫步兵第1军有着被包抄歼灭的危险，因此他命令该部将下辖的两个师向南撤大约15英里。

前一天德军参谋军官们的讨论仍在继续，一些人提议向扎加雷和希奥利艾推进的装甲兵应当北调，以扩大施特拉维茨的战果，绍肯则力图继续进攻叶尔加瓦，称就算不可能取得决定性的突破，他的军也能牵制数量可观的苏联军队。绍肯指出，一个或更多的师这样变更部署需要两天以上，这段时间很有可能足以让苏联军队也调往北面，迫使重新部署的德军苦战一番才能冲向图库姆斯和第16集团军。因此各方都同意进攻暂时继续，但也制定了将大德意志师从现有位置撤出并部署到北面支援施特拉维茨的方案。同时，在大德意志师南面进攻的第7和14装甲师受命靠拢，以封闭两师前锋间的缺口。[26]

第4、第5两个装甲师仍旧艰难地向前推进。第4装甲师受命将它南面的装甲战斗群派去支援第5装甲师，使得后者得以打到扎加雷的近郊，但第4装甲师自身的推进速度也因此大大减缓。夜幕令战斗停止后，高层间又展开更多讨论：德国陆军总参谋长海茵茨·古德里安仍有信心在叶尔加瓦方向迅速达成突破，相反，战地指挥官对此不抱什么希望：大德意志师仍旧在苏联军队不断的反击前裹足不前，绍肯估计他的军至少需要再推进五天才能抵达叶尔加瓦。当晚下达了新的命令：大德意志师按原计划撤离前线，调往第4、第5两个装甲师的北面，后两者将继续向叶尔加瓦推进。

北面更远处仍在混战，德军第52保安师的一个战斗群在图库姆斯，一些苏联军队向南撤退，其余的继续试图守住现有阵地。8月21日，第52保安师余部试图在中央集团军群和北方集团军群间建立起更强的联系时，第4装甲师和第12装甲师一部在扎格莱以北，顶着苏联军队几乎不间断的空袭发起进攻。在扎加雷西北8千米处的巴加奇村（Bagaci）附近，第4装甲师首次遭遇"约瑟夫·斯大林"重型坦克：15辆该型坦克试图阻止住德军推进，但在短促交火后被击毁7辆。[27]

日终时,绍肯认为可以将第4装甲师一部向南投入扎格莱方向,以帮助第5装甲师继续推进。但8月22日上午,德军发现苏联军队的防御阵地比预期的强太多。苏联军队多次反击,迫使第4装甲师转入防御,双方均进展甚微。这一天快结束时,劳斯和绍肯通过无线电展开交谈,两人协商后同意将主攻方向转到北面,不再沿原先的进攻方向朝仍旧遥远的叶尔加瓦推进。第4装甲师将加入大德意志师的行列向奥采进攻。随后劳斯又和中央集团军群司令莱因哈特展开协商,两人讨论的焦点主要集中在时间问题上。最终他们达成一致,认为绍肯将尽快向奥采展开进攻,不必等大德意志师和第4装甲师全部集结。

苏联的航空侦察发现了大德意志师和第4装甲师的部署变更,并向巴格拉米扬汇报这两个装甲师正在从扎格莱地区调往奥采。巴格拉米扬决定以第51集团军从扎格莱发起进攻,以近卫第2集团军从希奥利艾发起进攻。坦克第19军将支援第51集团军逐退第12装甲师,但不久后被抽出前线,派往北面迎击在奥采集结的德军。大德意志师被调出前线时,近卫第2集团军报告该集团军推进了约7英里,实际上,德军不过是故意后撤到了一个更好的防线上。

施特拉维茨打出的那条通向北方集团军群的走廊正在慢慢巩固,而巴格拉米扬将近卫步兵第1军撤向南面的决定也多少帮了德军的忙。德军部队谨慎地向南试探,第16集团军第81步兵师8月23日已经拿下图库姆斯南面26千米处的杜克斯特。当天中午——远早于绍肯反对这些师向北重新部署时所预测的时间——大德意志师和第4装甲师的第一批单位在第39装甲军辖下攻向奥采。尽管第4装甲师的战斗群在奥采西面遭到苏联军队顽强抵抗,但大德意志师在北面不远处取得了更好的进展,成功攻破苏联第二道防线。用第201保安师换下扎格莱南面第5装甲师的计划,则被苏联人以近卫步兵103军和坦克第1军向克鲁奥皮艾的进攻打乱。苏联军队一番苦战后拿下镇子。德军把已按原计划撤出前线的第5装甲师一部用于展开反击。该地区的战斗又持续好几日,将德军有效牵制在此地,令他们无法部署到别处,尽管红军付出的代价也很高,第5装甲师在克鲁奥皮艾镇内及其周边击毁50多辆坦克。[28]

夜间重组后,第4装甲师迎着8月24日的晨曦进攻奥采,并在早上8时拿下镇子。该师试图从这里向贝内(Bene)推进,以掩护大德意志师暴露的南翼,但在狭窄且布满地雷的道路上推进相当缓慢，大德意志师的进展要好一点，在贝内东北部成功突破苏联防御，但绍肯对他两个进攻师之间不断拉大的间隔愈发忧虑。劳斯催促他进一步从北面展开行动以绕过苏联防线，并在当日下午向第39集团军下达相关命令。劳斯坚信在第4装甲师当面顽抗的苏联军队应当从北面包抄并予以歼灭，而不是正面强攻。

双方在战斗中都损失惨重。在东线之前的战斗中，日终时控制战场的一方通常会占据上风——他们有机会回收受损的车辆，修复后重新投入战斗，这方面德军格外擅长。举个例子，尽管战事激烈，第4装甲师8月25日的可用坦克数量为41辆，而两天前只有21辆。[29] 尽管苏联红军稳步损失着坦克，德军控制战场使得他们无法回收，但"双头"作战中双方的力量对比并未有多大变化。苏联军队不断增援，使得前线兵团——尤其是近卫机械化第3军和坦克第19军——不必撤出。单单8月14日一天，火车就向希奥利艾地区送来了60辆新坦克。[30] 不过，大德意志师仍旧向前推进，并在8月25日打到多贝莱西南方8千米处。在它南翼，第4装甲师向贝内艰难推进，随着德军主攻方向持续北移，劳斯命令第14装甲师从奥采以南的前线抽出，转往第39装甲军北翼。

第4装甲师于夜间再次重组，8月26日早上从它位于贝内西北的阵地向南发起进攻，与之前一样进展甚微，第12装甲师从西南方向贝内发起的同步进攻也在苏联军队的坚决抵抗下止步不前。大德意志师则继续向前，在多贝莱以北同从杜克斯特南面出发的第81步兵师一部取得联系。绍肯在给劳斯的报告中这样描述他那个军的态势：

> 到目前为止，我们已经击毁800多门敌军反装甲武器（包括坦克、突击炮和反坦克炮），使得敌军几乎完全放空了战线的其他地段……弹药短缺，我们不得不把重型野战炮撤出战斗，因为它们只剩下一些自卫用的炮弹了。[31]

8月27日，第4、第12两个装甲师继续尝试拿下贝内，但这轮进攻和之前一样在苏联军队的抵抗前裹足不前。日终时，第4装甲师师长克莱门斯·贝策尔（Clemens Betzel）向军长，同时也是第4装甲师的老师长绍肯报告称：

> 前些日子里，我们同在兵力和兵器上占有较大优势的顽抗之敌展开惨

烈、持久、代价惨重的战斗。队伍在战斗中精疲力竭，在恢复进攻前急需休整一两天。[32]

北方集团军群缺乏装甲师，所以中央集团军群和北方集团军群一旦重建联系，就将第3装甲集团军的一些装甲师调给第16集团军的事被多次讨论。由于"双头"行动的原目标，即通过夺取叶尔加瓦同北方集团军群建立联系的前景渺茫，且不论如何，在海岸沿线已经建立了这种联系，第3装甲集团军8月27日向第39装甲军下达一道新命令，结束了"双头"行动：

第14装甲师（现已撤出前线）将被调往北方集团军群，以用于叶尔加瓦，同时军左翼的进攻将停下来，以加强全军前线的防御准备，迎击预期中的敌装甲反击。内翼的第4装甲师和第12装甲师将继续进攻，将敌军赶出贝内西面和南面的突出部，以便从前线腾出军队。同左翼第81步兵师之间的联系将予以加强。[33]

"双头"行动持续12天，德军各师推进近50千米，却被挡在叶尔加瓦20英里外，尽管没有拿下这个预期目标，但这次行动恢复了同北方集团军群的联系。第39装甲军和第40装甲军大可宣称他们的进攻牵制了大量苏联军队，让施特拉维茨和他那个小型的师得以获得机动自由，抵达北方集团军群。"双头"行动也是在战争进行到这一阶段时，在各条战线上都相当罕见的德国装甲兵大规模集结，在战争其他阶段，这样的进攻本可以胜券在握。而这一次，尽管巴格拉米扬麾下各集团军在漫长的推进中遭受损失，补给线也过度伸展，但苏联军队在整个战役期间仍保有数量优势，并充分利用有利地形阻挡德军的进攻。德军发现的另一个问题，是突击集团中的装甲掷弹兵在进攻中缺乏前些年那样的勇气。正如战役期间第12装甲师参谋长格尔德·尼普尔德（Gerd Niepold）几年后总结的那样，东线三年的战事已经削弱了装甲掷弹兵团的人员素质，它们的补充兵在训练上远不如那些1941年带领国防军攻入苏联的前辈。尽管这看上去像是在苛责那些为打到叶尔加瓦而奋战的人，但各师的战后总结均指出那些富有经验的关键军官的损失经常导致进攻出现动摇，早年可不会发生这种情况，士官们将在出现这种情况时接任，但到1944年，很少有人具备符合"任务式指挥"要求的训练或经验。[34]

巴格拉米扬战后声称他的方面军在战役中消灭15500多名德军，击毁380辆坦克和突击炮。[35] 德方记录显示，战役开始时，参战的德军师总计只有281辆坦克和突击炮。尽管德军在战役中收到了补充的坦克和突击炮，但苏联军队的数字仍旧不切实际地高。双方都倾向于夸大对方损失，而双方在这次战役中实际损失的准确数字则永远不得而知。

同一时期，北面的战斗更为激烈。同苏联军队1944年的情况不同，1941年看似所向披靡的德国国防军一路冲向列宁格勒时，在纳尔瓦一带并未发生激烈战斗。这主要有两个原因：首先，1941年的苏联红军处在全线撤退中，无力防御纳尔瓦地区。其次，即使苏联军队尝试这么做，也会因德军在佩普西湖东面迅速推进而白费力气。1944年，苏联红军徒劳地尝试通过纳尔瓦一线攻入爱沙尼亚，但现在整个东线都被大大削弱了，苏联军队经佩普西湖以南攻入爱沙尼亚可以包抄德军防御，正如德军在1941年利用这一通路绕过纳尔瓦一样。

在佩普西湖以南地区，马斯连尼科夫的波罗的海沿岸第3方面军较德国守军有可观的优势。由于德军调兵增援中央集团军群，苏德双方兵力和坦克装甲车辆之比达4∶1，火炮数量之比达14∶1。更糟的是，这些比值中，德军兵力还算上了大量训练程度低下、装备恶劣的爱沙尼亚民兵。

苏联军队8月10日发起进攻，汉斯·戈尔尼克（Hans Gollnick）的第28军立刻受到重压。日终时，苏联第67集团军已经突破德军防线，佩乔雷（Pechory），这座旧苏联边境东侧最后的主要城市翌日被第67集团军攻克，同时友邻的近卫第1集团军① 则向沃鲁（Voru）推进，并于8月13日攻克该城。显然德军第18集团军被削弱的南翼已经无法继续守住前线，舍尔纳随后命令从沃尔茨湖到佩普西湖的防线均将由"纳尔瓦"集团军级支队负责，使得第18集团军可以将有限的力量集中在沃尔茨湖和拉脱维亚边境前，匆忙组建一道防线，阻止苏联军队向波罗的海沿岸快速推进。

---

① 译注：此时近卫第1集团军在乌克兰第4方面军编成下行动，此处及下文的"近卫第1集团军"应当为突击第1集团军。

短暂休整后，马斯连尼科夫的集团军8月16日开始继续推进，逼退第207保安师，明显威胁到了塔尔图，"纳尔瓦"集团军级支队匆忙前去恢复前线态势。党卫队旅队长荣根·瓦格纳（Jürgen Wagner）从党卫队第3装甲军调来"诺德兰"师和"荷兰"旅最后的坦克和突击炮、党卫队第5"瓦隆"志愿突击旅的一个营、支援炮兵和第11步兵师一个团。这些部队8月16日晚抵达前线，迅速将当地爱沙尼亚民兵编入序列。这道新防线是否挡住苏联军队仍有待观察。

初夏时节，戈沃罗夫的列宁格勒方面军制定了穿过佩普西湖进行两栖突击，包抄"纳尔瓦"集团军级支队顽强防御的计划。现在，在阿尔扎夫金海军上校的指挥下，用于这一行动的区舰队被配属给马斯连尼科夫，以展开一场强渡佩普西湖的行动，配合波罗的海沿岸第3方面军对爱沙尼亚南部的进攻。这支区舰队包括约40艘小船，许多都有武装。为提升两栖行动的成功率，苏联飞机对佩普西湖西北岸的穆斯特韦（Mustvee）港展开连番空袭。德军在这座港口中有一些炮艇。到了8月初，德军的这些炮艇多数已被击沉或者受损。波罗的海沿岸第3方面军副司令阿列克谢·亚历山大洛维奇·格列奇金受命指挥主要由步兵第128师、第191师组成的集群。8月16日，步兵第191师所部在东岸炮兵的掩护下穿过分隔佩普西湖和普斯科夫湖的狭窄水道，在梅希科尔马（Mehikoorma）登陆并迅速建立起稳固的桥头堡。

当地的守军主要由装备低劣的爱沙尼亚民兵组成，这些人无力阻止苏联军队登陆，但汉斯·鲁德尔第2攻击机联队几个中队的斯图卡俯冲轰炸机上午展开空袭。此时第二波苏联军队正乘船渡过两湖间的水道，在德军空袭下损失严重。第三波军队在当天晚些时候同样遭到空袭。显然，苏联策划者没想到会有严重的空中威胁，直到8月17日，苏联战斗机才激烈抵抗德军空袭。尽管德军俯冲轰炸机展开空袭，但约有7000人在梅希科尔马登陆，他们逐步扩大立足地，并于8月17日晚同第67集团军步兵第86师会合。[36]

德军防线承受着持续压力。8月20日，第11步兵师的一个营和一个爱沙尼亚混合集群在塔尔图接近地遭到猛烈进攻。尽管得到强有力的炮兵支援，德军仍一路撤向距离城郊仅5英里的梅里斯特（Melliste）。更西面，"瓦隆人"旅的一个营将苏联军队前锋逐出坎比亚（Kambja），近卫第1集团军所部却在8月23日继续向塔尔图推进。在"瓦隆人"旅放弃坎比亚前，双方均蒙受惨重

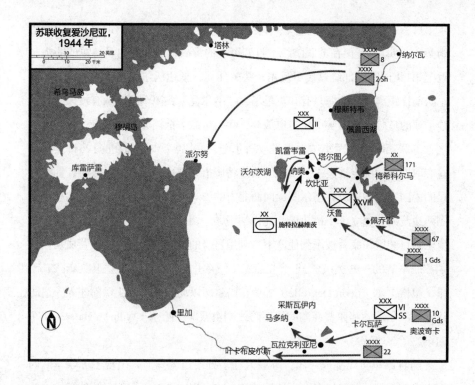

损失。再往西，来自党卫队第45（爱沙尼亚第1）掷弹兵团的一个营在讷奥（Nöo）村布防。主防线挡住了苏联军队的推进，但步兵第282师在村子西面发现一段薄弱的防线，在一个坦克旅的支援下，该师绕过爱沙尼亚人的防线，向北面5英里处的凯雷韦雷（Karevere）方向推进，夺取了埃马（Emajogi）河上的关键桥梁。

塔尔图东南方、南方、西方三面受敌，北方集团军群试图通过一轮装甲反击来恢复局势。海津特·冯·施特拉维茨的装甲战斗群在"双头"行动成功后迅速赶往北面，以便在沃尔茨湖南面发起进攻，向东北方打击近卫第1集团军侧翼。德军计划经埃尔瓦（Elva）杀向讷奥，但这次行动在8月23日碰到了一场灾难。乘车前往指挥部时，施特拉维茨遇到一次严重的交通事故：他的桶车滑出道路并翻滚多次，司机和施特拉维茨的副官身亡，"装甲伯爵"本人头部骨折，胳膊和腿受伤。他侥幸活了下来，但显然无法继续指挥他的坦克了。

第二天，第101装甲旅、党卫队"格罗斯"装甲旅组成的突击集群与党卫队第11装甲侦察营展开进攻。尽管党卫队侦察营一度突入距离讷奥几英里的塔姆萨（Tamsa），但在苏联防线上打开可观的突破口显然超出了德军的能力。近卫第1集团军一部绕过装甲反击矛头的北翼，抵达沃尔茨湖畔的低地。苏联军队前锋距离波罗的海只有40英里了，"纳尔瓦"集团军级支队有被孤立在爱沙尼亚的危险。这次装甲反击也放弃，兵力后撤去抵挡苏联军队进一步西进。

苏联第67集团军集结起来进攻塔尔图，并以4个步兵师在8月25日发起意在夺取城市的决定性突击。激烈的巷战将城市大部化为废墟，日终时，筋疲力尽的德国守军被迫放弃塔尔图，向西北方的埃马河撤去。苏联步兵成功在塔尔图两边渡河并建立了小桥头堡，瓦格纳不顾一切地试图救出他破碎的部队，党卫队第11装甲侦察营被派到他麾下。利用自身的机动性和火力，该营成功挡住了苏联军队的一些突破尝试。"瓦隆人"突击旅的指挥官，党卫队旗队长莱昂·德格雷尔（Leon Degrelle）成功在塔尔图以北的苏联桥头堡前建立一道防线，而沃尔茨湖和佩普西湖间德军防线则由威廉·哈塞（Wilhelm Hasse）将军的第2军统一负责。

随着德军防线乱成一团，苏联人在多处渡过埃马河，出现了苏联军队四面出击的危险：既可以向西到波罗的海，也可以向北攻入坦能堡防线后方，还可以攻向塔林。曾在芬兰陆军第200步兵团服役的爱沙尼亚士兵则随着8月份颁布的大赦令回到爱沙尼亚，组成爱沙尼亚第1步兵团第3营，迅速赶往南面的前线。8月30日，在一个爱沙尼亚警察营和一小队德军坦克的支援下，他们向凯雷韦雷的苏联桥头堡发起进攻，那里由两个步兵师把守。一番苦战后，苏联军队选择后撤，爱沙尼亚人不仅消灭了桥头堡，还夺取了完好的桥梁。爱沙尼亚人随后进一步展开进攻，将苏联桥头堡压向塔尔图。9月6日，第2军所部已经抵达城北，但无法取得更多进展。

西南面，第16集团军同样遭到重压，当面的苏联波罗的海沿岸第2方面军试图一路推进到海岸。德军战线的绝大多数地段均由"里泽"军级集群和"瓦格纳"军级集群把守，这两个军级集群由消耗殆尽的步兵师残部和其他各色可用人力组成。第16集团军司令保罗·劳克斯（Paul Laux）搭乘侦察机时被苏联战斗机击落阵亡，空下的职务由卡尔·希尔珀特（Carl Hilpert）接任。由于苏联军队的消耗和德军的抵抗，守军得以暂时挡住苏联军队攻势。

前线慢慢地恢复稳定，这主要是因为苏联军队在发起意图歼灭北方集团军群的致命攻势前停下来重组。9月10日，党卫队第3装甲军军长菲利克斯·施泰纳被召到希特勒在拉斯滕堡的大本营开会，希特勒通知他将要放弃爱沙尼亚。芬兰在8月继续同苏联展开谈判，并在9月4日—5日达成停火协定，坚守爱沙尼亚的主要根据——阻止苏联军队获得可以进攻芬兰的桥头堡——不复存在。另外两个待在爱沙尼亚的原因——利用波罗的海沿岸的油页岩，还有继续征召爱沙尼亚士兵，均不足以让德军在苏联军队的重压下继续坚守爱沙尼亚，更何况爱沙尼亚南部、里加以西、希奥利艾和克莱佩达之间这三处，均有利于苏联军队切断波罗的海三国德军与德国本土的联系。

但是，或许是出于希特勒的一贯考虑，爱沙尼亚不会被全部放弃。希特勒坚持认为来自瑞典的铁矿石对德国继续战争至关紧要，为确保其供应，德国人将在塔林附近留下一个桥头堡并坚守到底。

施泰纳反对该提议，他知道自己的军有可能受命守住塔林桥头堡。希特勒将施泰纳派回爱沙尼亚，并告知他随后通知最终决定和进一步细节。施泰纳可不想让他的手下不必要地牺牲掉。他回到爱沙尼亚后便命令后方地区的部队将不必要的人员派回德国本土，他的指挥部也尽可能地征用大量汽车。这些汽车主要被分给第11步兵师和党卫队第20（爱沙尼亚第1）掷弹兵师，以保持这两个师的机动性。施泰纳还同舍尔纳讨论了希特勒的决定，舍尔纳也认为在塔林留下一个桥头堡十分荒唐，并答应直接同希特勒商讨此事。

直到此时，施泰纳还没有做过什么很有争议的事情，但他同爱沙尼亚军队的两名军官，索德拉少将和辛卡上校的接触便不同了。施泰纳向两名爱沙尼亚军官告知了德国人的企图，并私下达成了从海上撤出部分爱沙尼亚人的协定。[37] 同时，舍尔纳决定命令"纳尔瓦"集团军级支队准备好有组织地撤退，他可不希望苏联军队进攻临头时再组织这种复杂行动。

在拉脱维亚，第3装甲集团军和巴格拉米扬的方面军都在收拾"双头"行动的残局。随着行动结束，他们获得了相对平静，但德军装甲兵多半仍在原地准备迎击苏联军队向西的进攻。9月11日，苏联军队向北方集团军群发起大规模进攻前三天，莱因哈特询问第3装甲集团军，该部是否可以趁苏联军队尚未向西推进发起一轮进攻，牵制那些可能会进攻第16集团军的苏联军队。劳斯回应称他手头共有420辆坦克突击炮可用，建议在贝内以北发起一场有限攻势。陆军总司令部希望立刻开始这一行动，必要的话投入该地段所有力量，但劳斯坚决反对，称鉴于这些装甲师在"双头"行动中遭到的抵抗，应当在攻势展开前集结兵力。

围绕着在贝内以北发起进攻和在更北面的多贝莱发起进攻孰优孰劣展开了很多讨论，希奥利艾也被考虑过。9月14日，经由贝内展开的攻势被定为最佳选择，并据此在9月16日下达了进攻命令，代号"恺撒"，德军希望该行动能减轻里加方向的压力。[38] 劳斯对这次行动的前景不太乐观，劝告陆军总司令部说自己手下各师燃料不足，他也认为自己拿不到多少地盘，但相信这次进攻可以牵制、歼灭不少苏联军队。

尽管德军担心苏联军队向西发起进攻，但巴格拉米扬并不打算这么做。巴格拉米扬此时将自己的注意力转向步兵第346师一个900人左右的集群，他们被北方集团军群和中央集团军群在里加湾重建联系的行动切断在波罗的海海岸。9月2日，这一集群通过无线电汇报了突围企图，三天后，在步兵第1164团团长布勃利少校[①]的指挥下，约有700人成功抵达苏联军队战线。[39] 同时，巴格拉米扬提交了在即将到来的对北方集团军群的攻势中，自己方面军的计划，他认为在协助攻克里加的同时，他的主要目标应当是重新打开通向里加湾的走廊，并命令第51集团军在近卫坦克第5集团军和坦克第1、第19军的支援下，于9月2日展开这一行动。不过，他们也做好了突击里加的计划。

巴格拉米扬当面最大的自然障碍是梅梅莱河（Mēmele）及利耶卢佩河。在敌军的抵抗下强渡这两条河已经足够困难了，而建立一道可以保障军队快速突击的补给线将更为困难。但巴格拉米扬看到方面军工程兵主任瓦西里·科萨列夫（Vasili Kosarev）提出的解决方案后松了口气：在梅梅莱河与穆沙（Muša）河——利耶卢佩河的支流——上筑坝，将河流水位降低到可以接受的位置。[40] 同时，准备工作也上升到了政治高度：

> 应当说，政治工作之所以取得了高度的效果，是因为连队建立了强有力

---

① 译注：巴格拉米扬的回忆录中称此人为步兵第1164团副团长。

的党组织，当时方面军约有173000名党员。在突击第4和第43集团军，共产党员和共青团员占总人数的27%~40%，每个师都有方面军和集团军政治机关的常驻代表，他们利用一切办法和形式来鼓动军人准确地完成面临的任务。第43集团军军事委员会在进攻前印发了号召书，其中指出：进攻将得到1000多门火炮、约1000架飞机和许多坦克自行火炮的支援。看到这份号召书时，我起初有些保留：这不是泄露某些情况，让敌人可以利用吗？但转念一想我接受了这份号召书：什么也救不了法西斯分子了。而那种文件给战士们的精神鼓舞则是巨大的，在各部队举行的军人大会上，这一号召书成了注意力的中心，并对提升指战员的斗志起到了重要作用。[41]

马雷舍夫的突击第4集团军9月11日展开准备攻势，为实现出其不意，苏联军队用烟雾将德军的注意力从近卫步兵第22军负责的主要突击方向上引开。苏联军队迅速在梅梅莱河上建立了桥头堡。

9月14日，别洛博罗多夫的第43集团军即将展开攻势，但原定的进攻因坏天气耽搁了。波罗的海沿岸第1方面军的工程兵已经按计划构筑了拦河坝，将河流的水位降低了半米。随着天气转好，苏联军队13时发起进攻并迅速渡过梅梅莱河及利耶卢佩河，同时别洛博罗多夫的步兵第1军、第84军取得良好进展，日终时分，苏联军队接近了他们当日的目标伊耶察瓦（Iecava）。但令巴格拉米扬和其他苏联高级军官失望的是，当天早上坏天气导致的延迟阻止了苏联军队拿下该城。劳彻特指挥的第101装甲旅原先是施特拉维茨那个拼凑装甲师的一部分，该旅在包斯卡附近投入反击。见德军抵抗愈发顽强，巴格拉米扬命令别洛博罗多夫绕过伊耶察瓦。9月15日，"双头"行动后得到了实质性休整的近卫机械化第3军推进至该城以东，步兵第1军跟进。巴格拉米扬看过空中侦察报告后意识到德军正进入里加以南的防线，因此督促近卫机械化第3军和第43集团军尽快推进，第二天，别洛博罗多夫报告称他的先头部队已经抵达距离里加只有12英里的巴尔多内（Baldone）。

9月14日晨，波罗的海沿岸第2、第3方面军也沿北方集团军群整条防线发起进攻。第14装甲师被派往里加东部的埃尔格利（Ērgli）支援德军防御，9月16日，别洛博罗多夫的第43集团军距里加只一步之遥的时候，舍尔纳飞往拉斯滕堡，向希特勒详细报告了北方集团军群不容乐观的局势，他指出手头已经没有什么预备队了，全线崩溃只是时间问题，没有足够的人手可以在挡住苏联红军的同时如希特勒所愿准备那些"要塞"阵地。只有撤退才可以让集团军群免于全军覆没。只讨论了15分钟，希特勒就同意立即撤退，代号"紫苑"。

这次撤退行动的详细命令早在数日之前就已着手准备，现在开始付诸行动。党卫队第3装甲军9月18日撤向波罗的海岸边的派尔努，担任后卫的第2军将在一天后后撤，格罗克少将则奉命指挥一个混成集群撤向塔林，并从这里经海路撤退。

与此同时，第16集团军司令希尔珀特大将集结手头全部兵力，设法在里加以南展开反击，尽管这些反击进展甚微，但近卫第6集团军司令奇斯佳科夫却向巴格拉米扬汇报称一支数量可观、约有300辆坦克和突击炮的德军准备向多贝莱发起进攻，苏联军队的侦察也发现了德军为"恺撒"行动而集结。巴格拉米扬只得将注意力集中于第3装甲集团军的新动向上。[42]

9月16日，第3装甲集团军为减轻北方集团军群压力而发起的代号为"恺撒"的破坏性进攻如期展开，大德意志师和第4装甲师在贝内以北发动进攻。尽管近卫第6集团军前些日子就发现德军的兵力集结，但德军的两个师仍旧将苏联红军打了个措手不及，大德意志师进展尤其好，遭到苏联军队顽强抵抗前推进了8千米，这片地区点缀着小树林，同"双头"行动期间类似，苏联军队充分利用这种地形，部署了强大的反坦克力量。第4装甲师遭遇的抵抗不断增强，迫使最初的进攻还没有什么进展就被迫停下。第39装甲军军长绍肯和莱因哈特两人前往第4装甲师第33装甲团[①]团部视察，并在此同师长贝叶尔将军商讨战事。大家同意发起新一轮攻势，但又一次在损失惨重后所获甚微。日终时，绍肯建议将第4装甲师的部队进一步北调，以充分利用大德意志师取得的进展。德军参加这一行动的第三部分——第7装甲师——在大德意志师北翼展开行动，于当日日终时分展开攻势，并且在夜幕降临前，通过苏联防线上之前没有发现的一处缺口拿下一些地盘。于是，德军决定将第4装甲师的主力战斗

---

① 译注：第4装甲师的装甲团应为第35装甲团，第33装甲团此时属于第9装甲师。

群从现有阵地上抽出，以增援大德意志师和第7装甲师。

苏联第51集团军和近卫第6集团军司令员向方面军司令员汇报说，他们的手下击毁约60辆德军坦克，但仍旧被打退一小段距离。看起来——正如双方的宣称经常出现的那样——对敌方损失的估计有所夸大，但德军的突击兵团肯定损失不菲。第4装甲师第33装甲掷弹兵团团长写道，当天是他们团的"凶日"，伤亡100多人，包括两名连长阵亡，5名其他军官受伤。[43] 奇斯佳科夫还向巴格拉米扬递交了他手下缴获的一份文件的消息，这是舍尔纳给军队的一份公告，命令他们不惜一切代价抵抗，并警告说任何在前线后方发现的、没有可靠命令证明的人都会被枪毙。[44] 波罗的海沿岸第2、第3两个方面军报告德军抵抗日益顽强时，巴格拉米扬被催促继续他向里加的推进。一番苦战后，第43集团军用了两天才算是巩固了巴尔多内的立足点，而更东面的突击第4集团军则一路攻向新叶尔加瓦（Jaunjelgava）。别洛博罗多夫还报告说德军多次反击：巴格拉米扬事后宣称德军在这一地区集中了两个装甲师和四个步兵师，但事实上，北方集团军群的装甲力量极为有限，即使当地德军有4个步兵师，这些师加在一起或许还不够一个师的人数。

当夜，占第4装甲师很大一部分的"贝策尔"集群从它在大德意志师南部的原阵地上机动到北面第7装甲师的地段。这个装甲战斗群9月17日上午以120辆坦克和自行火炮发起进攻，起初进展良好。往南一点，第7装甲师以70辆坦克和自行火炮发起攻势，南翼的大德意志师则投入另外137辆坦克、突击炮和自行火炮。这些可观的兵力集结部分是通过以其他部队加强进攻兵团达成的：第4装甲师属下包括第12装甲师的一个坦克营，大德意志师也得到了第5装甲师一个战斗群加强。对德军各师来说不幸的是，他们集结地段的树林几乎一直延伸到多贝莱，根本不适合大量装甲兵行动。第5装甲师的二等兵里彻回忆道：

起初，敌军用他们的炮兵大轰大嗡地来了一轮，我们哨位警戒着通往多贝莱东南面塞姆基诺（Semkino）的道路，第8连在我们左面。空袭几乎不断，感觉地狱在我们头顶打开了一般。噪声、叮当声、撞击的声响不绝于耳，没人可以离开车辆。

前方的我军机枪回应了伊万，他们的喀秋莎、反坦克炮、野战炮予以回敬，我们的迫击炮和野战炮再轰回去。这期间敌机多次出现，却见不到我军飞机的影子。战事持续了一整天。我待在自己瞄准手的位置上。我们向塞姆基诺展开侦察，车辆中弹，一人受伤，我们回到营部，把伤员送到营军医那里。然后我们回到原有阵地上，伊万们的空袭更猛烈了，炸弹炸开我们的树林，伊万们用机载武器横扫一切。对我们而言，这不过是平时"打开舱门"，敌军火力来袭时，"关闭舱门！"跟随我们的步兵也多半躲在车底下。[45]

第31装甲团的一名营长内克尔上尉则在那个配属给大德意志师的战斗群中作战，他对即将展开推进的地形并不感兴趣：

这是最为荒谬的情况，坦克将穿过茂密的大树发起进攻。在一些步兵分队的掩护下。我们的坦克呈宽大正面突破至没有道路的树林，然后穿过那里。为强行开路，炮塔不得不旋转到六点钟方向（后方）以免撞坏炮管。如果步兵或者坦克车长看到敌军，这些坦克还得开回开阔地上，将炮转回12点方向，再一次向前开进并用主炮和机枪迎击敌军，随后将炮塔转回后面，接着从树林中开路。尽管如此，我们营在防御战中取得了可观的胜利，还得到大德意志师师长的好评。我们很高兴能回到自己的师并获得几天休整。[46]

日终时刻，第4、第7装甲师均在推进地段的北侧遭遇顽强抵抗，大德意志师竭力在密林中推进，最终总算抵达目标——多贝莱南郊的高地。各师上报的战斗情况反映了他们通过了怎样的地形：他们只宣称击毁12辆坦克和8门反坦克炮。[47]

9月18日，德军再次遭到猛烈空袭，尽管如此，第4和第7装甲师的一轮联合攻势攻下了多贝莱西面2英里多一点的高地。劳斯和莱因哈特当天下午前往绍肯的司令部讨论战局。莱因哈特建议他的下属除设法牵制大量苏联装甲兵以外，第39装甲军还应迫使苏联军队放弃再次向里加湾推进的计划。他总结时指出，"恺撒"行动的目标已经达成，由于苏联坦克军将在第二天发起反击，大德意志师应转入防御。第4装甲师和第7装甲师将继续进攻，目标是同北方集团军群的第81步兵师在多贝莱以北建立稳定联系。

随后的三天里，两个装甲师继续突进。和之前一样，地形造成的阻碍不比苏联守军（主要来自步兵第204师和近卫步兵第71师）少。对第4装甲师而言，围绕多贝莱西面92.0高地的争夺战变成了艰苦、惨烈的争夺战。9月18日大半个白天的苦战后，贝策尔将他的师后撤一段距离，黄昏时发起新一轮突击。起初进攻进展顺利，但一间小农舍着火后，火光为苏联反坦克炮提供了足够的照明，迫使德军停止进攻。该师的"豹"式坦克营营长则被几乎是当晚射出的最后一发子弹打成重伤，但第二天早上，对高地展开猛烈炮击后，德军的进攻总算拿下高地顶部。[48] 9月21日，第4装甲师推进到多贝莱西北的铁路线，同第81步兵师取得联系，行动结束。

第4装甲师第35装甲团的鲁道夫·梅克尔（Rudolf Meckl）少尉设法修复他坦克的履带时被苏联炮弹打成重伤，被撤到利耶帕亚的海军医院，发现自己和另外40名重伤员在一处隔离病房中，这里主要是伤势过重、难以救治的士兵，医生也无能为力，伤员多半伤重而亡。一名少尉伤势没有同志们那样重，不过他负伤的原因特别不幸：

> 汉斯根（少尉）是装甲歼击营营部连连长，他的负伤与这一职位直接相关。对库尔兰地区那种两边均有深沟的小路有印象的人都知道，在这种道路上躲避突然的空袭是何等困难，经常只能指望苏联飞行员训练不足。
>
> 但汉斯根没想到这一点，他开着指挥车沿着这样一条路行进，突然看到头顶一架飞机的影子。他从车上跳入沟中，忘了先关引擎拉好手刹。他的车……随后紧跟着这位先生进了沟里。结果他因小腿多处骨折，被送到利耶帕亚的海军医院。[49]

尽管标着巨大的红十字，海军医院的建筑物在苏联空袭中仍多次被击中。这种行为在西方人看来无法接受，但德国人和苏联人都不认为他们在东线受到《海牙公约》的约束。梅克尔随后回忆起这种空袭所带来的噩梦：

> 每一次爆炸，大块泥灰都掉到床上，我们却因伤躺在床上动弹不得，只能体验着无助感。恐慌在暗处涌动，但即便冲击波粉碎病房窗户，雨一样的玻

璃渣四处飞溅到床上时,这种感觉都没有爆发出来。

这里有三名护士负责阻止这群人因动弹不得而盲目自杀。

来自东普鲁士的艾拉严厉而不妥协,她可以面不改色地勇敢面对危险,但两名新从本土来的年轻护士也能一样面对……

她们在这堆病床中如同守护天使一般站着,她们冷静、警醒的眼神扫过每个人。每当一名无助的人无法抵挡压力与紧张时,她们都会用冷静,温和的手放在惨白的脸上,随后这间等死的屋子又恢复寂静。

我了解到了这些年轻女士无声的勇气,这些人志愿放弃掩蔽部的安全,前来帮助身处这地狱般恐怖中的伤员。男人漫不留心的蛮勇显然无法同这些女士暖心的爱相比。[50]

从很多方面来说,"恺撒"行动用强大的步兵兵团而非装甲兵团来执行的话,会有效得多。德军的问题是此时没有这样的步兵师可用。劳斯认为他手下的步兵兵团中,只有第1步兵师的效能可以满足东线长期作战所需。尽管此次行动只推进了7英里,却迫使苏联军队将注意力从里加正面和重新冲向里加湾的攻势上转移开来。

北面较远处,"纳尔瓦"集团军级支队的后撤相对顺利,但第300特别师除外。该师由第13空军野战师的残部和四个爱沙尼亚边防团组成,分成两个旅部署在佩普西湖以北的宽广正面上。这个师沿着一条穿过沼泽地的木排路后撤,这些沼泽地在当年早些时候曾经掩护过"坦能堡"防线的南翼。起初有序的后撤在9月18日迅速混乱起来,正如该师的一名军官描述的那样:

我在晚上21时离开指挥部,和我的参谋们一起指挥交通。两个旅汇合的路口乱作一团。没有人告诉我们南面那个旅有一半人会和我们一起沿同一条木排路后撤。我们从晚上22时一直忙到第二天凌晨2时,所有的部队都被迫流入一条路上。爱沙尼亚人一点德语也不会,所有事情都得靠推推搡搡来解决。矮小的波罗的海马一次又一次陷入泥潭。[51]

与此同时,苏联军队渡过埃马河,威胁到德军的后撤路线。党卫队第3装甲军的侦察营——党卫队第11装甲侦察营经常作为装甲战斗群投入战斗，设法在宽大的战线上四处展开迟滞行动。而减员至不到2000人的第300特别师分拆成三个集群，每个集群都由一名德军上校带领，随后便设法穿过荒原返回己方防线，但在苏联红军麾下作战的爱沙尼亚步兵第7军横扫该地区，这三个德军集群中少有人逃脱。该师的一些爱沙尼亚伤员在阿维努尔梅村（Avinurme）的教堂中避难，但爱沙尼亚步兵第8军的士兵来到此地时屠杀了这些伤员和其他俘虏。[52]

由爱沙尼亚民兵、炮兵连、德军第11步兵师和党卫队第20掷弹兵师各一部组成的"格罗克"集群向塔林撤去，苏联军队紧追在后，9月21日在塔林城郊爆发短暂战斗。德军并不打算坚守塔林，而是将军人和其他人员稳步用待机船只运走。第一批五艘汽船迎着9月22日的第一缕阳光离开。最终，两艘德国鱼雷艇接走了最后一批守军者，苏联军队日终时拿下塔林。在短暂的行动中，海军上将提奥多尔·布哈迪（Theodor Buchardi）的船总计从塔林撤出8万人。苏联飞机多次攻击这些船只并打沉若干艘，其中包括"莫洛"号医院船，并导致600多人葬身鱼腹。但损失还不到从塔林上船人数的百分之一。对那些在"坦能堡"防线战斗中流了这么多血的列宁格勒方面军的士兵来说，如此轻松迅速地拿下爱沙尼亚全境，一定令他们产生了很强的不现实感。

爱沙尼亚人数月来也在为德军的撤离做准备。爱沙尼亚共和国国家委员会（Eesti Vabariigi Rahvuskomitee）9月18日宣布恢复独立，而爱沙尼亚人与后撤中的德军发生了一系列零星冲突。拉脱维亚被苏联占领前的最后一任总理于利·乌卢奥茨此时身患癌症，任命奥托·蒂夫（Otto Tief）为新总理。尽管国家委员会呼吁苏联当局承认他们，但也知道这种可能性微乎其微，因此制定了流亡政府的计划。海军上将约翰·皮特凯（Johan Pitka）带领的爱沙尼亚士兵在德军撤离时夺取了塔林的托姆皮城堡（Toompea Castle），并试图在此地阻击列宁格勒方面军。这种一边倒的战斗很快就结束了，皮特凯在战斗中失踪，可能是阵亡了。乌卢奥茨逃至瑞典，1945年年初于那里去世，蒂夫被逮捕并送到西伯利亚。他从长期监禁中活了下来，并在战争结束很久以后回到爱沙尼亚，1976年在那里去世。重建爱沙尼亚共和国的尝试尚未开始便结束了。

突击第2集团军快速渡过埃马河，打散了德军第87步兵师和第207保安师，却无力拦截德军后撤。这两个师在可能被包围前匆忙撤到沃尔茨湖以西。最后离开爱沙尼亚的德军部队是党卫队"荷兰"旅。摧毁了派尔努的港口设施后，后卫向拉脱维亚撤去。最后的战斗发生在莱梅（Lemme）河沿岸，爱沙尼亚—拉脱维亚边境以北。9月24日晚，同推进中的苏联坦克最后打了一仗之后，这些荷兰党卫队士兵撤入拉脱维亚。

党卫队第3装甲军后撤的单位几乎没怎么停下来休息过。里加南部接近地的危机需要紧急增援。9月22日，党卫队第24"丹麦"装甲掷弹兵团被分给第14装甲师，受命从北面进攻巴尔多内，党卫队第23"挪威"装甲掷弹兵团在东面掩护。"诺德兰"师所剩无几的坦克和突击炮也要从9月23日起支援这场进攻。由于第14装甲师的坦克未能如期抵达，这些党卫队装甲掷弹兵在只有"诺德兰"师车辆支援的情况下发起进攻。第14装甲师的坦克终于抵达时，恰逢苏联军队发起反击，激战持续了一整天。黄昏时分，德军大约推进了3英里，不过也付出了可怕的代价——仅"丹麦"团便损失了近300人。[53]

进攻东翼的"挪威"团一路冲向巴尔多内，9月25日进抵该城郊区。但到这一阶段，该团所受的损失令它无力再接着推进下去。实际上，巴格拉米扬的军队已在集结后展开反击，奥布霍夫的近卫第3机械化军陷入苦战，正如巴格拉米扬回忆的那样：

现在已经难以确定谁在进攻谁在防御了，某个地段是法西斯分子在防御，某个地段则是我军被迫击退敌军反冲击，但是我们不惜任何代价去掌握主动权。

在这些紧张的日子里，奥布霍夫曾报告由于步兵师跟不上，他的几个旅不得不在后方还有敌人部队的情况下进行战斗，但他拒绝向第43集团军主力靠拢。奥布霍夫从不怕遭到合围，他十分出色地掌握了机动艺术，和主力脱离时不会束手无策。[54]

里加以南的防线在9月27日稳定下来。德国第16集团军现在几乎都在拉脱维亚首都附近，第18集团军则防守着东面。苏联情报同时指出，第3装甲集团军的主要突击力量由于"双头"和"恺撒"行动的影响集中在北面，导致希奥利艾和克莱佩达之间的防线防御薄弱。此外，在这两次行动中蹒跚向前的各个德军装甲师损失不菲，因此苏联军队仍有机会突向里加湾。巴格拉米扬计划视察叶尔加瓦附近的前线以调查可行性，却收到莫斯科要求他停止所有向里加湾推进行动的命令。进一步的命令随后抵达，明确指出主攻方向将转向南面和西面，并冲向克莱佩达的波罗的海海岸。

在爱沙尼亚，苏联第8集团军拿下塔林后转而进攻爱沙尼亚各岛。同1941年的情况一样，控制这些岛屿对军舰在波罗的海北部的自由航行至为重要。这组群岛中的三个岛屿，希乌马岛、穆胡岛和萨列马岛由德军第23步兵师防御，并得到了一个海军高炮营、两个海军炮兵营和一个突击炮营的支援。第218步兵师同样计划用于协防这些岛，但直到10月1日才能抵达。爱沙尼亚民族主义者和德军之间爆发了一些小冲突，但爱沙尼亚人很快被制服了。

负责拿下该岛的苏联军队是第8集团军的爱沙尼亚步兵第8军和步兵第109军，岛四周的浅水不利于大型船只的使用，为展开登陆，苏联突击集团装备了从美国获得的DUKW两栖车。

9月29日，苏联飞机反复攻击岛上的德军阵地。第一批苏联军队日终时分登上穆胡岛。防守的德军只有一小部分部署在穆胡岛，他们没怎么展开抵抗便通过一条堤道撤入萨列马岛，并在撤退完毕后炸毁堤道。接下来苏联军队在10月2日登上希乌马岛，这一次德军展开顽强抵抗，但还是被迫放弃该岛。两天后苏联军队试图在萨列马岛复制这一胜利，却以灾难告终。德军岸炮发扬火力压制桥头堡，德军步兵发起进攻，消灭了登陆部队。

随后的日子里，苏联红军多次尝试进攻岛上的德军阵地。他们从帕恩将军的爱沙尼亚步兵第8军中抽出了一支强大的兵力展开登陆。这次登陆成功，苏联装甲兵随后上岛，10月6日，苏联军队开始推进。德军第23步兵师的两个营发现自己被孤立在库雷萨雷（Kuressaare）西面。苏联步兵第249师一部，其中不少是爱沙尼亚人，10月8日遭遇这两个德国营中的一个时部分绕了过去，德国人试图撤向南面，一度装成苏联军队一起南下，但照明弹产生的光亮暴露了他们的身份，于是双方爆发激战。苏联的一个营很快被击溃，但第二个营——一个反坦克营——有足够的时间组织起防御，在混乱而血腥的战斗中，德军突破苏联防线并设法撤向南面，而沿着平行路线后撤的另一个德国营则充分利用混乱的战场局势不发一枪一弹便溜过战线。双方各损失约300人，那些不幸被俘的人都被当场枪毙。

德军深知自己无法守住整个岛，一直计划着撤入岛南端的瑟尔韦（Sōrve）半岛。他们充分利用苏联红军1941年以前构筑的防御阵地，向半岛边打边撤，并给步兵第8军造成惨重损失。到10月10日，德军被困在这个小半岛上。苏联军队10月11日试图在半岛西岸中部的洛瓦（Löu）灯塔附近展开一场雄心勃勃的登陆，包抄半岛北端地峡的防线。这一行动被守军及时发现，并被炮兵火力和步兵对设法登陆的少数步兵和车辆展开的反击联合粉碎。10月12日第二次上岛的尝试也失败了。尽管如此，步兵第8军还是设法在攻势停滞前将德军沿半岛向南赶了三分之一的路程。

10月10日起，德国海军也展开对陆军的支援行动。"欧根亲王"号重巡洋舰，有时还有"吕佐夫"和"舍尔海军上将"号重巡洋舰，多次炮击岸上目标，他们的重炮以极高的准确性遂行打击。10月15日，"欧根亲王"号穿过浓雾返回她在格滕哈芬（波兰城市格丁尼亚的德语名）的驻地，达默特上士回忆道：

> 完成炮击地面目标的任务返航时，"欧根亲王"号被一阵猛烈的撞击震得摇摇晃晃。
>
> 舰桥上的人开始以为是船撞上了水雷。通过信号铃下达了"立刻关闭所有水密门！"的命令。所有的舱门和舱盖口均被迅速关闭，以防止军舰进水后下沉。
>
> 不久，那声巨响的原因被查明了，原来是"欧根亲王"号在格滕哈芬不远处的海拉半岛附近拦腰撞上了轻巡洋舰"莱比锡"号的舯部。
>
> 10月15日，T20号鱼雷艇的水兵们表现非常出色。在兰佩海军中校的指挥下恰好路过事故海域并第一个发现了受损船只。T20号鱼雷艇靠近"莱比锡"号，并固定在其未受损的右舷。该艇后来还参与了拖拽行动，拉着舰艇将"莱比锡"号拖回了格滕哈芬。
>
> ……第二天早晨，我从前甲板上看过去，确信自己居然能透过"莱比锡"号船身上的大口子，看见波罗的海海水。直到当天下午"莱比锡"号才在

几艘拖船和鱼雷艇的帮助下和"欧根亲王"号分开。在这过程中，拖船将几根钢缆固定在"欧根亲王"号上……

我们的船同"莱比锡"号分开后，依靠自己的动力开进格滕哈芬港，但"莱比锡"号只能被拖进来。在港口中，我们可以检查"欧根亲王"号损坏的舰艏并随即展开维修工作。[55]

"欧根亲王"号数周内都无法出海行动。而"莱比锡"号被该重巡洋舰舰艏一路劈开直到龙骨，未被撞沉或报废已纯属侥幸。

鉴于萨马拉岛上的地盘已经所剩无几，德国人开始从岛上撤退。第218步兵师10月13日被撤出，那时其他地区的态势已经出现了变化。

中央集团军群在夏季的崩溃迫使德军最高统帅部所做的即兴发挥，表明他们仍旧有能力在短期内组织起复杂的战役。"双头"和"恺撒"都受到困难地形的阻碍，强大的步兵兵团在那里或许会更有效，但在"巴格拉季昂"行动后，这种军队非常短缺，且急需在其他地段支撑防御。在劳斯看来，第3装甲集团军唯一符合这个标准的步兵兵团，即原定用于"双头"行动的德军第1步兵师，被部署到了南面较远处掩护东普鲁士边境。撤离爱沙尼亚的"紫苑"行动则在短期内计划并成功执行，且效果之出色出乎双方最高统帅部意料。如果党卫队第3装甲军没有迅速重新部署至里加，巴格拉米扬至少有可能推进到里加城下，即使无法拿下该城，也可能导致德军第16集团军和第18集团军被歼灭。战线被暂时拯救，但力量对比不可避免地倒向苏联红军，德国国防军只能等待着下一次打击的到来。

注释

1. G. 尼波德，《装甲战役"双头"及"恺撒"》（赫尔福德：米特勒出版社，1987年），第15页。

2. C. 贝格斯托姆，《巴格拉季昂到柏林——最后的东线空战》（韦布里奇：伊恩·艾伦出版社，2007年），第82页。

3. G. 克里沃舍耶夫，《苏联在20世纪的伤亡和作战损失》（伦敦：格林希尔出版社，1997年），第371页。

4. J. 纽曼，《第4装甲师1943—1945》（波恩：1989年自费出版），第437—445页。

5. 尼波德（1987年），第19—20页。

6. H. 斯帕特，《大德意志装甲军军史》（温尼伯：J. J. 费多罗维奇出版社，1995年），第389—390页。

7. 尼波德（1987年），第21页。

8. 《世界历史：第二次世界大战》（明斯克，1999年），第592页。

9. I. 巴格拉米扬，《当我们走向胜利》（柏林：德意志民主共和国军事出版社，1989年），第344页。

10. H. 肖夫勒，《他们是这样战斗和死去的》（班贝格：第35装甲团老兵会1983年自费出版），第232页。

11. 冯·普拉图，《第5装甲师师史》（雷根斯堡：瓦尔哈拉及普拉多利亚出版社，1978年），第358页。

12. 巴格拉米扬，第343—344页。

13. 巴格拉米扬，第345页。

14. H. 冯·曼陀菲尔，《二战中的第7装甲师》（克雷菲尔德：沙贝格出版社），第423页。

15. 巴格拉米扬，第344页。

16. 引自巴格拉米扬，第346页。

17. 巴格拉米扬，的345—346页。

18. 普拉图，第358—359页。

19. 普拉图，第359页。

20. 巴格拉米扬，第348页。

21. 尼波德（1987年），第47—48页。

22. 巴格拉米扬，第352—353页。

23. 肖夫勒（1983年），第232—233页。

24. R. 博伊德，《我有一个战友：卡尔·罗斯和第36装甲团战史，1939—1945》（索利哈尔：赫伦出版社，2006年），第133页。

25. 巴格拉米扬，第354页。

26. 尼波德（1987年），第52—53页。

27. J. 纽曼，第465—466页。

28. 普拉图，第360—361页；尼波德（1987年），第68页。

29. J. 纽曼，第469—471页。

30. 尼波德（1987年），第73页。

31. 引自尼波德（1987年），第78页。

32. J. 纽曼，第474页。

33. 尼波德（1987年），第81页。

34. J. 纽曼，第475页；尼波德（1987年），第82页。

35. 巴格拉米扬，第357页。

36. N. 库兹涅佐夫，《胜利之路》（莫斯科，古鲁斯出版公司），第411—418页。

37. W. 铁克，《忠诚的悲剧：党卫队第3（日耳曼）装甲军军史》（J. J. 温尼伯：J. J. 费多罗维奇出版社，2001年），第157—158页。

38. 尼波德（1987年），第87—88页。

39. 巴格拉米扬，第360页。

40. 巴格拉米扬，第361—362页。

41. 巴格拉米扬，第363页。

42. 巴格拉米扬，第365—367页。

43. J. 纽曼，第487页。

44. 巴格拉米扬，第368页。

45. 普拉图，第361页。

46. 普拉图，第361页。

47. 尼波德（1987年），第94页。

48. 肖夫勒（1983年），第234—235页。

49. R. 梅克尔，《死亡等待室》收入于H. 肖夫勒（主编）《路很远》（内卡尔格明德：库尔特·福温克尔出版社，1969年），第197—198页。

50. 梅克尔，第198页。

51. 铁克，第162页。

52. T. 希洛，《1944年在爱沙尼亚的战斗》，收入于《爱沙尼亚，1940—1945：爱沙尼亚反人类罪调查国际委员会报告集》（塔林：克里斯特-利特索出公司，2006年），第1035—1094页。

53. 铁克，第171—172页。

54. 巴格拉米扬，第369—370页。

55. F. 库洛夫斯基，《库尔兰桥头堡》（温尼伯，J. J. 费多罗维奇出版社、2002年），第19—20页。

第九章
北方集团军群的孤立

德国人称作梅梅尔，立陶宛人称之为克莱佩达的这座城市起源于条顿骑士团在库尔人领地上修建的一座城堡，此举意在为征服该地区的异教徒提供基地。1252年建成后不久，城堡和围绕城堡发展起来的城市均从梅梅尔堡更名为梅梅尔，这个名字延续到1923年，不过立陶宛人将其称为卡洛佩德（Caloypede）、卡劳佩达（Klawppeda）或克莱佩达（Cleupeda）。这个名字被认为与城市周围的地形有关，要么来自立陶宛语单词"Klaidyti"（障碍）和"peda"（足），以指代难以穿过的崎岖地形，要么来自库尔语的"klais"（平坦）和"ped"（土地），以描述城堡原先所建位置相对平坦的土地。早在条顿骑士团的时代，这一地区的地形除带来地名外，就在当地的军事行动中扮演了重要角色。

从条顿骑士团时代到普鲁士王国建国，城市本身和周边地区都是东普鲁士的一部分，随后于1871年成为德国的一部分。该城位于德国的最北端，这一孤立的地理位置使其工业化步伐缓慢。当地同样是大量立陶宛人的家园，1910年的一次人口普查显示，梅梅尔城中及其周边地区（梅梅尔兰）的近15万人中有45%将立陶宛语视为母语。然而德裔和立陶宛裔居民的分散并不均匀，城中德裔居民占据绝大多数，立陶宛裔则在附近的乡村中占据多数。

如前文所述，一战结束后围绕梅梅尔地区的归属产生了相当一番争议。波兰人希望将该地区并入波兰，或许是希望以此代替被定为"自由市"的但泽。立陶宛则坚决反对这一安排，因为这样将让他们没有大型海港可用，且波兰会对立陶宛成包围之势。一部分当地和生活在东普鲁士附近地区的立陶宛人——尽管起初可能是少数——组织起来，呼吁将他们称之为"小立陶宛"的当地地区联盟并入新成立的拉脱维亚国。[1] 鉴于各种诉求相互冲突，《凡尔赛合约》决定将梅梅尔从德国领土中分离出去，置于国际联盟的管理下。起初准备让英国管理这一地区，但被拒绝了，于是法国同意管理该地。一个营的法军1920年2月抵达，加布里埃尔·佩斯蒂尼（Gabriel Petisné）成为新行政机构的首脑。

谈判拖了几年，立陶宛人的领土主张由于西方列强实际上并不承认立陶宛是独立国家，又试图把几件不同的议题扯到一起而作罢。1922年3月，英国人建议立陶宛承认波兰人对维尔纽斯的控制，作为交换，西方列强承认立陶宛是一个独立国家并提供经济援助，还将梅梅尔地区划给立陶宛。不愿在维尔纽斯问题上让步的立陶宛人拒绝这一提案，之后西方列强更加倾向于将梅梅尔地区设为类似但泽那样的自由市。面临这样的事态发展，立陶宛政治家们决定搞点事情出来。

尽管立陶宛那支小型军队的指挥官西尔韦斯塔斯·楚考斯卡斯（Silvestras Žukauskas）将军声称他的手下一天内就能缴了法国驻军的械，但立陶宛人仍寄希望于同西方各国组成持久的同盟，不愿意冒同法国人爆发冲突的风险。他们决定学学波兰人用于夺取维尔纽斯的那次兵变。起初，这次阴谋面临着巨大障碍——尽管梅梅尔地区的立陶宛人不少，但这些人大多已在德国人统治下生活了好几个世纪，绝大多数人甚至已经改宗路德教。他们倾向于把信仰天主教的立陶宛视为一个落后的农业国，坚持支持自由市的地位。于是，立陶宛政府组织了秘密资金，以在城内推广亲立陶宛、反德反波兰的宣传。渐渐地，梅梅尔人的态度发生了转变。而在德国，德国人大多认为此时没希望让梅梅尔回归。考虑到将来从立陶宛人手中拿回梅梅尔比从波兰人手中容易，德国政府明确向立陶宛人表示，德国不会反对立陶宛夺取该城。

1923年1月，一群自称"小立陶宛自救最高委员会"的人声称梅梅尔地区的立陶宛人被外国势力欺压，征召了强力的立陶宛准军事组织——立陶宛步枪联盟——来帮助他们的同胞。约有1000名装备良好的志愿者穿过边境，夺取大部分地区的控制权。然而在克莱佩达城中，佩斯蒂尼拒绝交出城市的管理权，双方1月15日发生交火，并导致12名居民、2名法军士兵和1名德国警察死亡。

法国援兵在第二天搭乘一艘波兰船只抵达时，城市已被立陶宛控制。

尽管西方列强对立陶宛人的行动极为不满，但他们也只能面对欧洲这一偏远角落的既成事实，并不想为这么一个无足轻重的目标让本国士兵流血。紧张局势持续了一阵，但在1924年最终达成协定，将该地区交给了立陶宛人。尽管条约给予梅梅尔可观的自治权，但克莱佩达城中比例高达80%的日耳曼人继续将自己视为德国人，并希望回归祖国。纳粹党1933年在城中首次建立党支部，他们民族主义色彩强烈的章程引发了日耳曼人的共鸣。作为回应，立陶宛当局取缔该党并监禁了当地领导人，这不可避免地遭到德国抗议，纳粹党借此展示国际联盟不愿意、也无力保护梅梅尔地区的日耳曼人。

鉴于立陶宛和波兰的关系（尤其是因为维尔纽斯问题）持续紧张，两个国家间一直存在战争的可能，1938年，德国人也制定了立陶宛和波兰爆发战争时，德军在东普鲁士地区陆军的支援下进行两栖登陆，收复梅梅尔的计划。考虑到恢复实力的德国处处咄咄逼人地维护自己利益（如收回苏台德），立陶宛政府决定最好不要惹恼希特勒。德国递交十一点备忘录后，立陶宛解除了对纳粹党限制，导致其党员数量大幅增长。原当地纳粹运动的领袖恩斯特·纽曼（Ernst Neumann）也被释放，立刻恢复他的积极活动。不少人加入仿照德国冲锋队组建的、穿着相同制服的地方自卫队（Selbstschutz）。12月的地方议会选举中，亲德候选人拿下了29个席位中的25个。

德国的注意力最终也不可避免地落到了这群被"迫害"的日耳曼人身上。1939年3月20日，约阿希姆·冯·里宾特洛甫口头向立陶宛外交部部长尤奥扎斯·乌尔布希斯（Juozas Urbšys）发出柏林当局要求归还梅梅尔地区的最后通牒，后者刚参加了教宗庇护十二世的加冕礼，回国时路过柏林。这次最后通牒如今仅见于乌尔布希斯在回考纳斯的路上给同僚发去的报告，德国人似乎威胁说，如果立陶宛不归还梅梅尔地区就采取军事行动。[2] 立陶宛政府觉得别无选择。梅梅尔议会预计在3月25日召开会议，届时很有可能提出梅梅尔地区回归德国的动议。考虑到德国在苏台德的所作所为，德国军事干涉的威胁也不能忽略。1924年的条约中规定，在未征得其他缔约国同意的情况下，立陶宛不得转让梅梅尔地区的主权，因此立陶宛找到英法两国讨论此事。尽管两个西方列强均对立陶宛人表示同情，但都不打算采取什么行动来抵制德国人的领土要求。

希特勒乘坐"德意志"号袖珍战列舰，在"施佩海军上将"号、"纽伦堡"号、"莱比锡"号、"科隆"号及其他一干小船的伴随下前往克莱佩达。他打算3月22日上岸，但里宾特洛甫和乌尔比西斯的会谈一直拖到当晚，希特勒只能在那个有风之夜应对晕船的痛苦。午夜后双方总算是签订了五点条约，第二天，希特勒得以进入克莱佩达。而兵员主要来自东普鲁士的德军第1步兵师则在该师吉祥物———一只大狗的带领下从南面进入该城。

梅梅尔地区的丢失是对立陶宛的重大打击。尽管其面积只占全国的5%，却涵盖立陶宛约三分之一的工业区，超过70%的立陶宛对外贸易也经由该港。由此造成的对德国的依赖，将在随后几个月对该地区政治局势产生重要影响。

1944年秋，该地区再次面临战火的威胁。早在第一次孤立北方集团军群之前，巴格拉米扬便考虑过突向克莱佩达附近的波罗的海，但他认为这一推进将导致侧翼过长，于是决定转向北，推进到里加湾。9月底，向西推进到波罗的海的方案再次获得大量讨论。9月24日，巴格拉米扬收到新命令，他的方面军将把主力从里加方向改到克莱佩达方向，以便再次孤立北方集团军群，整个行动将在6天内准备完毕，并在随后11天里得到执行。与此同时，波罗的海沿岸第2、第3两个方面军将重新攻往里加，以尽可能多地牵制北方集团军群的兵力，令其远离巴格拉米扬的推进方向。[3]

巴格拉米扬的方面军转移进攻方向可以带来一系列好处。首先，最高统帅部大本营计算后认为，此举可抢在德军变更部署前完成，因此在巴格拉米扬的作战区域内，突击兵团当面的德军部队要弱得多；第二，与里加城西面双方激烈争夺的地区不同，克莱佩达的接近地1941年起就未经战事，因此道路和桥梁状况相对较好。第三，梅梅尔地区现在是德国本土的一部分，拿下它对苏联红军来说有很强的政治意义，尤其是考虑到英美联军正在接近德国的西部边境。不过，这次战役的准备时间十分紧迫，需要将约50万人、1000辆坦克、10000门火炮迫击炮和所有补给，经过在八九月间的战事中损坏严重的道路机动120英里。为从里加方向换下巴格拉米扬的突击第4集团军和第51集团军，波罗的海沿岸第2方面军必须让近卫第10集团军和第42集团军南下，换掉突击第3集团军和第22集团军，后两者再换下巴格拉米扬在里加城下的集团军。当然，这些兵力调动还不能让德国人看出破绽。

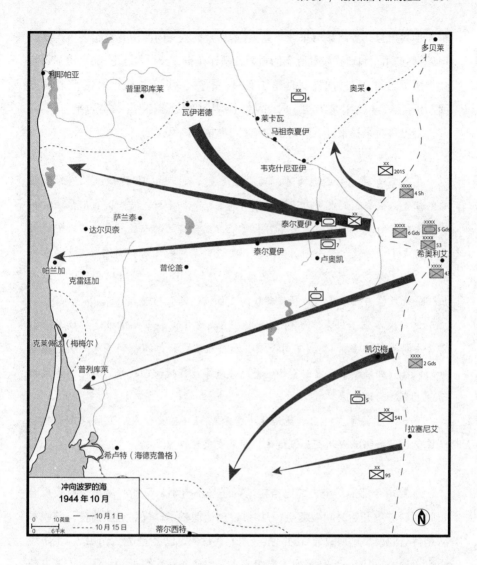

冲向波罗的海
1944 年 10 月

0 ——— 10英里　—— 10月1日
0 ——— 6千米　---- 10月15日

　　9月25日，巴格拉米扬和他的集团军司令员们开始细化作战方案。他们计划将方面军近半数兵力集中到仅12英里的狭窄正面上，使得每千米（5/8英里）火炮密度达到200门。近卫第6集团军将以近卫步兵第2、第22、第23军，步兵第103军，坦克第19军进攻穿过所选地段约一半宽度，并在5天内进抵泰尔夏伊－普伦盖（Telšiai-Plungė）地区。第43集团军的步兵第1、第19、第90、第92军将在略靠南的地方展开突击。近卫第2集团军以近卫步兵第11、第13两个军和步兵第44、步兵第54军、坦克第1军从希奥利艾向西南方发起进攻。近卫坦克第5集团军将留作发展胜利的主力，预计在第二天投入近卫第6集团军和第43集团军之间，以冲向波罗的海海岸，奥布霍夫的近卫机械化第3军将收作方面军预备队，以便让它有更多时间从9月份战斗所受的损失中恢复过来。

对巴格拉米扬来说，保密工作绝对要放在第一位：

同往常一样，准备进攻时，我们总是千方百计地将保障隐蔽性视为最重要的任务，这次我们也努力使用我们所具备的一切手段。首先，我们像往常一样最大限度地减少了了解方面军首长所采用措施目的的人数。我们从我们的词典中勾去了"进攻"这个词。所有工作都进行了周密计划和实施。这需要很好的司令部工作，库拉索夫将军（巴格拉米扬的参谋长）在这项工作中表现杰出……此外，当然禁止队伍和装备昼间在任何道路上移动。

这一次我们不仅采取了伪装措施，还决定积极散布假情报迷惑敌军，马雷舍夫将军（突击第4集团军司令员）和奥布霍夫将军奉命制造从南面进攻里加的假象，加强侦察，重组军队，并允许汽车暴露地驶向前线。其他的备战指示通过有线通讯下达。

克列泽尔将军在叶尔加瓦地区也采取了同样措施，我们假装在希奥利艾构建防御：加强障碍物，加深掩体，扩展交通壕网络。[4]

尽管司令部竭尽全力，巴格拉米扬还是不得不从莫斯科多讨一点战役准备时间。进攻开始时间被延至10月5日，这让他松了口气。进攻前夜，苏联军队指挥员们聚集起来做最后的简报。他们获悉德军已经建立三条防线，主防线由纵深达3英里的一系列野战工事组成，第二条防线在更大的纵深上，第三条防线从克莱佩达延伸到蒂尔西特。尽管对主防线强度的评估可能有所夸大，但巴格拉米扬的情报官赫列博夫上校的其他观察是准确的：

描述第3装甲集团军的布势时，赫列博夫上校进一步指出敌军防御的特点，也就是兵力一线展开，所有五个步兵师都沿第一道防线一字排开，一旦被猛烈的突击突破就无法再接上，因为其后方没有强力的预备队。实际上，仅在希奥利艾西南、第43集团军左翼当面发现了一些装甲部队，与白俄罗斯第3方面军结合部的情况也差不多，航空侦察探测到大量步兵的集结。后查明，前者是兵力相当于一个坦克旅的"劳彻特"装甲集群，后者是第21步兵师。

北方集团军群的主力仍在里加及其以东36千米处，叶廖缅科将军（波罗的海沿岸第2方面军司令员）打电话通知我，敌军被安置在强大的里加阵地，波罗的海沿岸第2、第3方面军需要付诸巨大的努力和牺牲才能予以突破。

我们的主要威胁来自里加南面的装甲兵。城市西南接近地发现有坦克和步兵集结，他们来自充当预备队的1个装甲师和2个步兵师。近卫机械化第3军的突破发展到距里加南缘9.5英里处，迫使舍尔纳在通往城市的道路上布置这支强大的预备队。

我们特别满意地从情报处处长和空军第3集团军司令那里得知，在八九月份给我们造成如此多麻烦的几个装甲师仍在叶尔加瓦西南。据此看来，法西斯并没有发现我们的重组，就算他们现在察觉到了什么，也都太晚了。不论如何，我们还是留出了一定余地，整个方面军的重组不可能一直保密。显然，敌军在10月初的侦察还是发现了什么，或许正因如此，舍尔纳开始慢慢地撤回装甲师，以便将它们调往梅梅尔，但为时已晚。[5]

劳斯的第3装甲集团军有两个军掩护克莱佩达西面的接近地。其中汉斯·戈尔尼克的第28军将承受巴格拉米扬攻势的全部重量。正如巴格拉米扬的情报评估得那样，第28军及其南面的第40装甲军有5个步兵师，它们绷在一条非常薄的线上，掩护着120多英里的长度。苏联人的主攻方向上是齐格菲·费尔海因（Siegfried Verhein）指挥的第551掷弹兵师，战斗即将到来时，该师和其他掷弹兵师一样将改称为国民掷弹兵师。尽管名字听上去很威武，但这是个虚弱的兵团。虽然各团实际上已经满编，但主要由后方地区的部队、从德国空军和海军调到陆军的人员，以及之前被认为年龄过大或不适合在前线服役的人组成，该师没有什么作战经验，尤其缺乏在东线恶劣条件下作战的经验，也没有机会建立必要的凝聚力以便在苏联军队的进攻下生存下来。此外，他们防御着29英里的地段，因此其阵地薄弱得令人绝望。

德国参谋军官9月25日就考虑到了苏联军队冲向克莱佩达的可能性，但在这一阶段，这只是作为一种可能性加以考虑的。德军一直非常担心苏联人的下一次战役可能会再次针对里加湾。不论如何，党卫队第3装甲军更多单位从爱沙尼亚赶来，进入里加南面，使得德军可以计划将第4装甲师、第7装甲师和大德意志师调去掩护克莱佩达接近地。希特勒继续幻想着重启德军攻势。9月28日，舍尔纳从德国国内的一次会议中返回，带回了希特勒仍希望从希奥利艾向东北方进攻，恢复"双头"行动的消息，舍尔纳的部下们作何反应不得而知。[6]

德军侦察到苏联军队的准备行动时已经太迟了，他们注意到近卫第6集团军9月29日已向西南方移动，而巴格拉米扬手中最强的军团——近卫坦克第5集团军的动向还不得而知。到第二天情况已经很清楚，进攻大致将在拉塞尼艾—凯尔梅地区进行，德军计划将第7装甲师调到该地段。与此同时，德军制定了代号为"闪电"的进攻计划，从拉塞尼艾地区向东北进攻，以摧毁或至少打乱正在希奥利艾地区集结的苏联军队。德军计划在10月底开始集结这次进攻所用的兵力，意图于11月3日展开攻势。大德意志师被调往第28军，该师首批单位，一个虎式坦克营和侦察营10月3日动身，余部将在火车到位后立即跟进。第5装甲师也动身，10月2日被配属给第40装甲军以加强其防御。同大德意志师类似，该师的变更部署也为火车短缺所阻。最后，"劳彻特"集群也被从里加防线的当前部署位置调往第40装甲军。但正如巴格拉米扬总结得那样，这些调动太迟了，已无力遏制苏联军队进攻的势头。

尽管巴格拉米扬准备了一番，但他的兵力远没有从当年早些时候的损失中恢复过来，尤其是步兵。步兵师本应有近12000人，但目前大多仅有7000人，一些师只有3000人。很多人都是训练匮乏的新兵，经常是从苏联西部新解放的地区强征入伍的。尽管如此，与当面的德军相比，波罗的海沿岸第1方面军享有可观的数量优势，尤其是考虑到他们集中在一个如此狭窄的正面上。

10月5日黎明雾气弥漫，使得巴格拉米扬无法施展其可观的空中力量。实际上，他的一些集团军司令员希望推迟进攻，但巴格拉米扬注意到第3装甲集团军正慢慢地调动装甲兵应对自己这轮变更部署，遂决定按照原计划执行攻势。无论如何，到上午11时，晨雾已经散去，苏联军队炮兵得以开火。

苏联人的首轮炮击集中在德军主防线的全纵深，持续约20分钟。随后苏联步兵展开进攻，尽管在一些地段取得有限进展，但第551掷弹兵师实施有力的抵抗，在不少地区打退了前两波进攻。但第三波攻势将该师的残部扫到一边。德军投入大德意志师侦察营，试图恢复局势。施罗德特尔骑兵上尉指挥的这个营遭遇了苏联向西推进的一个团，并向该团侧翼发起一轮快速反击，使其混乱地撤退。施罗德特尔骑兵上尉马不停蹄地向东前往主作战阵地，并在那里遇到利希特上尉指挥的第551掷弹兵师的一个战斗群。两者合兵一处，得以坚守前线直到天黑，但与两翼的友军部队都失去了接触，且苏联军队快速向西推进，所以施罗德特尔下令后撤。

第7装甲师的先头单位也开始与推进中的红军交战。该师的装甲团遭遇奇斯佳科夫近卫第6集团军坦克第19军的坦克，它们正向德军原有前线后方几英里处的一条小河——席斯马（Shisma）河挺进。缺乏步兵支援的德军撤到河对岸，在那里卷入了同苏联步兵和坦克的夜战。德军坦克尽管挡住了当面的苏联军队，但和大德意志师侦察营一样，发现自己两翼都被包抄，遂于10月6日被迫后撤。

巴格拉米扬急切地希望保持攻势的动能，命令把这次战役中的发展胜利主力、瓦西里·季莫费耶维奇·沃利斯基上将指挥的近卫坦克第5集团军前调。与此同时，突击第4集团军进攻主要交战区域北面的德军防线，逐退薄弱的第201保安师。为支援这个保安师，党卫队第3装甲军一部——两个营的战斗工兵，一个营的炮兵和党卫队侦察营组成的"舍费尔"封锁集群——前去支援，尽管德军防线慢慢被逼退，但这个灵活、机动的战斗群的存在，使得苏联军队的渗透未能发展成彻底突破。[7]

波罗的海沿岸第1方面军面临的一大问题，是如何协调如此多的队伍在如此狭小的地区行动，特别是考虑到该地区相对原始的道路。奇斯佳科夫的近卫第6集团军前调第二梯队时尤其艰难，沃利斯基也请求让自己的坦克集团军推迟一天再推进，以避免他的部队和第一梯队混杂在一起。道路上挤满了补给部队，他们奋力将弹药、燃料和食物送给已突入德军防线的步兵和遂行支援的装甲坦克兵。事实证明，这些在"双头"和"恺撒"行动中严重掣肘德军的因素如今也同样困扰着苏联红军。

巴格拉米扬主攻的同时，近卫第2集团军也在更南面展开进攻。该部当中有相当数量的拉脱维亚人：

拉脱维亚步兵第16师步兵第156团的一个加强营行动特别神速。以营长别兰大尉为首的共产党员和共青团员最先冲入阵地并撕开敌军防线。师长乌尔布沙斯上校利用他们的战果命令主力前进。由雷先科中校指挥的步兵第249团向凯尔梅方向挺进，近卫步兵第11、第13军所属各师的侦察营也打得很出色。在近卫步兵第2师侦察营，18岁的共青团员米哈伊尔·叶皮什金（Michail Yepishkin）在发起冲击时表现特别突出。他们被来自高地的火力笼罩时，他和一群年龄与其相仿的战士从后面冲上了高地，在短促的战斗中，他们用手榴弹消灭了法西斯分子。迎风招展的红旗在召唤近卫步兵第1团永远向前。

叶皮什金因功被授予"苏联英雄"称号。[8]

负责前线这一地段的第40装甲军起初只有一个兵团——第548国民掷弹兵师可用，它和那些新组建的师一样弱。一般认为，国防军中番号超过500的师作用都相当有限，尤其是在东线。第5装甲师正在前往该地区的路上，此时只有一小部分抵达。军长戈特哈德·海因里奇①别无选择，只得将这些有限的兵力部署在 线。第5装甲师防空营10月5日晚被部署在了凯尔梅以东，该营强大的88毫米炮是非常有价值的反坦克武器。但营长布劳米勒上尉将大部分重武器都留在城西，希望它们在苏联人突击的第一阶段可以幸存下来。[9]

到进攻首日日终时分，巴格拉米扬大可以对战果感到满意，尽管他未能如愿迅速投入发展胜利的主力：

我们开始进行首次总结，近卫第6集团军和第43集团军已经突入敌军防御纵深14—17千米，并把突破正面扩宽到176公里，近卫第6集团军的兵团已经推进到泰尔夏伊地区，触及第二条防线的边缘……拉脱维亚步兵第16师和之前一样在正前方，其步兵第249团强渡克罗仁塔河（Krozenka），攻占了希奥利艾—凯尔梅公路。[10]

---

① 译注：实际上是齐格菲·亨里奇，戈特哈德·海因里奇此时是北乌克兰集团军群第1装甲集团军司令。

推进中的苏联军队通过审讯战俘，辨认出德军第5装甲师、第7装甲师和大德意志师。10月6日，波罗的海沿岸第2、第3方面军再次展开对里加的攻势，以阻止舍尔纳调更多军队拦截冲向海岸的苏联军队。尽管德军在拉脱维亚首都附近的防御依旧稳固，但德军第16集团军和第18集团军的主力仍被牵制，无力向现在向西肆虐的主要战斗提供兵力。沃利斯基的近卫坦克第5集团军最终被投入向波罗的海沿岸的推进，下午3点左右抵达乌比斯凯镇（Ubiške）。这里阵地构筑良好的德军反坦克炮就像"双头"行动中的苏联守军所做那样，利用沼泽地形挡住了苏联军队的前进。同巴格拉米扬简短讨论后，沃利斯基将他的装甲矛头转向南以绕开这处德军阵地。在卢奥凯（Luokė），他们遭遇了刚从北面赶来的大德意志师"法比施"战斗群。这股德军击退了苏联军队前锋，但苏联装甲坦克兵主力绕过德军部队，向西冲去。[11]

其他德军部队也赶来对付这一新威胁。10月6日，第4装甲师奉命将自己的"豹"式营、1个侦察连和1个战斗工兵营派往韦克什尼亚伊村（Viekšniai），迎击突击第4集团军的进攻。第39装甲军则派出竭力拼凑的后方部队，试图建立一条向南的防线，但速度才是关键。第4装甲师的战斗群抵达韦克什尼亚伊时，发现该地已被主要来自步兵第119师的苏联军队占领。据德军第4装甲师的师史记述，该战斗群迅速收复该村。[12]巴格拉米扬则给出了不同的说法，称德军试图攻入步兵第119师的炮兵阵地时遭受可观损失。[13]双方记述的结果倒是一致：苏联军队通过韦克什尼亚伊推进的尝试被打断了。

南面，苏联军队以坦克第1军开路，拉脱维亚步兵师和近卫步兵第3师支援，从布劳米勒的防空部队两侧（主要是北面）疾驰而过，并绕过了凯尔梅。他们经此地向西推进时，布劳米勒的火炮还没来得及参战便被吞没。苏联军队有4辆坦克在近距离上被摧毁，但德军损失了10门火炮。第5装甲师的更多单位连夜抵达，但该师的装甲团此时只能投入15辆豹式坦克和12辆四号坦克。装甲团团长赫尔佐克决定用这一小股力量和该师第14装甲掷弹兵团的主力，向涌往西面的苏联军队南翼发起反击。德军战斗群声称击毁26辆苏联坦克，但无力封闭自己与北面6英里外"劳彻特"集群之间的缺口。坦克第1军继续西进，第5装甲师侦察营则试图在其南翼跟进。日终时分，德军装甲师的战线已经绵延约12英里。师长卡尔·德克尔放弃了这场一边倒的战斗，命令他的人同东南方的第548国民掷弹兵师保持接触。即使他能集中该师的可用作战兵力，缺乏关键的补给单位也让他的人缺乏燃料和弹药。[14]

10月7日，天气多云转雨，但并不足以阻挡巴格拉米扬的空中支援。在大德意志师和第7装甲师更多单位连夜抵达后，第28军试图通过建立一条延伸到特里斯基艾（Tryskiai）的新防线将苏联军队挡在乌比斯凯，第551掷弹兵师后撤中的余部被编入这条防线，但其南翼已经被沃利斯基包抄，德军被迫继续后退。巴格拉米扬对沃利斯基慢吞吞的推进速度不满，继续催促部下让坦克动作快一点。但就算苏联近卫坦克第5集团军没有竭尽全力，苏联军队仍持续向德军施加着巨大压力。在卢奥凯，由一营装甲掷弹兵及遂行支援的少量突击炮和一营炮兵组成的"法比施"战斗群，同第7装甲师装甲团一大部，以及一个营或更多第551掷弹兵师掉队官兵会合。德军将坦克部署在防线南翼，一群豹式坦克在局部反击中推进时遭遇来自南面的猛烈侧射火力，蒙受几例损失。[15] 落入卢奥凯的苏联炮火越来越猛烈，一轮"喀秋莎"火箭弹打中了大德意志师的野战急救站，造成极大伤亡。

苏联步兵开始渗入村庄，由于马拉科夫的坦克第19军已经从南面绕过该地，德军奉命后撤。他们后撤时，第7装甲师的坦克试图尽可能多地搭载步兵，但突然发现自己陷入密集的轻武器火力下，被部分包围的他们打开了出路，尽管攀附在坦克上的士兵大多都阵亡了。突围时一辆坦克滑进沟中，沟里满是在此寻求掩护的德军士兵，坦克驾驶员没有意识到步兵的存在，仍旧继续前进，后面坦克的乘员惊恐地看到困在壕沟里的士兵被坦克履带碾碎。[16] 随着他们撤向克莱佩达，德军坦克已经无法阻止苏联坦克第19军穿过他们南翼的无人之境。

卢奥凯的防御被迅速打垮，大德意志师的一个装甲掷弹兵营没能和其他部队一起收到后撤命令，被包围了。10月7日晚，该营抛弃多数重装备后成功向西突围。该师另一个营遭遇坦克第19军一个营的T–34。皮萨耶夫指挥的这个苏联坦克营进行试探性进攻后，从北面绕过镇子，然后掉头从西北面发起进攻。苏联坦克给德军造成巨大损失，但德军一队突击炮的抵达使得装甲掷弹兵们得以在镇子西面重新集结起来挡住苏联军队。[17] 大德意志师的几辆虎式坦克也发现自己被包围了，但他们结成刺猬阵地坚守到天黑，随后安然穿过苏联防线，抵达德军战线。

在战役的南翼，友邻的白俄罗斯第3方面军第39集团军也加入攻势。当面的德军是几乎在"巴格拉季昂"行动中被全歼的第95步兵师。尽管该师得到补充兵的充实，但这些人中有许多数素质和那些用于组建国民掷弹兵师的人差不多。德军第197、第256步兵师的残部也被编入该师，但没有时间进行能将这些迥然不同的部队整合到一起的训练和其他练习。该师左翼几乎被立刻击退，苏联第39集团军的前锋端掉了该师的炮兵阵地，该师余部混乱地后撤，与两翼的友军也失去联系。对德克尔的第5装甲师而言，这可不是什么好消息，这个装甲师需要进一步分出兵力，沿苏联突破地段南翼提供一些掩护。

尽管取得这些成功，巴格拉米扬仍为沃利斯基行动迟缓而烦恼。10月8日，他又多了一个担心的理由，天气变得更湿润多雨，很多地区化为泽国，进一步阻碍了坦克机动。奇斯佳科夫的近卫第6集团军汇报了德军在其右翼兵团（近卫步兵第22军）当面马热伊基亚伊车站越来越猛烈的反击。往南一点，沃利斯基近卫坦克第5集团军坦克第29军终于加入推进，迅速拿下了泰尔夏伊和普伦盖。但同样属于近卫坦克第5集团军的近卫坦克第3军仍被堵在前线后方一段距离的拥挤道路上。巴格拉米扬再次怒斥沃利斯基没有加快推进速度。尽管如此，到日终时分，巴格拉米扬的先头兵团正在迅速接近波罗的海沿岸第1方面军在战役开始时识别出的德军第三道防线。

这组防御地段基本沿德国边境展开，被赋予了一个很庄严的名字——"东普鲁士防御阵地"，由纳粹党东普鲁士大区领袖科赫担任帝国防御委员时修筑。尽管科赫在修筑工事上花费了大把精力和时间，并派下属库尔特·克努特（Kurt Knuth）监督修建工作，但这些工事远远不能满足需要。原先计划由当地驻军指挥官负责修建这些工事，纳粹党当地组织只负责提供人力和资源，但缺乏足够的工兵军官监督这些工事的修筑，以致这些工事的政治意义超过了军事价值：许多工事选址不佳，尽管科赫宣称第一个月就建成了14000英里堑壕，挖掘了4100万吨的土方，但这些堑壕大部分都太浅以至于没有军事价值。同时，科赫因想尽办法给自己的支持者分肥而臭名昭著，这次修建东普鲁士防御阵地也不例外。他的部下中有一位费德勒"将军"，是东普鲁士消防队的一名高级军官。费德勒开了一家水泥厂，他游说科赫制造了大量所谓的"科赫锅"，一种由一根粗水泥管加上带铰链顶盖组成的掩体。这些玩意被埋在土里，由一名士兵藏在里面等着苏联坦克靠近，发射铁拳。士兵们对此充满鄙夷，因为这些掩体使用的混凝土被轻武器击中都会破碎，独自待在里面的士兵也感到孤立无援。如此多的混凝土被浪费在这里，意味着其他或许更有军事价值的工事可用的混凝土更少。[18]

巴格拉米扬对这些工事的真实情况了解多少已经不得而知，或许是保险起见，他决定尽量在后撤的德军沿防线展开前就予以突破，因此不断催促前线部队继续进攻。10月8日，他从奇斯佳科夫那里收到一份令人满意的报告：坦克第19军坦克第79旅拿下德军位于瓦伊诺德（Vaiņode）的机场，这里离波罗的海只有25英里。更南面，苏联军队推进到距离克莱佩达不到12英里处。沃利斯基近卫坦克第5集团军传来的消息仍旧不好：其主力似乎被挡在了米尼亚河（Minija）一线。愈发恼火的巴格拉米扬要求沃利斯基至少应该试着绕过德军防线，再向波罗的海推进，他为该命令的完成划出了10月10日中午这一底线。[19]

苏联军队推进的南翼进展良好，第5装甲师被迫派出师侦察营来应对苏联军队对第548国民掷弹兵师战线的纵深突破。10月8日晚，该师奉命撤往东普鲁士防御阵地，以阻止苏联军队攻入蒂尔西特。正如该师一名军官所述，这可不是什么容易的任务：

> 在敌军完全取得制空权、坦克突破我军防线、后撤道路上挤满难民的情况下，这样的机动要承受的困难无以言表。[20]

随着战线接近德国本土，苏联军队迫近时疏散平民的事宜已多次付诸讨论。不少德国人住在立陶宛西南部，甚至在梅梅尔地区以外也有不少，该地区的很多立陶宛人对苏联统治的回归也并不感兴趣。尽管德国占领下的生活令人大失所望，但他们还记得之前苏联统治下的情况甚至更糟。任何疏散都需要当地纳粹党机构的首肯，获胜的那些年里，纳粹党一直在积极要求国防军将这些地区的管理权移交给他们，而现在国防军后撤时，他们又很不情愿交还。如果军方获得了这些地方的控制权，他们本可以及时下令疏散。但此时，紧邻前线的一切后方事务仍在纳粹党的紧密控制下。此外，10月5日苏联军队攻势开始时，舍尔纳宣称不需要进行任何疏散。劳斯或许不像他的上司那样遵从希特勒的信条，也并不赞成这项政策，他立刻前去催促当地纳粹党官员组织疏散。起初细细流淌的难民很快变成无序的人潮，带着大批沉重行李奋力逃往东普鲁士。这样的队伍有许多饱受苏联红军蹂躏，还有一些严重妨碍了国防军的行动。只有克莱佩达城本身——受到战事影响的地区中德裔居民最多的地方——的撤退组织得还算及时有效。

德军兵团匆忙变更部署，现在也不可避免地产生负面影响。优先权自然是赋予各装甲师和大德意志师的作战单位，但随着作战车辆开始耗尽燃料和弹药，对后勤补给单位的需求愈发迫切，到10月8日日终时分，大德意志师的虎式坦克营被迫放弃一些坦克——比与苏联军队交战时损失的还多。尽管如此，大德意志师仍是顽强阻击苏联军队推进的少数部队之一，该师重组为三个战斗群——"施瓦茨罗克"战斗群，"冯·布雷瑟"战斗群和一个围绕侦察营组建的战斗群——试图据守米尼亚河一线与克雷廷加（Kretinga）、萨兰泰（Slantai）附近的阵地。"冯·布雷瑟"战斗群在一次与推进中的沃利斯基坦克集团军交战时损失惨重，被推回克雷廷加。在那里，他们发现所经过的公路恰好穿过一座横跨铁路的桥，下面停着一列在空袭中被击中起火燃烧的列车，其中一些车厢装着弹药，战斗群冒着仍在持续的轰炸穿过铁路桥时经历了几次紧张时刻。[21]

德军抵抗不断变强，加之苏联军队补给线不断拉长，使得波罗的海沿岸第1方面军的推进开始放缓。在瓦伊诺德附近，奇斯佳科夫近卫第6集团军的近卫步兵第51师发现自己遭到猛烈反击，他们艰难地将其击退。意图抵达克莱佩达以南波罗的海海岸的第43集团军，继续以8个步兵师取得良好进展，以坦克第1军、近卫步兵第3师、拉脱维亚步兵第16师带头的近卫第2集团军亦是如此。10月9日日终时分，其前锋甚至在第5装甲师占据防线前就突破了东普鲁士防御阵地的第一道防线。鉴于苏联军队在其两翼自由行动，这个德国师不再企图防御一条展开的前线，而是撤向蒂尔西特。西面，被德国人称为海德克鲁格（Heydekrug）的希卢特（Šilutė）在许多居民撤离前便被苏联军队夺取，很多当地居民立即逃向北面的海岸，在拼凑出的德军部队稀薄的防线后面，恐惧地等着德国工兵将他们撤向海对面6英里外的库里施沙嘴（Kurische Nehrung）。

对他们来说幸运的是，苏联军队没怎么尝试歼灭这处小据点，那里得以在五天内疏散。而普列库莱（Priekule）的不少居民未能在苏联军队前锋抵达前离开，跑到海边的幸存者则带来了强奸和屠杀的可怕消息。

10月9日晚，巴格拉米扬总算收到了沃利斯基的消息，后者声称由于缺乏燃料无法推进。空军第3集团军司令员尼可莱·帕皮温（Nikolai Papivin）将军提出他有现成的运输机，于是燃料立即被空运给装甲前锋。最后，沃利斯基证实已准备好于10月10日推进到海岸。[22] 在推进队形的北翼，苏联军队绕过韦克什尼亚伊的德军战斗群，豹式坦克在一连装甲掷弹兵的支援下发动坚决反击，才挽回局势。往西一点，其他苏联军队试图夺取文塔河上的渡口，第510重装甲营在马祖奈夏伊附近投入战斗。虎式坦克得到党卫队第3装甲军"舍费尔"封锁集群的加强，在第4装甲师装甲掷弹兵的支援下，沿马祖奈夏伊—韦克什尼亚伊公路推进，又消灭了苏联军队三座桥头堡。对战俘的审讯显示，苏联投入了至少属于三个师的单位。第4装甲师的其他单位拿下莱卡瓦（Leckava），面对苏联军队的反坦克防线，推进到文塔河左岸并向西推进的尝试失败了，但成功同在西北方展开的第61步兵师建立联系。[23] 德军沿苏联军队突破口北侧的防线就这样稳定了下来，但巴格拉米扬各集团军的西进看上去势不可挡。在那里，似乎他们推进得越远，他们的胜利对德军的冲击就越大：

> 交战的进程显示，敌军在我军的主要突击方向已经彻底丧失士气，这从一天天增加的俘虏上可以特别明显地看出来。他们张皇失措，愿意招供，越来越常说"希特勒完蛋了"，和我在战争初期从乌克兰看到的那些德军有着天壤之别。
>
> 敌军的后撤路线组成了一个巨大的坟墓，到处都是坦克、大炮、汽车和尸体。即使是身经百战的士兵也感到惊心动魄，但这正是对法西斯分子犯下罪行的报应！[24]

苏德战争刚一开始，战斗的残酷就超出了欧洲其他任何战场。苏联不是《海牙公约》的缔约国，而战争伊始，希特勒便敦促其军队不要对被征服者仁慈。数百万苏联公民死于德国占领，一些人死于暴力行为，另一些则死于德国占领当局掠夺粮食并将其运回德国所造成的饥荒。许多苏联的团有一项政策，让军人们分享自己家庭成员在战争中死去的故事，因此从最基层的步兵到最高级的将领，对复仇的渴望都非常强烈。在漫长的战事中，双方对战俘的态度变化也很大，经常抓到后就地枪毙。被俘的苏联军人也经常被抓去作为奴隶劳工，或者——在战争初期，劳动力短缺迫使德国改变自己的政策之前——蓄意将其饿死。被红军俘虏的德国士兵食物供应状况也糟糕得令人绝望，这反映了苏联各地全面的食物短缺，很多苏联公民的情况也好不到哪里去。

　　10月10日是战局决定性的一日。一番猛烈的炮火准备过后，近卫坦克第5集团军滚滚向前，坦克第29军从南北两侧展开钳型攻势拿下克雷廷加，克雷廷加北面的迪米特拉瓦斯（Dimitravas）和达尔贝奈（Darbenai）两个劳动营里塞满了集中营的囚徒。党卫队一般会在苏联军队抵达前疏散这样的营地，如果无法疏散常常就射杀犯人。这次苏联军队推进的速度显然令德军来不及采取这类措施。看到如此之多瘦骨嶙峋的囚犯，许多久经沙场的苏联老兵也感到震惊，进一步点燃了他们不可磨灭的复仇火焰。[25]

　　苏联近卫坦克第3军发现自己与大德意志师后撤中的战斗群展开了激战。战斗随着德军战斗群实施战斗撤退持续了一整天，他们经过普利基艾（Plikiai）缓慢地撤向克莱佩达。坦克第31旅在帕兰加附近推进至波罗的海，从而切断了德国第16、第18集团军同本土的联系。士兵们用瓶子装上海水送回更高一级指挥部，表明他们已经到达海岸，战争末期苏联军队推进到波罗的海沿岸时将多次重复这种仪式。[26] 别洛博罗多夫的第43集团军则从东南方接近克莱佩达，尽管德军抵抗愈发顽强，苏联军队还是设法在城南抵达海岸。苏联军队只用了6天便达成了这一战役的最初目的——将北方集团军群割离德国本土。

　　双方在短时间内展开的几场攻势对比起来令人震惊。"双头"行动，即德军同北方集团军群重建联系的进攻，是在德军若干已被削弱的装甲师集结在立陶宛和拉脱维亚西部后展开的，尽管沿波罗的海沿岸建立了联系，但德军向叶尔加瓦的主攻被挡住。同样的，巴格拉米扬从南面和西南面攻入里加的尝试也在德军的顽强抵抗下停滞不前。两次战役都是在局限性较强的战场上展开的，防御方可以预料到即将来临的攻势，地形也对他们有利，进攻方无法通过机动绕过预设阵地。相反，这次成功冲向克莱佩达的战役战场大得多，地形也更合适机动作战。还有一点和前两次战役不同，组织起成功的防御需要大规模变更部署。德军缺乏军队在整条战线上组织起强有力的防御，尽管要展开攻势的地区看上去显而易见，但苏联红军成功隐蔽战役准备，直至德军已经来不及布置兵力。使用步兵充裕的兵团达成早期突破更是德军在"双头"行动中无法企及的优势。遭受过"巴格拉季昂"行动的灾难性损失后，"双头"行动期间的德军已经不能奢望这些了。"双头"和"恺撒"行动期间，装甲师既需要突破苏联防线，若是得手，又需要自己扩展突破口。相反，巴格拉米扬手头有足够兵力，确保即使他发展胜利的主力——由倒霉的沃利斯基指挥的近卫坦克第5集团军——直到战役快结束都没能发挥什么作用，德军也无力阻挡负责达成早期突破的力量。

现在，克莱佩达的陆地联系被切断，北方集团军群也被包围在拉脱维亚西部。巴格拉米扬命令他的集团军司令员们准备迎击在他看来不可避免的反击。他预计北方集团军群将稳步撤出里加，以腾出军队恢复集团军群和德国本土的联系。为此，近卫坦克第5集团军奉命从前线撤出，作为预备队迎击任何可能的德军进攻。与此同时，也有着德军有着从东普鲁士展开进攻的风险，在那里，波罗的海沿岸第3方面军第39集团军被撤下，准备切尔尼亚霍夫斯基的方面军攻入东普鲁士的战役。10月12日，昌奇巴泽的近卫第2集团军报告说拉脱维亚步兵第16师遭遇一支从未遇到过的部队——赫尔曼·戈林（伞兵）装甲师——的进攻。该师名义上属于德国空军，被从波兰中部派往该地区。令巴格拉米扬宽慰的是，该师对拉脱维亚师的第一轮攻击被打退了。[27] 激战又持续一天，苏方和德方的记述都吹嘘自己赢得防御战的胜利，双方似乎都没有取得什么进展，战线慢慢地停在了涅曼河一线。

巴格拉米扬对德军企图的评估是正确的。10月9日，舍尔纳策划了从拉脱维亚西部向克莱佩达，再从那里向东普鲁士的反攻。但为给这次战役抽调兵力，必须让希特勒同意撤出里加。和之前许多次一样，作为希特勒最喜欢的指挥官之一，舍尔纳拿出提案并获得批准，如果其他集团军群司令拿出这样的提案就会被拒绝。此时，里加城多半已经进入红军的炮火射程，只有从城东到库尔兰的海岸公路相对安全。舍尔纳的军队以第227步兵师作为后卫，展开了代号为"雷鸣"的后撤行动，进行了一次穿过城市的有序后撤，还摧毁了道加瓦河上的桥梁。党卫队第19掷弹兵师的官兵穿过道加瓦河撤到里加城南时一定尤其难过，他们持续进行战斗撤退，穿过自己的家乡，几乎没有与红军脱离过接触。锡古尔达（Sigulda）以东数英里处的战斗在拉脱维亚老兵记忆中尤为血腥，他们在更北面的德军部队从爱沙尼亚边界撤回时据守着"西格伍德防线"（Segewold Positions）。[28] 10月13日，拉脱维亚首都大部分落入苏联人手中，随后波罗的海沿岸第3方面军便解散了。

巴格拉米扬一边计划着打退预期中的德军反击，一边还希望对两个被困的德军集团军保持压力：

> 我那时认为，在当时的情况下必须以波罗的海沿岸第2、第3方面军现有全部兵力，不经过停顿和变更部署，立即对从里加筑垒地区撤出的北方集团军群主力展开坚决追击，不让他们无阻碍地撤退。必须重创他们，因为一到库尔兰半岛，这些希特勒分子便会在有利的森林沼泽地条件下转入坚守防御，逃脱我们的突击，重要的是要最大限度地利用比较干燥的时节展开进攻，以便在波罗的海沿岸特有的严重泥泞季节到来前，用三个波罗的海沿岸方面军和波罗的海舰队来摧毁敌库尔兰集团。[29]

波罗的海沿岸第3方面军的解散、连同其部分兵力撤入战略预备队，对巴格拉米扬而言并不是什么好消息。尽管如此，他还是努力夺取库尔兰西海岸的利耶帕亚港。最早作为沙俄舰队基地、德国人称之为利鲍港的利耶帕亚对库尔兰的德军至关紧要，因为北面的文茨皮尔斯港太小，不足以给被困的两个集团军提供足够的补给。奇斯佳科夫奉命派兵北进，在德军战线稳定下来前夺取利耶帕亚。为应对这一情况，舍尔纳将党卫队第3装甲军派往普里耶库莱一带。10月12日晚，奇斯佳科夫的集团军攻入了斯库奥达斯（Skuodas）以北的密林中，党卫队"荷兰"装甲掷弹兵旅紧急向该地区派出两个营。在第11步兵师一部的配合下，党卫队快速部队包围了突入此地的苏联军队，并在随后两天内消灭了这个口袋。往西一点，第4装甲师在西侧第12装甲师的支援下，于奇斯佳科夫试图攻向利耶帕亚的同一天发起进攻，肃清文塔河南面的树林。随后的两天又是一番激战，两个德军师进展缓慢但稳定。这里的地形和他们在"双头"

行动中遇到的一样困难，但苏联军队的防御组织得没有先前好。到10月13日日终时，鉴于手中的预备队还没有投入，尤其是他们肃清了几乎所有对防御方有利的树林地形，两个德军师有信心在翌日积蓄起的进攻势头。

奇斯佳科夫并没有放弃他攻入库尔兰半岛的尝试，哪怕只能打乱对面德军的计划。10月13日，他的军队攻破了第61步兵师的防线，该师位于两个德军装甲师与党卫队第3装甲军之间。第4装甲师和第12装甲师奉命终止他们的攻势。第225步兵师将换下它们，以便让它们撤离前线，准备舍尔纳对克莱佩达的反攻。巴格拉米扬估计德军可用兵力很可观，他后来写到，舍尔纳手中至少有七八个装甲师或装甲掷弹兵师。实际上北方集团军群只有第4、第12、第14装甲师和党卫队第3装甲军剩下的那点装甲兵团。

在柏林，德国陆军总参谋长海因茨·古德里安首次请求希特勒将北方集团军群撤出库尔兰半岛。他指出第16和第18集团军的各个师已经在1944年的战斗中严重削弱，但有经验丰富的老兵作底子，这些力量可以支撑沿东普鲁士边境伸入波兰的支离破碎的战线。巴格拉米扬和他们的同事们也预料到了这样的行动，但希特勒却拒绝了，他坚持库尔兰必须坚守，撤离那里将大大削弱那些在党卫队中服役的波罗的海国家士兵的士气，这块地盘还可以作为日后向红军展开进攻的跳板。国防军的职业军人——实际上也包括红军的——无法理解这么多德国师占据库尔兰如何能加强一个爱沙尼亚师和两个拉脱维亚师的士气，而谈论未来的攻势从任何意义上来说都是不可理喻的。不论如何，巴格拉米扬指出德国人应该缺乏足够的海运能力来撤出北方集团军群，这一看法或许是正确的。尽管德国海军和商船队成功从东普鲁士和西普鲁士撤出成千上万的德国人可以证明事实并非如此，但如果只撤离北方集团军群的人员，不带走装备，那么军事价值就很有限了，显然没这么多船可以进行如此大规模的撤离行动。撤退耗时费力，尤其是考虑到苏联人夺取了制空权，将会在海上造成可观损失这一情况。库尔兰桥头堡当面的苏联军队要么可以在德军后撤时打垮德军防线，要么比他们由海路撤离的德国对手更快抵达苏德战线的其他地段。

第4装甲师在普里耶库莱北郊集结，准备发起大规模进攻，恢复北方集团军群和国防军其余部分的联系。这轮新的攻势将靠近海岸发起，使得德国海军可以提供火力支援，这也是进攻最短的路径。这次战役代号为"秃鹫"，被困

党卫队第三装甲军军长正向爱沙尼亚人、党卫队一级突击队大队长哈拉尔德·里帕鲁（Harald Riipalu）颁发骑士铁十字勋章，1944 年 8 月

戈沃罗夫（右五）和巴格拉米扬（左一），列宁格勒方面军和波罗的海沿岸第 1 方面军司令员

林德曼从 1942 年指挥第 18 集团军至 1944 年，并于 1944 年短暂执掌过北方集团军群

战争期间最成功的苏联司令员之一，叶廖缅科，1944 年负责指挥波罗的海沿岸第 2 方面军

站在德国一方对苏联作战之后，卡尔尤兰德成为一名爱沙尼亚的抵抗战士，一直活动到 1951 年

库尔兰一处堑壕中的两名拉脱维亚党卫队士兵，配备一具"坦克杀手"反坦克武器，1944—1945年冬

陷于库尔兰口袋内的德军抵抗着苏联多次打垮他们的尝试，直到战争结束

苏联军队尝试在 1944 年孤立北方集团军群，拉脱维亚中部因而成为激战的舞台

1944 年秋季，一名德国士兵等待着苏联军队的下一轮攻击，胜利无望

虽然德国人并未尝试死守里加，但苏联军队的炮击和空袭，加上德军在撤退时的蓄意破坏，使城市化作了废墟

随着北方集团军群面临的压力增大，一切可用的运输手段都被用来将剩余部队经里加撤入库尔兰

库尔兰桥头堡完全依赖于海上补给，这些补给在 1944—1945 年的冬天里通过一切手段被运上岸

苏联步兵在拉脱维亚面对顽强的抵抗前进，1944 年

许多人被强迫进入党卫队外籍师服役，也有人志愿如此，他们通常是响应了西起法兰西、东至爱沙尼亚的各占领区内的征兵活动

在库尔兰的3个装甲师将全部参加。第4装甲师沿海岸推进，第14装甲师与其平行，第12装甲师作为第二梯队。在第11、第87、第126步兵师的支援下，这些装甲师将首先攻向克莱佩达，再从这里冲向东普鲁士。但德军还没开始制定详细计划，奇斯佳科夫便继续对德军战线施压。10月15日，在党卫队第6军负责的地段，党卫队第19（拉脱维亚第1）掷弹兵师遭遇猛烈炮击，随后苏联军队向多贝莱以北发起坚决突击。第二天，又一轮猛烈的炮火准备后，苏联军队向普里耶库莱以东、党卫队第3装甲军"诺德兰"师和第30步兵师的地段展开突击并迅速突入纵深，迫使舍尔纳投入第4装甲师来挽回局势。10月17日，第4装甲师的炮兵为"诺德兰"师和第30步兵师提供炮火支援，但该师的作战日志称党卫队第3装甲军已经稳定局势，不怎么需要协助。[30] 战斗又持续了若干天，双方都没取得像样的战果。红军激战一周都没能在约6英里的正面上推进1英里，却遭到了不成比例的惨重损失。

近卫坦克第5集团军进展缓慢是红军统帅部关心的少数问题之一，罗特米斯特罗夫当年早些时候被撤职后接过集团军的瓦西里·季莫菲耶维奇·沃利斯基得了肺结核。尽管这个冬天他仍旧在自己的集团军内供职，但1945年年初就住院了，翌年去世。疾病对他指挥麾下兵团的能力有多大影响还不清楚。

在战线后方，苏联忙着恢复对波罗的海国家的控制：

在法西斯德国侵略者桎梏下受苦受难三年多的拉脱维亚、立陶宛和爱沙尼亚重新获得自由和独立，回到苏维埃社会主义共和国联盟的怀抱。拉脱维亚步兵第16师、立陶宛步兵第130军和爱沙尼亚步兵第8军的军人们带着高涨的热情，无比勇敢地在自己的国土上战斗。

在三年中从未停止与法西斯侵略者斗争的波罗的海三国劳动人民对我们的胜利做出了巨大贡献，他们斗争最活跃的形式是部署游击队和爱国地下组织，游击运动的本国司令部人员是其中的先锋队。这些司令部的工作由拉脱维亚、立陶宛和爱沙尼亚共产党中央委员会及其第一书记A. J. 斯涅奇克努特、J. E. 卡伦别尔津和N. G. 卡罗塔姆领导。他们展开为数众多的游击营和游击旅，不分昼夜地对敌人进行了狠狠的打击，全国上下都知道下列英雄的英名：勇敢的里加地下运动领导人I. 苏德马利斯、无畏的立陶宛爱国者M. 梅利尼凯捷和

爱沙尼亚游击队长E. 阿尔捷埃。各民族的游击队员和军人为了波罗的海沿岸勇敢战斗，鲜明地体现了我国各族人民的团结和友谊，体现了苏联爱国主义精神和社会主义制度的蓬勃力量。[31]

如前文所述，波罗的海三国的游击队活动实际上很少，主要由这里的俄裔而非立陶宛人、拉脱维亚人或者爱沙尼亚人组织。伊曼茨·苏德马利斯（Imants Sudmalis）战前便是拉脱维亚共产党的活跃成员，曾经在20世纪30年代多次被捕。苏德马利斯1941年逃出祖国，和白俄罗斯游击队员并肩作战，直到1942年秘密回到拉脱维亚。苏德马利斯1944年年初被俘，5月份被处决。尽管苏方资料说他组织了可观的游击队活动，但实际上找不到什么这些游击队有效活动的证据。玛丽特·梅利尼凯捷（Marytė Melnikaitė）在红军第一次占领拉脱维亚的时候只有17岁，她1941年离开家乡，1943年返回，不久在同德国治安部队的一次交火中负伤被俘，后被处决。至于阿尔捷埃，尽管他是一名同德军作战的游击队员，但主要在原苏联—爱沙尼亚边境以东作战。

对很多——或许是绝大多数波罗的海国家公民来说，现实和巴格拉米扬所说的多少有些不一样。苏联红军的抵达给波罗的海三国带来了一波处决潮，在立陶宛，约有400—700人在考纳斯、希奥利艾和扎拉赛未经任何法律程序便被处决。[32]苏联统治的另一早期影响则是波罗的海三国人民被强制编入苏联红军。这些新征召成员，尤其是那些曾在德国人组建的党卫队和警察部队中服役过的人，都在没有武器的情况下被部署在进攻的第一波，以吸引德军火力。[33]爱沙尼亚1944年8月被要求征召18—33岁之间的所有男性，此时双方仍旧在爱沙尼亚领土上交战。或许是因为当时正在进行的交战，但更多是因为爱沙尼亚人不愿意响应征召，1945年3月又重复了一次征召。在拉脱维亚和立陶宛，强制征召入伍的士兵中声称之前和德国占领军没有联系的那些人被送去参加正在进行的库尔兰战役。那些曾经为德国人承担"非战斗任务"的人则成为强制劳工。尽管作为强制劳工工作繁重，但因此死亡的可能性看上去不高，因此越来越多的人声称自己给德国占领当局执行过"非武装"勤务。然而在强制劳动即将结束时，这一声明坑了其中一些人，他们被归为战犯，送到了西伯利亚。

很多拉脱维亚人、立陶宛人和爱沙尼亚人在苏联军队手中初次体验到了苏联统治回归的滋味：正如德国东部各州那样，强奸事件十分频繁和广泛，尤其是在训练更好、纪律更严明的第一波苏联人离开后。苏联士兵经常将所有的波罗的海居民指认为法西斯分子，这又和俄国人骨子里面对波罗的海国家人民的优越感交相呼应。这一态度甚至延伸到了儿童上面，这些儿童被归为"法西斯崽子"，并被严酷对待。[34]

在拉脱维亚和立陶宛东部，苏联在德军放弃里加后便延续起1940年的政策。苏联的各种行政部门和组织又一次出现在了这里，并由非波罗的海国家人来领导。即使到1945年年初，拉脱维亚人也只占拉脱维亚共产党的35%。[35] 尽管如此，在拉脱维亚施加苏联统治、推行苏联政策时仍受到缺乏足够合适行政人员的困扰。在塔林，1944年年底前来参观的一组西方记者发现这里对苏联统治几乎不感兴趣：

> 爱沙尼亚人明显惧怕并讨厌俄国人……我们一路上遇见的这么多人中没有一个人为俄国重新占领说过半句好话。当然，俄国人选拔的发言人例外。[36]

人口强制驱逐行动几乎立刻开始，并持续了八年。到1953年，仅拉脱维亚便由于强制驱逐损失了10万人口，约占战前拉脱维亚人口的十分之一。此外，立陶宛有33万人被强制驱逐，爱沙尼亚也有10万人被强制驱逐。除那些被认为和德国当局合作过的人——这些"合作者"甚至包括各种民事行政部门的小职员，在战前强制驱逐中成为靶子的人这一次也无法幸免。和德国人多少有过合作的人被打成"战犯"，而那些波罗的海三国民族主义者则被打成了"人民公敌"。正如接下来将会见到的那样，苏联人的统治和四处可以获得的各种武器装备不可避免地导致了迅速发展的武装抵抗运动，而那些涉嫌参与武装抵抗运动的人，其家属也可能被强制驱逐。[37]

强制驱逐有三个主要目的：首先，政策要求将那些对苏联统治存有敌意的人"清理"掉。其次，之前苏联人的统治已经显示了这三个国家有多少农村人口反对土地的集体化，需要设法减少甚至消灭这种抵触情绪。第三，强制驱逐的威胁也是镇压反苏武装抵抗的一大法宝。不仅那些怀疑参加反苏武装的人被全家流放，农村地区也通过这一方法大批减少人口——类似于德国人制造

"死亡区"的政策，以免抵抗战士获得支援和补给。

随着北方集团军群被包围在库尔兰半岛，波罗的海三国的几乎所有土地都回到了苏联人手中，只有库尔兰和克莱佩达城仍由德军坚守。克莱佩达之战的详情超出了本书的范围。该城被包围时城内的3个德国师——第58步兵师，第7装甲师和"大德意志师"——最初在10月10日遭到猛攻。尽管苏联军队进行了密集的炮火准备和空中轰炸，但他们持续三天的进攻还是在付出了惨重损失后被打退。海上德国战舰的火力支援对守军来说可谓无价之宝，这些可以快速、准确地砸到战局关键地段的猛烈炮火在战斗中具有决定效果。[38] 暂停了两天后，巴格拉米扬再次展开进攻。尽管城北的德军第58步兵师被打退，但德军仍旧守住了整条防线。苏联军队10月23日最后一次进攻，仍然没有取得任何像样的进展。随后双方都从这一地区慢慢撤出军队。苏联红军1945年1月攻入东普鲁士时，德国国防军最终放弃了这座城市。

后文将写到，在库尔兰，艰苦的战斗一直持续到战争结束。战斗的激烈和损失之大，毫不逊色于苏联军队向波罗的海推进过程中的那些战斗。被困在库尔兰的德军所发挥的作用直到今天都是一个有争议的话题。斯大林讥讽库尔兰桥头堡不过是一个巨大的"露天战俘营"，主战场向西移动时，近30个师的德军却被困在欧洲愈发无关紧要的一角。这一论述占据了战后苏联和俄罗斯各种文献的主流。德国人的观点则与之相反，他们认为库尔兰集团军群各师牵制数量可观的苏联军队时扮演了关键角色，不然东线将更快崩溃。苏联军队消灭库尔兰集团军群的几次坚决的尝试便显示了苏联统帅部并不满足于困住和包围德军，但在某种程度上，德方观点或多或少也是源于被围的德军士兵试图证明自己坚持下去的战斗是值得的。第4装甲师装甲团团长汉斯·克里斯特恩（Hans Christern）在战后写道：

究竟是谁牵制了谁？在库尔兰桥头堡，是我们牵制住俄军、从而阻止他们像在东普鲁士那样逐步粉碎德国本土防御？还是他们反过来牵制了我们？他们发起大规模进攻的目的，是不是想让我们认为，他们的确将我们视为东翼纵深的一大威胁，必须不惜一切代价消灭？或者实际上他们只不过是想阻止我们在最终战斗开始时用于"德国要塞"的防御？

　　在库尔兰的战斗使得我们无暇思考这些问题，但这些疑惑一直困扰着我们。我们在库尔兰前线听着无尽的交战声，在战事需要的时候，除了将这些疑惑抛之脑后，还有什么办法呢？[39]

　　苏联进攻库尔兰的原因尚不清楚，但有可能相当复杂。首先，库尔兰是最后一块尚未被解放的苏联领土。无论德国的最后投降是多么不可避免，解放这最后一块苏联领土都有着很大政治意义。其次，苏俄红军在一战结束后的拉脱维亚独立战争中入侵拉脱维亚时，库尔兰的一部分是他们当时唯一未能拿下的土地。正是从这里，尤其是利耶帕亚港附近，这些拉脱维亚民族主义者和他们的德国盟友将苏俄红军赶了回去。尽管德国人和拉脱维亚人1944年已经不太可能重复这一情况，但斯大林担心局势有可能发生突变。和丘吉尔一样，此时他已经开始考虑击败德国后的世界局势。有充分的证据表明，斯大林担心西方国家将决定支援德国对苏战争。而希特勒将库尔兰作为日后反攻的跳板，或许将从某种程度上成为现实。拉脱维亚在独立战争中得以翻盘，英国战舰在波罗的海的行动及西方列强的武器支援起到了不小作用。斯大林自己也对英美可以用可观的资源援助他们的盟友有着切身体会。因此，苏联人想消灭库尔兰集团军群，或许是几种动机的综合作用。

注释

1. A. 艾丁塔斯，V. 扎伊斯，A. 西恩，《欧洲政治中的立陶宛：第一共和国时代，1918—1940》（巴兴斯托克：麦克米兰出版公司，1999年），第86页。

2. A. 格鲁提斯《独立的立陶宛》，收入于A. 格鲁提斯（主编），Lithuania：700 Years（《立陶宛700年》）（纽约：马尼兰出版社），第247—249页。

3. I. 巴格拉米扬，《当我们走向胜利》（柏林：德意志民主共和国军事出版社，1984年），第371—372页。

4. 巴格拉米扬，第375页。

5. 巴格拉米扬，第377—378页。

6. G. 尼波德，《来自波美拉尼亚的第12装甲师（第2步兵师）1921—1945》（1988年自费出版），第107—108页。

7. W. 铁克，《忠诚的悲剧：党卫队第3（日耳曼）装甲军军史》（J. J. 温尼伯：J. J. 费多罗维奇出版社，2001年），第175页。

8. 巴格拉米扬，第381页。

9. 冯·普拉图，《第5装甲师师史》（雷根斯堡：瓦尔哈拉及普拉多利亚出版社，1978年），第363页。

10. 巴格拉米扬，第384页。

11. 巴格拉米扬，第387—388页。

12. J. 纽曼，《第4装甲师1943—1945》（波恩：1989年自费出版），第505页。

13. 巴格拉米扬，第397—398页。

14. 普拉图，第363—364页。

15. J. 胡贝尔，《如此真实》（自费出版，1994年），第72页。

16. 胡贝尔，第72—78页。

17. 巴格拉米扬，第389页。

18. K. 迪克雷特，H. 格罗斯曼，《东普鲁士之战》（慕尼黑：摩托书籍出版社，2002年），第31页。

19. 巴格拉米扬，第393—394页。

20. 普拉图，第365页。

21. H. 斯帕特《大德意志装甲军军史》（温尼伯：J. J. 费多罗维奇出版社，1995年），第389—390页；尼波德（1987年），第413页。

22. 巴格拉米扬，第396—397页。

23. J. 纽曼，第510—511页。

24. 巴格拉米扬，第398页。

25. 巴格拉米扬，第400页。

26. 巴格拉米扬，第400—401页。

27. 巴格拉米扬，第403—404页。

28. A. 西加利斯，《拉脱维亚军团》（圣何塞：本德尔出版公司，1986年），第122—124页。

29. 巴格拉米扬，第405—406页。

30. J. 纽曼，第520—522页。

31. 巴格拉米扬，第410—411页。

32. E. 乌斯特拉图，《爱沙尼亚民族史》（伦敦：波尔阿斯出版社，1952年），第350页。

33. 拉脱维亚科学院中央档案馆，里加，P-40/5/22，P-40/5/26。

34. B. 费德尔，《二战中的立陶宛》（帕德博恩：斐迪南·绍宁出版社，2009年），第337页。

35. 费德尔（2009年），第339页。

36. P. 温特顿，引自R. 米苏纳斯，R. 塔奇佩加，《波罗的海三国：失去独立的岁月1940—1990》（伦敦：霍尔斯特出版社，1993年），第72页。

37. R. 维克斯内，K. 坎格利斯，《从内务人民委员会到克格勃：1940—1986年拉脱维亚的政治案件》（里加：拉脱维亚历史研究所，1999年），第972页。

38. 迪克雷特和格罗斯曼，第53页。

39. H. 克里斯特恩，引自H. 肖夫勒，《他们是这样战斗和死去的》（班贝格：第35装甲团老兵会1983年自费出版），第238—239页。

第十章
库尔兰，
1944 年 10 月—12 月

1562年利沃尼亚宝剑骑士团解体后，波罗的海到道加瓦河西岸的拉脱维亚土地上就建立了库尔兰和瑟米加利亚公国。其首任公爵戈特哈德·克特勒（Gotthard Kettler）便是宝剑骑士团的最后一任大团长。虽然他是波兰国王的封臣，但在德意志贵族的支持下，这个来自威斯特伐利亚的公爵把他的公国划入德国国界，并把绝大部分本地居民变成了农奴。[1]

第一任库尔兰公爵的孙子雅各布·克特勒（Jacob Kettler）1642年掌权，他广泛地游历西欧，成为重商主义和殖民主义的狂热支持者。一艘来自库尔兰的殖民船造访西印度群岛，并在多巴哥岛建起一个殖民地，但很快就被西班牙人摧毁了。1654年，库尔兰人在冈比亚河河口建立雅各布堡三年后，战舰"库尔兰公爵夫人的纹章号"（Das Wappen der Herzogin von Kurland）再次来到多巴哥海岸，成功建立了一个叫"加科布斯塔德"（Jacobsstadt）的新殖民地。整个岛都被命名为"新库尔兰"，此举刺激了建有自己殖民地的荷兰人，在法国胡格诺派难民的援助下，荷兰殖民地迅速扩大并越过了库尔兰人的边区。1652年，瑞典军队占领了库尔兰，雅各布公爵被俘。第二年，他那支强大的武装商船队就被摧毁了，两个殖民地也落入荷兰人之手。

尽管多巴哥在1660年小北方战争结束时被短暂地归还库尔兰，但雅各布公爵无力维持殖民地的运转，外国资本对库尔兰贵族的投资也在17世纪晚期迎来了终结。雅各布的后辈缺乏他的能力和创造力，最后在1795年，公国在第三次瓜分波兰后被沙皇俄国吞并。

库尔兰公国在1918年的大部分时间里重新独立，这是德国人在波罗的海地区建立亲德附庸国尝试的一部分。波罗的海地区的德国居民在拉脱维亚独立战争中也扮演了复杂角色。一方面，他们致力于把红军赶出拉脱维亚，另一方面却对不愿支持当地的民族主义者，并且与戈尔茨将军（Rüdiger von der Goltz）的自由军团结盟。因此很多德意志居民在战争结束后被拉脱维亚政府驱逐。更多的德意志居民则作为"回归祖国运动"（Heim ins Reich）的支持者，在苏联签署《莫洛托夫–里宾特洛甫条约》后离开。

德国占领时期，一部分波罗的海德意志人回到了他们的土地，并在1944年年底发现他们被德国第16和第18集团军裹挟进了库尔兰半岛。希特勒拒绝正视这个被包围的口袋，并坚持称之为"库尔兰桥头堡"。因为这有着更加积极的含义，希特勒告诉部下，一旦德国因投入最新的XXI型U艇而获得大西洋海战的胜利，他就有可能在东线发动一次进攻，库尔兰半岛将成为这次进攻必不可少的跳板。无论如何，目前必须不惜一切代价坚守半岛。10月21日，舍尔纳给两个集团军的命令清楚地把希特勒的意见传达给了普通士兵：

元首已经下令坚守库尔兰，首先，集团军群要在当前的主防线上转入防御。我们的任务是：寸土必争。这一点我怎么强调也不为过。我们要牵制当面的150个敌军兵团，要抓住一切机会消灭他们，以此协助德国本土的防御。

从现在起，采取一切措施加强我们的防御，主防御地带必须扩展得足够深，要顶得住敌人的任何进攻。

因此，我们必须筑垒再筑垒！

没有拿着武器部署在阵地上的士兵，每天必须拿着铁锹工作几个小时。完善主防御地带的工事、完善公路和铁路网的工作怎么做都不嫌多！

必须在极短的时间内建立第二及第三防御地带、路障、伏击点和可供居住的地堡，战斗工兵必须从主防线抽出来用于构筑阵地。重要的是，平民也一律用于这项工作。[2]

建造合格防御阵地是一项艰难的任务。库尔兰半岛近10%的区域是湖泊，该地区还有100多条河流，从较大的溪流一直到道加瓦河。这个区域基本平坦，尤其是靠近海岸的地方，内陆有低矮的高地。遍布沼泽的地形使挖掘战壕格外困难，在很多地方，战壕只挖到一码就会灌满水。混凝土之类的建筑材料紧缺，而当地居民的抵触情绪又使得人力几乎无法动员，就算为他们提供工具和材料也无济于事。

苏联统帅部虽认为困在库尔兰半岛的德军无足轻重，但仍决心尽快夺取该地区。巴格拉米扬从莫斯科那里收到了在10月27日展开新攻势的命令，在一次与手下各集团军司令员的会议上，他决定在皮克里艾（Pikeliai）和普里耶库莱之间发起进攻。攻势将由近卫第6集团军、突击第4集团军和第51集团军的一个步兵军发起，近卫坦克第5集团军将在进攻展开后加入进军。第二天日终时，苏联军队将抵达叶尔加瓦至利耶帕亚港的铁路线。巴格拉米扬麾下各集团军从南面推进的同时，叶廖缅科的第42集团军、近卫第10集团军和突击第3集军也将从东面发起进攻，冲入预期将迅速崩溃的德军防线。[3]

除原计划动用的兵力外，巴格拉米扬还希望得到第61集团军的帮助，但这个军团不像他可能想的那么强。该集团军持续作战已有数月，司令员报告说各师极为虚弱。不过，巴格拉米扬仍决定把第61集团军放在近卫第6集团军和突击第4集团军之间，自瓦伊诺德向北进攻。[4]

德国人觉察到了迫在眉睫的进攻，为扰乱苏联军队的准备，第10军命令第14装甲师向前沿推进。10月24日开始的进攻打了苏联军队一个措手不及，初期进展良好。见有希望取得更大战果，第10军命令第14装甲师派一个连的坦克去支援第30步兵师的推进。第4装甲师留在后方，直到下午3点左右才将其装甲单位调至前线。贝策尔将军来到先头单位时，发现他们进展甚微，被派去进攻的坦克几乎都陷入沼泽地。日终时德军放弃进攻，坦克被艰难地拖了回来。[5]

第一次库尔兰之战10月27日打响。这天清晨浓雾弥漫，使得苏联军队的炮火准备与航空火力准备直到雾散才得以开始。那时地面部队已经开始进攻，正在"诺德兰"师据守的地段夺取进攻出发阵地。支援党卫队第3军的第4装甲师派了一个装甲掷弹兵团，在该师37辆可用的豹式坦克的支援下，前往普里耶库莱东北的阿达里村（Audari）。

双方的指挥官焦急地等待从前线传来的重要消息。第4装甲师收到了格拉赫中尉率领的一小队坦克的报告，它们在苏联人进攻前被派去支援原有战线，豹式坦克坚守了一整天，协助打断了苏联军队的进攻。苏联步兵第67、第51师和近卫步兵第75师最初进展不小，打退了德军第30步兵师的西翼，并插入普里耶库莱以东的德军阵地近3英里。随着战况明了，第4装甲师奉命发起反突击以恢复前线。午后不久，贝策尔将军的师分成两个战斗群进攻，一番激战后将步兵第51师和近卫步兵第67师赶向其出发线。战斗持续到深夜，苏联军队保住了他们东面那半战果。虽然在该地段，先头部队距离他们的目标（从利耶帕亚向东延伸的关键铁路线）也至少还有5英里。

第4装甲师反击所反映的德国战役学的灵活性，很大程度上造就了德军在战争初期的胜利。贝策尔分得一个较为宽松的作战任务，迅速将他的兵力部署为两个战斗群。他跟随战斗群前进，东翼愈发暴露时，他可以重新部署师侦察营去处理任何威胁。和所有此类行动一样，师参谋长彼得·绍尔布鲁赫（Peter Sauerbruch）接管了师部，同时协调各部之间的通信，使得贝策尔可以腾出手来确保全师的作战部队发挥最大效用。根据该师的作战报告，当天的战斗中两辆豹式坦克报销（另有几辆坦克受损，但均可修复），25人阵亡，77人受伤；该师则宣称击毁23辆苏联坦克、自行火炮和24门反坦克炮，击毙、俘虏400余人。舍尔纳在次日的一份个人消息中感谢该师的努力。[6]

巴格拉米扬的军队在普里耶库莱附近奋力推进时，叶廖缅科也从东面进攻德军的"桥头堡"。第215步兵师刚占据了多贝莱西南的防御阵地，10月27日早些时候，他们发现苏联第42集团军的队伍正在战壕里集结。炮火立刻被召唤至苏联军队进攻准备地域，与此同时，叶廖缅科也开始了他的炮火准备。混战持续了一整天，下午，第215步兵师各营开始战斗撤退，撤往他们在利耶劳采斯湖（Lielauce）旁的第二防御地带。在那里，该师得到了预备队——一个突击炮营和第121步兵师的一个营——的支援，苏联军队的进攻这才被挡住。傍晚时分，第215师最后的预备队（一个步兵连）向前运动时，遇到了一个正朝相反方向运动的强大苏联纵队。在富有活力的指挥官沃纳·莫泽中尉（Werner Mozer）带领下，他们在近距离战斗中打垮了苏联军队。这次行动让莫泽得到了骑士铁十字勋章，也为该地段当天的战斗画上了休止符。[7]

第215步兵师向利耶劳采斯湖的撤退，也目睹了库尔兰前线另一个新变化的出现。舍尔纳向后方地区送去了一个有宪兵分队伴随的军事法庭。没有具体

命令就擅自撤退的士兵一经发现就会被送上军事法庭，并面临怯懦的指控，
除非他们可以自证清白。这项措施在舍尔纳的指挥下被广泛推行，最早是在库
尔兰，后来被他带往中央集团军群，并导致几十人被处决，其中许多人并没有
做错什么；在另一些案例中，他们是按口头命令行动，但军事法庭不接受这样
的理由。这种僵硬的态度与德国灵活、富有弹性，且经常不采用书面指令的作
战命令原则形成了严重对立。该手段意在遏制前线军队中的恐慌情绪与失败主
义，其影响很难界定。虽然前线军队抵触这种几乎可以说是任意地处决士兵的
行为，但多数人似乎认可舍尔纳的强硬态度，毕竟他们自己还在前线，并不怎
么同情那些不如自己坚定的人。舍尔纳还坚持无情地"梳理"后方部队，以腾
出人员到前线服役，这一措施也获得前线士兵的广泛支持。

10月28日，巴格拉米扬的军队又一次在猛烈的炮击后发起进攻。主攻落在普里耶库莱以东的德军战线，激战在森林和沼泽中持续一整天。第4装甲师几乎不间断地战斗至下午晚些时候，承受了4个近卫步兵师和至少2个坦克旅的压力，该师在一些地段被击退，但不过一英里而已。攻守双方均付出沉重代价。因为指挥得力，贝策尔的骑士铁十字勋章上加上了橡叶饰。

次日，轮到德军进攻了。第4装甲师集结了一个包含一个装甲营、一个装甲掷弹兵营和一个战斗工兵营的战斗群，在第30步兵师一个团的支援下从北面向阿斯特村（Asīte）进发。突击集群几乎是立刻就冲进了苏联步兵第29师的阵地，后者正准备向德军来袭的方向进攻。双方在近战中损失惨重，第4装甲师被逐回出发线。当天剩下的时间里，该师一直在那里承受着进攻，常常不得不仓促组织防御：在其东翼末端某处，一辆豹式坦克拖着另一辆，在近距离战斗中打退了七辆苏联自行火炮和两辆坦克。[8]

激烈的战斗蔓延到阿斯特村北部时，普里耶库莱以东的德军防线又受到新一轮攻击，苏联近卫步兵第51师的一个营在坦克的支援下，突入第4装甲师一个装甲掷弹兵营拉长了的战线内，当天晚些时候的反击最终恢复了局面。夜幕降临时，贝策尔的师报告说他们已有近180人伤亡或失踪，但也将20辆苏联坦克计入战果，包括一辆"约瑟夫·斯大林"坦克、7辆自行火炮和8门反坦克炮。该师报告称，若能得到足够的炮火支援，可以继续坚守阵地，但现有的弹药补给将难以为继。因此，赶来增援普里耶库莱以东疲敝的装甲掷弹兵们的第121步兵师一部特别受欢迎。

翌日，战斗继续进行，第4装甲师侧翼的两个步兵师——西南面的第121步兵师，东北面的第30步兵师——承受巨大压力，要不断反击才能维持战线。尽管战线几乎没有移动，守军依然损失惨重。至10月30日日终，第4装甲师四个装甲掷弹兵营的总兵力已经从战斗开始时的近1500人降至700人。贝策尔警告他的军长，炮弹持续短缺，苏联军队持续炮击和冬装短缺造成的损失都将削弱他那个师的战斗力。对德军来说幸运的是，当面的苏联军队也正在筋疲力尽。

10月31日，第121步兵师据守的德军战线只遭到有限的进攻，苏联军队将重心向东移至第30步兵师和第263步兵师的结合部。在那里，苏联军队以步兵第415、第23、第356和第212师发起进攻，近卫步兵第13师作为第二梯队予以

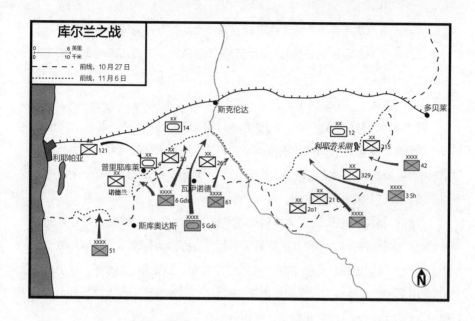

支援。两个德国步兵师被击退约一英里，但苏联军队再次未能达成决定性突破。第14装甲师的一个战斗群四处救火，竭力将饱受重压的第30步兵师凝聚在一起。因情报显示苏联军队又在普里耶库莱以西集结，第14装甲师被从前线抽出并奉命向西移动。它的阵地被移交给第263步兵师，但苏联军队发现了德军装甲兵的撤离，立刻开始进攻。第14装甲师立即奉命返回之前的地段，在那里展开代价高昂的战斗恢复前线。[9]对德军而言幸运的是，他们估计苏联军队要在普里耶库莱以西发动的进攻并未打响。

接下来几天，战斗继续进行。苏联近卫机械化第3军仍未投入战斗，这让德国人十分忧虑，他们知道这个军的存在。武装党卫队第19掷弹兵师的拉脱维亚人奉命在他们西翼发起进攻以改善战线，却切身体会到了使用惩戒营的风险。进攻将在11月4日开始，然而两名修工事的惩戒营士兵11月2日叛逃苏联，苏联军队可能按照他们提供的情报在第二天发动破坏性进攻。但天气正在恶化，最终在11月6日，巴格拉米扬断定他的战果已经足够，虽然尚未投入预备队，他的各集团军还是退下来舔舐伤口，等待下一轮战斗：

　　在这三天中，我军深入德军防线仅6千米。进攻又持续了几天，但每一块库尔兰的土地都要反复争夺后才能解放。每座农庄、每座高地都要激烈争夺。对于法西斯分子而言这事关生死，而对红军士兵来说，将德国人逐出祖国是军人的荣耀与使命。[10]

叶廖缅科同样一无所获。他的军队付出惨痛代价后只前进了一到两英里。挡住苏联军队进攻的代价也很高昂，在叶廖缅科所部的猛攻中首当其冲的第215步兵师发现，燧发枪营（该师事实上的预备队）缩减到只有一个连的兵力。该师的三个团也受到重创。

尽管巴格拉米扬从缴获文件和战俘审讯中得出结论，德国人不打算撤离库尔兰，莫斯科仍担心哪怕是逐步撤离库尔兰，亦将为德国本土防御释放出军队。因此，尽管巴格拉米扬方面军的第61集团军、近卫第2集团军、近卫坦克第5集团军和叶廖缅科方面军的突击第3集团军撤离该地区，两人仍接到命令对德军战线保持压力，以防止德军（哪怕是部分）撤离。

苏联军队在第一次库尔兰之战中失利的原因有如下几个：第一，进攻准备仓促，并且假定德国人仍未从巴格拉米扬冲向波罗的海造成的忙乱中恢复过来，因此德国人的防御强度让苏联军队措手不及；第二，在"双头"和"恺撒"行动中严重妨碍德军进攻的地形给苏联军队进攻各部带来了同样的困难；第三，恶劣的天气使越野机动几乎无法进行，德国人得以将他们的反坦克火力集中在寥寥无几的可用道路上。

第一次库尔兰之战中的部分战斗是在各为其主的拉脱维亚人之间展开的。武装党卫队第19掷弹兵师抓住的几名俘虏告诉他们，自己最近才被从拉脱维亚东部征入苏联军队。德军在东线战况的全面恶化，不可能对仍与国防军并肩作战的拉脱维亚人毫无影响：

这段时间出现了一场明显的士气危机……这体现在开小差人数的不断上升……［这个现象］是多种原因造成的。1944年夏季以来，德军遭受数次关键性的失败，并失去了波罗的海地区大部，许多人认为战争已经失败，因此不值得为此牺牲。其他逃兵则认为，作为逃兵被布尔什维克抓住会得到更好的待遇。一些人听闻［武装党卫队第19掷弹兵师］要前往德国后离开了他们的部队……这些人不希望离开他们的祖国，遂加入"库雷利"（Kureli）组织。[11]

　　拉脱维亚将军雅尼斯·库雷利斯（Jānis Kurelis）1944年夏季开始筹备一个组织，以对抗苏联再次占领拉脱维亚。许多强烈反对布尔什维克统治的拉脱维亚人劝告同伴不要逃离祖国，他们认为，一个没有拉脱维亚人的拉脱维亚容易被苏联殖民。库尔利斯于夏末开始在里加一带组建他的第一支作战部队，并且他的许多军官似乎都相信，如同第一次世界大战结束时那样，西方国家将会介入，将苏联人驱离拉脱维亚——因此，对苏联军队保持一定程度的抵抗是必要的。尽管这种观点看起来或许很幼稚，却普遍存在于波罗的海国家乃至波兰国家军的波兰民族主义战士中。库尔利斯军的最终命运将在下文交代。

　　潮湿的状况偶尔会被一夜霜冻打破，在为下一场大战做准备的同时，双方展开继续小规模战斗。准备工作有多种形式——突袭、冷炮，以及苏联对德军航运使用的利耶帕亚和文茨皮尔斯港的反复空袭。11月中旬，第4装甲师的地段也遇到了另一种战术：

　　某夜，敌人将两名德国士兵放入前线，他们都被俘虏了一段时间。两人带回了臭名昭著的自由德国委员会（NKFD）给集团军群和第18集团军司令的信。信中呼吁德军立刻投降，并承诺会给予极好的待遇，战争结束后可以立刻回家，还附有几位德国高级军官的签名。对于师里的士兵来说，这些建议不可理喻。什么样的压力能迫使这些军官——如果笔迹为真的话——签字？但即便如此！① 那些难以置信的高级军官叛变的报告或流言是真的吗？[12]

　　德国俘虏1941年开始落入苏联军队手中时，苏联当局就试图成立一个可以逐渐削弱希特勒对国防军控制的亲布尔什维克运动，也许有一天，它会为一个亲苏联政府提供军事和民事领导核心。一开始苏联人收获甚少，即便是俘虏，也坚信德国会最终胜利，直到灾难发生在斯大林格勒德军第6集团军头

---

① 译注：此处似有不通，但原文如此。

上，思想才发生转变。一大批高级军官被俘虏，许多人深信是希特勒抛弃了他们的军队。为逃避追捕而流亡苏联的德国共产主义者们开始推广这样一种理念，即当年普鲁士军官拒绝与拿破仑合作，而如今爱国的德国军官以同样的方式反对希特勒。一开始很多高级军官本着极端保守的普鲁士传统，拒绝参加任何涉及共产主义的组织并回避自由德国委员会。为提高号召力，苏联又设立了一个平行的组织——德国军官联盟（BDO），瓦尔特·冯·赛德利茨-库兹巴赫担任主席。包括赛德利茨从前在斯大林格勒的指挥官、陆军元帅弗雷德里希·保卢斯在内的其他高级军官也加入德国军官联盟，该组织最后并入自由德国委员会。

由自由德国委员会制作的传单经常撒在德军阵地上，尤其是军队被孤立或被切断时。虽然一些士兵可能会相信优待俘虏和战后立刻回家的承诺，但大多数在东线服役的士兵都对他们投降后的下场不抱幻想；双方在激烈的战斗中都没有表现出任何优待俘虏的意向，也没有什么迹象表明，苏联的态度会随着战胜德国的那天来临近而有所变化。将自由德国委员会信息带回德军战线的大群士兵中，一些被逮捕，有时会被枪决；其他人则归队并继续与苏联军队战斗。而1944年11月返回第4装甲师的那两位士兵，他们的命运未见记录。

随着德军继续固守库尔兰的意图趋于明了，德国的拉脱维亚盟军态度也见好转。10月份的逃亡活动逐渐停止，许多作为难民逃亡至库尔兰，或是本地的拉脱维亚人，现在都志愿服役。包括那些曾逃亡的人在内，大部分人未受过多询问便被允许归队。德国人和拉脱维亚人沿整条前线努力改善防御，去建立一个阵地相互联结的纵深防御体系。主要防御地带后方约三英里处的最后一道防御地带由强化的炮兵阵地组成，炮兵在那里布置武器，并拟订了详细的射击方案。苏联在先前的进攻中已经运用过一种新的炮兵战术，即在弹幕中留出"安全通道"，让苏联军队在最初的炮击中摸近德军阵地。为防止苏联军队故技重施，德军炮兵们试图辨别出这种"安全通道"的位置，这样就可以向这些通道进行炮火反击。

巴格拉米扬第一次突入库尔兰桥头堡的失败尝试，是一次意在加速德军防御崩溃的战役；而11月19日开始的第二次尝试，显然是意在确保北方集团军群各师仍被钉在他们的防线上，无法被调往他处。德国人也希望将他们的对手拴在这片战场：

　　集团军群司令的一份每日命令，特别指出了库尔兰士兵们的职责所在：他们在这片偏僻战场上的任务是为他们在东普鲁士的同志缓解压力，尽最大努力牵制敌人，从而帮助他们抵挡布尔什维克对祖国的进攻。[13]

　　第二次库尔兰之战前夜，德国统帅部指出苏联军队一轮大规模攻势即将来临，最有可能指向第10军，特别是第30和第263步兵师。第4装甲师因此奉命在第10军左翼后方部署一个强大的战斗群。11月19日在霜冻中破晓，但气温在白天迅速攀升，导致道路和田野化为泥沼。上午，猛烈的炮火开始落在德军前线一个宽阔的正面上。除了第10军的阵地，炮弹也落在了更东边第2军各师头上。苏联军队炮击停止后，地面军队穿过愈发难以通行的地面向前推进。步兵第103师吃力地通过克罗泰（Krote）东部、德军30步兵师据守地段上的一片森林。到了傍晚，第4装甲师奉命派装甲掷弹兵团和炮兵营各一个组成的战斗群到那里。夜间，天气随着更多降雨进一步恶化，严重拖延了第4装甲师战斗群到达地30步兵师阵地的时间。最后，反击直到上午才得以展开，受到地形与苏联军队抵抗双重阻碍。不过到当天日终时，苏联军队还是丧失了前一天的绝大部分战果。

　　贝策尔和他的指挥官们对第4装甲师的状况愈发担忧。该师的单位已经被拆散并派至其他兵团，或被留作军级乃至集团军级预备队，贝策尔抗议说他的余部太小了，无法有效影响战局。他的担心是多余的，道路仍然是泥泞之河，所以尽管有7个来自第54和近卫步兵11军的苏联步兵师，试图在11月19日原进攻地点东面一点的地方攻入第2军的防线，但这些新攻势所获无几。随着第4装甲师被插入第32步兵师和第31国民掷弹兵师中间，反击迅速恢复了战线。坦克陷入深深的泥地里，经常需要三辆牵引车合力拖出。第14装甲师也加入战斗，支撑起第2军的西翼。和第4装甲师的情况一样，师长奥斯卡·穆泽尔（Oskar Munzel）也激烈地抱怨说他的师有太多单位被分给了其他兵团，留下的力量不足以让该师有效作战。尽管如此，第14装甲师仍成功地守住了3英里长的战线，并击退了步兵第311师的多次进攻。

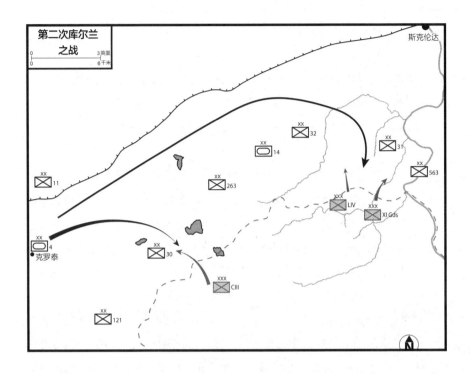

　　11月26日，战斗逐渐平息，尽管巴格拉米扬麾下各师进展很小，但他们把前线推进得刚好可以用炮火覆盖从利耶帕亚港向东延伸的重要铁路线。双方在战斗中损失都不小。德国第32步兵师报告称第4和第94掷弹兵团只能凑出225名作战人员。[14] 就算阻止了苏联军队的突破，代价也是高昂的。

　　马丁·翁莱茵（Martin Unrein）在他因病返回德国前一直指挥第14装甲师，他在会战的最后一天收回了自己师的指挥权。在随后的间歇期，他会同第4装甲师的克莱门斯·贝策尔把装甲兵军官们关于拆散他们师的看法上报给了第18集团军司令埃伦费里德·伯格（Ehrenfried Boege）。毫无疑问的是，德军必须迅速对苏联军队在战线不同地点的进攻做出反应，尤其是德军步兵师反坦克火力（以他们敌人的标准来衡量）相对较弱时就更是如此。装甲指挥官希望保留足够的打击力量发动决定性的反击，但考虑到地形，集体展开这样的进攻几乎是不可能的，德军步兵也在苏联步兵与坦克的进攻下日渐不支，所以德军装甲力量的分散或许不可避免，尽管装甲指挥官对这种安排的不满显而易见。

　　整个12月，双方都试图重整自己的阵地，休整自己的主要部队。巴格拉米扬命令空军在天气允许时持续作战，以维持对德军防线的压力。苏联空中行动的一位英雄是亚美尼亚战斗轰炸机飞行员涅尔松·格奥尔吉耶维奇·斯捷潘尼扬（Nelson Gevorgi Stepanyan），他的歼击航空兵第47师处在空军行动的最前线。和所有参战国的英雄人物一样，他的名声随着宣传机构的努力而更加响亮，"波罗的海风暴中的海燕"在该地区的苏联军队中广为人知。12月14日执行最后一次任务时，他刚被授予"苏联英雄"称号。他的伊尔–2被地面火力击中，严重受损，坠到利耶帕亚港内的一艘船上，苏联官方报告称他英勇无畏地驾驶飞机撞向目标，但这架受重创的飞机也有可能只不过是沿攻击航线飞行，由于受损而未能拉起。牺牲后，斯捷潘尼扬被追授第二次"苏联英雄"称号。与其他国家空军不同的是，苏联空军允许女飞行员参加战斗任务，另一个在波罗的海空战中表现突出的人物是莉迪娅·舒莱基娜（Lidia Shulaikina）。她执行了36次反舰任务，击沉3艘运输船、1艘巡逻艇和1艘驳船。

　　12月20日，贝策尔返回德国，打算前往柏林与高级将领们讨论局势，顺便回家休假。与以往不同的是，德国人未能探知苏联军队重启战斗的准备，至少没有重要的发现。12月21日，猛烈的炮火砸在德国第1军的战线上。到上午，第1军和第18集团军接到报告，压力主要集中在拉奇（Laci）、斯特蒂尼（Stedini）、古巴（Cubas）和萨内尼基（Zanenieki）村一带的第218、第132和第225步兵师身上。攻势来自突击第4集团军，它在进攻中开展了15个步兵师，另有大量装甲兵支援。与此同时，党卫队第6军也遭到猛烈进攻，由于德军缺乏预备队，苏联军队突入了防御纵深。在第1军的地段，在拉奇村展开的一次迅速反击缓解了形势，第4装甲师则被命令恢复斯特蒂尼村的战线，而党卫队第6军暂时就只能自求多福了。

　　贝策尔不在的情况下，第35装甲团团长汉斯·克里斯滕（Hans Christern）上校指挥第4装甲师。整场战争中，他一直在装甲部队服役，1942年虎式坦克服役时还组织过车组乘员的训练工作。克里斯滕是一位热情洋溢、精力充沛的领导，在部属中广受欢迎，而且遵循所有优秀装甲指挥官都具有的传统风格，经常在前线身先士卒。他11点50分到达第1军军部时，接到命令将一个装甲战斗群调到拉布多马斯（Labdomas）附近的一片出发准备地域。克里斯滕就这个计划提出质疑：

　　克里斯滕上校基于前一天的侦察表示反对，前往装甲战斗群出发准备地域将费时费力。这片地带主要是低洼的沼泽与沙脊，道路部分在堤坝上。他建议全师除（当时已调离该师的）第33装甲掷弹兵团团长的战斗群外，都集结在萨内尼基村北面经过勘查的地域，从那里向任何方向展开都事先进行过勘测。然而建议被上级否决了。[15]

　　克里斯滕的建议完全符合德军任务导向式指挥的原则，他对所获命令限制性的失望可想而知。虽然地面在最近的霜冻后相对结实，但也被严重碾压，通过轮式车辆机动的单位行动尤其困难。更糟的是，克里斯滕的师被要求在转移开始后保持严格的无线电静默。下午早些时候，第4装甲师奉命将第12装甲掷弹兵团调到相同的集结地域，给已经被认定为不合适的道路带来更多压力。

　　克里斯滕首次指挥一个装甲师时遇到的困难愈发糟糕。尽管他获得了第510重装甲营及其很有价值的虎式坦克，但它们也只是平添拥堵，进一步破坏道路。车辆在泥地和混乱中艰难跋涉时，命令又改了。傍晚，第1军命令克里斯滕将装甲战斗群调到奥佐利尼（Ozolini）的新出发准备地域，在那里加入第225步兵师以便发起反击。此时，只有一个装甲掷弹兵营抵达了原定出发准备地域。因为禁止使用无线电，克里斯滕首先得派军官去确定装甲战斗群部队的位置，以便通知这些新命令。让事情更复杂的是，苏联飞机一整天都在沿着道路骚扰他们。

　　12月22日1点30分左右，克里斯滕抵达第225步兵师师部。师长瓦尔特·里塞（Walter Risse）在这天的大部分时间里都与上级失去了联系，克里斯滕及其指挥部的到来及时提升了他的信心。入夜后，在苏联不间断的空袭与炮击下，克里斯滕的师挣扎着继续向集结地域前进。黎明时分，装甲战斗群已经设法集结，但也留了一路损坏或抛锚的车辆。这趟艰难行军出发时的28辆四号和40辆豹式中，只有7辆四号和24辆豹式还能动。第510重装甲营有一半虎式没能抵达出发准备地域。尽管如此，天亮时，20辆豹式、10辆虎式坦克还是在装甲掷弹兵少量半履带车的支援下发起反突击。

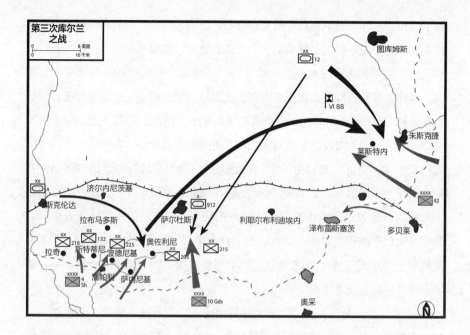

克里斯滕得到过保证说该地区东南方的森林仍在德军手中，却在那里受到了攻击。因此，战斗群遭遇来自那个方向的猛烈火力时惊慌失措，特别是因为战斗群缺乏炮兵和步兵来肃清那片区域。进攻停摆，克里斯滕只能试着组织一条防线。

　　刚过中午，第1军军长提奥多尔·布塞（Theodor Busse）将军来到克里斯滕的指挥部。他转达了第18集团军司令伯格的建议，亲自确保第4装甲师和第225步兵师恢复之前的战线。德军部队冒着持续的空袭和炮击穿过极其困难的地形，进展甚微。12月23日的战斗中，第4装甲师的装甲掷弹兵几乎损失殆尽，收获依然寥寥。无视现地情况，要求收复阵地的命令继续下达。下午，布塞似乎失去了耐心，命令第4装甲师划入第225步兵师，由里瑟中将统一指挥。

　　这无疑打击了克里斯滕和第4装甲师军官们的自尊心。第4装甲师在东线的服役非常出色，从未受到这种责难。尤其令人恼怒的是，该师的失败绝非是其官兵所致——尽管克里斯滕反对，仍在更高级指挥部的强迫下在不合适的地形上展开军队，而且命令朝令夕改。如此紧急的行动完全不适合保持无线电静默，但该师解除这一限制的申请却被一再驳回。不论如何，师里的几个因素也起了反作用。如果贝策尔在，他或许会坚定得多，对布塞和伯格的影响力可能也更大，两者似乎都不愿意采纳一个上校的建议。克里斯滕临时担任师长，也导致他的装甲团——也就是装甲战斗群——由刚来到这个师的特尔克少校指挥，这可能导致指挥链出现更多摩擦。让事情更复杂的是，师参谋长彼得·绍尔布鲁赫（Peter Sauerbruch）也是最近才换来的。因此，一些关键岗位上的军官并不熟悉自己的岗位，上级对他们似乎也没有什么信心。[16]

新组建"里瑟"集群由第225步兵师和第4装甲师没有调走的部队组成，现在的任务是继续反击，收复波德尼基（Podnieki）的战线。不过此时反击是不可能的，里瑟竭力阻止苏联军队以一次有力的进攻将他的军队斩成两段。苏联军队似乎能够取得重大突破，他们攻入第4装甲师的战斗工兵营，令其混乱地撤退。这天开始时第4装甲师的可动坦克有30多辆，日终时就只剩下13辆了，可见德军损失之惨重。[17]

12月24日，天气多云，气温明显高于冰点，大片地带软化。"里瑟"集群的反击终于展开，但迎头撞上了计划在前线同一地段约同一时间进攻的苏联军队。战场是一片被铁轨和防火带分割的森林，混战持续了一整天。德军试图推进到一条小河——扎那河（Zana）一线，苏联军队则努力摆脱林地，前往河流东北侧。双方均未达成既定目标。第4装甲师的战斗工兵先是挡住了前一天的苏联攻势，然后反击并穿过稠密的树林，冲向扎那河。这场战斗让营长博伊克曼上尉获得骑士铁十字勋章。但双方都筋疲力尽，当天的战斗结束时，里瑟谨慎地判断危机已经过去了，他的联合战斗群得以幸存。

第三次库尔兰之战并不局限于布塞军据守的地段。往东一点，苏联军队坚定地向萨尔杜斯推进，第205和第215步兵师承受着巨大压力。第12装甲师的一个装甲掷弹兵团被调来支撑战线。尽管第215步兵师有600多人阵亡、受伤或失踪，但苏联损失更高。和第4装甲师的人一样，苏联坦克手也在极端困难的条件下战斗。战斗结束时，一个近卫坦克团报告他们仅剩5辆坦克可用。[18] 除机械故障外，德军造成的损失相当大。约瑟夫·布兰德纳（Josef Brandner）少校的第912突击炮旅迅速从他们在萨尔杜斯据守的阵地重新部署，直接冲入正在推进的苏联坦克中，正如布兰德纳描述得那样：

我们分散行动，避免给俄国人提供易于用火炮对付的密集目标。但我们也必须做好准备，对付迎面而来的苏联坦克。

我可以看到一辆敌军坦克主炮的炮口焰。炮弹就在我们右侧爆炸。驾驶员转眼间便查明情况，他转向右侧，然后我们进入了面对敌人的射击位置。

我向炮手下达开火命令，并给出了距离。

"确认"他答道。几秒钟后，首发炮弹出膛。我们的敌人喷出火焰，那辆受到攻击的T–34爆炸了。

再远400米，第二辆T–34冲出并卡住了主要补给线。

"该死，哑弹！"炮手喊道。

装填手也骂了起来。一切都发生在几秒钟内。跟着我们的两辆突击炮都和其他T–34打了起来，帮不上忙了。为什么那辆T–34不开火？发生了什么？

就在这时它开火了，炮弹擦过我们右边一棵树的树顶。

我用潜望镜盯住敌人。在光学望远镜中他似乎就在我们面前。然后我们的突击炮猛地一震，我看到了表明那辆T–34正面被击中的绚丽火花。俄国车组立刻跳车并消失在草丛中。

接着一道厚重的弹幕落在我们前面的道路上。敌人发现我们旅在接近，还想在我们真正加入战斗前就歼灭我们。

第二辆突击炮发来一条无线电消息："我们右边那群步兵丢下阵地，在俄国人面前撤退了！"

可我们对右翼的情况无能为力。一大群密集的俄国坦克正以两个楔形阵冲向我们。决斗开始了，T–34和约瑟夫·斯大林坦克射击他们能看到的一切。不论如何，我们一开始就敲掉了它们中的几辆。

炮手和装填手像发了疯一样战斗，驾驶员不断机动，炮弹嗖嗖地飞过。坦克—坦克—坦克，往哪里看都是坦克。[19]

布兰德纳试图和步兵一起撤退时，收到了一条来自左翼的无线电消息，他的一个连正在那里承受着巨大压力。在几乎不间断的火炮和迫击炮轰击下，他的连继续给推进中的苏联坦克造成损失，德军步兵现在重整旗鼓并发动反击，正在恢复战线。布兰德纳凭借他的努力获得了骑士铁十字勋章。[20]

圣诞节，第4装甲师在其地段打退了苏联军队最后一波进攻，尤其是在树林里，师里的战斗工兵现在在侦察营的帮助下就位。苏联步兵进攻时，德军呼叫炮兵支援，后者有效地打断了多次进攻。不过，师里一个炮兵连的炮火落到了德军自己的阵地上。守军不知道是哪个连射击过近，只能默默忍耐。夜间，师部接到撤退的命令，他们将前往更东边党卫队第6军的地段。

此时党卫队第6军包括第93、第227步兵师、第21空军野战师和武装党卫队第19掷弹兵师（拉脱维亚第2师）。苏联军队试图打垮这个军的左翼以占领祖特斯克，混战已经让前线一片混乱，双方都说不准己方部队的确切位置。拉脱维亚师增援友邻空军野战师的一个团在炮火中损失了近60%的人员，但设法撤回时还保留着一些秩序。对拉脱维亚师构筑良好的阵地的进攻进展甚微，但在空军野战师与拉脱维亚师的结合部达成了可观的突破，快冲到了莱斯特内村（Lestene）。在他们身后，一小队拉脱维亚人被困在迪尔巴斯（Dirbas），但仍坚持战斗。这次推进标志着苏联进攻的顶点，接下来两天推进的尝试几无进展。被包围在苏联战线后方一英里或更远处迪尔巴斯村内的拉脱维亚人，在二级突击队中队长安肯斯的带领下持续抵抗，最后，在圣诞节的晚些时候，安肯斯与35名幸存者（许多都负了伤）回到拉脱维亚战线，自己也负了伤的安肯斯获得了骑士铁十字勋章。[21]

第12装甲师一部已被派往党卫队第6军的地域，第4装甲师现在也跟过去了，轮式机动的单位将自行前往那里，履带式车辆的部队要通过铁路转移。抵达党卫队第6军的地域时，装甲师的军官们欣慰地发现，尽管这一地带点缀着森林和沼泽，但比第4装甲师前几天苦战的地方开阔得多。到12月27日日终，该师大部已抵达祖特斯克，一部已派去支援第227步兵师和武装党卫队第19掷弹兵师。也许是受布塞批评的影响，全师被置于第12装甲师师长冯·博登豪森中将的指挥下，组成"博登豪森"集群。次日的反击取得一定进展，但最后因缺乏步兵支援陷入停滞，第227步兵师的部分部队似乎太累或太弱，已无法推进。雪上加霜的是，第4装甲师的3辆四号坦克撤退时又遭到己方突击炮误击。

12月29日，贝策尔回到库尔兰，从如释重负的克里斯滕上校手中拿回自己的师的指挥权。在这一年的最后一天，苏联军队突入第93步兵师的阵地，第4装甲师再次前往新地域。他们发现进攻是由步兵第308拉脱维亚师引领的，主要由刚被苏联征召入伍的拉脱维亚人和苏联军官组成。装甲师的侦察营立刻投入反攻，师里的其他部队赶到后在贝策尔的亲自率领下紧随其后。猛烈的反攻持续到夜间，第4装甲师将苏联军队赶回出发线。在两军筋疲力尽地停下来之前，战斗又持续了两天。[22]

这次成功的反击与第4装甲师在第三次库尔兰之战开始时的失败行动形成的对比再强烈不过。导致12月31日反击成功的许多因素都与12月21日的行动恰恰相反。与布塞不同，全国副总指挥兼武装党卫队上将瓦尔特·克吕格尔（Walther Krüger）没有干扰装甲师内部的排兵布阵，除了命令发动反击恢复战线，具体事务都交给了贝策尔。地形也更适合装甲作战，全师再次由有经验的指挥官指挥，克里斯滕也返回了他的装甲团。第4装甲师12月31日面对的苏联军队，实施的抵抗也不如十天前坚定。

这也是拉脱维亚人少有的一次在战场上自相残杀。苏联军队通常会避免这样的战斗发生，特别是涉及红军中新组建的拉脱维亚营时；这些营里经常包含那些或多或少为德国人服务过的人，政治上并不可靠。那些建立时间比较长的拉脱维亚步兵团不一样，当然，其中很多士兵可能只是拉脱维亚裔，被征召时居住在苏联境内。这些团里也有大量非拉脱维亚族官兵，这使他们遭遇为德国而战的拉脱维亚人时"不那么危险"。意识到步兵第308师遭遇武装党卫队第19（拉脱维亚第2）掷弹兵师时，苏联军队立刻将该师撤下，重新部署到其他地方。武装党卫队第19师的队伍在德军反击期间伴随装甲师作战，表现出色，尤其是他们12月28日幸运地抓获苏联俘虏，后者供称红军将于次日进攻。拉脱维亚师得以提前布置好炮兵，并通过及时的炮火给予苏联军队重大杀伤。

在战线后方，德国人发现拉脱维亚的游击活动开始成为大问题。许多师被要求组建大大小小的连级——或营级——集群，前往内地与愈发活跃的游击队作战。这些游击队的构成多种多样，核心是苏联士兵，他们往往是专门跳伞进入该地区的；很多是内务人民委员部的人。围绕这个核心聚集着各种各样的男人，还有少量女人。他们中有红军和德军逃兵，也有被德军俘虏的苏联士兵，后者有从战俘营里逃出来的，但大多是作为希维人自愿为德军服务，以免被羁押在条件恶劣的战俘营。作为希维人，他们要执行各种任务，如司机、厨师或后方地域的其他活动，许多人也参加了战斗。现在已经很清楚，国防军必败无疑，所以很多希维人逃跑并加入游击队。[23]

1945年年初，战争的结果几成定数。但为确保即将展开的大规模攻势获胜，红军仍急于阻止任何德国师从库尔兰返回德国，这些师可以加强德军在东线的防御。不过，就算德军有可能迅速转移库尔兰的所有师，因此从波罗的海脱身的苏联军队也可以抵消任何影响，所以斯大林为何如此急于击败德国就很耐人寻味了。或许要从他过去的行为，以及他对其他国家意图的理解中寻找答案。与西方盟国商讨战后欧洲的划分时，斯大林一定担心英美是否会在不久的将来转而对抗他。所以，尽管苏联对德国许多地区的占领已经在1943年11月到12月的德黑兰会议上被承认，又在1944年的莫斯科外交官会议上被澄清，斯大林仍热衷于让他的军队在西方盟国调转枪头前就位。作为该战略的一部分，库尔兰的德军将持续受到攻击，最好是在那里就歼。斯大林决心确保"恢复战前国境线"被解释为1941年的状态，那时波罗的海国家是苏联的一部分。在战争结束前完全占领这三个国家，才能保证不会节外生枝。

注释

1. A. 普拉坎斯，《拉脱维亚人：一部简史》（斯坦福：胡佛协会出版社，1995年），第50页。

2. 引自F. 库洛夫斯基，《库尔兰桥头堡》（温尼伯：J. J. 费多罗维奇出版社，2002年），第90页。

3. I. 巴格拉米扬，《当我们走向胜利》（柏林：德意志民主共和国军事出版社，1989年），第411页。

4. 巴格拉米扬，第412页。

5. J. 纽曼，《第4装甲师1943—1945》（波恩：1989年自费出版），第522—523页。

6. J. 纽曼，第524—528页。

7. 库洛夫斯基，第82—87页。

8. J. 纽曼，第533页。

9. J. 纽曼，第537页。

10. 巴格拉米扬，第414页。

11. A. 西加利斯，《拉脱维亚军团》（圣何塞：本德尔出版公司，1986年），第134页。

12. J. 纽曼，第551—552页。

13. J. 纽曼，第552页。

14. 库洛夫斯基，第150页。

15. J. 纽曼，第571页。

16. 对这些事件的记录，见J. 纽曼，第570—577页；库洛夫斯基，第156—159页。

17. J. 纽曼，第579页。

18. 库洛夫斯基，第168—169页。

19. 库洛夫斯基，第170—171页。

20. 库洛夫斯基，第173页。

21. 西加利斯，第136—138页。

22. J. 纽曼，第589—593页。

23. B. 费德尔，《二战中的立陶宛》（帕德博恩：斐迪南·绍宁出版社，2009年），第320—335页。

第十一章
终盘

　　1945年年初的库尔兰，第三次库尔兰之战高潮后的余波仍在萦绕。由东翼第12装甲师和西翼第4装甲师组成的"博登豪森"战斗群被部署在朱克斯特（Džūkste）西面，1月5日向南发起进攻，而第12空军野战师和党卫队第19掷弹兵师分别在其东西两面。贝策尔再次随该师先锋展开行动。此次进攻意在通过向前推进2英里，确立一条更短的新防线。装甲前锋在战役首日就达成了目标，步兵徐徐跟进，清理着树林中的被围苏联守军。第4装甲师现在转向西面，以便向午夜时分发起进攻的党卫队第19掷弹兵师的拉脱维亚士兵靠拢。到日出时，突击兵团已基本完成任务，却发现自己所处的地域被更南面的苏联军队一览无遗。1月6日，战斗持续了一整天，苏联军队从南面发起的反攻被击退。夜幕降临时，第4装甲师的战斗工兵从前线拖回了大批该师在前一晚缴获的苏联物资，包括若干辆T-34坦克。[1]

　　尽管德军最近一次战役的作战损失并不严重，但第4装甲师的实力却因此被削弱至（用师长的话来说）"勉强可以维持"的地步，大部分四号坦克已无法使用；虽然在"博登豪森"战斗群的那次进攻中，该师有包括3辆豹式坦克在内的几辆坦克被击毁，但大部分无法使用的车辆是由于机械故障而瘫痪的。不过，德军估计苏联军队损失也不小。贝策尔的参谋算出，该师从第三次库尔兰之战起，消灭了半个旅的苏联坦克，近半个团的自行火炮，足够装备一个步兵师加一个坦克军的反坦克炮，和足以装备半个步兵师的野战炮，此外还击毙了相当于五个营的苏联步兵，击伤者数量不详。[2] 武装党卫队第19掷弹兵师也以类似的方式算出，在12月和1月初的战斗中歼灭或重创了10个步兵师和一个坦克军。[3] 尽管这样的说法一直被看作是夸大之词，但德军的进攻似乎打得苏联军队措手不及，导致许多坦克和火炮在乘员逃跑后被缴获。同时需要注意的是，在东线的几乎所有战斗中，苏联军队的损失都比德军高，但苏联生产军备补充这些损失的能力也远超德国。早些年苏联的人力资源似乎也是取之不尽用之不竭，但到1945年，情况已经有所变化，前些年的巨大损失严重侵蚀了苏联的人力，推进中的苏联红军不得不从"解放"区（经常是强行）征召士兵。这些补充兵的训练和纪律都很糟糕，这或许让"博登豪森"战斗群这样的进攻更加容易击退苏联军队。

更高级的指挥机构也有进一步变动。希尔佩特大将和伯格上将仍分别指挥第16和第18集团军，但北方集团军群司令舍尔纳被调走了。无论他的批评者那时和从那时起如何看待此人，很多前线士兵都十分尊敬他，正如第4装甲师的一名初级士官写得那样：

> 在库尔兰，除我们日益增强的同志情谊外，就只有铁一般的命令才能将我们团结在一起，舍尔纳将军就是一名钢铁般的指挥官，他经常和作战部队在一起。正是他，通过动员大量后方地域和行政单位到前线服役，阻止了前线数以千计的士兵陷入混乱。[4]

为表彰他们的成就，在北方集团军群服役的所有士兵都获得了库尔兰盾章或者库尔兰袖标。不过对第4装甲师来说，在库尔兰的时光就要结束了。1月9日，该师收到了撤往后方地区的命令，在那里，它将成为整个集团军群的预备队。1月17日，东普鲁士和波兰的末日开始时，该师受命前往利耶帕亚，人员将走水路前往格但斯克，重装备留下，不过没过几天，这些装备多数又被送去重新装备该师。尽管第4装甲师有几次没能完成任务——尤其是在"双头"和"恺撒"期间——官兵们仍为自己的成就而骄傲。"双头"行动开始以来，该师共损失20辆四号坦克和12辆豹式坦克，相比之下，估计击毁了215辆苏联坦克和自行火炮。不过这些数字有些失真：他们给出的德军坦克损失数量是不可恢复的数量，而苏联军队的"损失"包括那些被打坏但随后可修复并重返前线的坦克和自行火炮。不过，即使考虑这种情况和对敌军损失的夸大，这仍是一项可观的成就。

在朱克斯特附近的进攻中得手后，第12装甲师继续在前线战斗至1月15日，该师宣称击毁81辆苏联坦克，许多是近距离武器"铁拳"和"坦克杀手"的战果。尽管该师损失不大，还是让不断稀薄的老兵队伍颇为受伤。该师第5装甲掷弹兵团团长比朔夫中校身负重伤，不得不交出该团的指挥权。他在最后投降前几天康复并回到前线。[5]

苏联军队对东线德军的大规模攻势始于1945年1月12日，接下来几天从波兰南部的桑多梅日桥头堡到东普鲁士全面展开。为尽可能地确保突击兵团享有最大优势，巴格拉米扬的各集团军已被大大削弱，但库尔兰桥头堡当面集中的兵力仍旧很强。波罗的海沿岸第2方面军司令由叶廖缅科换为列昂尼德·亚历山大诺维奇·戈沃罗夫，后者的列宁格勒方面军已解散。戈沃罗夫和巴格拉米扬计划继续进攻库尔兰，以阻止德军被撤出用于他处。事实证明这个战略作用有限，如前文所述，第4装甲师被调往格但斯克，并从那里前往维斯杜拉河谷，几个步兵师随后几周也跟了过去。

在回忆录中，巴格拉米扬讨论了他和同事们是否可以在歼灭库尔兰桥头堡这件事上做得更好，他总结了苏联红军面临的几方面主要困难：

第一，法西斯统帅部成功把北方集团军群主力从里加地区撤入库尔兰，并在那里进行了极其密集的战役配置，这种配置使其有可能在公路和土路网都稀疏的森林沼泽地成功进行顽强的防御战斗。

此外，应当说法西斯统帅部在实施这一机动之前就已经意识到，继续把在波罗的海三国被切断同东普鲁士联系的德军编为里加集团和库尔兰集团，将会导致两个集团被各个击破。拯救这些部队的唯一途径是将这些部队集中在库尔兰，在那里可以找到最有利的条件，在掌握海上交通线的情况下组织十分坚固的防御。

第二，要击溃这样一个重兵集团，需要拥有足够的兵力和资源。但恰在此时，最高统帅部大本营关注的是建立数个强大的突击集团，以便在西方向上实施总进攻。因此在拉脱维亚首都被解放后，大本营为此从波罗的海沿岸苏联军队编成中抽调大量兵力，随后在1944年年底又采取了同样的措施。

第三，我们不得不在秋冬季的恶劣天气下展开进攻，这一天气大大阻碍了坦克、火炮和其他技术装备的使用。为向前推进，我们不仅要克服敌军的坚固防御和顽强抵抗，而且每前进一米都要与泥泞不堪的森林沼泽地展开"搏斗"。

最后，无论是在前线的我们，还是我们的最高统帅部，都认为库尔兰的敌军已与德国国防军主力完全隔绝。我们当时认为，这种情况应该使我们更容易消灭这些被封锁的德国师。

但应当指出，库尔兰集团和如同掉入铁桶一般包围网的保卢斯集团军不同，它三面有大海作为屏障，可以密集使用兵力，坚守正面总共只有200公里的陆上地段，其最大战役密度为每个师防守正面不超过6公里。在这种情况下，敌人有能力建立起工事完备的纵深梯次防御，其第二防线（在最重要地段还有第三防线）足以保证他们发起强有力的反冲击。

波罗的海是一个门户，被从陆上封锁的德军直到战争结束都从那里得到一切作战必需品。[6]

巴格拉米扬这段引文的结语又提出了另一个问题。在争夺库尔兰半岛的战斗期间，以喀琅施塔得为基地的苏联舰队几乎无所作为。实际上，除潜艇取得过一些值得注意的战果外，其水面舰只在整个战争期间都没产生什么影响。波罗的海舰队的战舰数量和战斗力都相当可观。战争爆发时，舰队有两艘老式战列舰、现代化重巡洋舰"基洛夫"号和大量更小的船只。尽管舰队试图从海上撤出塔林港时蒙受了一些损失，列宁格勒被围期间又有一些船受损，但潜力尚存。不论如何，水面舰艇部队战争期间的活动范围局限在芬兰湾。这种现象有几种可能的原因：首先，对列宁格勒长期的围困使得很多战舰状态不佳，远距离航海很有可能会出现机械故障。第二，苏联战舰即使在和平时期也保养得很差，其适航性很值得担忧。第三，许多水兵在列宁格勒被围期间曾作为海军步兵投入战斗，尽管其中一些人在解围后回到了他们的战舰，但疏于出海训练，这进一步损害了舰队的战斗力。第四，苏联海军水面战的记录不佳。在立陶宛、拉脱维亚和爱沙尼亚独立战争期间，一小队英国巡洋舰就能阻止喀琅施塔得的苏联舰队大规模介入，还多次羞辱苏联船只：两艘驱逐舰——"斯巴达克"号（Spartak）和"阿夫特洛伊尔"号（Avtroil）被英国舰队俘虏，并转交给了爱沙尼亚人。英国海军军官奥古斯塔斯·阿加（Augustus Agar）1919年带领一队纤薄脆弱、装备鱼雷的海岸摩托艇两次大胆突袭喀琅施塔得的苏联海军基地，成功用鱼雷在近距离击中了"奥列格"号（Oleg）巡洋舰和——在第二次突袭中——"安德烈·佩沃兹万尼"号（Andrei Pervozvanny）战列舰。[7] 1944年年底和1945年年初，鉴于在水面行动中有可能面对德国海军那些有经验的水兵和他们火力强劲、装甲厚重的巡洋舰，苏联海军高层不愿意让他们那些水兵经验不足的水面舰艇冒险也是可以理解的。巴格拉米扬在他的回忆录中记载，苏联统帅部也打算展开一些类似于之前在黑海和佩普西湖那样的两栖行动，包括在库尔兰海岸登陆，但没有足够的资源来实施。即便展开有限的登陆活动，北方集团军群也需要分出宝贵的资源来掩护海岸，这将使苏联军队对主要战线的突击容易得多。

第四次库尔兰之战于1945年1月23日展开，意在尽可能地牵制北方集团军群。第一轮炮击落在了在萨尔杜斯（Saldus）附近的德军第215步兵师头上，随后苏联步兵迅速在坦克的支援下发起进攻，立即在布拉马尼（Brammani）村附近突入德军阵地。不过，尽管苏联第42集团军反复发起进攻，德军的坚决反击总能恢复战线。第12装甲师拿到了第4装甲师留在库尔兰的半履带车，重新装备了第5装甲掷弹兵团的一个营，这些队伍被用来发起反击，消灭苏联军队的突破。

第912突击炮旅继续在普里耶库莱附近作战，苏联军队试图从这里冲向利耶帕亚。和早些时候的战斗一样，这些突击炮证明自己是苏联步兵和坦克的劲敌。旅长布兰德纳少校取得了他的第57个个人战果，全旅在战争中宣称的战果超过500个。战斗持续到2月3日，和苏联军队之前的攻势一样，泥泞的地面使得后续战斗难以为继。前线这一次还是没怎么移动。

这次会战结束之前，库尔兰的德军不再是北方集团军群。东线的德国集团军群全面改组，波兰北部和东普鲁士的原中央集团军群成为北方集团军群，第16和第18集团军则成为新的库尔兰集团军群的一部分。在库尔兰桥头堡屡经苦战的第215步兵师被撤出前线，受命前往利耶帕亚，再从那里走水路前往格但斯克，试图增援遭重创的德军第2集团军。和在库尔兰服役过的其他人一样，该师的多数成员也对他们的前任集团军群司令印象良好：

> 我们的补给体系运作良好，也能收到家乡的邮件。大战来临时弹药的供应一直充足。在几个最危急的关头，坦克和突击炮赶到我们的阵地，发扬他们的火力赶走敌军。

> 这绝非偶然，那时我们由未来的陆军元帅斐迪南·舍尔纳指挥，他的严酷措施招来了不少私敌和恶评。不论如何，他一直确保后勤机关竭力供应作战部队。下至营级的各级指挥部在没有充分理由的情况下都不会放弃阵地。库尔兰前线没有态势恶化的迹象，这一切都使得敌军无法征服我们。[8]

1月29日，库尔兰集团军群迎来新司令海因里希·冯·维廷霍夫（Heinrich von Vietinghoff）大将。他出身于军人世家，一战结束时是上尉，波兰战役时指挥第5装甲师，在法国战役和"巴巴罗萨"行动期间指挥一个军。莫德尔1942年6月负伤后维廷霍夫曾代理过第9集团军司令，在西线指挥过第15集团军，在意大利指挥过第10集团军，现被派往库尔兰替代卡尔·希尔佩特①。他刚一抵达，便命令参谋起草一份配合德国海军从海路撤出整个集团军群的方案。这份代号为"劳拉"的计划2月15日由陆军总参谋长古德里安呈交希特勒。古德里安建议希特勒集结所有海军和运输船只，在4周内撤出第16集团军和第18集团军的全部兵力和大量武器装备。古德里安推荐了该计划，但两天后希特勒予以拒绝，他坚持不撤离库尔兰。

在战争末期的这一阶段撤离库尔兰集团军群的可行性如何？1月底，德国海军从波罗的海东部疏散了U艇训练单位的人员，并用过剩的航运能力将伤兵和平民难民运往德国北部和丹麦的港口。随着时间的推移，这一代号为"汉尼拔"的行动，逐渐变成了救援成千上万名难民的尝试，他们避开推进中的苏联红军，现在被包围在皮劳、格但斯克和格但尼亚港。分出船去营救北方集团

---

① 译注：卡尔·希尔佩特1945年1月26日—30日代行集团军群司令职务。

军群将令"汉尼拔"行动完全终止，受困平民的命运可想而知。"汉尼拔"行动几乎动用了所有可用船只，才在战争结束前几天疏散完平民，所以该行动若暂停数周，将导致数以万计的平民在波罗的海东部的这些港口沦陷时被留在那里；鉴于这些港口将成为激烈争夺的战场，可能会有许多受困难民死亡。撤离库尔兰也需要让船在猛烈空袭和苏联潜艇袭击的威胁下多在海上停留一天。尽管苏联军队拦截"汉尼拔"行动的尝试效果有限，但如果船上运输的都是军人，他们可能会付诸更大的努力。因此，不仅北方集团军群的人员会在空袭和潜艇袭击中蒙受损失，在这类袭击中受损或损失的船也无法在库尔兰撤退结束后用于重启"汉尼拔"行动。可以说，"劳拉"行动是一次冒险的行动，将不可避免地影响德国海军在其他地方的行动。

与此同时，库尔兰的战斗仍在继续。一大批美国向苏联红军提供的谢尔曼坦克在2月初交付库尔兰地区灯尽油枯的苏联各集团军，使得他们得以恢复战斗力。2月17日，苏联对利耶帕亚和文茨皮尔斯的空袭又频繁起来，苏联统帅部有可能获悉了"劳拉"计划的部分信息。

第4装甲师撤出库尔兰严重削弱了集团军群的装甲资产。为提高剩余力量的灵活性，成立了一个名为"库尔兰"装甲旅的新兵团，旅长起初是冯·乌泽多姆（von Usedom）上校，随后换成格拉夫·冯·里特贝格（Graf von Rittberg）少校。该旅最初名为"库尔兰装甲侦察集群"（Panzer Aufklärungs-Gruppe Kurland），由分属第12装甲师和第14装甲师的两个侦察营组成。这个集群随后得到临时部队"库尔兰突击掷弹兵营"（Grenadier Sturmbataillon Kurland）的人员和一个营的战斗工兵。两个营的坦克歼击车提供额外火力，它们主要装备出色的38t坦克歼击车，又称"追猎者"，这是一种外形低矮的突击炮，装备一门安装在38t坦克底盘上的强力75毫米炮。该底盘最初用在德军战争早期使用的捷克38t坦克上，这种坦克的可靠性有口皆碑，但相对薄弱的装甲和较小的炮塔——无法安装足以对抗敌军现代化坦克的火炮——让它显得过时了。不过，作为坦克歼击车，装备和四号坦克、三号突击炮类似火炮的它是一种不错的车辆。除几辆"追猎者"坦克歼击车，"库尔兰"装甲旅还有一个连10辆缴获的T-34坦克。该旅的组建削弱了第12装甲师和第14装甲师，它们的装甲侦察营混合装备装甲车和半履带车，经常作为独立的战斗群使用。

不过，新组建的这个旅可以作为另一个战斗群有效运用，多少弥补了第4装甲师撤走后的空缺。

2月20日，随着2000门火炮和迫击炮猛烈轰击德军防线，第五次库尔兰之战爆发。苏联军队进攻的目标和战术都没有什么变化。和以前的炮击一样，苏联军队在炮火准备时空出倾斜通道，以使其突击兵团隐蔽地前移。同以前一样，这次进攻的目标是分割库尔兰集团军群的两个集团军，以便各个击破。苏联军队在普里耶库莱两侧投入了得到坦克支援的21个步兵师。[9]

这一次，苏联军队的进攻计划出现了混乱，炮火准备期间，许多参加第一轮突击的步兵部队未能前进，致使孤立的坦克集群在几乎没有支援的情况下试图攻入德军阵地。德军第126步兵师得到进攻将至的充分预警。苏联军队试图在主攻开始前确保出发阵地，德军第426掷弹兵团发现自己卷入苦战。该团在战斗开始前已减员到一个营，尽管得到了第18突击营（Sturmbataillon 18，一支由训练部队和后方地域人员组成的临时部队），但该团已减员至200人的残部在首日日终时陷入包围。2月21日，第426掷弹兵团又遭到多次进攻，但还是守住了阵地，这尤其得益于出色的炮兵支援。第二天，团长亨宁·道贝特（Henning Daubert）上校获准突围和后撤：他的团为新防线的组织赢得了宝贵的时间。德军准备突围时，苏联坦克攻入他们的阵地，随后爆发混战，但道贝特的大多数人得以逃至新防线，他本人也凭借在战斗中的表现获得骑士铁十字勋章。[10]

普里耶库莱镇2月21日被宣布为要塞，这意味着守军第126步兵师第422掷弹兵团要坚守该镇直到最后一人。对该团士兵来说幸运的是，他们得到了向后突围到新防线的命令，2月22日早些时候放弃了普里耶库莱。在一小队突击炮的带领下，他们成功抵达德军防线。

失去侦察营后，第14装甲师编成一个重型装甲战斗群和一个轻型步兵加强战斗群。苏联军队2月20日发起进攻前，后者据守着普里耶库莱附近的德军阵地，赫伯特·齐默尔曼（Herbert Zimmermann）上尉指挥的一个连的"豹"式坦克被配属给该战斗群，他们遭到苏联坦克的反复攻击，苏联坦克似乎未能最大限度地集中，而是分成小群进攻，事实证明它们很容易成为"豹"式坦克强大火炮的猎物，德军宣称在一天多一点的时间内取得了26个战果，自己毫发无损。有趣的是，在苏联军队结束向波罗的海海岸的第一轮推进，进入东普鲁士作战时，德国军队同样报告了苏联坦克的协同不力。这或许反映着越来越多二线部队被投入战场，他们缺乏精锐的坦克集团军所具备的经验。[11]

布兰德纳的第912突击炮旅也投入支援第11步兵师的战斗。尽管他的座车被打坏——随后被回收修复，虽然第五次库尔兰之战结束前又被击中至少两次——但他指挥的突击炮成功阻止苏联军队突破德军战线。布兰德纳也因他的旅多次投入战斗最为关键的地段获得骑士铁十字勋章橡叶饰。[12] 无论布兰德纳和他的旅取得的战果如何，他的个人经历凸显了宣称击毁敌军车辆数量的不确定性。迫使他弃车的两次命中或许会被对面的苏联军队记为"击杀"——考虑到这或许涉及两辆不同的苏联坦克，或许记为两次击杀——即使这辆突击炮随后被修复并返回战斗。后来的几次命中或许也被记为"击杀"，尤其是考虑到这导致布兰德纳（即使是暂时）被迫脱离战斗。

抵达利耶帕亚和文茨皮尔斯的多数船只都装着弹药和其他补给品，也有一些带来了增援。第290步兵师的补充营驻扎在丹麦，奉命前往斯德丁，在那里登上"哥廷根"号轮船。该船总计搭载5000人前往库尔兰半岛，船长本应意识到苏联攻击的威胁。2月22日晚，他收到无线电警告说，这一海域发现一艘苏联潜艇，但他推算潜艇离自己的航线还很远，不会构成威胁。2月23日凌晨4时30分，两枚鱼雷击中了"哥廷根"号，此时该船距离目的地利耶帕亚只有18英里。船迅速沉没，但及时发送了求救信号。若干小船从利耶帕亚赶来救援，约有2000人被救上了库尔兰，其余的则溺水而亡。

3月初，苏联红军试图压迫党卫队第6军的防线。此时天气再度转冷，苏联坦克得以更自由地在封冻的地面上机动。德军投入"库尔兰"装甲旅在内的所有可用预备队才挡住进攻，当月中旬的一次突然化冻再次终止了大规模战斗，也给第五次库尔兰之战画上了句号。双方的损失都很大，但苏联军队这次至少获得了一些拿得出手的战果：西面普里耶库莱镇的废墟和东面的朱斯科特都在苏联人手中。会战结束时，库尔兰集团军群报告称自去年10月它被孤立在库尔兰半岛以来，苏联红军已损失32万人，2388辆坦克，685架飞机和906门重炮。[13] 这些数字基本是猜的，可能被大大高估了。

冯·维廷霍夫指挥库尔兰集团军群的时间不长，他被送回意大利。洛塔尔·伦杜里克（Lothar Rendulic）短暂指挥了一阵后，卡尔·希尔佩特成为库尔兰集团军群末任司令。他第16集团军司令的职务由恩斯特-安东·冯·克罗西克（ErnstAnton von Krosigk）将军接过，后者不到一周便在炮击中身亡，弗里德里希·约布斯特·福克姆尔·冯·基尔兴斯滕巴赫（Friedrich-Jobst Volckamer von Kirchensittenbach）接过了他的职务。

历次库尔兰之战之间战斗也并未停歇，但激烈程度确实有所减弱。第五次库尔兰之战和第六次库尔兰之战之间只隔了几天。3月18日，近卫第10集团军在猛烈的炮火准备后向萨尔杜斯发起进攻。德国第38军各个耗尽的步兵师竭力坚守前线，第14装甲师几乎是立刻投入战斗。尽管近卫第10集团军被挡在萨尔杜斯以南，但由于苏联第42集团军正从东面推进，该镇仍承受着压力。第24步兵师的一个战斗群在约斯塔季（Jostaji）火车站坚守了4天，友邻部队得以撤到相对安全的地段。到月底，激战再次平息，库尔兰集团军群虽然看起来明显受到重创，但仍旧保持着完整。

和东线战场上其他漫长艰苦的战斗一样，战斗消耗也让德军各师付出了沉重代价。希尔佩特4月1日起草了一份各兵团的详细分析，他报告说只有5个师——第11、第24、第81、第121步兵师和第12装甲师的战斗力仍可评为"强"。另外5个步兵师被评为"中强"，但剩下各师的战斗力，无论是基于绝对数字，还是有经验军官的数量，都只能算是"中等"。作为德军防御的防波堤之一，第14装甲师此时只剩一小批装甲车辆，顶多算是一个战斗群。[14] 不论如何，苏联军队在战斗中蒙受的巨大损失也大大削弱了德军当面苏联兵团的作战实力。在拉脱维亚的这个角落里，苏德双方士兵正在打着一场愈发没有意义的战斗。双方都无力压倒对方，但也不愿就此罢休。

4月13日，希尔佩特命令库尔兰的海军和德国空军部队为前线部队提供更多人力。出人意料的是，德国空军设法挤出了足够的人员组建17个步兵营，但缺乏重武器，完全缺乏作战训练，也就是说如果爆发第七次库尔兰之战，这些单位作用将相当有限。不过愈发明显的是，苏联红军也最终厌倦了这种无意义的战斗。苏联军队战线从东到西由突击第1集团军、第22集团军、突击第4集团军、近卫第6集团军和第51集团军防守，其余主要军团均已撤出前线。库尔兰战斗没有意义的另一迹象出现在5月3日，整条战线的苏联军队火炮突然开火，曳光弹和照明弹照亮了整片天空。起初，德国人准备迎接又一次猛攻，但很快便发现这与其说是炮击，倒不如说是在庆祝什么。几分钟后，苏联人的高音喇叭便证实了这个猜测：苏联红军正忙着庆祝数百英里外柏林的陷落。

仍在战场的所有德军中，库尔兰集团军群现在或许是最为完整、最有能力继续抵抗的军队。但再也没有什么可以测试这一点了。同维斯杜拉河口和海拉半岛的德军——"东普鲁士"集团军（Armee Oberkommando Ostpreussen）——一样，库尔兰的军队也成为向西疏散这最后一搏的焦点。向同盟国投降在所难免，但国防军打算尽可能向英美而非苏联红军投降。国防军在得胜那几年里对苏联战俘的虐待，以及双方长久以来的暴行，使得德军不惜一切代价避免向苏联投降。国防军海运总监康拉德·恩格尔哈特（Conrad Engelhardt）海军少将曾在"汉尼拔"行动期间监督撤离成千上万的德国平民和士兵。现在，最后一批平民——或者说，最后一批希望离开的平民——已经被送到德国北部和丹麦相对安全的地方，是时候考虑东面最后一批军队的疏散了。

同之前制定的库尔兰疏散方案（例如"劳拉"行动）相比，任务现在要简单多了。不再需要在船上给装备留地方，唯一需要考虑的是将尽可能多的人运往西方。因此，如果运力足够的话，有可能在比原设想短得多的时间内撤出库尔兰集团军群和东普鲁士集团军。然而恩格尔哈特就是在这里遇到了问题，他的资源已经不多了。苏联空袭和潜艇击沉的船只相对较少（尽管"戈雅"号和"威廉·古斯塔夫"号的沉没或许是历史上死难最多的两次海难），但恩格尔哈特用来凑成救援船队的许多货轮（以前是跨大西洋定期客轮和近海船只）已经受损，有的是苏联军队行动的结果，有的是机械故障所致。在第三帝国的最后几天，修复这些受损船只几乎是不可能的。更糟的是，在"汉尼拔"行动期间，恩格尔哈特费了不少力气才确保有足够的燃油和燃煤维持船队运行，而燃料补给现在几乎告罄。

仍在东线作战的德军士兵的前途，也严重影响了同西方盟军已经展开的最终投降谈判。希特勒死后接过德国领导权的卡尔·冯·邓尼茨海军元帅急切地希望在西线达成停火，同时在东线继续抵抗苏联红军。5月3日，他的司令部通知东普鲁士集团军司令迪特里希·冯·绍肯：

德国军事形势的变化需要紧急从东、西普鲁士和库尔兰撤出大量德军。

东普鲁士集团军和库尔兰集团军群的作战行动应当适应这一要求。

携带步兵轻武器的人员开始返回，其他所有物资（包括马匹）均将留在当地销毁。库尔兰集团军群可自行从前线后撤到计划中位于文道（文茨皮尔斯）和利鲍（利耶帕亚）桥头堡。

德国海军将所有可用运输船派往东普鲁士和库尔兰。[15]

与此同时，邓尼茨试图让西方盟军允许他们在西线签字停火后，在东线继续行动（包括撤退）。起初好像有希望达成某种谅解，5月4日，德国和西方盟军的谈判代表之一，汉斯·格奥尔格·冯·弗里德堡（Hans-Georg von Friedeburg）海军上将向邓尼茨报告称，英国人要求任何投降均应包括丹麦和荷兰，但蒙哥马利将签署相应命令，以免干涉德国正在进行的西撤。当晚，双方签订了5月5日8时生效的停火协定。

德国代表团领队阿尔弗雷德·约德尔大将和弗里德堡前往兰斯与艾森豪威尔的司令部人员会晤时，收到了有些不一样的答复。德方坚称，德国崩溃造成的通讯不畅使得东线难以立刻停火。德国海军向邓尼茨提出只要获得足够的燃料，库尔兰和维斯杜拉河河口的所有军队都可以在三天内撤向西方。但和英国的蒙哥马利不同，艾森豪威尔拒绝这样的安排，德国人的反复请求也都被驳回。5月7日早些时候，约德尔向邓尼茨汇报称，艾森豪威尔坚持所有战线上的德军立刻投降，海上船只也必须向负责这一海域的任何同盟国投降。艾森豪威尔威胁说，如果德国人不愿接受这些条件，就要把战争进行到底。为防止德国人要什么花招，约德尔只得到半个小时来决定是否接受条款。他告诉邓尼茨，依他来看，除接受条件外别无选择。[16]

5月7日1时30分，邓尼茨向约德尔发报，授权他接受艾森豪威尔提出的条件。停火将于5月9日上午9时生效。与此同时，恩格尔哈特和他的手下奉命加倍努力，在剩下的若干小时里将尽可能多的人撤向西面。撤退的重点不可避免地落在了维斯杜拉河口，这里距离丹麦和德国更近，可以多往返几次。尽管如此，德国海军还是向利耶帕亚和文茨皮尔斯派出了一些船只，在那里与已经抵达的船只汇合。考虑到他们行动的时间紧迫，波罗的海尚能出海的驱逐舰的指挥官在5月8日午夜前从旗舰上下令：

1945年5月8日，2323/AD/53KR–Blitz（紧急）

所有参加东线运输的部队：按照原定任务行动，尽快！[17]

德国海军第9海上保安分舰队的人也感到了同样的急迫感，其扫雷舰和雷击舰在库尔兰附近活动。他们的命令也十分清楚：

为应对投降后的局势变化，所有海上、海岸警卫单位和商船必须在5月9日1时前离开库尔兰和海拉（但泽湾北侧的海军基地，最终投降前一直在德军手中）的港口。这些船只将开往基尔、埃肯弗尔德、诺伊施塔特这三座港口。鉴于目前的形势，禁止停靠途中其他港口。[18]

库尔兰集团军群的希尔佩特及其司令部已经开始安排最终的投降。一线部队被削弱，随后撤出整个冬天付出惨重代价才守住的战线。德军奉命在撤退时摧毁尽可能多的装备，但由于缺乏炸药，尤其是专门用于爆破的炸药，残存的少量坦克几乎不可能摧毁。第14装甲师的装甲兵干脆将这些坦克开进沼泽。德军在后方地域组织了一些收集点，无线电设备、地图和文件被留下来烧毁。[19]

直到最后一刻，德国军事当局仍能在后方地区，尤其是港口维持纪律。第14装甲师的一名总军士长卡尔·罗特（Karl Roth）和该师的其他后勤部队自第六次库尔兰之战结束以来就待在利耶帕亚港，他找到了一艘小帆船。随着最后的投降愈发临近，罗特找来了食物、水、地图和指南针，打算坐这艘帆船穿过波罗的海逃到瑞典，但他在最后时刻得到了乘大船撤退的机会。少量可用船只上空间非常有限，主要分配给了伤员、非战斗人员，以及那些家中有年幼小孩或者是现为家中独子的士兵。库尔兰各师都受命起草一份名单，罗特因为有一个两岁的女儿被列入。他随后在一艘鱼雷艇上找到了一处位置，将他的小帆船给了他那些不那么幸运的战友。他事后得知战友们也成功逃到了瑞典。[20]

在撤退中扮演重要角色的鱼雷艇要比英美海军的同名舰艇大得多。这些鱼雷艇排水量一般为1400—2300吨，装备四门双联装的105毫米炮、若干30毫米轻型高炮和6根鱼雷发射管。因此比起鱼雷艇，它们更像是小型驱逐舰。大批士兵挤在这些鱼雷艇狭小的船舱里，其他人挤在甲板上。尽管并不是总能成功，但德军水兵还是设法清理出炮位附近的空间，以便在必要时可以压下炮管开火。上船的士兵数量惊人，排水量仅2000吨的战舰上可以挤下2000人。

一些人纯粹靠运气才上了船。同属第14装甲师的列昂·施瓦茨（Leo Schwartz）在战争的最后几天也在利耶帕亚，他为躲避苏联军队对该地区突如其来的炮击逃上了一条小船。令他如释重负的是，船长同意他留在船上。于是他和另外120人心甘情愿地在原定搭乘12人的小船上忍受拥挤的航程，以逃避被苏联军队俘虏的命运。[21] 第12装甲师获准将野战补充营（用于完成派往该师新兵训练的单位）、一个炮兵营和一个战斗工兵连送回德国，师部确保这些单位的人员全部由符合撤离库尔兰条件的人组成。[22]

另外一些人自愿放弃了离开库尔兰的机会。一名步兵上尉向鱼雷艇艇长递交了一份名单，问这名海军军官是否可以告诉名单上这些人的家属，他们的亲人进了苏联战俘营。艇长建议这名上尉跟他走，但这名步兵军官拒绝了。虽然家有幼儿，符合撤退条件，但他认为自己应与那些已向苏联红军投降的部下共进退。[23]

最终停火前几个小时，聚集在利耶帕亚和文茨皮尔斯的船只开始出港，他们组成了五个船队，从库尔兰带走了23000人。卡尔·帕尔姆雷恩（Karl Palmgreen）海军中校指挥的最后一支船队直到最后一刻才离开，11000名多士兵挤上了这些船。苏联飞机用机枪扫射船队，杀死了船上许多人，但几乎所有的船只都设法抵达德国北部海岸。三艘渡船因为无法远距离航行驶向了瑞典，和其他来自库尔兰、维斯杜拉河河口的士兵一样，他们被瑞典政府拘留。

对少数库尔兰集团军群的人来说，至少还有坐飞机撤走的机会。一些 Ju 52运输机5月8日早些时候在格罗比纳（Grobiņa）的德国空军机场着陆，他们装上伤员和其他获许离开的人，但试图飞向德国北部时遭到苏联战斗机拦截。只有两架运输机得以抵达目的地，其余的被击落。第54战斗机联队在六次库尔兰之战中为库尔兰集团军群提供空中支援，其最后一批战斗机已经飞往德国，因此未能帮上忙。很多战斗机拆掉了防弹钢板和其他设备，以便腾出空间在飞行员座位后面塞进一名地勤。

库尔兰集团军群的余部——大约20万名官兵——准备走向战俘营。一些人另有打算：在库尔兰指挥第12装甲师并短暂接管过第50军的冯·博登豪森将军选择自杀而非投降。师里的一些官兵试图经拉脱维亚、立陶宛、东普鲁士和波兰逃回德国，尽管大多数人都被抓住了，但有一小批人成功踏上了德国的土地。[24] 剩下的人只能等着投降了。希尔佩特5月7日给部队的消息破除了任何可以逃脱或英国人会站在德军一侧干涉的传言："根据同苏联元帅戈沃罗夫达成的协定，停火将在14时生效，因为集团军群的命运寄托于此，我命令各部遵守该协定。"[25]

第912突击炮旅此时仍有一些可用的突击炮，5月8日，布兰德纳少校最后一次检阅手下时为他们的服役表示感谢。他随后将剩下的突击炮集结在旅部附近，等待苏联军队到来。一名苏联上校到来此地，并通过翻译要求该旅交出武器。布兰德纳称他只接到了停火命令，还没有接到投降命令。苏联军队代表离开了，布兰德纳和手下的军官们开始销毁他们的文件和装备。第二天早上他们正式投降，走进了战俘营。

和德国人并肩作战的拉脱维亚人现在面临着向苏联投降的苦涩事实。一些人选择加入反苏游击队，一小批人则结束了自己的生命。约有14000名拉脱维亚作战人员投降，党卫队第19掷弹兵师的兵力已降至5000人出头。党卫队第6军军长、全国副总指挥兼武装党卫队上将克吕格尔试图通过陆路逃向东普鲁士，一行人被苏联巡逻队拦截时，他选择了开枪自杀。

还有一些在德军服役的波罗的海人远离家乡。前爱沙尼亚"志愿兵"师——武装党卫队第20掷弹兵师的人随其他德军撤离了他们的祖国。该师损失惨重，被送往纽哈默补充休整至满员。由于东线最终危机的发展，这一进程未能完成，该师1945年1月被派往西里西亚，试图堵住科涅夫麾下各集团军在东线撕开的大口子。这些爱沙尼亚人在被赶往西面时经常持续执行后卫任务，最终被包围在德累斯顿东面的诺伊施塔特附近。该师一部冲破苏联战线撤向西面，尽管全师的凝聚力早已荡然无存。大多数官兵只得向苏联军队投降，而一些人得以抵达推进中的美军那里。

1944年夏天遭到毁灭性打击的武装党卫队第15掷弹兵师大部被吸收进武装党卫队第19掷弹兵师，骨干则被撤到东普鲁士泽姆佩尔堡（Zempelburg）。和爱沙尼亚师类似，武装党卫队第19掷弹兵师开始了缓慢的重建过程，并在2月份被送往前线，绝望地试图阻止苏联红军进军波美拉尼亚。在施内德穆赫

（Schneidemühl）附近，该师蒙受惨重损失，与武装党卫队第33"查理曼"掷弹兵师（一个由法国党卫队组成的兵团）一起撤向西北方，撤到波罗的海岸边时掉头向西，最后抵达奥得河河口。在那里，该师的幸存者奉命将武器交给德军部队——这让这些又累又饿，在漫长的撤退中一直携带着武器的人相当不满——最终被编入一个团。该团的两个营发现自己正面对着苏联军队对柏林的最后突击，他们成功避免卷入争夺德国首都的战斗，从城市南边绕了过去。4月25日，该师的余部——官兵800人多一点——向美军投降。该师的其他单位则在随后几天向推进中的西方盟军投降。

随着欧洲各地的战事平息，库尔兰的最终投降，给这片仍然散落着激战造成的废墟和残骸的土地带来了几乎没有真实感的平静。德军的投降，也标志着几个世纪以来德国对该地区的影响走向终结。而对波罗的海三国来说，前方是不确定的未来。

注释

1. J. 纽曼，《第4装甲师1943—1945》（波恩：1989年自费出版），第590—600页。

2. J. 纽曼，第601页。

3. A. 西加利斯，《拉脱维亚军团》（圣何塞：本德尔出版公司，1986年），第143页。

4. J. 纽曼，第603页。

5. G. 尼波德，《来自波美拉尼亚的第12装甲师（第2步兵师）1921—1945》（1988年自费出版），第94页。

6. I. 巴格拉米扬，《当我们走向胜利》（柏林：德意志民主共和国军事出版社，1984年），第430—431页。

7. 有关一战后英国海军在波罗的海的行动，见G. 本内特，《科万的战争》（伦敦：柯林斯出版社，1964年）。

8. 引自F. 库洛夫斯基，《库尔兰桥头堡》（温尼伯：J. J. 费多罗维奇出版社，2002年），第175—176页。

9. 库洛夫斯基，第186页。

10. 库洛夫斯基，第187页。

11. 例如见P. 巴塔，《普鲁士战场》（牛津：鱼鹰出版社，2010年），第302页。

12. 库洛夫斯基，第197页。

13. 西加利斯，第149页。

14. 库洛夫斯基，第259—261页。

15. P. 施拉姆，《国防军最高统帅部日志，第八卷》（赫尔辛：帕夫拉克出版公司，1982年），第1472页。

16. H. 绍恩，《波罗的海1945》（斯图加特：摩托书籍出版社，1983年），第606页。

17. 库洛夫斯基，第269页。

18. 库洛夫斯基，第270页。

19. R. 博伊德，《我有一个战友：卡尔·罗斯和第36装甲团战史，1939—1945》（索利哈尔，赫伦出版社，2006年），第147—148页。

20. 博伊德，第146—147页。

21. 博伊德，第147页。

22. 尼波德（1988年），第96页。

23. 绍恩，第627页。

24. 尼波德（1988年），第96页。

25. 引自库洛夫斯基，第266页。

第十二章
余波

有许多方式标志着第二次世界大战的结束。英国、法国、美国、苏联和其他曾为击败德国而战的国家举行欢乐的庆典。许多从德国占领下解放的国家平静地解脱了，但对于波罗的海三国而言，战争结束仅仅标志着外国统治一个新的阶段的开始。

爱沙尼亚是波罗的海诸国中第一个被从德国控制下夺走的，它已经历过动员本国人力支援苏联战争努力的尝试。那些曾与德国人工作、承担过非武装的职责的人，被认为不可靠而不可用于前线服役，但被要求在爱沙尼亚和苏联履行劳动任务；为避免被送往库尔兰的血腥战场，许多人声称他们曾经为德国人工作。类似的状况也出现在了拉脱维亚与立陶宛。如同前文讨论过的那样，苏联方面对于曾与德国人"合作"者的惩罚导致这些人遭到逮捕，在许多情况下都被流放到了西伯利亚。

战争对三国经济造成巨大冲击。许多工业区在战斗中宣告毁灭，另一些则被1941年撤退的苏联军队或1944年撤退的国防军蓄意摧毁，致使爱沙尼亚战争末期的工业产出只能达到战前数据的55%。运输被严重破坏，只及1939年运输活动的7%。主要城镇的损伤使住房数减少至原来的45%，耕种土地的数量降低至原来的60%。[1] 在立陶宛，苏联当局记载至少有21个村庄被德国人完全摧毁，这通常是反游击行动的一个组成部分，56个发电站在国防军撤退时受损或被毁。还有一些混乱是交通运输基础设施严重受损所致，为阻碍苏联军队推进，立陶宛有1140多座桥梁被毁。[2]

三个国家还经历了国境的快速变动。甚至在战争结束以前的1945年年初，爱沙尼亚就被要求交还独立战争期间于纳尔瓦河东岸获得的领土和普乔雷县（Petseri）大部；这占该国陆地区域的5%，人口的6%。拉脱维亚同样被要求交出领土，大约占其陆地区域的2%。[3]而作为1939年苏联操纵归还维尔纽斯的结果，立陶宛实际已经丧失过领土，前维尔纽斯地区大部分都交给了白俄罗斯。由克莱佩达延伸至涅曼河一线、被德国人称为梅梅尔（Memelland）的地区归还立陶宛。

在一片经历过此等激战的地区，不可避免地会有丰富的武器和弹药可资利用。大量前轴心国士兵仍留在乡间地区，既有德国人，也有波罗的海诸国的公民，其中许多人现在开始组成反苏武装团体。在1905年的骚乱当中，波罗的海诸国曾有许多拿起武器反抗沙皇政权的人躲藏到广袤的森林里，而"森林兄弟"（Forest Brothers）这个词——在爱沙尼亚是"metsavennad"，在拉脱维亚是"meža brāļi"，在立陶宛是"miško broliai"——就被创造出来，既描述拒绝同当局合作的农民，也指那些从城镇逃到乡间的人。[4]这一术语在1939—1941年的第一次苏联占领期间重新出现，但随着德国战败而更加广泛。后面将会看到，各类群体在同占领他们国家的苏联军队作战，也打击那些在他们看来与占领者合作的人；许多人抱有希望，认为西方国家将会像第一次世界大战结束时那样进行干涉，以帮助他们实现独立。

在爱沙尼亚，许多想要躲避征兵的人加入了分布广泛的森林兄弟团体；苏联建立的当局对他们的家庭采取惩罚措施，而这一行为只是鼓励其他人走上同一条道路。据估计，多达15000名爱沙尼亚人在森林兄弟团体中反抗苏联统治，主要抵抗区域位于东南和西南部。

里沙德·萨利斯特（Richard Saaliste）曾是爱沙尼亚边境团的军官，战争期间两次负伤，1944年登上希乌马岛，在这里组织了一条通往瑞典的逃亡道路，供希望逃离德国占领的爱沙尼亚人使用。他被德国人逮捕，但利用在德军内部的个人关系确保自己得以获释。1944年10月，苏联军队在希乌马岛登陆时，萨利斯特逃往瑞典。1945年夏季，他试图回到爱沙尼亚，但差点被一艘苏联巡逻艇截下，于是折返。1946年10月，他和另外三人再次尝试，尽管成功登陆，却几乎是立即撞上了一支海岸巡逻队。随后发生的交火中，两名爱沙尼亚人被打死，萨利斯特设法躲过了那些要抓住他的人。这次遭遇并非偶然；萨利斯特的组织里有位告密者，把萨利斯特的计划告发给了苏联当局，只是因为苏联方面的伏击执行太差，萨利斯特才能够避免被俘。他与他的兄弟建立了联系（后者已经是森林兄弟的活跃分子），并帮助他们同瑞典的侨居群体建立联系。[5]

到1947年6月，萨利斯特和其他人已经把几个不同的团体联合成一个联合且有组织的运动，即武装抵抗联盟（Relvastadud Voitluse Liit, "Armed Resistance League"，简称RVL）。该运动仍然希望西方的干涉，这在其声明中有清楚体现："组织正在准备在英、美对苏开战，或苏联国内发生政变时发起反抗苏联政权的武装起义。"[6]

出于这一目标，针对苏联当局和亲苏爱沙尼亚人的袭击行动缩小了，因为RVL试图保存并进一步发展它的网络，以准备实施未来的行动。RVL也没有尝试吸收所有森林兄弟，而是试图与全国的抵抗团队保持联系。尽管如此，针对苏联军队的战斗仍在继续。在派尔努玛县（Pärnumaa），铁路及其他交通线路三个月内就被切断了22次。[7]

爱沙尼亚抵抗运动的影响于1947年达到顶峰。在乡下许多地方，RVL和当地森林兄弟实际上不仅控制了森林，还控制了农村和较小的城镇，在夜间尤其如此。这段时期，苏联补给纵队多数时候只能在大部队的护送下移动。抵抗运动中的一些个人名声相当响亮。其中一位是安茨·卡尔尤兰德（Ants Kaljurand），爱沙尼亚普通人称他为"恐怖的安茨"（Hirmus Ants, "Ants the Terrible"）。他既是森林兄弟，也是RVL的成员，曾为德国人对苏联作战。他是国防军撤退后许多选择留在本国的爱沙尼亚人之一。卡尔尤兰德很快被捕，但成功逃脱，并且迅速树立起了敢于冒险的名声。据说他在午夜时分拜访松塔加纳（Soontagana）镇的书记，并用枪指着后者要牢房钥匙，救出女友；此外，卡尔尤兰德还要为许多针对苏联以及亲苏爱沙尼亚人员的袭击负责。[8]

由于明显失去了对该国的控制，苏联当局采取严厉措施。进行了广泛逮捕和森林扫荡，还反复尝试渗透RVL。1947年晚些时候，一群RVL战士夺取运钞的行动失败，导致一名曾与RVL许多高级人物共同工作过的司机被俘，随之而来的是一连串袭击，许多RVL的隐匿所和地堡被捣毁，少数RVL军官被捕或被杀；许多人宁可自杀也不愿落入苏联人手中。整个1948年，RVL和森林兄弟的活动都在缩减，而爱沙尼亚苏维埃社会主义共和国政府中的国家安全部长鲍里斯·库姆将军（Boris Kumm）过早地宣布说RVL组织已经不再运作。战斗持续到了1949年，当年12月14日，里沙德·萨利斯特在所处地堡被攻破时战死。接下来的两年中，RVL与森林兄弟的配合行动事实上停止了。尽管有少数个人设法继续进行抵抗，但在西方国家支援下举行大规模起义的梦想迅速褪色。安茨·卡尔尤兰德1951年被出卖给当局。他遭到逮捕、审判，并于3月13日在塔林被处决。[9]

苏联方面的记述试图将抵抗分子划为反革命者、西方间谍和"富农"（Kulaks），但事实是他们得到广泛支持。不过，由于苏联方面抓捕一切同抵抗战士有任何联系的人，被扣押的民众数目日渐增长，此类支持也逐渐缩小。为试图摧毁森林兄弟和RVL的支持力量，也为促进农业集体化，三个波罗的海国家当局都参与了一项代号"拍岸浪"（Priboi，"Coastal surf"或"Breaker"）的行动。1949年1月，苏联部长会议采纳了这项旨在执行一波大规模流放的决定，为此任务特别动用额外的部队。逮捕开始于3月25日，整个行动持续三天。行动结束时，近20000名爱沙尼亚人被流放到西伯利亚。与1941年的流放不同，这次没有强制分割家庭，而是要求所有被驱逐者签署声明，称他们是西伯利亚的"特殊移民"，若企图返回家乡，这些人就要面临逮捕和苦役。[10]

与爱沙尼亚人一样，拉脱维亚人也拿起武器反抗苏联的占领。参与总人数可能多达40000人，或许任何时候都有10000—15000人。[11]除拉脱维亚国民以外，抵抗战士的行列中还包括一群数量虽少但意义重大的德国士兵。抵抗运动的策划甚至在苏联军队返回前就开始了。如同前文讨论过的那样，德国在斯大林格勒战败后，拉脱维亚人1943年创立拉脱维亚中央会议（Latvijas CentrālāPadome，简称LCP）协调各民族主义运动。从一开始，LCP就反对所有外国占领者，不论德国还是苏联，并致力于创建一个自由、民主的拉脱维亚。[12]其领导人康斯坦京斯·恰克斯特确保该组织包含不少战前参与过乌尔马尼斯政权的人，但他也尝试把各种倾向的意见整合到一起。"雷霆十字"成员和社会民主党人这种以前不共戴天的仇敌（他们曾在20世纪30年代期间进行街道战斗），现在发现自己身处同一个组织。苏联军队1944年进入拉脱维亚领土时，许多LCP成员寻求离开该国，虽然德国人企图拦住他们，仍有约2500人成功逃到了瑞典的哥特兰岛。在这里，他们尝试同西方盟国建立并增强联系。

回到拉脱维亚，许多憎恨德国占领的人现在将要面临着他们甚至更为讨厌的苏联占领。库雷利斯将军组建了一支志愿军，这起初得到德国人的许可，后者授权第212前线侦察指挥部〔Frontaufklärungskommando 212，盖伦将军的东线外军处（国防军在东欧的情报机构）所属的一个特殊部分〕来训练这些拉脱维亚人。[13] 部分参与此事的德国人对他们这些新兵印象深刻，有一位将其描述为"最有价值……很多有用而且令人满意的人，过去漫无目地躲在林子间，〔而现在〕能再次参与到正当行动中。"[14] 但随着"库雷利斯军"继续发展，德国人开始逐渐意识到，其成员大多数具有反德情绪，遂尝试解散这支拉脱维亚人军队。这导致双方1944年12月中旬在库尔兰北部发生武装冲突，德军"反游击"扫荡的残酷程度堪与他们撤退前在原拉脱维亚和苏联边境以东进行的类似行动相比。

"库雷利斯军"发展的同时，德国管理机构的其他成分正在参与实施"齐柏林行动"（Operation Zeppelin），这是一项旨在于国防军后退之际在整个东欧建立反苏游击队的计划。该计划的拉脱维亚部分是"野猫"行动（Operation Wildkatze），由党卫队负责组织，使用保安警察中的拉脱维亚人。前阿拉伊斯指挥部成员波里斯·杨卡夫斯（Boriss Jankavs）领导参加"野猫"的拉脱维亚人。这批人中有许多"雷霆十字"的成员，其中一些为此专门从德国监狱中释放出来。杨卡夫斯运作的这个组织成长起来，合并了诸如"拉脱维亚近卫军"（Latvijas Sargi，"Latvian Guards"）这样的团体，后者此后由德国人在1944年9月武装起来。这是政治气象迅速转变的一个标志，"拉脱维亚近卫军"原本是反德组织，现在却接受它以前敌人的武装。[15]

库尔兰集团军群投降后，3000多名仍与德军并肩作战的拉脱维亚人加入了一个或另一个在拉脱维亚活动的抵抗运动。[16] 这些运动彼此之间，以及与立陶宛、爱沙尼亚的类似组织之间都有着松散的联络。除制作时事通讯和其他宣传材料外，这些群体还攻击当局的代表人士、苏联红军和NKVD部队。塔尔里兹·克拉斯蒂尼什（Talrids Krastiņš）就属于这样一个团体，他曾是武装党卫队第19（拉脱维亚第2）掷弹兵师辖下一个侦察单位的成员。该团体试图暗杀拉脱维亚政权领导人维利斯·拉齐斯（Vilis Lācis），根据一位替当局工作的拉脱维亚妇女提供的消息，这个团体向一支汽车护送队伍开火射击，却打到了错误的车辆。他们没有泄气，而是另招募了一位替政府工作的女性合作者，以获取能用于下次袭击的情报，然而这一次，这位妇女被证明是NKVD特工。该团体遭到逮捕，1948年被处决。[17] 就像在爱沙尼亚那样，拉脱维亚的活动很可能也是在1946年年底和1947年年初达到顶峰，在"拍岸浪"大规模流放行动后才衰落下来，该国的流放行动导致近42000名拉脱维亚人被运往西伯利亚。小型团体继续实施抵抗，既有消极的也有积极的，一直持续到20世纪50年代，但其效果越来越小。最后一批正式向当局投降的战士迟至1957年才自首，其他人很可能只是直接回到了平民生活中。

事实证明，在战争期间为德国事业提供战斗人员最少的立陶宛，却是反苏抵抗运动最为活跃的地区。在爱沙尼亚和拉脱维亚，路德宗教堂往往代表着波罗的海德意志人，所以在抵抗运动中扮演的角色微不足道，相反，在立陶宛，天主教的神职人员深入参与进来，为抵抗战士提供庇护所和支援。运动核心来自"立陶宛防卫力量"（Lietuvos Vietinė Rinktinė，简称LVR）的人员，该组织在波维拉斯·普莱恰维丘斯将军（Povilas Plechavičius）的领导下由德国人建立于1944年。和拉脱维亚"库雷利斯军"的情况类似，LVR强烈的民族主义倾向让德国人逐渐紧张起来，并尝试加强对该组织的控制力度；一度提议将该组织变成党卫队的一部分，除个人要向希特勒宣誓以外，所有成员都必须使用纳粹的举手礼。普莱恰维丘斯拒绝了这些要求，并抢在德国人动手解散他的队伍之前，下令其成员分散开来前往乡下。他1944年5月被捕后被送往一座集中营，但LVR仍有一半左右，主要是以小群的形式继续运作。游击队员们装备着五花八门的武器，从轻兵器一直到迫击炮不一而足，建立了一个遍布全国的组织。

LVR以及其他相关群体同时对苏联占领军和当地政权作战。苏联当局报告称，他们1945、1946、1947年的年度损失超过8700人；同一时期，他们声称打死13000名游击队员，多数是在1945年。就像德国人在战争期间开展的反游击行动那样，后面那个数字很可能包含了相当数量在反游击扫荡中被杀的平民。这些年中也有一千多名"亲苏平民"丧生。[18] 1949年，双方的年度损失继续超过1000人，于是约纳斯·热迈蒂斯（Jonas Žemaitis）将各个立陶宛组织在"立陶宛自由战士同盟"（Lietuvos Laisvės Kovos Sąjūdis，"Union of Lithuanian Freedom Fighters"，简称LLKS）的名义下联合起来。这个崭新的最高指挥部发行了一份宣言，要求恢复民主政府。

但整个地区的形势都在向不利于反苏战士的方向发展。就像在爱沙尼亚和拉脱维亚发生的那样，"拍岸浪"流放了近26000人，极大削弱了抵抗战士在立陶宛的支持根基。尽管西方国家曾对三国的抵抗运动展现出兴趣，它们提供支援的尝试却被证明是场灾难。苏联在波罗的海国家和西方的渗透者定期向他们在莫斯科的上级提供情报，使得NKVD及其后继组织得以瓦解和摧毁游击团体。热迈蒂斯在1951年中风，1953年被俘；一年以后，他在莫斯科被处决了。接替他成为LLKS指挥官的阿道尔法斯·拉马瑙斯卡斯（Adolfas Ramanauskas）试图让组织的残余部分远离武装冲突，转向消极抵抗。他1956年被一个老同学出卖，遭到逮捕，并受到残酷的拷问。10月，他被转移到一座医院，那里完成的报告显示出他是遭到了多么骇人听闻的待遇。拉玛瑙斯卡斯至少六次被人用铁丝或钉子刺穿右眼睑，破坏了眼球本身。他的阴囊被严重撕裂，两个睾丸都被扯掉。[19] 拉玛瑙斯卡斯幸存到了第二年，然后被判处死刑并处决。他的妻子被送到西伯利亚的劳改营服役8年。

最后一位被杀的反苏游击队员是普拉纳斯·孔丘斯（Pranas Končius）。1965年7月他与苏联军队交火，其间或被打死，或是自杀了。出乎意料的是，他并不是最后的游击队员。1971年，贝内迪克塔斯·米库利斯（Benediktas Mikulis）——他已经惊人地躲藏了27年，期间既挑战德国人，也和苏联人战斗——决定回归自己的家庭，并尝试返回正常社会。几年以后，他被逮捕并关押。其他那些逃脱了逮捕的游击队员，他们活动的时间可能比米库利斯更久。

对于苏联来说，抵抗苏联统治的规模、烈度和持久性都是一个不受欢迎的发展。斯大林把所有反苏游击队员都划作"法西斯分子"，而西方国家利用这些团体的尝试正中苏联下怀。但1953年斯大林去世后，苏联当局试图终结这些暴动。所有抵抗战士都收到了特赦的提议，许多人接受了，这进一步削弱了抵抗运动的力量。

苏联对三个国家的控制是通过当地党组织实现的，尽管这三个党的第一书记都是本国公民，但副手以及其他主要人物却常常是俄罗斯人。一如此前几次占领时期出现的情况，三国政府机构在中层和下层缺少合适的当地人士，因此而无法有效运转，这个因素又因为苏联方面坚持的一点而恶化，那就是至少在苏联境内渡过20年、经过"苏维埃化"的人才完全可靠。尽管战前有大量爱沙尼亚族与拉脱维亚族人在苏联生活，但他们回到祖国、在苏联控制下接管权力时，却遭到了同胞们的轻蔑。就立陶宛而言，生活在苏联的立陶宛人规模极为有限，而为了管理这个国家，大量俄罗斯人移居到了该国；1947年，政府部长中有32%是俄罗斯人。与之类似，三国的党员也都以非波罗的海人为主。到20世纪40年代末，只有在拉脱维亚，拉脱维亚人党员占比才接近50%，而这很大程度上是由于大批拉脱维亚族人从苏联回国。尽管使用俄罗斯人以图确保三国的顺从，但莫斯科对这些安排仍旧不满意，于是在1951年，爱沙尼亚党组织遭到了猛烈清洗。确切原因不为人知，但行政机构内普遍抗拒苏联政策——尤其是农业集体化——很有可能是原因之一。

1945年于库尔兰投降的德国及拉脱维亚士兵曾被保证会受到良好待遇，战争结束后很快就能返乡。就像其他在1945年向苏联军队投降的国防军士兵那样，他们被有计划地剥夺了个人财物，在一些情况下受到了粗鲁的对待。不过，似乎是国防军在库尔兰的坚决抵抗给红军官兵留下了深刻印象，有许多士兵得到有尊严待遇的例子。尽管如此，尽快返乡的许诺没能实现。苏联遭受了重大损失，因此急缺人力。战俘们被运向东方，投入了各类工作，从清理废墟到修建工厂，再到在矿井和农田里劳作。截至1949年，许多人获准回家，但大量人员仍被扣留。被扣留者中的一些人（但绝非所有）被指控犯下各类犯罪并被判刑，因此不再被称为战俘。他们被控犯下的罪行差别相当大；在一些情况下包括攻击平民和虐待俘虏，但在另一些情况下，指控就显得荒谬了。一位德国空军飞行员被判处数年苦役，罪名是毁坏苏联国家财产——这所谓的财产是他在战争期间打下来的苏联飞机。就那些被关押时间最长的人而言，死亡率非常可观，到1956年德国总理康拉德·阿登纳（Konrad Adenauer）对莫斯科进行重要访问、通过谈判成功争取到他们的释放为止，幸存者不到50%。[20]

有一个不愉快的冲击在等待着那些在战争最后阶段成功逃到瑞典的德国与波罗的海诸国士兵。一开始他们待遇良好，并且承担的任何工作都收到了报酬，但瑞典政府承受着莫斯科与日俱增的压力。1945年6月，苏联提出正式要求瑞典交出所有从东线逃至瑞典的前德国战斗人员——包括波罗的海诸国公民。瑞典政府陷入了艰难的处境。虽然许多瑞典人（尤其是教会与军队）反对任何此类移交，但之前也有过交出德国人的先例。任何一场战争结束的时候，前战斗人员都要被交给他们本国的控制当局，而德国已经被战胜的盟国划分成数个占领区，这可以解释为：瑞典人应将德国人转移给任何他们曾在战争期间交手过的国家。因此约有3000名德国人被交给苏联。许多人试图通过自残甚至自杀来逃避引渡，可他们一旦从伤势中恢复过来就被引渡走了。

波罗的海诸国公民们面临的状况要更复杂一些，因为战争期间他们并非在本国军队中作战。三个波罗的海国家本身的地位也存在困难。苏联把这些士兵看作苏联公民，因为爱沙尼亚、拉脱维亚和立陶宛在德国入侵前已经变成了苏联的一部分，但这一兼并未曾获得其他多数国家的承认。尽管普遍抗议向苏联引渡任何人的行为，但还是有约150名波罗的海人士兵——主要是从库尔兰桥头堡或西普鲁士逃离的拉脱维亚人——1946年1月25日在特雷勒堡（Trelleborg）被送上了汽船"别洛奥斯特洛夫"号（Beloostrov）。两名拉脱维亚军官为避免落入苏联当局之手而结束了自己的生命。

许多被还给苏联的波罗的海诸国军人——特别是军官——被处决了。剩下的人被判处苦役，并且在战俘营中渡过了许多岁月。到1994年，这批人中有44人仍然在世，当年6月20人，其中的40人——35名拉脱维亚人，4名爱沙尼亚人，还有1名立陶宛人——前往斯德哥尔摩，在那里受到了国王卡尔十六·古斯塔夫（Carl XVI Gustaf）的迎接。瑞典外长玛格丽塔·阿夫·乌格拉斯（Margaretha af Ugglas）承认那次引渡不具备法律上的正当性，并表达了瑞典政府的歉意。[21]

战斗以及占领国各种政策在波罗的海诸国造成的死亡，引发了人口上的重大变化。虽然精确的数字难以查证，但苏联战前和战后流放、德国灭绝犹太人和其他人群，以及战斗造成的总人口减少很有可能在20%上下。这说明，波罗的海诸国损失人口的比例要大于除波兰外的其他任何二战参战国。这是一个醒目的事实：在二战期间及其结束后不久损失人口比例最大的国家，是那些遭受过德国与苏联两方占领的国家。

少数从大屠杀中幸存下来的波罗的海犹太人面对的是艰难的未来。在那些被普拉格少校救下的人中，萨穆埃尔·埃斯特罗维奇设法在新政府内寻找工作，但作为成功商人的过去，意味着他属于不被当局信任的那个阶级。他的朋友米恰尔·吉尔达（Michal Girda）因为在俄国内战期间曾短暂地在一支白俄部队服役而被苏联人逮捕，埃斯特罗维奇也被迫确认这一细节。他的部门未能完成工作目标时，埃斯特罗维奇便被挑出来接受批评，于是他得出结论："被解放"的立陶宛并没有给他的未来。他与超过90%的波罗的海大屠杀幸存者一同选择向西移民。1945年4月，埃斯特罗维奇和他的家人跟着一支运输家畜的卡车车队离开了，他们首先前往波兰，居住于罗兹（Łódź）。随着波兰人中的反犹情绪越发明显，这个家庭来到了意大利，最终又移民到美国。

玛丝恰·罗尔尼凯特曾于维尔纽斯隔离区清空后被带往爱沙尼亚的一座工作营，后来又被移到格但斯克附近的施图特霍夫。随着苏联军队在战争的最后一个冬天把德军防线撕碎，她——就像另外数以千计的集中营囚犯——被迫离开营地，开始了强行军。由于营养不良，数千名囚犯挣扎着穿过雪地时丧命，身上穿的经常只有集中营的条纹制服：

我们走了又走，眼前看不到终点。每天都有一些妇女倒在路旁。她们累垮了，甚至在其他人的帮助下也无法再站起来。然后守卫们会射击她们的头部，把她们拖走一两步，接着又一具尸体滚入壕沟。我们经过一座村庄时，守卫报告说有具尸体还在后面几千米的地方，需要掩埋。

……我非常饿。他们不再给我们东西吃。有时农民们（我们夜里被锁在他们的谷仓里）会给我们一桶土豆。每个人都拿到了一个或两个土豆。[22]

最终，罗尔尼凯特和同行的囚犯被留在一座谷仓里。夜里发生了几次大爆炸，囚犯们担心自己就要被杀死了。第二天早晨一片寂静。一个波兰人的声音从谷仓外面告诉他们说，德国人逃跑了。

爆炸真的吓住德国人了吗？让他们逃跑还把我们留在了这儿？

[飞机引擎的]嗡嗡声再次响起，并且越来越近！

……谷仓后面传来响亮的人声。俄罗斯人？苏联红军？真的是他们吗？

……谷仓里站满了士兵。他们走近我们，找出那些还活着的人，帮助他们起来。发现那些来得太晚而没能救上的人时，他们摘下了帽子。

"你需要帮助吗，小妹妹？"

我被拉着站了起来，但走不动路，我的双腿在打战。两名苏联红军握住我的手，把我抬了起来，带到了外面。[23]

罗尔尼凯特最终回到了维尔纽斯。让她开心的是，她遇到了父亲，她从德军占领的前夕就再也没有见过他了；后者跟着苏联军队逃到了东方。她的一个姐姐也还活着，但她的妈妈和两个最小的弟妹消失于奥斯维辛，推测是死在了那里。与埃斯特罗维奇一家不同，罗尔尼凯特一家选择了留在苏联。

涉及波罗的海大屠杀的德国人也命运迥异。弗朗茨·施塔勒克的A特别行动队1941年于立陶宛和拉脱维亚监督执行了如此之多的杀戮，他本人也没有在犯罪后多活出几个月。施塔勒克1942年3月指挥一次针对苏联游击队的行动时被杀。马丁·魏斯在维尔纽斯的屠杀里扮演了重要角色，战后他企图重新融入德国的平民生活。他被认了出来并遭到指控，1950年被维尔茨堡（Würzburg）的一家法院判处终身监禁。卡尔·耶格尔，第3特别行动指挥部在立陶宛事迹详细报告的作者，战争结束时披上了一个假身份。1959年他的报告首次被公开调查时，耶格尔正做着一份农场工人的工作。他很快被人认出并遭逮捕，在等待审判的时候，于霍恩阿斯佩格（Hohenasperg）的一座监狱里自杀了。

旗队长弗朗茨·穆雷尔，维尔纽斯隔离区的全权负责人，在任职期间为自己赢得了"来自维尔纽斯的屠夫"（Butcher from Vilnius）的称号。他在战争结束时回到原籍奥地利，并试图伪装成另一个普通的回乡士兵蒙混过去。不幸的是，在穆雷尔的家乡城镇近旁有一座难民营，住在里面的一个人认出了他。穆雷尔被英国占领军逮捕并移交给苏联方面，在那里被判谋杀苏联公民——维尔纽斯被认为在德国入侵时是苏联的一部分——并判处25年苦役。1955年《奥地利国家条约》（Austrian State Treaty）生效，奥地利重新确立为主权国家，他被从监狱中释放了。尽管穆雷尔1963年于奥地利再次遭到起诉，但这次被宣告无罪，他死于1995年。

布鲁诺·基特尔代替穆雷尔成为维尔纽斯隔离区的全权负责人，并监督实施了该隔离区的清空。他亲自杀死了隔离区里的一些犹太人，受害者常常是他随机选取的。战争结束时，基特尔——他在战前曾是演员——干脆消失了。他的命运不为人知。

埃里希·埃尔林格（Erich Ehrlinger）曾负责指挥1b特别指挥部（1b Sonderkommando），隶属于施塔勒克A特别行动队，参与了波罗的海诸国的许多屠杀行动，并在陶格夫匹尔斯的犹太人大屠杀中扮演了领导性的角色。后来他和他的人在白俄罗斯与俄罗斯活动，杀害犹太人、非犹太人平民和游击队嫌疑者。战后，他遭逮捕并被控犯有战争罪，定罪后被判处12年监禁。埃尔林格1965年上诉期间获释，而他的判决在1969年因健康原因而被正式免除。尽管看上去健康不佳，但他一直活到了2004年。

赫尔穆特·劳卡参与过考纳斯隔离区的屠杀，战后去了加拿大。在那里，他受到加拿大政府政策的保护以避免被调查战争罪嫌疑，理由是此类调查可能会被解读为宣传个别特殊利益集团的观点；皇家加拿大骑警（Royal Canadian Mounted Police）1962年的官方政策规定：

> 鉴于个人或组织可能试图利用我部门，为那些从事定位和惩罚被怀疑犯有战争罪行之个人的集团充当调查代理人，除非另受渥太华总部指示，我部门不会执行此类性质之主张的调查。[24]

许多人质疑这项政策，其中一位就是罗伯特·卡普兰（Robert Kaplan），1980—1984年的加拿大首席检察官（Canadian Solicitor General）。他成功支持了这项调查和劳卡的引渡，后者要面对关于在考纳斯死去的11500名犹太人的指控。劳卡1983年5月被送到德国，于10月份等待审判期间死在狱中。[25]

爱德华·洛施曼替代库尔特·克劳泽于1943年初成为里加隔离区的头目，他不像前任那样喜欢当场杀死犹太人，一般会把他们带到里加的中央监狱处决。据认为，因此而死的犹太人要远多于那些被克劳泽杀死在隔离区里的。尽管他让人在隔离区搜查那些工作回来的犹太人，以防他们带食物进来，但他也经常下令把搜来的所有食物送给隔离区的医院。他还参与了德国方面隐藏里加周边大屠杀证据的尝试，并且协助组织工作队去挖掘先前屠杀的尸体以便处理。工作队本身每隔两周就会被处决，然后代之以新的工人。战争过后，洛施曼去了奥地利，在那里于1945年被捕，不过他设法伪装成普通战俘并获释。两年后，洛施曼被前集中营囚犯认出，于是再次被捕。洛施曼被关在达豪，这里现在充当着一座关押营地，但他1948年逃出并溜到德国，上了一艘从热那亚前往阿根廷的船，这些是在具有强烈亲纳粹倾向的天主教奥地利主教阿洛伊斯·胡达尔（Alois Hudal）的帮助下实现的。胡达尔参与前纳粹分子的逃亡路线，这招致越来越多的批评，但他1952年才辞去教会的职位，并且到死都是前纳粹党人的活跃分子。洛施曼在阿根廷以费德里戈·瓦格纳（Federigo Wagner）的名义开设了一家木材公司，后从1958年开始就反复面临着要被引渡回欧洲的情况，在那里要面对的是从重婚一直到大规模谋杀的指控。1977年中期，阿根廷政府表示虽然同西德并没有正式的引渡条约，但会考虑引渡他；当时阿根廷和西德似乎关系紧张，而这项声明或许旨在安抚德国人。无论怎样，洛施曼从阿根廷逃到了巴拉圭。1977年在该国首都发现了一具尸体，上面的身份证明显示死者为费德里戈·瓦格纳。尸体上的几处伤口与洛施曼的病历一致，但包括西蒙·维森塔尔（Simon Wiesenthal）在内的一些人怀疑那不是洛施曼，并推测他以某种方式伪造了这次死亡以逃脱制裁。

弗里德里希·耶克恩参与组织里加的多起屠杀，此后于波罗的海三国的管理机构内作为警察行动的头目扮演了重要角色。到1945年2月份，他已经晋升为党卫队与警察上将，并且被指派到党卫队志愿山地军（SS-Freiwilligen Gebirgs-Korps）。耶克恩被苏联军队俘虏，1946年在里加接受审判。他被判犯有战争罪行，2月份被执行绞刑。欣利希·罗泽，东方地区帝国专员，1944年逃往石勒苏益格–荷尔施泰因（Schleswig-Holstein），在那里继续作为帝国国防专员（Reich Defence Commissar）活动。英国占领当局逮捕了罗泽，他1948年被判处十年监禁，三年后因健康问题获释，他一直活到了1964年。

雅科布·根斯，维尔纽斯隔离区警察的犹太人头目，曾协助组织了许多次灭绝隔离区人口的"行动"，这是一个充满争议的人物。看起来他真的相信通过合作以及高产的劳作，维尔纽斯的犹太人便有可能证实自己对德国人有用，从而生存下来。他常常声称自己的行为减少了犹太人被处死的数量。例如1942年7月的一次"行动"导致84名犹太老人被枪毙，而根斯声称原本的计划是要杀死几百人，但他成功交涉到了较低的数字。1942年7月德国人将犹太委员会解散后，根斯成为隔离区中唯一的犹太人权威。尽管他领受了镇压隔离区内反德抵抗活动的任务，但似乎与抵抗运动取得并一直维持着定期联系。1943年，隔离区已经明显要被清空了，这时根斯拒绝了让他逃跑的建议——他的立陶宛人妻子生活在隔离区之外，至少也有一种可能的办法让他逃脱。根斯9月14日被盖世太保传唤，被指控与抵抗运动合作，同日被处决。

维克托尔斯·阿拉伊斯的准军事单位在拉脱维亚及其他地方参与了许多屠杀行动，此人在英国的收容营地被扣押到1949年，后在流亡伦敦的拉脱维亚政府的帮助下改用维克托·泽博茨（Victor Zeibots）这个名字。1979年，他在汉堡被控告犯有战争罪行，并判处终身监禁。阿拉伊斯1988年死于监狱。阿拉伊斯指挥部的另一名成员赫贝茨·楚库尔斯（Herberts Cukurs）战前是一位航空先驱，他被指控参与数起屠杀，但坚称自己只是在阿拉伊斯的单位里担任车辆维修部门的领导。战后他在南美开始了一段新的生活，在那里于1965年被摩萨德刺杀，后者假称希望同他就开辟一条新航线的事务进行合作，将其引诱至蒙特维的亚（Montevideo）。特工们杀死他后向德国和南美的报社发送了一项声明：

考虑到被告所面临指控的严重性，即他亲自监督了对包括妇女和儿童在内的30000余人的屠杀，以及此人执行任务时极端残忍的表现，在此判处被告赫贝茨·楚库尔斯死刑。［该］被告由那些铭记过去的人1965年2月23日处决。其尸体可在乌拉圭蒙特维的亚卡内洛内斯省第七区哥伦比亚大街库韦蒂尼宅（Casa Cubertini Calle Colombia, Séptima Sección del Departamento de Canelones）找到。[26]

另一个涉及波罗的海大屠杀的拉脱维亚人是康拉兹·卡莱伊斯（Konrāds Kalējs），他的案件于近年引发了争议。此人同样在阿拉伊斯指挥部服役，战后首先在丹麦生活，然后是澳大利亚，最后到了美国。1984年，他被认出曾经参与战争犯罪。一年后卡莱伊斯被捕，这是精心策划的"拳头航线"（Puño Airlines）行动的一部分——美国法警办公室（United States Marshals Office）创造了一条虚构的航线，然后去信给嫌疑人，告诉后者他们赢得了飞机票，嫌疑人试图认领机票时就被逮捕了。经过漫长的司法程序，他被从美国驱逐到了澳大利亚，卡莱伊斯又尝试进入加拿大，只是被再次逐回澳大利亚。1999年，他搬到了英国，但当英国政府宣布他面临驱逐出境时，卡莱伊斯再次回到澳大利亚。2000年，拉脱维亚政府展开了针对他的诉讼程序，但鉴于其健康状况而推迟。卡莱伊斯2001年死在了墨尔本，在最后一次澳大利亚电视台的采访中，他承认自己参与了拉脱维亚的屠杀。

耶加拉集中营的爱沙尼亚人指挥官阿莱克桑德·拉克战后搬到加拿大，在那里以阿莱克斯·拉克（Alex Laak）的名字开始了新生活。1960年，他在爱沙尼亚的大屠杀审讯中被提名，随后就被苏联和加拿大记者找了出来。有关其死亡的确切情况并不清楚。他在1960年被发现吊死在了自家的车库里，对此的解释从自杀一直到摩萨德谋杀不一而足。曾指挥过塔尔图附近一座集中营的爱沙尼亚人卡尔·林纳斯（Karl Linnas）战后搬到美国。他在提名林克的那场审判中被缺席审判和定罪，1979年，美国官员指控林纳斯为确保入境美国而提供虚假陈述。1981年，他被剥夺美国国籍，经历一场漫长的司法程序后于1987年被飞机运送至苏联，3个月后死在了列宁格勒的监狱里。同样在爱沙尼亚的1960年审判中被判有罪的艾因·梅雷当时正生活在英国，英国当局拒绝将他引渡，因为在英国与苏联之间并不存在涉及此类安排的协约，梅雷死于1969年。

在《东方总计划》中扮演重要角色的阿尔弗雷德·罗森贝格，战后成为纽伦堡的受审者之一。他被判犯有反人类罪和协助发动侵略战争罪，1946年被绞死。

库尔兰集团军群末任司令卡尔·希尔佩特和他的部下一起走进战俘营，1948年死于苏联。第18集团军司令恩斯特·麦尔克作为苏联俘虏一直待到1955年，但他活了下来，并写下了他被监禁的情况。[27] 他在第16集团军的同级弗里德里希-约布斯特·福克姆尔·冯·基尔兴斯滕巴赫同样活过了关押，最终于1955年返回德国。

许多在战争结束时成功向西方盟军投降的拉脱维亚和爱沙尼亚士兵在战后被用于一项令人惊讶的工作，即为纽伦堡审判充任警卫。其他人则在柏林封锁期间负责守卫美国的设施，而且尽管党卫队被判决为犯罪组织，但被征发进其队伍的非德意志族人员得以豁免。1950年9月，美国难民委员会（United States Displaced Persons Commission）宣布：

> 武装党卫队波罗的海各部队（波罗的海军团）被认为在目的、意识形态、活动，以及成员资格方面独立且不同于德国党卫队，因此委员会认为他们不是敌对美国政府的运动。[28]

波罗的海国家在战后的漫长独立斗争已经超出了本书的范畴。[29] 战斗、大屠杀和流放带来的人口损失给三国造成的创伤需要数十年才能愈合。尽管有大量非波罗的海人的苏联公民流入，但三国得以在苏联占领期间保持自己独有的文化和语言。苏联在公开化与改革时期开始放松管制，独立的呼声响起。公开的挑战行为始于1987年，而在接下来的一年，爱沙尼亚发表了《主权宣言》（Suveräänsusdeklaratsioon，"Declaration of Sovereignty"），宣布爱沙尼亚法律取代苏联法律，而爱沙尼亚（而非莫斯科）的政府拥有对爱沙尼亚财产及领土的独占权利。1990年，爱沙尼亚政府通告其公民称，苏联武装力量的征召将不再强制，而在3月，立陶宛发表了一份《独立声明》（Proclamation of Independence）。几周以后，拉脱维亚也照做了。

苏联方面最初的回应是开展经济封锁。在1991年间尝试强行维护苏联控制，1月份，苏联试图在里加建立"救国委员会"（Committee of National Salvation），但未能成功，苏联坦克向维尔纽斯的电视塔开进，杀死了14名平民。苏联军队对塔林关键性建筑展开的行动尝试遭到大规模示威人群的封锁，随着8月份的政变失败，三国宣布本国的独立。冰岛率先予以承认，塔林的一块牌匾就是纪念这一事件。

恢复独立后的岁月见证着三国迅速走出过去的阴影。它们全部成为欧盟和北约成员国，各自的经济也欣欣向荣。在21世纪的第二个十年中，席卷整个西方世界的经济混乱在这三个国家产生了显著影响，但无论面临怎样的金融压力，看来它们已经牢固地成为西方的一部分，这是三国在将近一个世纪的斗争中一直向往的，为此它们已遭受过如此之多的损失和流血。似乎有关波罗的海诸国的根本问题——它们是否能拥有独立地位，或者它们是否必须要成为一个较大政治实体的一部分——最终通过三国加入北约和欧盟都得以解决。事实上，这两个组织在保障欧洲大部独立上发挥的关键性作用，便说明多数国家都不得不在一定程度上放弃追求完全的独立。

卷入波罗的海战争的各国，都发展了他们关于这一时期的独特历史学。苏联时代的记录不可避免充满了英雄党员与可恶的法西斯分子战斗的故事，这反映了那个时期的原则，即三国在德国入侵以前已经成为苏联的一部分。斯大林去世以前，有一项精心策划的政策致力于将战争——还有最终的胜利——表现成主要由俄罗斯人完成的事，而其他所有民族（包括苏联犹太人）苦难和贡献的重要性都被削弱了。西方世界对于大屠杀的整体了解大多是建立在西方大屠杀幸存者著述的基础上，后者经历了死亡营的恐怖并幸存下来，而这些记述不可避免地很少提到发生在1941年年底万湖会议前的大规模杀戮。

冷战结束以来，有少数苏联老兵写下了他们对战争的记述，像其他许多在所描述的事件发生许久以后才写就的回忆录那样，这些记述的准确性和完整性受人质疑。举例来说，尽管在德国东部、波兰和波罗的海诸国广泛存在着苏联军队在前进时几乎是例行强暴妇女的证据，却几乎没有俄语记录提及这一问题。而当作者承认此类事件的确发生过时，会强调说他们自己的团和师不曾参与其中。尽管俄罗斯联邦接受了波罗的海诸国的独立，但在俄罗斯内部仍有一种强大的观点，认为这三个国家曾经是，而且可能仍应该是俄罗斯主体合法的一部分，不论这一主体是沙皇帝国、苏维埃联盟，还是俄罗斯联邦。事实上，虽然苏联时代对于拉脱维亚和爱沙尼亚军团的官方态度与西方的观点相一致，认为被强迫加入党卫队的那些人不应被等同于德国党卫队员看待，但莫斯科如今的态度却完全相反。曾经与苏联军队作战的士兵，被频繁描述成是需要对波罗的海犹太人大屠杀和屠杀俄罗斯族平民负责的同一批人。虽然在各军团内确实有很多人的确犯有此类罪行，但要说所有人都曾参与其中却是错误的。

苏联在波罗的海诸国长期存在的合法性——或非法性——本身就是争议继续的一个来源。俄罗斯作者广泛利用温斯顿·丘吉尔那关于苏联边界的权宜之计。1942年3月，丘吉尔向罗斯福写道："考虑到战争负担的增加，我已得出结论，即《大西洋宪章》（Atlantic Charter）的原则不应被解释为剥夺俄国遭到德国进攻时所拥有的边界。"[30]

当时，因为无力以在西方开辟第二战场的方式援助苏联，丘吉尔可能感到需要向该国提供他力所能及的一切政治支持，因为后者被认为是承担了德国战争机器的主要压力。而罗斯福虽然可能不那么乐意放任斯大林去兼并波罗的海诸国，他最终也没有多少选择；苏联军队是该地区无可争议的主人，除战争以外似乎没有任何行为有可能改变这种事态。根据某些主张，西方国家没有能力在战后打断苏联对波罗的海诸国的控制，这就有力地赋予了苏联在这一地区存在的合法性，且由于此种存在是基于苏联原本按《莫洛托夫–里宾特洛普协定》实施的占领，后者反过来也在某种意义上被正当化了。

德国方面有关这场战争的记述在20世纪50年代开始出现，那时国防军的老兵们开始编撰他们的团和师的历史。和苏联方面的记述一样，这些著述也几乎不曾提及战争罪行；少数情况下出现这个话题时，会尝试去谴责党卫队及其共事的准军事组织。部队史专注于令人目眩的胜利岁月，然后是战争结束前那几个月的艰苦抵抗。德国军人常常被表现成为防止祖国被苏联军队蹂躏而战的爱国者，而德国入侵苏联才最终把苏联军队引向德国的事实就很少或根本不被讨论。如果有提到平民，那通常是欣喜的立陶宛人、拉脱维亚人和爱沙尼亚人在欢迎国防军的到来，又或者是试图逃离苏联军队归来的惊恐难民。德方记述频繁描绘苏联军队进军时造成的损失，国防军1941年施加的同类损失却几乎完全缺席。

德国直面过去（特别是有关大屠杀）的方式在许多层面上都是一项值得瞩目的成就。虽然老兵们对于战争的记述可能回避了这一话题，但其他德国作者却以有时是痛苦的诚实处理了这个话题。早期记述可能倾向于二元化一些，将许多德国犯罪者表现为邪恶的施虐狂；虽然这样的个人无疑是存在的，但数量远不及那些像军人看待前线战斗职责那样对待自身在大屠杀机器中职责的人。在过去的二十年里，德国作者写出了一些关于国防军及党卫队在东方所犯罪行的最为详尽、全面的记述，这同俄语作者对苏联红军和NKVD所作所为的持续沉默形成了强烈对照。

对战争年月的记述最为纠结的国家不可避免地是波罗的海三国自己。一方面，波罗的海诸国的人民自豪于他们的韧性，以及他们从如此之多的占领和本国遭受的可怕生命损失中生存下来的能力；另一方面，他们对第二次世界大战中的事件抱有深刻的矛盾感。在为纳粹德国提供过帮助这一背景下，他们继续竭力调和他们对那些被他们看作是民族主义爱国者的人的态度与这样一个不受欢迎的事实——他们发现自己曾为一个被广泛唾弃的政权而战。他们的历史编撰因为另一个事实而进一步处于不利地位，那就是即使他们尝试以一种不偏不倚的方式强调德国人和苏联人对他们的人们犯下的罪行，仍旧无法摆脱本国公民在这些罪行中扮演的角色。许多——虽然绝非所有——在战后对苏联占领者作战的人，同样广泛参与了战争期间在德国一方的战斗，而在那些被视作英雄的人当中，有一部分人同样在德国占领期间参加过一些大规模屠杀。1990年以来，许多拉脱维亚人把3月16日作为拉脱维亚军团日（Latvian Legion Day）庆祝，以纪念曾与苏联战斗过的拉脱维亚人的功劳。之所以选择这个日期，是因为那是两个拉脱维亚师第一次并肩作战对抗苏联军队的时间，但那两个师隶属于党卫队，成员还包括许多曾隶属于警察营协助实施波罗的海大屠杀的人这一事实，就让此种纪念成为一项争议性的活动。1998年，这个纪念日得到官方承认，激发了来自俄罗斯的抗议，拉脱维亚政府后于2000年撤销了其官方地位。有几年的时间，这个日子成为拉脱维亚右翼和左翼组织之间的斗争焦点，不过也需要指出，代表拉脱维亚老兵的官方组织曾反复同那些试图利用这个纪念日的极端团体保持距离。经过2005年的严重骚乱，拉脱维亚当局尝试用围栏隔开自由纪念碑，这是那些冲突的焦点。该行为又招致广泛的批评，从而突显了拉脱维亚及其邻国尝试处理它们那共同的过去时所面临的困难。

　　当事国对于历史的不同解读曾在它们之间引起怨愤和困难。里加自由纪念碑的历史突显了许多此类困难。该纪念碑1935年首次竖立，为的是纪念那些在拉脱维亚独立战争当中倒下的人，而在第二次世界大战结束后，苏联当局提出要恢复一座彼得大帝的雕像，后者曾被扳下来为纪念碑腾空间。纪念碑所以幸存，这似乎部分是为了避免过度刺激拉脱维亚人，部分是因为出生于里加的著名苏联雕刻家薇拉·穆欣娜（Vera Mukhina）成功证明纪念碑所具有的相当程度的艺术优点。于是人们尝试重新解释纪念碑的性质；它的顶部是个高举着三颗星的铜像，原本意在象征拉脱维亚的三个组成地区〔库尔泽梅（Kurzeme）、拉特加莱和维泽梅（Vidzeme）〕，苏联当局却声称这尊像和星星代表的是俄罗斯母亲举起了爱沙尼亚、拉脱维亚和立陶宛这三颗星。到20世纪80年代后期，官方记录承认纪念碑纪念的是拉脱维亚从沙皇和波罗的海德意志贵族的统治下解放，但未提及拉脱维亚独立战争大部分是在抵抗苏俄红军及其下属的拉脱维亚步兵兵团。

许多俄罗斯作者，包括那些活跃在冷战结束后的人，批判过一些在他们看来是波罗的海"意识形态"或"教条"的事物，例如苏联1941年和战后时期流放的那些事。[31] 在俄罗斯历史学者看来，流放行动原则上与英美在战争期间关押来自轴心国家的平民没有什么不同。[32]类似地，波罗的海诸国普遍认为那些在战争期间和战后对苏联人作战的人都是爱国主义的自由战士，这种观点也被批判是忽略了其中一些人在战争期间，尤其是他们在爱沙尼亚及拉脱维亚师创立之前、于辅助警察单位服役的时候参与的犯罪行为。[33] 俄罗斯人感觉立陶宛20世纪80年代开始的、有关"森林兄弟"的文章和出版物的增长，大部分要归结于那些在西方生活的立陶宛人的影响，这又在随后的几年传播到了拉脱维亚和爱沙尼亚。他们认为，许多同苏联当局战斗的人并非单纯——甚至主要——是出于爱国主义才如此行事。一部分人是逃兵，或是参与了显而易见的犯罪行为，于是就和其他"游击队员"聚集起来，造成了——从俄罗斯方面的观点来看——一种对于游击队运动规模的误导性看法。[34]

另一个因为对历史解读不同导致紧张关系的例子是瓦西里·马卡洛维奇·科诺诺夫的案子，他是在拉脱维亚活动的亲苏游击队员，隶属于拉脱维亚游击第1营。科诺诺夫1943年6月作为炸药专家跳伞进入拉脱维亚。1944年2月，12名游击队员在马济埃·巴蒂村寻找藏身之处，并获准待在一座谷仓里。次日早晨，德军进入这座村庄并在谷仓放火，试图逃跑的人都被射倒在地。死者当中就有游击队的领导人丘古诺夫少校、他的妻子，还有他们的孩子。科诺诺夫当时并不在场，但后来他所属的营举行了战地审判，没有任何一位村民在审判中到场，他就奉命进入该村并抓走九名被控与德国人合作的村民。[35] 科诺诺夫和其他几名游击队员穿着国防军的制服进入了马济埃·巴蒂村，杀死了九名村民，包括三名妇女，其中一位怀有身孕。科诺诺夫1998年被控谋杀，次年被判有罪，处以六年监禁。

2000年，他对这一判决提起上诉，这时俄罗斯联邦总统弗拉基米尔·普京向科诺诺夫提供了俄罗斯国籍，后者予以接受。不久以后，拉脱维亚犯罪事务司（Latvian Criminal Affairs Division）推翻了给他的定罪，先前科诺诺夫的律师成功辩护称并不清楚游击队是否是在占领区活动，而他的游击队员以及村民的战斗人员的身份——后一群体中有许多人被德国人武装——也同样不甚明确；因此，就没有任何把握在这里解释那些适用于战争中军人和平民行为的规则。起诉方选择将针对科诺诺夫的司法程序继续下去，但只维持关于杀害三名妇女的指控，于是2004年，科诺诺夫再次入狱。

四年后，欧洲人权法庭（European Court of Human Rights）对科诺诺夫的定罪做出裁定。法庭发现科诺诺夫在村民的住宅中找到德国人提供的武器后才对后者采取了行动，因此无法明确声称科诺诺夫行动的受害者是平民。至于三位妇女的遇害，法庭结论说有两个可能的解释。第一种是妇女们对丘贡诺夫少校的团队进行监视，同时六名男性村民前往邻近的村庄向德国人告警，因此三名妇女实际上成为反游击队亲德集团的一部分；第二种是她们的被杀系因科诺诺夫的部下逾越了收到的命令。根据辩护，在后一种情况下，没有证据可以证明科诺诺夫直接参与了部下的杀戮，抑或他曾命令其他任何人去杀死妇女。因基于1944年的拉脱维亚法律提出的起诉必须在10年内进行，故科诺诺夫无法被一起1998年的起诉定罪。如果此项定罪是按照1961年通过的有关谋杀罪的拉脱维亚法律，则法庭裁定该定罪违反了《欧洲人权公约（European Convention of Human Rights）》的第七条，该条款禁止追溯定罪。[36]

拉脱维亚政府对这一判决提出上诉，于是在2010年发布了终审判决。判决断定无论其身份如何，马济埃·贝蒂村村民在1944年的法律下均不能被合法杀死或虐待。科诺诺夫及其队伍使用国防军制服的行为被裁定违背了《海牙公约》的23b条，该条目规定禁止"用诡诈手段杀死或伤害隶属于敌对国家或军队的个人"[37]。拉脱维亚法律下应在10年之内提出起诉的限制被认为与此案不相关，因为科诺诺夫被认为违反了国际法，而非拉脱维亚法律，而这些国际法规在案件发生时已经生效，第七条并未被违背。[38]

科诺诺夫死于2011年，时年88岁，他到最后都是充满争议的人物，且仍然在尝试推翻欧洲法院的裁定。在他的司法程序进行期间，俄罗斯联邦自始至终都在为他的地位提供法律、经济和道德支持。他死后，俄罗斯联邦总统德米特里·梅德韦杰夫宣布："瓦西里·科诺诺夫在整个伟大卫国战争期间与纳粹侵略者进行了无私地战斗。他始终忠于在战斗中铸成的盟约，并且终其一生都在捍卫关于那些年月事件的真相。"[39]

在波罗的海诸国，有许多人——尤其是那些因苏联战后人口迁移而被留在这三国的众多非波罗的海人口——都为那些对苏联军队的损贬感到不适，后者为将德国人赶出波罗的海诸国付出了无数的牺牲。爱沙尼亚和拉脱维亚境内的大量俄罗斯人分别构成了这两国26%和20%的人口，他们在适应这三国新地位的过程中经历了特别艰难的时期。最近，拉脱维亚国内的俄罗斯人口尝试让俄语被承认为该国的一门官方语言，但未能成功。

尽管对于过去尚有这些矛盾的态度，但至少就现在看来，波罗的海三国已经牢固地嵌入西方世界。近期的经济事件表明这并不总是祝福。尽管如此，相较于此前的任何一代人，今日生活在爱沙尼亚、拉脱维亚和立陶宛的民众都可以分享一个前景远为自由、免于遭受迫害的未来。为了这个未来，他们付出的代价——同充满争议和困难的过去斗争——可能还算是小的。

注释

1. L. 莱恩斯曼，《伟大卫国战争中的爱沙尼亚》（塔林：党史研究所，1977年），第439页。

2. K. 梅斯考斯卡斯，V. 亚努科维希乌斯，V. 普洛纳斯，*Lietuvos Dabartis Ir Ateitis*（《立陶宛：过去和未来》）（维尔纽斯：SN出版社，1973年）。

3. R. 米苏纳斯，R. 塔奇佩加，《波罗的海三国：失去独立的岁月1940—1990》（伦敦：霍尔斯特出版社，1993年），第74页。

4. V. 苏库坦斯，《生命的遗嘱：后苏联时代拉脱维亚的回忆录和证言》（安德沃：劳特里奇出版社1997年），第83—84页。

5. M. 拉尔，《森林中的战争：爱沙尼亚为独立所做的抗争》（华盛顿：罗盘出版社1992年），第106—107页。

6. 引自拉尔（1992年），第108页。

7. 拉尔（1992年），第113页。

8. 拉尔（1992年），第119页。

9. 有关安茨·卡尔尤兰德的活动，见V. 吉维尔，《恐怖蚂蚁：强盗，英雄，传奇》（塔尔图：安佳路德出版社，2010年）。

10. H. 斯特罗德，M. 考特，《关于海浪行动的档案：对1949年大流放的再评估》，收录于《波罗的海研究》第33期（2002年第1期），第1—36页。

11. M. 拉尔（1992年），第24页。

12. E. 安德森，L. 西林斯（主编），《拉脱维亚和西方，拉脱维亚民族主义抵抗运动，1943-1945》（里加：拉脱维亚大学拉脱维亚史期刊编辑部，2002年），第14—126页。

13. B. 费德尔，《野猫行动》收入于《占领拉脱维亚的极权主义政权，1940　1964年》（里加：拉脱维亚史委员会，第13卷，2004年），第268页。

14. 第212前线侦察指挥部哈瑟曼少尉在1944年12月24日的报告（德国联邦档案馆，RH-2/2129，第155页）。

15. 费德尔（2009年），第317—318页。

16. H. 斯特罗德，《拉脱维亚民族游击战1944—1956》（那慕斯出版社，1997年），第168页。

17. 《资本家报》（2004年5月19日），《巨熊的生与死：百年回顾》。

18. A. 拉提申卡，《立陶宛历史地图集》（维尔纽斯：瓦加出版社，2001年），第25页。

19. D. 科沃迪特，R. 蔡司维基斯，《被遗忘的战争：1944—1953年立陶宛的武装反苏斗争》（维尔纽斯：立陶宛抵抗运动和大屠杀研究中心），第43页。

20. 见P. 巴塔，《普鲁士战场》（牛津：鱼鹰出版社，2010年），第452—453页。

21. 《瑞典日报》1994年6月21日和1994年6月22日。

22. M. 罗尔尼凯特，《我必须说出来》（汉堡：卢沃尔特出版社，2002年），第268—269页。

23. 罗尔尼凯特，第277页。

24. D. 马塔斯，S. 查恩多夫，《迟到的正义：流亡加拿大的纳粹战犯》（多伦多：萨默希尔出版社，1988年），第77页。

25. S. 利特曼，《审判席上的战犯：劳卡案件》（安大略：平装本出版社，1984年）。

26. 《时代》，1965年3月19日。

27. E. 梅尔克，《在人生顶点的沉重岁月》（诺德施泰德：按需印刷，2005年）。

28. M. 巴拉塔斯，《文献中的拉脱维亚军团》（多伦多：阿姆比尔出版社，1999年），第104页。

29. 米苏纳斯和塔奇佩拉提供了优质、精确的记述。

30. M. 米阿戈夫，《苏联、美国及波罗的海三国问题1941—1945》收入于《新历史》总第一卷（2005年），第50—59页；又见F. 劳温海姆，H. 朗格利，M. 约纳斯，《罗斯福和丘吉尔秘密通讯集》（剑桥：达卡波出版社，1990年），第217—218年。

31. A. 迪久科夫，《大屠杀的对应：苏联政府对爱沙尼亚的镇压》（莫斯科：雅科夫列夫出版社，2007年），第87—96页。

32. V. 叶梅利亚诺夫，《二战中的波罗的海三国》，收入于《我们当代》第6卷（2007年），第154—168页。

33. V. 亚姆普洛斯基，《在波罗的海国家等待元首——元首来了！》收入于《军事历史杂志》（2001年第6期），第36—43页。

34. E. 祖布科夫，《波罗的海三国的"森林兄弟"——战后之战》，收入于《国内史》第2卷（2007年），第74—90面。

35. G. 斯万，《在希特勒和斯大林之间》（伦敦：劳特里奇出版社，2004年），第247—248页。

36. 欧洲人权法庭对科诺诺夫案件的判决，2008年6月24日。

37. 1907年《海牙公约》第23条。

38. 欧洲人权法庭对科诺诺夫案件的判决，2010年5月17日。

39. 《致伟大卫国战争老兵瓦西里·科诺诺夫家庭的慰问信》，俄罗斯总统新闻办公室，2011年4月1日。

　　这个区域边境频繁移动，甚至各国内部也存在过显著的种族差异，地名可能会非常迷惑人。

　　只要情况允许，本书原则上采用现行地名，而非过去可能用过的名字。有些地方的曾用名在当时几乎是通用的，这就构成了例外情况。例如，目前名为圣彼得堡的城市在一战结束时名为彼得格勒，二战期间则是列宁格勒；考虑到最后这个名字所能引起的联想，再取用现行名称未免就不太合适。

布列斯特-利托夫斯克（Brest-Litovsk）	布列斯特（Brest，白俄罗斯语）
道加瓦（Daugava，河流）	迪纳（Düna，德语），西德维纳（Western Dvina，俄语）
加特契纳（Gatchina）	苏联时期名为克拉斯诺格瓦杰伊斯克（Krasnogvardeisk）
格但斯克（Gdansk）	但泽（Danzig，德语）
叶尔加瓦（Jelgava）	米陶（Mitau，德语）
尤尔巴尔卡斯（Jurbarkas）	格奥尔根堡（Georgenburg，德语）
考纳斯（Kaunas）	考恩（Kauen，德语），科夫诺（Kowno，波兰语）科夫诺（Kovno，俄语）
金吉谢普（Kingisepp）	雅姆堡（Yamburg，德语）
柯尼斯堡（Königsberg）	战后更名为加里宁格勒（Kaliningrad，俄语）
利耶帕亚（Liepāja）	利鲍（Libau，德语）

利沃尼亚（Livonia）	利夫兰（Livland，德语）
梅扎帕尔克斯（Mežaparks）	凯泽瓦尔德（Kaiserwald，德语）
帕兰加（Palanga）	波朗恩（Polangen，德语）
帕奈利艾（Paneriai）	波纳利（Ponary，波兰语），波纳尔（Ponar，意第绪语）
普里耶库莱（Priekule）	普雷库恩（Preekuln，德语）
普列库莱（Priekulė）	普罗库尔斯（Prokuls，德语）
普斯科夫（Pskov）	普莱斯考（Pleskau，德语）
莱泽克内（Rezekne）	罗西滕（Rositten，德语）
施奈德密尔（Schneidemühl）	战后改名为皮瓦（Piła，波兰语）
希奥利艾（Šiauliai）	绍伦（Schaulen，德语），沙夫莱（Szawle，波兰语），沙韦乐（Shavel，意第绪语）
希卢泰（Šilutė）	海德克鲁格（Heydekrug，德语）
塔林（Tallinn）	雷瓦尔（Reval，德语）
坦能堡（Tannenberg）	斯滕巴尔克（Stębark，波兰语）
蒂尔西特（Tilsit）	战后改名为苏维埃茨克（Sovetsk，俄语）
乌克梅尔盖（Ukmergė）	威尔科米尔茨（Wilkomierz，德语）
维利亚姆波列（Vilijampolė）	维利亚姆波尔（Viriampol，德语）
维尔纽斯（Vilnius）	威尔纳（Wilna，德语），威尔诺（Wilno，波兰语），维尔纳（Vilna，俄语），维尔内（Vilne，意第绪语）

附录二
军衔

Brigadeführer	党卫队旅队长，少将
Feldwebel	国防军上士
Gefreiter	国防军准下士①
Generalfeldmarschall	国防军元帅
Generalkommissar	总专员，德国占领机构的高级官衔
Generalleutnant	国防军中将
Generalmajor	国防军少将
Generaloberst	国防军大将
Gruppenführer	党卫队地区总队长，中将
Hauptmann	国防军上尉
Hauptscharführer	党卫队一级小队长，军士长
Hauptsturmführer	党卫队一级突击队中队长，上尉
Kapitänleutnant	德国海军上尉
Leutnant	国防军少尉
Major	国防军少校
Oberfeldwebel	国防军军士长
Obergruppenführer	党卫队高级地区总队长，上将

---

① 译注：应为二等兵。

Oberleutnant	国防军中尉
Oberst	国防军上校
Oberstleutnant	国防军中校
Obersturmbannführer	党卫队一级突击队大队长，中校
Rittmeister	国防军上尉（限骑兵或原骑兵单位）
Rottenführer	党卫队分队长，上等兵
Stabsfeldwebel	国防军参谋军士
Standartenführer	党卫队旗队长，上校
Sturmbannführer	党卫队二级突击队大队长，少校
Unterscharführer	党卫队小队长，下士
Untersturmführer	党卫队三级突击队中队长，少尉

AK	Armia Krajowa（国家军），西方国家支持的波兰人抵抗军
AOK	Armee Oberkommando（陆军高级司令部），如东普鲁士陆军高级司令部（AOK Ostpreussen）
BDO	Bund Deutscher Offiziere（德意志军官联盟）
EVR	Eesti Vabariigi Rahvuskomitee（爱沙尼亚共和国民委员会）
FPO	Fareynikte Partizaner Organizatsye（联合游击队员组织）
GPU	Gosudarstvennoye Politicheskoye Upravlenie（国家政治保卫局，NKVD的一个组成部分）
HKP	Heeres Kraftfahr Park（陆军运载车辆储备池），德国
HSSPf	Höhere SS- und Polizeiführer（高级党卫队及警察指挥官），德国
LAF	Lietuvos Aktyvistų Frontas（立陶宛活跃分子阵线）
LCP	Latvijas Centrālā Padome（拉脱维亚中央会议）
LKNS	Latviju Kareivju Nacionālā Savienība（拉脱维亚战士国民联邦）
LLA	Lietuvos Laisvės Armija（立陶宛自由军）
LLKS	Lietuvos Laisvės Kovos Sąjūdis（立陶宛自由战士同盟）
LVR	Lietuvos Vietinė Rinktinė（立陶宛防卫力量）
NKFD	Nationalkomitee Freies Deutschland（自由德国国民委员会）
NKVD	Narodnyy Komissariat Vnutrennikh Del（内务人民委员部），苏联秘密警察组织
OKH	Oberkommando des Heeres（德国陆军总司令部）
OKW	Oberkommando der Wehrmacht（国防军最高统帅部）

RHSA   Reichssicherheitshauptamt（帝国保安总局），德国

RVL   Relvastadud Voitluse Liit（武装抵抗联盟），爱沙尼亚

SA   Sturmabteilung（冲锋队），纳粹党战前的一个准军事组织

SD   Sicherheitsdienst（党卫队保安处），德国

STAVKA   Soviet High Command（苏联大本营），苏联

TAR   Tevynes Apsaugas Rinktine（祖国防卫力量），立陶宛

TDA   Tautos Darbo Apsauga（国民劳役营），立陶宛

附录四
外语专有名词

阿勃韦尔（Abwehr） 德国军事情报机构

委任战术（Auftragstaktik） 集中达成某项任务的军事理念，该理念与旧式
的那种严格的指挥控制体系相反，允许下级军
官自行决断

自由军团（Freikorps） 一战后由前德国军人在波罗的海国家及德国本
土结成的志愿军事组织

犹太人委员会（Judenrat） 占领区内负责组织犹太人社区的犹太人管理机构

共产主义青年联盟（Komjautnatne） 拉脱维亚青年组织

共青团（Komsomol） 苏联青年组织

东方部（Ostministerium） "帝国东方占领地区部"（Reichsministerium für
die besetzten Ostgebieten）的通称

爱沙尼亚自卫队（Omakaitse） 最初为一战结束后的爱沙尼亚"本土防卫
军"；1941年德国入侵后作为民兵组织重建

"雷霆十字"（Pērkonkrusts） 一个拉脱维亚极端民族主义组织，与帝国保安
总局和A特别行动群均有联系

党卫队指挥总局（SS-Führungshauptamt） 各党卫队非战斗成分的指挥部，总部在柏林

参考资料

档案来源

德国联邦档案馆军事档案分馆，德国弗莱堡

德国联邦档案馆，德国柏林

俄罗斯外交部档案馆，俄罗斯，莫斯科

胡佛战争，和平，革命档案馆，美国，加利福尼亚州斯坦福

帝国战争博物馆，英国，伦敦

犹太人网络联合会

拉脱维亚国家档案馆，拉脱维亚，里加

拉脱维亚科学院中央档案馆，拉脱维亚里加

美国参议院档案记录，美国华盛顿特区

俄罗斯国防部中央档案馆，俄罗斯莫斯科

美国国会图书馆，美国，华盛顿

美国国家档案馆

期刊和报纸

Armor（《装甲》）（美国，乔治亚州，本宁堡）

Baltic Defence Review（《波罗的海防务评论》，爱沙尼亚，塔尔图）

Brīvā Zeme（《自由之地》，拉脱维亚，里加）

Central European History Journal（《中欧历史杂志》，剑桥大学出版社）

Europe-Asia Studies，*Central and East European Studies*（《欧亚研究》，《中东欧研究》，格拉斯哥大学）

Gazeta Kapitalist（《首都新闻报》，拉脱维亚，里加）

Genocidas ir Rezistencija（《大屠杀和抵抗》，立陶宛大屠杀及抵抗运动研究中心，立陶宛，维尔纽斯）

Journal of Baltic Studies（《波罗的海研究》，华盛顿州立大学，美国，华盛顿州西雅图）

Land Warfare Papers（《陆战论文集》，陆战研究机构，弗吉尼亚州阿灵顿）

Military Review（《军事评论》，美国，堪萨斯州利文沃斯堡）

Nash Sovremmenik（《我们当代》，俄罗斯，莫斯科）

Nepriklausoma Lietuva (1943)［独立的立陶宛（1943 年）］

Novaya e Novenshaya Istoriya（《新历史》，俄罗斯莫斯科）

Otechestvennaya Istoriya（《国家历史》，俄罗斯，莫斯科）

Svenska Dagbladet（《瑞典日报》，瑞典，斯德哥尔摩）

Time（《时代杂志》，纽约）

Voenno-Istoricheskii Zhurnal（《军事历史杂志》，俄罗斯，莫斯科）

图书和论文

E. 安德森，L. 西林斯（主编），*Latvija un RietumI. Latviešu Nacionālā Pretestības Kustība 1943–1945*（《拉脱维亚和西方，拉脱维亚民族主义抵抗运动，1943—1945》，里加：拉脱维亚大学拉脱维亚史期刊编辑部，2002 年）

A. 安格里克，P. 克莱因，*The Final Solution in Riga: Exploitation and Annihilation*（《在里加的"最终决"——从开展到消灭 1941—1944》，纽约：博格哈恩出版社，2009 年）

Y. 阿拉德等（主编），*The Einsatzgruppen Reports. Selections from the Dispatches of the Nazi Death Squads' Campaign Against the Jews in Occupied Territories of the Soviet Union July 1941–January 1943*（《特别行动队报告：摘录自纳粹刽子手的报告——对苏联被占领区犹太人的行动 1941 年 7 月至 1943 年 1 月》，纽约：大屠杀图书馆）

I. 巴格拉米扬，*So Schritten Wir Zum Sieg*（《当我们走向胜利》，柏林：德意志民主共和国军事出版社，1989 年）

A. 巴拉索夫，*Ystoriya Velykoye Otechiestvennoye Voinyi 1941–1945*（《伟大卫国战争史 1941—1945》，圣彼得堡：彼得出版社，2006 年）

M. 巴拉塔斯，*The Latvian Legion in Documents*（《文献中的拉脱维亚军团》，多伦多：阿姆比尔出版社，1999 年）

科瑞里·班内特，*Hitler's Generals*（《希特勒的将军》，纽约：韦登菲尔德和尼科尔森出版社，1989 年）

V. 巴图斯文西斯，J. 陶贝，W. 维特（主编），*Holocaust in Litauen*（《立陶宛的大屠杀》，科隆：伯劳出版社，2003 年）

G. 本内特，*Cowan's War*（《科万的战争》，伦敦：柯林斯出版社，1964 年）

C. 贝格斯托姆，*Bagration to Berlin: The Final Air Battles in the East: 1944-1945*（《巴格拉季昂到柏林——最后的东线空战》，韦布里奇：伊恩·艾伦出版社，2007 年）

D. 贝埃里，I. 布图里斯，A. 祖达，I. 弗雷德马尼斯，*History of Latvia: the 20th Century*（《20 世纪拉脱维亚史》，里加：尤马瓦出版社）

V. 布兰德绍斯卡，*Siekiai Atkurti Lietuvos Valstybinguma̧*（《重新恢复立陶宛国家的愿景》，维尔纽斯：国家出版中心，1996 年）

R. 布雷特曼，*Architect of Genocide. Himmler and the Final Solution*（《种族灭绝的设计师，希姆莱和最后解决方案》，伦敦：博德利海德出版社 1991 年）

C. 布朗宁，*The Origins of the Final Solution: The Evolution of Nazi Jewish Policy, September 1939–March 1942*（《最终解决方案的起源——纳粹对犹太人政策的变迁 1939 年 9 月—1942 年 3 月》，林肯：内布拉斯加）

A. 布尼斯，*Lithuanian Police Battalions and the Holocaust*（立陶宛警察营和大屠杀，可见 *http://www.komisija.lt/Files/www.komisija.lt/File/Tyrimu_baze/Naciu%20okupacija/Instituciju,%20asmenu%20vaidmuo/Bubnys.%20Batalionai/ENG/Research%20by%20A. Bubnys%20(english).pdf*）

A. 博德里克斯，*The Lithuanian National Revolt*（《立陶宛民族革命》，波士顿：立陶宛百科全书出版社，1968 年）

T. 伯恩内特，*Conspiracy Encyclopedia*（《密谋百科全书》，伦敦：柯林斯和布朗出版社，2005 年）

P. 巴塔，*Battleground Prussia*（《普鲁士战场》，牛津：鱼鹰出版社，2010 年）

R. 博伊德，*Once I Had a Comrade: Karl Roth and the Combat History of 36th Panzer Regiment 1939-1945*（《我有一个战友：卡尔·罗斯和第 36 装甲团战史，1939—1945》，索利哈尔，赫伦出版社，2006 年）

O. 卡里乌斯，*Tigers in the Mud*（《泥泞中的老虎》，梅岑尼克堡：斯塔克波尔出版社，2003 年）

R. 克里尔，*The Myth of the Master Race: Alfred Rosenberg and Nazi Ideology*（《优等种族的神话：阿尔弗雷德·罗森堡和纳粹意识形态》，纽约：杜德梅德出版社）

W. 孔策，*Die Geschichte der 291. Infanterie-Division*（《第 291 步兵师师史》，班德瑙海姆：波德聪出版社，1953 年）

策宁·冯和楚邓尼茨，*In the World War*（《大战中》，纽约 / 伦敦：哈珀兄弟出版社）

A. 达林，*German Rule in Russia 1941–45*（《德国在俄统治，1941—1945》，伦敦，麦克米兰出版社，1957 年）

N. 戴维斯，*White Eagle, Red Star: the Polish-Soviet War, 1919–20*（《白鹰和红星：苏波战争 1919—1920》，伦敦：皮姆利科出版社）

C. 德艾斯特：*Model*（《莫德尔》），收入于 C. 班内特，*Hitler's Generals*（《希特勒的将军》，纽约：韦登菲尔德和尼科尔森出版社，1989 年）

K. 迪克雷特，H. 格罗斯曼，*Die Kampf um Ostpreussen*（《东普鲁士之战》，慕尼黑：摩托书籍出版社，2002 年）

C. 迪克曼，*Das Ghetto und das Konzentrationslager in Kaunas 1941–1944*（《考纳斯的犹太人隔离区和集中营 1941—1944》，哥廷根：沃尔施泰因出版社，1998 年）

A. 迪久科夫，*Meef o Genocheede: Repressii Sovietskiiy Vlasteii v Estonii*（《大屠杀的对应：苏联政府对爱沙尼亚的镇压》，莫斯科：雅科夫列夫出版社，2007 年）

P. 艾伯哈德，*Political Migrations in Poland, Warsaw*（《波兰的政治移民》，华沙：中欧历史研究中心）

A. 艾丁塔斯，V. 扎伊斯，A. 西恩，*Lithuania in European Politics: The Years of the First Republic, 1918–1940*（《欧洲政治中的立陶宛：第一共和国时代，1918—1940》，巴兴斯托克：麦克米兰出版公司，1997 年）

M. 埃克斯坦，*Walking Since Daybreak*（《自黎明起漫步》，纽约：水手出版社）

Y. 叶梅利亚诺夫，*Priybaltika: Mezhdoo Stalinim I Hitlerom*（《在斯大林和希特勒之间的波罗的海三国》，莫斯科，别斯托夫出版社）

V. 叶梅利亚诺夫，'*Pribaltika vo Vtoroyi Mirovoyi*'（《二战中的波罗的海三国》）收入于 *Nash Sovremmenik*（《我们当代》）第 6 卷

J. 艾德曼，*Droga do Ostrej Bramy*（《通向黎明之门》，华沙：PWN 出版社，1990 年）

C. 艾奇逊，D. 奥苏加，*The Kaiser's Holocaust: Germany's Forgotten Genocide and the Colonial*

Roots of Nazism（《皇帝的大屠杀：德国被遗忘的种族灭绝及纳粹主义的殖民根源》，伦敦：法博和法博出版社）

J. 埃里克森，*The Road to Stalingrad*（《通往斯大林格勒之路》，纽黑文：耶鲁大学出版社，1999 年）

A. 艾泽盖利斯，*The Holocaust in Latvia 1941–1944*（《拉脱维亚的大屠杀 1941—1944》，里加：拉脱维亚史研究中心）

B. 费德尔，*Das Unternehmen 'Wildkatze'*（《"野猫"行动》）收入于 *Totalitārie Okupācijas Režimi Latvijā 1940–1964*（《占领拉脱维亚的极权主义政权》，里加：拉脱维亚史委员会，2004 年）

B. 费德尔，*Lettland im Zweiten Weltkrieg*（《二战中的立陶宛》，帕德博恩：斐迪南·绍宁出版社，2009 年）

S. 加诺，*Das Andere Leben*（《另一种人生》，美茵河畔法兰克福：费歇尔出版社，1997 年）

C. 格拉赫，*Kalkulierte Morde*（《计算下的谋杀》，汉堡：HIS 出版社，2000 年）

A. 格鲁提斯（主编），*Lithuania: 700 Years*（《立陶宛 700 年》，纽约：马尼兰出版社）

S. 格里奈特，*Atminimo Knyga*（《回忆录》，维尔纽斯：花环出版社，1999 年）

D. 格兰茨，*Stumbling Colossus: The Red Army on the Eve of World War*（《泥足巨人：战争前夕的苏联红军》，劳伦斯：堪萨斯大学出版社，1998 年）

D. 格兰茨，*The Battle for Leningrad*（《列宁格勒会战》，劳伦斯：堪萨斯大学出版社，2002 年）

M. 古德，*The Search For Major Plagge: The Nazi Who Saved Jews*（《寻找普拉格少校：那个拯救犹太人的纳粹》，纽约：福德汉姆大学出版社，2005 年）

P. 古德，*Memoirs of Perella Esterowicz*（《普雷拉·艾斯特洛维茨回忆录》，可见 *http://web.me.com/michaeldg/Site/Plagge_Documents_files/Memoirsp.rtf*）

I. 古科夫，N. 舍明，'Konets global'noi Ishi: Na sovetskom severozapade–Operativnye plany zapadhykh prigranichnykh okrugov 1941 godasvidetel'-stvuiut: SSSR ne gotovilsia knapadeniiu na Germaniiu'（《"未完成的目标"苏联西北方向 1941 年的战役计划——苏联并未进攻德国》）收入于 *Voenno-istoricheskii zhurnal*（《军事历史杂志》1996 年第 6 期）

H. 格瑞尔，*Hitler, Dönitz, and the Baltic Sea*（《希特勒，邓尼茨和波罗的海》，安纳波利斯：海军学院出版社）

P. 格里格连科，*Memoirs*（《回忆录》，纽约：诺顿出公司）

V. 格罗斯曼，I. 爱伦堡，*Das Schwarzbuch. Der Genozid an den Sowjetischen Juden*（《黑书：

对苏联犹太人的大屠杀》，林贝克：罗沃特出版社）

H. 古德里安，*Panzer Leader*（《装甲先锋》，伦敦：企鹅出版社）

F. 哈尔德，*Diaries*（《日记》1939 年 8 月 22 日，收藏于帝国战争博物馆）

W. 豪普特，*Die 8. Panzer-Division im Zweiten Weltkrieg*（《第二次世界大战中的第 8 装甲师》，弗雷德贝格：波德聪出版社，1987 年）

W. 豪普特，*Army Group North*（《北方集团军群》，阿特格伦：希弗出版社，1997 年）

J. 哈登，P. 萨门，*The Baltic Nations and Europe (revised edn)*［《波罗的海三国和欧洲》（修订），哈尔洛：朗曼出版社］

T. 希洛，*Estonia, 1940–1945: Reports of the Estonian International Commission for the Investigation of Crimes Against Humanity, Estonian Foundation for the Investigation of Crimes Against Humanity*（《爱沙尼亚，1940—1945：爱沙尼亚反人类罪调查国际委员会报告集》，塔林：克里斯特‒利特索出公司）

A. 希尔格鲁伯，*War in the East and the Extermination of the Jews*（《东线战争及对犹太人的屠杀》）收入于马卢斯（主编），*The Nazi Holocaust Part 3, The 'Final Solution': The Implementation of Mass Murder*（《纳粹大屠杀第三部分，"最后解决方案"：大屠杀的实施》，慕尼黑，绍尔出版社，1989 年）

A. 希特勒，*Mein Kampf*（《我的奋斗》，波士顿：霍顿米夫林出版社）

H. 霍尔伯恩，*A History of Modern Germany*（《现代德国史》，纽约：柯诺普出版社，1969 年）

W. 胡巴赫，*61 Infanterie-Division*（《第 61 步兵师》，班德瑙海姆：波德聪出版社，1961 年）

J. 胡贝尔，*So War es Wirklich*（《如此真实》，自费出版，1994 年）

J. 因秋林，*Rettung und Widerstand in Kaunas*（《考纳斯的抵抗和救援》）收入于巴尔图赛维纽斯（主编）*Holocaust in Litauen*（《立陶宛的大屠杀》，科隆：伯劳出版社，1994 年）

Z. 伊文希克斯，*Lithuania During the War: Resistance Against the Soviet and Nazi Occupants*（《战争中的立陶宛：抵抗苏联和纳粹》）收入于 V. 瓦尔迪斯（主编）*Lithuania Under The Soviets*（《苏联统治下的立陶宛》，纽约：普拉格尔出版社，1965 年）

M. 尤克彼，*Panttipataljoona*（《仓储营》，赫尔辛基：韦林古斯出版社，1969 年）

M. 琼斯，*Leningrad: State of Siege*（《围困中的列宁格勒》，伦敦：约翰默里出版社，2008 年）

K. 康格里斯，*Latvijas Vēsturnieku Komisijas Rakst*（《拉脱维亚历史学者文集》，里加：拉脱维亚历史研究所出版处，2008 年）

H. 卡德尔, *Die Geschichte der 170. Infanterie-Division*（《第 170 步兵师师史》，班德瑙海姆：波德聪出版社，1953 年）

S. 卡特安格, *'Commemorating Liberation and Occupation: War Memorials Along the Road to Narva'*（《纪念解放和占领：通往纳尔瓦之路的胜利纪念碑》），*Journal of Baltic Studies*（《波罗的海研究》第 39 卷，2008 年第 4 期）

A. 凯, *Exploitation, Resettlement, Mass Murder: Political and Economic Planning for German Occupation Policy in the Soviet Union*（《剥削，迁移，集体屠杀：德国对苏联被占领区的政治及经济计划》，纽约：贝格哈恩出版社，2006 年）

V. 吉维尔, *Hirmus-Ants. Bandiit, Kangelane, Legend*（《恐怖蚂蚁：强盗，英雄，传奇》，塔尔图：安佳路德出版社，2010 年）

E. 克里（主编）, *'Schöne Zeiten' – Judenmord aus der Sicht der Täter und Gaffer*（《美丽时代：从肇事者和旁观者角度看犹太人大屠杀》，美茵河畔法兰克福：费歇尔出版公司）

S. 科内齐斯, *Genocidas ir Rezistencija*（《大屠杀和抵抗》，维尔纽斯：立陶宛抵抗运动和大屠杀研究中心）

G. 康普利科夫, *Polpredy Soobshchaiut*（《全权代表报告》，莫斯科：国际关系出版社，1990 年）

M. 克劳斯, R. 菲利普斯（主编）, *Historical Perspectives of the Operational Art*（《历史视角下的战役法》，华盛顿：军事历史中心，2006 年）

E. 克里沃舍耶夫, *I Sraženie Dlinoj v Polgoda*（《漫长的半年》，塔林：书籍出版社，1984 年）

G. 克里沃舍耶夫, *Soviet Casualties and Combat Losses in the Twentieth Century*（《苏联在二十世纪的伤亡和作战损失》，伦敦：格林希尔出版社）

D. 科沃迪特, R. 蔡司维基斯, *The Unknown War: Armed Anti-Soviet Resistance in Lithuania in 1944–1953*（《被遗忘的战争：1944—1953 年立陶宛的武装反苏斗争》，维尔纽斯：立陶宛抵抗运动和大屠杀研究中心）

H. 黑宫, A. 派普伊斯基, *Między Warszawą a Tokio*（《在华沙和东京之间》，托仑，亚当·马兹沙维克出版公司，2009 年）

F. 库洛夫斯基, *Bridgehead Kurland*（《库尔兰桥头堡》，温尼伯，J. J. 费多罗维奇出版社、2002 年）

M. 库尔泽姆, *The Mascot*（《马斯考特》，伦敦：艾伯里出版社，2007 年）

K. 库西里克，*Estonian Omakaitse in 1941–1944*（《爱沙尼亚国民卫队 1941—1944》）收入于 T. 希洛，*Estonia, 1940–1945: Reports of the Estonian International Commission for the Investigation of Crimes Against Humanity, Estonian Foundation for the Investigation of Crimes Against Humanity*（《爱沙尼亚，1940—1945：爱沙尼亚反人类罪调查国际委员会报告集》，塔林：克里斯特－利特索出版公司）

N. 库兹涅佐夫，*Koorsom k Pobyedye*（《胜利之路》，莫斯科：古鲁斯出版公司）

M. 拉尔，*War In The Woods: Estonia's Struggle For Independence*（《森林中的战争：爱沙尼亚为独立所做的抗争》，华盛顿：罗盘出版社 1992 年）

M. 拉尔，*Sinimäed 1944: II Maailmasōja Lahingud Kirde-Eestis*（《蓝夜 1944：二战期间爱沙尼亚东北部的战事》，塔林：瓦拉克出版社，2006 年）

R. 兰德维尔，*Estonian Vikings*（《爱沙尼亚维京人》，哈利法克斯：书架出版社，1999 年）

H. 朗格伯恩，*Hitler's Death Squads: The Logic of Mass Murder*（《希特勒的行刑队：大屠杀的逻辑》，德克萨斯农工大学，2004 年）

O. 拉施，*So Fiel Königsberg*（《柯尼斯堡的陷落》，斯图加特：格莱夫和翁策出版社，2002 年）

A. 拉提申卡，*Lietuvos istorijos atlasas*（《立陶宛历史地图集》，维尔纽斯：瓦加出版社，2001 年）

J. 莱茵斯，*Mana Dzimtene: Atmiņu un Pārdomu Atspulgā*（《我的母亲：当下与回想》，瓦斯特拉斯：ICA 出版社，1971 年）

L. 莱恩斯曼，*Eesti Rahvas Suures Isamaasōjas*（《伟大卫国战争中的爱沙尼亚》，塔林：党史研究所，1977 年）

D. 勒斯特，R. 斯托克顿，*Suicide and the Holocaust*（《自杀和大屠杀》，诺瓦，2005 年）

D. 列文，*The Lesser of Two Evils. Eastern European Jewry Under Soviet Rule, 1939–1941*（《两恶魔中略好的：1939—1941 年苏联统治下的东欧犹太人》，费城：犹太人出版联合会，1995 年）

D. 列文，*Hidden History of the Kovno Ghetto*（《科夫诺犹太人隔离区被掩盖的历史》，波士顿：犹太人大屠杀纪念馆）

S. 利特曼，*War Criminal on Trial: The Rauca Case*（《审判席上的战犯：劳卡案件》，安大略：平装本出版社）

F. 劳温海姆，H. 朗格利，M. 约纳斯，*Churchill and Roosevelt: Their Secret Correspondence*（《罗斯福和丘吉尔秘密通讯集》，剑桥：达卡波出版社）

G. 洛施, *Die Geschichte der Rheinischwestfälischen 126. Infanterie-Division 1940–1945*（《莱茵 − 威斯特法仑第 126 步兵师师史 1940—1945》，班德瑙海姆：波德聪出版社，1961 年）

W. 罗威尔, *Empire, Colony, Genocide: Conquest, Occupation and Subaltern Resistance in World History*（《帝国，殖民地，大屠杀：世界历史上的征服，占领和下层反抗》，纽约：博格哈恩出版社）

H. 冯·卢克, *Panzer Commander*（《装甲指挥官》，伦敦：卡塞尔出版社，2002 年）

I. 卢克斯, *Czechoslovakia Between Stalin and Hitler: The Diplomacy of Edvard Beneš in the 1930s*（《夹在斯大林和希特勒之间的捷克斯洛伐克：爱德华·贝奈斯在 20 世纪 30 年代的外交》，牛津：牛津大学出版社，1996 年）

A. 鲁斯梯格, *Feldwebel Anton Schmid*（《安东·施密德军士》）收入于 V. 巴图斯文西斯（主编）*Holocaust in Litauen*（《立陶宛的大屠杀》，科隆：伯劳出版社，2003 年）

C. 冯·卢蒂绍, *The Road to Moscow: The Campaign in Russia*（《莫斯科之路：在俄国的战役》，华盛顿特区：军事历史中心，1985 年）

C. 马达捷克, *Generalna Gubernia w planach hitlerowskich*（《纳粹军事总督之研究》，华沙：PWN 科学出版社，1961 年）

C. 马达捷克, *Vom Generalplan Ost zum Generalsiedlungsplan: Dokumente*（《从东方总计划到东方定居计划：档案》，慕尼黑：绍尔出版社）

H. 冯·曼陀菲尔, *Die 7. Panzer-Division im Zweiten Weltkrieg*（《二战中的第 7 装甲师》，克雷菲尔德：沙贝格出版社）

马卢斯（主编），*The Nazi Holocaust Part 3, The 'Final Solution': The Implementation of Mass Murder*（《纳粹大屠杀第三部分，"最后解决方案"：大屠杀的实施》，慕尼黑：绍尔出版社，1989 年）

N. 马斯劳斯内, *Lietuvos Tautinių Mažumų Įtraukimas į LSSR Administraciją ir Sovietinės Biurocratijos Tautiniai Santykiai 1940–1941*（《立陶宛少数民族参加立陶宛社会主义共和国的管理及官僚机构 1940–1941》）收入于 *Genocidas ir Rezistencija*（《大屠杀和抵抗运动》）

D. 马塔斯, S. 查恩多夫, *Justice Delayed: Nazi War Criminals in Canada*（《迟到的正义：流亡加拿大的纳粹战犯》，多伦多：萨默希尔出版社，1988 年）

C. 麦克帕顿, *Mikhail Nikolayevich Tukhachevsky (1893–1937): Practitioner and Theorist of War*［《米哈伊尔·尼古拉耶维奇·图哈切夫斯基（1893—1937）战争理论家和实践者》］*Land*

Warfare Papers（《陆战论文集》第 56 期，陆战研究机构，弗吉尼亚州阿灵顿）

R. 梅克尔，*Wartezimmer des Todes*（《死亡等待室》）收入于 H. 肖夫勒（主编）*Die Weg War Weit*（《路很远》，内卡尔格明德：库尔特·福温克尔出版社，1969 年）

F. 冯·梅伦廷，*German Generals of World War II*（《二战德军将领》，诺曼：俄克拉荷马大学出版社，1977 年）

E. 梅尔克，*Schwere Jahre auf der Höhe des Lebens*（《在人生顶点的沉重岁月》，诺德施泰德：按需印刷，2005 年）

K. 梅斯考斯卡斯，V. 亚努科维希乌斯，V. 普洛纳斯，*Lietuvos Dabartis Ir Ateitis*（《立陶宛：过去和未来》，维尔纽斯：SN 出版社，1973 年）

M. 米阿戈夫，*SSSR, USA e Problema Pribaltikii v 1941–1945 Godah*（《苏联，美国及波罗的海三国问题 1941—1945》）收入于 *Novaya e Novenshaya Istoriya*（《新历史》2005 年，总第一卷）

M. 迈克尔森，*City of Life, City of Death. Memories of Riga*（《生命之城，死亡之城：里加回忆录》，科罗拉多：大学出版社，2004 年）

W. 米舍尔，*Kaddish for Kovno: Life and Death in a Lithuanian Ghetto, 1941–1945*（《科夫诺的祈祷：在一座立陶宛集中营中的生与死 1941—1945》，芝加哥：芝加哥评论出版社，1988 年）

R. 米苏纳斯，R·塔奇佩加，*The Baltic States – Years of Dependence 1940–1990*（《波罗的海三国失去独立的岁月 1940—1990》，伦敦：霍尔斯特出版社，1993 年）

S. 迈林涅米，*Die Neuordnung der Baltischen Länder 1941–44*（《波罗的海的新秩序 1941—1944》，赫尔辛基：芬兰历史学会，1973 年）

S. 迈林涅米，*Die Baltische Krise 1938–41*（《波罗的海危机 1938—1941》，斯图加特：德意志出版社，1979 年）

D. 纳什，*Hell's Gate*（《地狱之门》，南伯里：RZM 出版社）

F. 瑙曼，*Mitteleuropa*（《中欧》，柏林：格奥尔格·雷迈出版社）

A. 尼克里奇，A. 乌尔姆，G. 弗里兹，*Pariahs, Partners, Predators: German–Soviet Relations, 1922–1941*（《贱民，伙伴，对手——德苏关系 1922—1941》，纽约：哥伦比亚大学出版社，1997 年）

A. 纽曼，*Leben und Sterben im Ghetto Kaunas*（《考纳斯犹太人区的生与死》），收入于：V. 巴图斯文西斯（主编），*Holocaust in Litauen*（《立陶宛的大屠杀》，科隆：伯劳出版社，2003 年）

J. 纽曼，*Die 4. Panzer Division 1943–1945*（《第 4 装甲师 1943—1945》，波恩：1989

年自费出版）

S. 纽顿，*Retreat from Leningrad: Army Group North, 1944/1945*（《从列宁格勒后撤：北方集团军群 1944/1945》，费城：希弗出版社，1995 年）

L. 尼古拉斯，*Cruel World: The Children of Europe in the Nazi Web*（《残酷的世界：处在纳粹巨网下的欧洲儿童》，纽约：珍藏出版社，2006 年）

G. 尼波德，*Mittlere Ostfront Juni 1944*（《东线中部，1944 年 6 月》，汉堡：米特勒出版社，1985 年）

G. 尼波德，*Panzeroperationen 'Doppelkopf' und 'Cäsar'*（《装甲行动"双头"及"恺撒"》，赫尔福德：米特勒出版社，1985 年）

G. 尼波德，*12. Panzerdivision (2. InF. DiV.) Pommern 1921–1945*［《来自波美拉尼亚的第 12 装甲师（第 2 步兵师）1921—1945》，1988 年自费出版］

V. 诺尔恩多夫，*Battle for the Baltic. Yearbook of the Museum of the Occupation of Latvia*（《波罗的海之战——拉脱维亚沦陷时期博物馆年鉴》，里加，2004 年）

K. 奥尔洛夫，*Borba za Sovetsjuiu Pribaltiku v Velikoi Otechestvennoi Vione, 1941–1945*（《伟大卫国战争中苏联波罗的海地区的战事 1941—1945》，莫斯科：列斯马出版社）

A. 帕卡尔尼斯基斯，*Plungė*（《普伦盖》，芝加哥：莫库诺出版社，1980 年）

T. 彼得罗夫斯基，*Poland's Holocaust*（《波兰的大屠杀》，杰弗逊：麦克法兰出版公司）

A. 普拉坎斯，*The Latvians: A Short History*（《拉脱维亚人：一部简史》，斯坦福：胡佛协会出版社，1995 年）

冯·普拉图，*Die Geschichte der 5. Panzer Division*（《第 5 装甲师师史》，雷根斯堡：瓦尔哈拉及普拉多利亚出版社，1978 年）

S. 普拉托诺夫，*Bitva za Leningrad*（《列宁格勒会战》，莫斯科：军事出版社，1964 年）

B. 普瑞斯，*The Murder of the Jews in Latvia*（《拉脱维亚犹太人大屠杀》，埃文斯顿：西北大学出版社，2000 年）

T. 劳恩，*Estonia and the Estonians (Studies of Nationalities)*［《爱沙尼亚和爱沙尼亚人（民族研究）》，斯坦福：胡佛协会出版社，2002 年］

E. 劳斯，*Panzer Operations: the Eastern Front Memoir of General Raus, 1941–45*（《装甲行动：劳斯将军的东线回忆录 1941—1945》，剑桥：达卡波出版社，2003 年）

L. 里斯，*The Nazis：a Warning From History*（《纳粹：来自历史的警告》，伦敦：英国广

播公司，1997 年）

A. 雷，*The Drama of the Baltic Peoples*（《波罗的海三国人民的活剧》，斯德哥尔摩：瓦巴艾斯特里出版社，1970 年）

A. 利西斯，*The Fall of Litvinov：Harbinger of the German–Soviet Non-Aggression Pact*（《李维诺夫的倒台：苏德互不侵犯协定的预兆》），收入于 *Europe-Asia Studies*（《欧亚研究》第 52卷第 1 期，2000 年）

R. 罗德斯，*Masters of Death：The SS-Einsatzgruppen and the Invention of the Holocaust*（《死亡大师：党卫队特别行动队及大屠杀的发明》，纽约：阿尔弗雷德·A. 柯诺普出版社，2002 年）

W. 里奇特，*Die 1. (Ostpreussische) Infanterie-Division*（《来自东普鲁士的第 1 步兵师》，慕尼黑：马克斯·施密特出版社 1975 年）

T. 利埃斯，*Cold Will：The Defence of Finland*（《冰冷的希望：保卫芬兰》，伦敦：巴西里防务出版社，1988 年）

M. 罗尔尼凯特，*Ich Muss Erzählen*（《我必须说出来》，汉堡：卢沃尔特出版社，2002）

R. 隆格利普，*Tartu in the 1941 Summer War*（《在 1941 年夏季战局中的塔尔图》）收入于 *Baltic Defence Review*（波罗的海防务评论第 1 卷第 9 期）

M. 罗斯勒尔，S. 施雷尔马赫尔，*Hauptlinien der nationalsozialistischen Planungsund Vernichtungspolitik*（《国家社会主义计划和灭绝政策的主线》）收入于 *Central European History Journal*（《中欧历史杂志》，第 29 卷第 2 期）

K. 萨科罗维茨，*Dziennik*（《日常》，比得哥什，1999 年）

H. 肖夫勒（主编），*Die Weg War Weit*（《路很远》，内卡尔格明德：库尔特·福温克尔出版社，1969 年）

H. 肖夫勒，*So Lebten Sie und So Starben Sie*（《他们是这样战斗和死去的》，班贝格：第 35 装甲团老兵会，1983 年自费出版）

J. 施耐德，*The Structure of Strategic Revolution：Total War and the Roots of the Soviet Warfare State*（《战略革命的结构：全面战争和苏联军国主义的根源》，诺瓦托：普莱斯迪奥出版社，1994 年）

H. 绍恩，*Ostsee 45*（《波罗的海 1945》，斯图加特：摩托书籍出版社，1983 年）

P. 施拉姆，*Kriegstagebuch der Oberkommando der Wehrmacht*（《国防军最高统帅部日志，

第八卷》，赫尔辛：帕夫拉克出版公司，1982 年）

A. 西顿，*The Russo-German War 1941–1945*（《苏德战争 1941—1945》，纽约：普拉格尔出版社，1971 年）

S. 塞巴格 . 蒙蒂菲奥里，*Stalin, The Court of the Red Czar*（《斯大林——红色沙皇的宫廷》，伦敦：珍藏出版社，2004 年）

A. 西恩，*Lithuania 1940, Revolution from Above*（《立陶宛 1940——来自上层的革命》，纽约：罗多比出版社，2007 年）

S. 瑟维尔，*'Why Three Tanks?'*（《为什么是三辆坦克？》，《装甲》1998 年 7/8 月号）

W. 夏伊勒，*The Rise and Fall of the Third Reich*（《第三帝国的兴亡》，纽约：西蒙舒斯特出版公司，1960 年）

A. 西加利斯，*Latvian Legion*（《拉脱维亚军团》，圣何塞：本德尔出版公司，1986 年）

V. 苏库坦斯，*The Testimony of Lives：Narrative and Memory in Post-Soviet Latvia*（《生命的遗嘱：后苏联时代拉脱维亚的回忆录和证言》，安德沃：劳特里奇出版社 1997 年）

T. 斯奈德，*Bloodlands：Europe Between Hitler and Stalin*（《血腥大陆：希特勒和斯大林之间的欧洲》，伦敦：珍藏出版社）

H. 斯帕特，*History of the Panzerkorps Grossdeutschland*（《大德意志装甲军军史》，温尼伯：J. J. 费多罗维奇出版社）

A. 施佩尔，*Inside the Third Reich：Memoirs by Albert Speer*（《第三帝国内幕：施佩尔回忆录》，伦敦：麦克米兰出版社）

J. 斯提曼尼斯，*History of the Latvian Jews*（《拉脱维亚犹太人史》，纽约：东欧专论集，2002 年）

R. 斯托尔菲，*German Panzers on the Offensive*（《德军装甲兵在进攻》，阿特格伦：希弗出版社，2003 年）

A. 斯特劳斯，*Autobiographical account*（《自传》）(拉脱维亚科学院中央档案馆，P–40/5/22)

H. 斯特罗德，*Latvijas Nacionālo Partizāņu Karš 1944–1956*（《拉脱维亚民族游击战 1944—1956》，那慕斯出版社，1997 年）

H. 斯特罗德，M. 考特，*The File on Operation Priboi：A Re-Assessment of the Mass Deportations of 1949*（《关于海浪行动的档案：对 1949 年大流放的再评估》）

G. 斯万，*Between Stalin and Hitler*（《在希特勒和斯大林之间》，伦敦：劳特里奇出版社，

2004 年）

E. 塔拉乌斯卡斯, *Lietuvos Nepriklausomybės Netenkant*（《立陶宛独立的失败》，考纳斯：西维萨出版社，1990 年）

J. 陶贝尔, *14 Tage im Juni*（《六月的十四天》），收入于 V. 巴图斯文西斯（主编）*Holocaust in Litauen*（《立陶宛的大屠杀》，科隆：伯劳出版社，2003 年）

W. 铁克, *Tragedy of the Faithful – a History of the III. (Germanisches) SS-PanzerKorps*（《忠诚的悲剧：党卫队第 3（日耳曼）装甲军军史》，J. J. 温尼伯：J. J. 费多罗维奇出版社）

W. 托姆科维茨, *Zbrodnia w Ponarach 1941–1944*（《在波纳拉奇的屠杀 1941—1944》，华沙：IPN 出版社，2008 年）

L. 图斯卡, *Litausiche Historiographie über den Holocaust in Litauen*（《关于犹太人大屠杀的立陶宛历史学著作》），收入于 V. 巴图斯文西斯（主编）*Holocaust in Litauen*（《立陶宛的大屠杀》，科隆：伯劳出版社，2003 年）

M. 图哈切夫斯基, *Questions of Higher Command*（《高级指挥部的问题》，莫斯科，1924 年）

M. 图哈切夫斯基, *Vremmenyi Polevoi Ustav RKKA*（《苏联工农红军临时野战条令》，莫斯科，1936 年）

J. 乌尔比西斯, *Atsiminimai*（《回忆录》，考纳斯：半径出版社，1990 年）

E. 乌斯特拉图, *The History of the Estonian People*（《爱沙尼亚民族史》，伦敦：波尔阿斯出版社，1952 年）

V. 瓦尔迪斯, *Lithuania Under The Soviets*（《在苏联统治下的立陶宛》，纽约：普拉格尔出版社，1965 年）

No NKVD Līdz KGB. Politiskās Prāvas Latvijā 1940–1986（《从内务人民委员会到克格勃：1940—1986 年拉脱维亚的政治案件》）（里加：拉脱维亚历史研究所，1999 年）

D. 沃尔科戈诺夫, *Lenin: Life and Legacy*（《列宁：生平和遗产》，伦敦：哈珀柯林斯出版社，1994 年）

W. 维特, *SS-Standartenführer Karl Jäger*（《党卫队旗队长卡尔·耶格尔》），收入于 V. 巴图斯文西斯（主编）*Holocaust in Litauen*（《立陶宛的大屠杀》，科隆：伯劳出版社，2003 年）

W. 文德尔, *'Auftragstaktik and Innere Führung: Trademarks of German Leadership'*（《任务式指挥和小组领导：德军领导方式的标志》），收入于 *Military Review*（《军事评论》，2002 年 9—10 月刊）

H. H. 威廉，*Rassenpolitik und KriegsführunG. Sicherheitspolizei und Wehrmacht in Polen und der Sowjetunion 1939–1942*（《种族政治和战争指导：1939—1942 年治安警察和国防军在波兰及苏联》，帕绍：罗瑟科学出版社，1991 年）

V. 亚姆普洛斯基，'*V Pribaltike Zhdali Furera ... e Furer Prishel!*'（《在波罗的海国家等待元首——元首来了！》）收入于 *Voenno-Istoricheskii Zhurnal*（《军事历史杂志》2001 年第 6 期）

E. 齐姆克，*Stalingrad to Berlin：the German Defeat in the East*（《斯大林格勒到柏林：德国在东方的失败》，火奴鲁鲁：太平洋大学出版社）

V. 佐洛塔列夫，*Boevye Dokumenty po Oboronitelnoi Zapadnogo Fronta*（《西方向上的防御行动》）：收入于 *Dokumentov Velikoi Otechestvennoi Viony*（《伟大卫国战争文献集》，第 34 页，军事出版社，1958 年）

V. 佐洛塔列夫，*Velikaeia Otechestvennaia Voina 1941–1945, I：Surovye Ispytaniia*（《伟大卫国战争史 1941—1945，第 1 卷，严峻的考验》，莫斯科：科学出版社，1998 年）

V. V. 佐洛塔列夫，*STAVKA VGK 1944–1945*《最高统帅部大本营 1944—1945》，莫斯科：特拉出版社，1999 年）

E. 祖布科夫，'*"Lesnyie Bratya" v Pribaltike：Viona Posle Vionyi*'（《波罗的海三国的"森林兄弟"——战后之战》），收入于：*Otechestvennaya Istoriya*（《国内史》，2007 年第 2 卷第 74—90 页）

Eesti NSV Ajalugui III（《爱沙尼亚社会主义共和国回来了》，塔林，1971 年）

Lietuvos Okupacija ir Aneksija 1939–40（《立陶宛被占领及合并》，维尔纽斯：米提斯出版社，1993 年）

Sbornik Boevykh Dokumentov Velikoi Otechestvennoi Voiny（《伟大卫国战争文件集》，莫斯科：军事出版社）

Totalitārie Okupācijas Režimi Latvijā 1940–1964（《占领拉脱维亚的极权政权 1940—1964》，里加，拉脱维亚历史委员会）

Vsemyrnaya Ystoriya Vtoroye Myrovoye Voynyi（《世界历史：第二次世界大战》，明斯克，1999 年）

报告和文件

Conclusions of the Estonian International Commission for the Investigation of Crimes Against

Humanity，2（爱沙尼亚反人类罪调查国际委员会报告集，第二部，见于 *http://www. historycommission.ee/temp conclusions.htm*）

    Condolences to Family of Great Patriotic War Veteran Vassili Kononov（致伟大卫国战争老兵瓦西里·科诺诺夫家庭的慰问信，俄罗斯总统新闻办公室，2011 年 4 月 1 日）

    European Court of Human Rights judgement in case Kononov V. Latvia（欧洲人权法庭对科诺诺夫案件的判决，2008 年 6 月 24 日）

    Evidence presented at the trial of A. Impelivičius（审判因佩里奇乌斯所呈证据，LYA, f. K-1, ap. 58, file 47386/3, Vol. 9）

    Führer Directive 21, 18 December 1940（第 21 号元首令，1940 年 12 月 18 日，美国首席顾问办公室起诉轴心国罪行材料集）

    Führer Naval Conferences（元首海军会议，美国国会图书馆，1947 年，第 120 页）

    European Court of Human Rights judgment in case Kononov V. Latvia（欧洲人权法庭对科诺诺夫案件的判决，2010 年 5 月 17 日）

    Hague Convention 1907（1907 年海牙公约第 23 条）

    Incident Report 40, 1/8/1941（第 40 号事件报告，1941 年 8 月 1 日，联邦档案馆军事档案馆 R58/215,129）

    Internal communications of Schutzmann-Bataillon 22（第 22 步兵营内部通讯记录，胡佛战争，和平，革命档案馆拉脱维亚军团）

    Jäger Report of 1/12/41（1941 年 12 月 1 日耶格尔报告，由犹太人网络联合会 *http://fcit. usf.edu/holocaust/resource/document/DocJager.htm*）

    Kriegstagebuch 8. Panzer Division 22/6/41（第 8 装甲师作战日志 1941 年 6 月 22 日，美国国家档案馆，T315，R483））

    Kriegstagebuch LVI A. K. (Mot)（第 56 摩托化军作战日志，美国国家档案馆，T315，R483）

    Letter from Gruppenführer Berger to Himmler, 2/10/41（党卫队地区总队长柏格尔致希姆莱的信件，美国国家档案馆，RG242，T175,R22，F2527942）

    Letter from KdS Lettland, Abt IIIB to the Generalkommissar, 11/3/42（立陶宛军事总督区 IIIB 处致军事总督信，1942 年 3 月 11 日，德国联邦档案馆 B 分馆，R92/6，121）

    Note from Generalkommissariat in Riga, 27/8/41（驻里加军事总督备忘录，1941 年 8 月 27 日，

德国联邦档案馆 B 分馆，R92/6，158）

Office of the United States Chief of Counsel For Prosecution of Axis Criminality, Nazi Conspiracy and Aggression, ('Red Series')（美国首席顾问办公室起诉轴心国罪行材料集（红皮书系列），第 7 卷，第 978—95 页，华盛顿特区：美国政府官方 1946 年出版《施塔勒克报告》）

Orders of Berück Nord, 28 August 1941（北方集团军群后方地区指挥官命令，1941 年 8 月 28 日，德国联邦档案馆军事分馆，RH22/6）

Orders of Commander 3rd Panzer Group, 28 June 1941（第 3 装甲集群指挥官命令，1941 年 6 月 28 日，德国联邦档案馆军事分馆，RH26-20/19）

President Wilson's Message to Congress, January 8, 1918（威尔逊总统致美国国会，1918 年 1 月 8 日，美国参议院档案记录，第 46 全宗）

Report 13, 5/7/41（第 13 号报告，1941 年 7 月 5 日，德国联邦档案馆 B 分馆，R58/214，75）

Report 51, 13/8/41（第 51 号报告，1941 年 8 月 13 日，德国联邦档案馆 B 分馆，R58/216，4）

Report by Beria, L. , to Stalin, Molotov and Antonov（贝利亚致斯大林，莫洛托夫，安东诺夫的报告，1944 年 7 月 18 日，见于 *http：//www.doomedsoldierS. com/armia-krajowa-in-NKVD-NKGB-documents-pt-2.html*）

Report by Leutnant Hasselmann from Frontaufklärungskommando 212 dated 24/12/44（第 212 前线侦察指挥部哈瑟曼少尉 1944 年 12 月 24 日的报告，德国联邦档案馆）

Report of SS-Jagdverband Ost（党卫队东线猎兵队报告，拉脱维亚科学院中央档案馆，PO40/5/2）

Report on Winterzauber for Wehrmacht High Command Ostland, 20/3/43（向奥斯特兰行署国防军高级指挥部关于"冬季魔术"行动的报告，里加，拉脱维亚国家档案馆，P70/5/36）

Situation report of Abwehrstelle Ostland 1/7/42-30/9/42（德国国防军情报局驻奥斯特兰行署分局态势报告，1942 年 7 月 1 日至 9 月 30 日，里加，拉脱维亚国家档案馆，P70/5/37）

Trials of the Major War Criminals before the International Military Tribunal 1947–49（国际军事法庭对主要战犯的审判书 1947—1949 第 26 卷，第 610—627 页，美国国会图书馆）

USSR DVP Gazeta Kapitalist (19/5/2004)（《资本家报》2004 年 5 月 19 日），*'Bolshogo Medvedya'. Sto Let Vilisu Latsisu*（《巨熊的生与死：百年回顾》）

二战欧洲东线战场经典汉译文库

"指文东线文库"知名战略、战史学者王鼎杰总策划

STALINGRAD

斯大林格勒三部曲

苏德战争史学者戴维·M.格兰茨著

▼

斯大林格勒三部曲（第一部 兵临城下）：苏德战争1942年4月—8月

斯大林格勒三部曲（第二部 决战）：苏德战争1942年9月—11月

斯大林格勒三部曲（第三部 终局 卷一）：苏德战争1942年11月

斯大林格勒三部曲（第三部 终局 卷二）：苏德战争1942年12月—1943年2月

第二次世界大战的权威研究成果，人类战争史上惨烈的战役、二战的转折点——斯大林格勒战役史无前例的全面完整展示，代表西方此方面研究的首席专家戴维·M.格兰茨的全新力作《斯大林格勒三部曲》，它将取代过去关于此战的一切历史记述。

——《军事历史》杂志

即将上市

《泥足巨人：苏德战争前夕的苏联军队》

《巨人重生：苏德战争中的苏联军队》

《巨人的碰撞：苏联红军如何阻止希特勒》（增补修订版）

《巨人之间：第二次世界大战中的波罗的海战事》

《从胜利到僵局：1944年夏季西线的决定性与非决定性战役》

《从失败到胜利：1944年夏季东线的决定性与非决定性战役》

《列宁格勒会战1941—1944》

《日托米尔—别尔季切夫战役：德军在基辅以西的作战行动 1943.12.24—1944.1.31（2卷本）》

《东线坦克战1941—1942：重点突破战术》

《东线坦克战1943—1945：红色压路机》

《库尔斯克会战》

指文图书®
ZVEN BOOKS

东线文库

二战苏德战争研究前沿

云集二战研究权威

保罗·卡雷尔、约翰·埃里克森、戴维·M.格兰茨、尼克拉斯·泽特林、普里特·巴塔、斯蒂芬·巴勒特、斯蒂芬·汉密尔顿、C.J.迪克、厄尔·齐姆克、艾伯特·西顿、道格拉斯·纳什、小乔治·尼普、戴维·斯塔勒、克里斯托弗·劳伦斯、约翰·基根……

我们只做军事

海洋文库

世界舰艇、海战研究名家名著

"谁控制了海洋，谁就控制了世界。"
——古罗马哲学家西塞罗
英、美、日、俄、德、法等国海战史及
舰艇设计、发展史研究前沿

我们只做军事

指文图书®
ZVEN BOOKS

战争事典

—— 好看、有趣、通俗的战争历史丛书 ——

专注战争、历史、文化，
一套让您了解世界的MOOK读物
众多战争历史作家群体创作

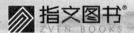

战争艺术

—— 国外古战研究名家名著 ——

战争是一种令人恐怖、充满激情的艺术，
战争艺术诞生于少数伟大统帅头脑中
谁掌握了战争艺术，谁就掌握了胜利！

我们只做军事